Wissenschaftliches Arbeiten und Lerntechniken

Christine Stickel-Wolf · Joachim Wolf

Wissenschaftliches Arbeiten und Lerntechniken

Erfolgreich studieren - gewusst wie!

7., aktualisierte und überarbeitete Auflage

Springer Gabler

Christine Stickel-Wolf
Kiel, Deutschland

Prof. Dr. Joachim Wolf
Christian-Albrechts-Universität zu Kiel
Kiel, Deutschland

ISBN 978-3-658-01713-2 ISBN 978-3-658-01714-9 (eBook)
DOI 10.1007/978-3-658-01714-9

Die Deutsche Nationalbibliothek verzeichnet diese Publikation in der Deutschen Nationalbibliografie; detaillierte bibliografische Daten sind im Internet über http://dnb.d-nb.de abrufbar.

Springer Gabler

Lektorat: Susanne Kramer, Renate Schilling

Gedruckt auf säurefreiem und chlorfrei gebleichtem Papier

Springer Gabler ist eine Marke von Springer DE. Springer DE ist Teil der Fachverlagsgruppe Springer Science+Business Media
www.springer-gabler.de

Vorwort zur 7. Auflage

Zwei Jahre nach Erscheinen der Vorauflage ist die vorliegende siebte Auflage des Buches „Wissenschaftliches Arbeiten und Lerntechniken" erforderlich geworden. Da in dieser kurzen Zeitspanne die meisten der von uns vorgestellten Verhaltenshinweise gültig geblieben sind, konnten wir die bewährte Grundstruktur des Buches aus der Vorauflage übernehmen. Den Schwerpunkt der Überarbeitung haben wir diesmal darauf gelegt, den gesamten Text kritisch durchzusehen, um seine Lesbarkeit und Verständlichkeit weiter zu verbessern. Sämtliche Verweise auf Internetquellen wurden auf ihre Aktualität hin überprüft und im Bedarfsfall angepasst.

Zu den inhaltlichen Neuerungen dieser Auflage gehört insbesondere eine Auseinandersetzung mit sozialen Netzwerken im Studium. Deren Bedeutung als Hilfsmittel zur Studienorganisation ist in den vergangenen Jahren so stark angestiegen, dass die Hinzufügung eines neuen Abschnitts gerechtfertigt erschien. Weiterhin werden in der vorliegenden Auflage auch Möglichkeiten und Grenzen von virtuellen Vorlesungen im Internet diskutiert. Und schließlich wird das Instrument der virtuellen Lern- und Lehrplattformen behandelt.

Bei der Vorbereitung der Neuauflage hat uns Frau Ulrike Abel, Sekretärin des Lehrstuhls für Organisation der Universität zu Kiel, unterstützt. Sie hat die geänderten Textelemente auf Rechtschreibfehler durchgesehen. Ihr gebührt dafür unser herzlicher Dank.

Last but not least wollen wir uns wieder namentlich bei einer(m) Leser(in) bedanken, der (die) das Angebot wahrgenommen hat, uns Verbesserungsvorschläge zukommen zu lassen. Das Los fiel diesmal auf Frau Patricia Nayna. Als kleines Dankeschön für den unterbreiteten Verbesserungsvorschlag werden wir ihr ein Freiexemplar der vorliegenden Neuauflage zukommen lassen.

Wir hoffen, dass Ihnen, liebe Leserinnen und Leser, die Neuauflage des Buches nützen wird. Wir sind nach wie vor sehr daran interessiert, dass Sie uns unter Nutzung der E-Mail-Adresse hilfe@bwl.uni-kiel.de Ihr kritisches Feedback zukommen lassen.

Kiel, im Februar 2013

Christine Stickel-Wolf — Joachim Wolf

Vorwort zur 1. Auflage

Zum Themenbereich "Wissenschaftliches Arbeiten" sind zahlreiche Buchpublikationen vorgelegt worden. Fast alle konzentrieren sich freilich auf rein technische Fragen der wissenschaftlichen Betätigung. Es wird aufgezeigt, welcher Form eine wissenschaftliche Arbeit genügen muss, damit sie von der zuständigen Hochschule akzeptiert wird. Die Beachtung derartiger Hinweise ist zwar wichtig, ausreichend ist sie jedoch nicht. Wissenschaftliche Leistung wird nämlich vor allem anhand von inhaltlichen Kriterien wie "Denkfähigkeit", "Argumentationsfähigkeit" oder "Kreativität" beurteilt.

Das vorliegende Buch setzt an diesem Defizitbereich der Publikationen zum wissenschaftlichen Arbeiten an. Es hält Hinweise bereit, die sowohl Formalkriterien wissenschaftlicher Arbeiten (= Ergebnis) als auch den zu ihrer Erstellung führenden Prozess betreffen. Aus der Perspektive der am Markt verfügbaren Schriften ist der letztgenannte Bereich derjenige, dem bislang viel zu wenig Aufmerksamkeit geschenkt worden ist. Er ist somit der eigentlich innovative Bestandteil des vorliegenden Buchs. In ihm finden sich unter anderem Tipps zum rationellen, verstehens- und behaltensorientierten Lesen, zum aktiven Zuhören und Mitschreiben, zum zielführenden Arbeiten in Gruppen, zur mündlichen Präsentation wissenschaftlicher Arbeiten, zur ergebnisorientierten Vorbereitung auf Prüfungen sowie zur erfolgsgerichteten Studienplanung und -organisation. All dies sind außerordentlich wichtige Aktivitäten des Studiums, die in gängigen Publikationen zum wissenschaftlichen Arbeiten (weitgehend) ausgeblendet werden.

Dieses Buch wäre in dieser Form ohne die Unterstützung von Mitarbeitern des Lehrstuhls für Organisation der Universität zu Kiel nicht zustande gekommen. Unser Dank gebührt zunächst Herrn Dipl.-Hdl. Dipl.-Kfm. Kai Teichmann. Er hat einen Entwurf für den Abschnitt 3.4.6 "Das Internet als Hilfsmittel im Studium" erstellt, der nur noch geringfügiger Veränderungen bedurfte. Verbunden sind wir aber auch den Herren Dipl. cand. rer. pol. Dirk Rinnbauer und Dipl. cand. rer. pol. Christian Rohrlack für die Anfertigung der Grafiken bzw. die Formatierung des Textkörpers gemäß den Anforderungen des Verlags. Unser besonderer Dank gilt dabei Herrn Rohrlack, dem es mit großem Einsatz und höchster Kreativität gelungen ist, die nicht zu übersehenden Klippen des nach dem Prinzip „What you see is*n't always* what you get" arbeitenden Programms „Word für Windows" geschickt zu umschiffen. Frau Doris Harder, Sekretärin des vorbezeichneten Lehrstuhls, hat das Manuskript mit geschultem Auge durchgesehen und an die neuen

Rechtschreibregelungen angepasst. Auch ihr gebührt unser herzlichster Dank.

Wir widmen dieses Buch unserem lieben Sohn Vincent und hoffen, dass es in der Zukunft auch für ihn eine nützliche Hilfe darstellen wird.

Stuttgart und Kiel, im März 2001

Christine Stickel-Wolf Joachim Wolf

Inhaltsverzeichnis

Abbildungs- und Tabellenverzeichnis

1 Mehr Erfolg im Studium und beim Promovieren

1.1 Zielgruppen und Ziele des vorliegenden Buches

Zielgruppen: Studierende und Doktoranden

Wenn Sie, liebe Leserin oder lieber Leser, an einer Hochschule (z. B. Universität oder Fachhochschule) studieren oder promovieren wollen, dann will Ihnen das vorliegende Buch helfen, diese Aufgabe erfolgreich zu meistern. Sowohl im Studium als auch während der Promotionszeit stellen sich zahlreiche Herausforderungen, auf die viele Studierenden und Doktoranden zuvor (z. B. während der Schulzeit bzw. dem der Promotion vorausgehenden Studium) noch nicht hinreichend vorbereitet worden sind. Mit diesem Buch wollen wir unsere Erfahrungen in der Form von praktischen Hinweisen weitergeben, so dass für Sie ein erfolgreicheres Studium bzw. eine erfolgreichere Promotion möglich wird.

Praktische Hinweise

1.1.1 Das Studium als Herausforderung

Studium erfordert Selbstständigkeit

Ein Hochschulstudium unterscheidet sich vom Schulbesuch insofern grundlegend, als die Studierenden von den an den Hochschulen Lehrenden nicht allzu eng an die Hand genommen werden können. So sind die Studierenden mehr als die Schüler an Gymnasien z. B. selbst dafür verantwortlich,

- die Inhalte und die Zeitplanung ihrer Vorlesungen und Seminare zu bestimmen,
- regelmäßig an Vorlesungen, Übungen und Seminaren teilzunehmen,
- sich selbstständig in ein Themengebiet einzuarbeiten und einen Lernstoff anzueignen,
- sich für Klausuren anzumelden und sich hierauf angemessen vorzubereiten,
- Projektarbeiten und Auslandsaufenthalte zu planen und durchzuführen sowie

- das Thema ihrer Abschlussarbeit festzulegen und eine geeignete Vorgehensweise zu realisieren.

Auch tun sich viele Studierende am Anfang ihrer Studienzeit deshalb schwer, weil das Lerntempo wesentlich höher ist als in der Schule. Außerdem besteht an Hochschulen üblicherweise kein Klassenverband mehr, innerhalb dessen man Halt suchen kann. Für Sie wird also Ihr Studium nicht nur in der fachlichen, sondern auch in studienplanerischer und lerntechnischer Hinsicht eine große Herausforderung darstellen, die sich jedoch bei der Beachtung einiger „Spielregeln" durchaus bewältigen lässt.

Vom Diplom-Magister-System zum Bachelor-Master-System

In den vergangenen Jahren haben die Hochschulen dem politischen Willen folgend eine grundlegende Veränderung durchlaufen, in deren Mittelpunkt der Übergang vom alten Diplom-Magister-System zu dem aus der angelsächsischen Welt stammenden Bachelor-Master-System stand. Wesentliche Leitlinien dieser Entwicklung wurden in einer gemeinsamen, im Jahre 1999 in Bologna abgegebenen Erklärung von 29 europäischen Bildungsministern abgesteckt (Bologna-Deklaration, Bologna-Prozess). Danach sollte bis 2010 eine Vereinheitlichung des europäischen Hochschulraumes erfolgen, Studiengänge und -abschlüsse also international angeglichen werden. Fast alle Hochschulen haben diesen Prozess bereits weitgehend abgeschlossen.

Bologna-Prozess

Der wesentliche Unterschied zwischen dem alten und dem neuen System besteht darin, dass das neue ein gestuftes Studiensystem ist. Man studiert also nicht mehr einen einzigen langen Studiengang (oft sechs oder sieben Jahre) durch, sondern absolviert zunächst einen mehrheitlich drei Jahre dauernden Bachelor-Studiengang, um, falls vom Studierenden gewünscht, ein meist zweijähriges Master-Studium „draufzusetzen". Während in dem praxisbezogeneren Bachelor-Studium eher Grundlagen vermittelt werden, hat das Master-Studium einen mehr wissenschaftlichen Charakter.

Vorteile des neuen Systems

Für die Studierenden bringt das neue System mehrere Vorteile mit sich. Genannt werden sollen hier folgende (weitere Details zum Bachelor-Master-System werden auf der Internetseite des Bundesministeriums für Bildung und Forschung *(http://www.bmbf.de)* erläutert):

- Da der Bachelor-Abschluss bereits ein vollwertiger Studienabschluss ist, können die Studierenden bereits nach drei Jahren entscheiden, ob sie weiter studieren oder in die Praxis gehen wollen. Im alten System hatte man erst nach dem vollständigen Absolvieren des langen Diplom- bzw. Magister-Studiums einen verwertbaren Studienabschluss in der Hand.
- Die neuen Studienabschlüsse sind europaweit vereinheitlicht und werden auch im Ausland voll anerkannt. Es ist z. B. möglich, in Deutschland einen Bachelor-Grad zu erwerben und im Anschluss daran in Großbritannien ein Master-Studium zu absolvieren.

- Die neuen Studiengänge sind auch insofern flexibler, als die Studierenden ihr Ausbildungsprogramm auf der Basis zahlreicher Lernmodule individueller zusammenstellen können und als Prüfungen nicht erst am Studienende, sondern studienbegleitend erfolgen. Die früher vorherrschenden großen Spezialisierungsrichtungen mit abschließender Blockprüfung gibt es kaum noch.
- Dadurch und durch die Einführung eines europaweit vereinheitlichten Leistungspunktesystems (ECTS-System) sind die Möglichkeiten zum Einbau eines Auslandsstudiums in das Studium an der Heimathochschule stark verbessert.

Das neue System verlangt mehr Selbstorganisation

„Bezahlt" werden muss die erhöhte Studienflexibilität jedoch mit einer höheren Eigenverantwortung und einem erhöhten Zeitdruck der Studierenden während des Studiums. Viel mehr als früher sind die Studierenden gefordert, ihr Studium selbst zu planen und organisieren und sich einer permanenten Leistungsprüfung zu unterziehen. Damit werden die Kompetenzen, die durch das vorliegende Buch vermittelt werden sollen, immer wichtiger.

1.1.2 Die Promotion als Herausforderung

Anforderungen einer Promotion

Die Zeit der Promotion unterscheidet sich von dem vorausgehenden Studium (egal, ob es sich um ein Diplom-, Bachelor- oder Master-Studiengang handelte) ebenfalls erheblich. Geht es im Studium vorrangig um das Sich-Aneignen bereits bestehenden Wissens, so besteht das Ziel des Promovierens in dem Erarbeiten neuen Wissens. Hierzu sind ebenfalls besondere Fähigkeiten erforderlich. Doktoranden müssen unter anderem

- interessante Forschungsfragen finden, die sie in ihrem Promotionsprojekt beantworten wollen,
- umfangreiche, für ihr Projekt relevante Literatur auswerten,
- sich mit unterschiedlichen wissenschaftlichen Paradigmen und Theorien beschäftigen,
- ein Denken in Variablen und Variablenzusammenhängen lernen,
- lernen, wie man Hypothesen aufstellt und auf ihren Wahrheitsgehalt bzw. ihre Angemessenheit hin prüft,
- lernen, die Doktorarbeit kompakt und trotzdem detailliert genug aufzuschreiben und
- die Fähigkeit gewinnen, einem Nichtfachmann die zentralen Ergebnisse der eigenen Doktorarbeit zu verdeutlichen.

Promotion = ebenfalls Selbstorganisation

Wie bereits zuvor gilt auch hier, dass an vielen Hochschulen des deutschsprachigen Raums die Doktoranden[1] viel zu wenig Anleitung dafür bekommen, wie sie im Rahmen ihres Promotionsprojekts vorgehen sollten. Ein Doktorandenstudium (strukturiertes Promotionsprogramm) gibt es bislang noch nicht an allen wissenschaftlichen Hochschulen. Demzufolge fühlen sich viele Doktoranden mit ihrem Promotionsprojekt allein gelassen.

1.1.3 Zur Positionierung des vorliegenden Buches

Wissenschaftliches Arbeiten = mehr als Zitierstile

Wenn Sie, liebe Leserin bzw. lieber Leser, die recht große Zahl der Publikationen über Lerntechniken sowie wissenschaftliches Arbeiten durchsehen, erkennen Sie rasch, dass mehrheitlich technische Fragen der wissenschaftlichen Betätigung im Vordergrund stehen. Eine Vielzahl an Seiten ist gefüllt mit Hinweisen von der Art, dass die einzelnen Einträge von Literaturverzeichnissen mit einem Punkt abzuschließen sind, dass "f." und "ff." Unterschiedliches bedeuten und dass es zu ungenau ist, wenn beim Zitieren uneindeutige Hinweise wie "passim" (= verstreut) benutzt werden. Zwar sind derartige Hinweise wichtig, doch ist diese *einseitige* Ausrichtung der verfügbaren Publikationen auf technische Aspekte wissenschaftlichen Arbeitens genauso ungünstig wie die oben angesprochene Vergessenheit von Metakompetenzen im Hochschulbetrieb; einfach deshalb, weil Studierende und Doktoranden (Gott sei Dank!) *vorwiegend* eben nicht auf der Basis der Erfüllung derartiger zitationsbezogener Formalkriterien, sondern auf der Grundlage von Faktoren wie "Denkfähigkeit", "Argumentationsfähigkeit" oder "Kreativität" beurteilt werden. Da bekannt ist, dass sich die systematische Anwendung von Lerntechniken positiv auf die Herausbildung derartiger Fähigkeiten auswirkt, sollte Arbeits- und Lerntechniken eine viel größere Bedeutung geschenkt werden, als es gegenwärtig der Fall ist.

1.2 Wobei Ihnen das vorliegende Buch helfen will

Die Prioritätensetzung des vorliegenden Buchs wurde an den oben skizzierten, an Studierende und Doktoranden gestellten Anforderungen ausgerichtet. Natürlich werden Sie auch in diesem Buch Hinweise über das Zitieren in

[1] Wenn in diesem Buch vermehrt die männliche Form personenbezogener Begriffe verwendet wird, dann ist dies ausschließlich sprachökonomisch begründet; die weibliche Form ist im Ausarbeitungsprozess *stets* mitgedacht worden.

wissenschaftlichen Arbeiten finden, aber eben nicht nur diese. Es werden Ihnen darüber hinaus zahlreiche weitere Hinweise angeboten, die auf andere Teile der umfassenden, vom Lesen bis zum schriftlichen oder mündlichen Präsentieren einer wissenschaftlichen Arbeit reichenden Aktivitätenfolge ausgerichtet sind. Bereitgestellt werden unter anderem Tipps

Wissen schaffen

- zum rationellen, verstehens- und behaltensorientierten Lesen,
- zum aktiven Zuhören und Mitschreiben,
- zum zielführenden Arbeiten in Gruppen,
- zur Erstellung einer schriftlichen wissenschaftlichen Arbeit,
- zur mündlichen Präsentation wissenschaftlicher Arbeiten,
- zur effektiven Vorbereitung auf Prüfungen sowie
- zur erfolgsgerichteten Studienplanung und -organisation.

Wissen weitergeben

Bei der Ausarbeitung des vorliegenden Buchs war es unser Ziel, (1) die vorgenannten Themenbereiche gestaltungs- bzw. empfehlungsorientiert aufzubereiten und dabei (2) jedoch zu begründen, warum etwas in der dargelegten und nicht in einer anderen Art und Weise getan werden sollte. Dementsprechend werden Sie in dem vorliegenden Buch eine große Zahl *kommentierter* Tipps finden.

Schrittweises Vorgehen ist gefragt

Bei der anfänglichen Lektüre dieses Buchs werden Sie sich vielleicht fragen: "Wie soll ich die in diesem Buch zusammengestellte sehr große Menge an Tipps überhaupt verarbeiten?" Sie sollten dabei jedoch bedenken, dass es nicht darum geht, sämtliche der präsentierten Tipps gleichermaßen umzusetzen, erst recht nicht auf einmal. Beschäftigen Sie sich mit den präsentierten Tipps jeweils dann, wenn Sie zum ersten Mal mit der jeweiligen Tätigkeitsart konfrontiert werden. So werden Sie bspw. die Abschnitte zum rationellen, versehens- und behaltensorientierten Lesen sowie zum aktiven Zuhören und Mitschreiben gleich zu Beginn Ihres Studiums durcharbeiten. Mit anderen werden Sie sich hingegen erst später auseinandersetzen. Und schließlich sollten Sie bedenken, dass unsere Tipps als Hilfen und nicht als Anforderungen gedacht sind.

Dieses Hilfeangebot wollen wir auch dadurch bekräftigen, dass wir Ihnen eine "E-Mail-Hotline" zur Verfügung stellen. Sollten Sie während Ihres Studiums auf weitergehende Fragen stoßen, die wir in dem vorliegenden Buch nicht beantwortet haben, dann senden Sie uns doch einfach eine E-Mail an die Adresse hilfe@bwl.uni-kiel.de. Wir werden uns bemühen, diese so bald wie möglich zu beantworten.

Viel Freude beim Lesen dieses Buchs und viel Erfolg im Studium!

1.3 Typen von Hochschulstudiengängen

Vielfalt von Studiengängen

An Hochschulen finden sich vielerlei Arten von Studiengängen. Genannt werden sollen hier nur die traditionellen Diplom-, Magister- und die mit einer Staatsprüfung abschließenden Studiengänge (z. B. Lehramt, Medizin, Pharmazie, Rechtswissenschaften) einerseits sowie die im Zuge des Bologna-Prozesses in den Vordergrund tretenden Bachelor- und Master-Studiengänge andererseits. Da diese Studiengänge teilweise sowohl von Universitäten, anderen wissenschaftlichen Hochschulen als auch Fachhochschulen angeboten werden, lassen sie sich nicht exakt spezifizieren. Tendenzaussagen sind jedoch möglich. Im Hinblick auf Diplom-, Magister-, Bachelor- und Master-Studiengänge lassen sich folgende Besonderheiten festhalten.

Diplom

- *Diplomstudiengänge* sind Studiengänge mit einer Regelstudienzeit von acht Semestern, die einen berufsqualifizierenden Abschluss zum Ziel haben. Diplomstudiengänge finden sich vorwiegend im Bereich der Natur-, Ingenieur- und Wirtschaftswissenschaften. Nach erfolgreichem Studienabschluss wird ein Diplom verliehen, z. B. als Diplom-Ingenieur, als Diplom-Kauffrau oder als Diplom-Psychologe. Diplomstudiengänge gliedern sich in der Regel in ein Grund- und Hauptstudium. Nach Abschluss des Grundstudiums wird eine Vordiplomurkunde ausgehändigt, womit freilich kein berufsqualifizierender Abschluss gegeben ist.

Magister

- Die insb. von den Philosophischen Fakultäten von Universitäten angebotenen *Magister-Studiengänge* haben ebenfalls eine Regelstudienzeit von acht Semestern. Sie gelten als gleichwertige Alternative zu Diplomstudiengängen. Da Magister-Studiengänge breiter angelegt sind, stellen sie keinen berufsqualifizierenden, sondern einen berufsbefähigenden Abschluss dar. Im Vergleich zu Diplomstudiengängen ist die Ausbildung auf das reflektierende Verstehen von Realphänomenen angelegt, was zu Lasten der Sach- und Detailkenntnis in Spezialbereichen gehen muss. Magister-Studiengänge findet man beispielsweise im Bereich der Pädagogik, Soziologie, Geschichtswissenschaften, Politikwissenschaften sowie Sprachwissenschaften.

Bachelor

- Mit den sechs bis acht Semestern dauernden *Bachelor-Studiengängen* ist der niedrigste akademische Grad gegeben. Sie sind der erste Abschluss des neuen gestuften Studienmodells. Bachelor-Studiengänge konzentrieren sich auf die wissenschaftlichen Grundlagen des jeweiligen Faches sowie auf berufsfeldbezogene und praxisorientierte Methodenkompetenzen. Gleichwohl ist mit dem Bachelor-Grad ein vollwertiger berufsqualifizierender Abschluss gegeben. Die Lehrveranstaltungen von Bachelor-Studiengängen sind modular aufgebaut, wobei ein Modul eine oder mehrere Lehrveranstaltungen mit einem Lernziel zusammenfasst.

Master

- *Master-Studiengänge* bauen auf den Bachelor-Studiengängen auf. Sie können aber auch an einen traditionellen einstufigen Abschluss anschließen. Master-Studiengänge dauern zwei bis vier Semester. Sie werden nach den Profiltypen „stärker anwendungsorientiert" und „stärker forschungsorientiert" differenziert. Insbesondere in forschungsorientierten Master-Studiengängen soll die Befähigung zum eigenständigen wissenschaftlichen Arbeiten, zur Anwendung wissenschaftlicher Methoden sowie theoretisch-analytische Fähigkeiten vermittelt werden.

2 Tipps zum persönlichen Wissensmanagement

2.1 Rationell lesen - mehr verstehen - besser behalten

Ziel dieses Abschnitts

Im vorliegenden Abschnitt werden Anregungen vorgestellt, welche die Effektivität und Effizienz Ihrer Lesetätigkeit erhöhen. Es wird also gezeigt, wie Sie aufwandsarm lesen und trotzdem eine hohe Merkleistung sowie eine zielführende Umsetzung des Gelesenen erlangen.

2.1.1 Rationelles Lesen als bewusster und mehrstufiger Vorgang

Erfahrungslernen

Wie viel von dem, was Sie heute können und wissen, haben Sie eigentlich durch Anschauen, Anfassen oder Erfahrung gelernt, und wie viel ist Ihnen in Form von Worten – gesprochenen oder geschriebenen – nahegebracht worden? Vermutlich haben Sie sich zwar vieles durch Anschauen, Anfassen oder Erfahrung angeeignet – wahrscheinlich kommen Sie jedoch zu dem Ergebnis, dass Sie ebenfalls sehr viel durch geschriebene oder gesprochene Informationen gelernt haben.

Lesen als Lernquelle

Sicherlich wäre es in vielen Fällen effektiver und dauerhafter, am "Leben" selbst zu lernen. Der heutzutage bestehende hohe Zeitdruck und die Fülle dessen, was Sie lernen müssen, erlauben es jedoch nicht, alles aus eigener Erfahrung zu erlernen. Daher sind wir auf Andere angewiesen, die uns ihre Erfahrungen und Kenntnisse in Wort- und Schriftform weitergeben. Durch Lesen können wir uns die Erfahrungen und Kenntnisse anderer zunutze machen, ohne auf direkten Kontakt mit ihnen angewiesen zu sein. Demzufolge hat sich das Lesen in vielen Kulturkreisen zu einer der wichtigsten Basistechniken entwickelt, die hilft, sich in der Gesellschaft zurechtzufinden. Auch die Tatsache, dass Sie dieses Buch lesen, zeigt, dass wir heute ohne Erfahrungen aus zweiter Hand nicht mehr auskommen.

Auch wenn digitale Medien heute (und zukünftig noch mehr) den klassischen Informationsmitteln wie gedruckten Fachbüchern oder Zeitschriftenartikeln starke Konkurrenz machen (werden) (vgl. Abschnitt 3.4), werden gedruckte Publikationen während des Studiums weiterhin unentbehrliche Informationsquellen bleiben.

Im Zeitalter der Informationsüberlastung reichen elementare Lesefähigkeiten nicht mehr aus. Leser, die mit den heutigen Anforderungen besonders gut zurechtkommen, wählen einen anderen Zugang: Sie lesen auf flexible Weise, passen ihre Geschwindigkeit dem vor ihnen liegenden Material an, sie wissen, was sie von dem Lesematerial wollen und sind in der Lage, jene Informationen zu finden, die für sie von Bedeutung sind (vgl. Scheele 1996, S. 35).

Fragen zur Selbstprüfung

Haben Sie sich über den Stand Ihrer Basiskompetenz "Lesen" schon einmal Gedanken gemacht?

- Wie gut verstehen Sie das, was Sie lesen?
- Wie gut können Sie sich an das, was Sie gelesen haben, erinnern?
- Was sind Ihre Stärken beim Lesen?
- Was würden Sie an Ihren Lesegewohnheiten gern ändern?

Wenn Sie der Meinung sind, dass Sie Ihre Lesetechnik noch verbessern können, ist dieser Abschnitt für Sie besonders wichtig. Dies gilt insb. dann, wenn Sie aus Lehrbüchern oder Fachartikeln lernen (müssen) und sich im Verlauf Ihres Studiums über bestimmte Themen selbstständig informieren wollen oder müssen. Zumeist wird Ihnen da keineswegs eine "mundgerecht" aufgearbeitete Abhandlung über ein Thema dargeboten. Vielmehr sollen und müssen Sie meist zwischen verschiedenen Texten auswählen oder das, was Sie wissen wollen, sogar mühsam aus den Texten herausholen.

Ziele von Lesetechniken

Eine optimale Lesetechnik steigert die Aufmerksamkeit beim Lesen und erhöht die Behaltensleistung.

In diesem Abschnitt erfahren Sie, wie Sie

- das Geschriebene erfassen,
- das Wichtige aus einem dargestellten Zusammenhang herausfiltern und
- das Gelesene behaltensförderlich verarbeiten.

Varianten von Lesetechniken

Es sind verschiedene Techniken des optimalen Lesens entwickelt worden. Oft werden auch Begriffe wie effizientes Lesen, diagonales Lesen, schnelles Lesen, Speed Reading etc. verwendet. Im Prinzip handelt es sich um sehr ähnliche Techniken. Optimales Lesen lässt sich in zwei grundsätzliche Techniken unterteilen: mechanische Techniken sowie Denktechniken.

- Bei den *mechanischen Techniken* handelt es sich – vereinfacht ausgedrückt – um Übungen, die die Art und Weise, wie Ihr Auge über einen Text gleitet, verbessern und beschleunigen. Dadurch wird der Input erhöht, der dem Gehirn über die Augen pro Sekunde zur Verfügung gestellt wird.

- Die *Denktechniken* dagegen sind auf das "Wie" der Informationsverarbeitung ausgerichtet. Ihr Ziel besteht darin, diese Informationsverarbeitung zu verbessern und zu beschleunigen. Darüber hinaus soll die Speicherfähigkeit und -geschwindigkeit verbessert werden (vgl. Beyer 1988, S. 8).

SQ3R-Methode

Die sicherlich bekannteste Denktechnik zur Optimierung des Lesens ist die in den USA entwickelte *"SQ3R-Methode"* (vgl. Robinson 1961; Zimbardo 1983, S. 270 ff.), die den Prozess des Lesens in fünf Schritte einteilt und daher auch als "Fünf-Schritt-Methode" bezeichnet wird.

Survey	Durchsehen, sich einen Überblick verschaffen,
Question	Fragen an den Text stellen,
Read	Genaues Lesen,
Recite	Rezitieren bzw. rekapitulieren, wesentliche Punkte zusammenfassen und
Review/Repeat	Zur Vertiefung und um Unklarheiten zu beseitigen, werden einzelne Stellen nochmals gelesen, also wiederholt.

Es hat sich gezeigt, dass diese Methode die Erinnerungsfähigkeit von Lesern erheblich verbessert. Zudem fördert sie das Verständnis der gelesenen Texte und führt im Studium zu besseren Prüfungsleistungen (vgl. Zimbardo 1983, S. 272; Michelmann/Michelmann 1998, S. 116 f.).

Andere Methoden sind größtenteils Abwandlungen oder leicht veränderte Formen der "SQ3R-Methode". Diese Methode findet sich in der Literatur entweder als *verkürzte Variante* (die "Drei-Gang-Methode" (Vollmer/Hoberg 1988, S. 78)) oder als *erweiterte Variante* (das "Photoreading" (vgl. Scheele 1996)).

Theoretischer Hintergrund

Sämtliche Denktechniken speisen sich letztlich aus den Erkenntnissen der empirischen Lehr- und Lernforschung, die sich in den letzten zwanzig Jahren eingehend mit dem "Wie" des Lernens befasst hat. Im Vordergrund der Forschungsbemühungen stehen dabei die Aufnahme, die Verarbeitung, die Speicherung und der Abruf von Informationen aus Texten. Der Anwendungsaspekt dieser Forschungsrichtung liegt einerseits in der lesefreundlichen Gestaltung von Texten, andererseits in der Förderung der persönlichen Fertigkeit im Umgang mit Texten. Die Lehr- und Lernforschung hat gezeigt, dass Verstehen und Behalten von Textinformationen kein passiv-rezeptiver Vorgang ist, sondern dass der Leser dabei eine aktive und konstruktive Rolle einnimmt: Er liest zielgerichtet und stellt Fragen an den Text (vgl. Scheele 1996, S. 35).

Ob und wie verstanden wird, hängt also entscheidend von geistigen Tätigkeiten im Lernprozess ab. Die lesende Person selbst kann Richtung und Ausmaß dieser internen Verarbeitungsvorgänge steuern (vgl. Friedrich et al. 1987, S. 7). Der Selbststeuerung des Leseprozesses wird hier dadurch Rechnung getragen, dass jeweils entsprechende Fragen zur Selbstüberprüfung formuliert werden und auf entsprechende Lernaktivitäten hingewiesen wird.

Die hier empfohlene Technik zum optimalen Lesen basiert teilweise auf der "SQ3R-Methode", auf weitergehenden Erkenntnissen der empirischen Lehr- und Lernforschung (vgl. Friedrich et al. 1987) sowie der Gedächtnispsychologie (vgl. Zimbardo 1983, S. 246 ff.; Metzig/Schuster 1996).

Lesen als dreistufiger Vorgang

Das nachfolgend dargestellte Lesekonzept ist von der Überlegung getragen, dass das eigentliche Lesen lediglich *eine* Phase eines umfassenderen Lesevorgangs darstellt. Viele Leser konzentrieren sich aber nur auf diese Phase des Lesens und verlieren sich dabei in Details, so dass sie den "roten Faden" nicht erkennen. Wesentlich ist jedoch, "den ganzen Wald zu erkennen und nicht nur einzelne Bäume zu sehen". Entscheidend für eine solche ganzheitliche Aufnahme und Verarbeitung der wesentlichen Textinhalte ist eine gezielte Vor- und Nachbereitung des Lesens.

Entsprechend lassen sich beim Lesen drei Phasen unterscheiden:

- Die Vorbereitung des Lesens (Abschnitt 2.1.2),
- das eigentliche Lesen (Abschnitt 2.1.3) sowie
- die Nachbereitung des Lesens (Abschnitt 2.1.4).

2.1.2 Vorbereitung des Lesens

Zur Vorbereitung des Lesens gehören die Schritte "Einstimmung auf den Lesevorgang", "das Leseziel bestimmen", "Überblick verschaffen", "Fragen stellen" sowie "Selbststeuerung".

2.1.2.1 Einstimmen auf den Lesevorgang

Generell lässt sich festhalten, dass Sie am effektivsten lesen werden, wenn sich Ihr Körper und Geist in einem idealen Bewusstseinszustand, in einer entspannten Wachheit (vgl. Scheele 1996, S. 53) befinden. In diesen Zustand können Sie sich in kurzer Zeit bringen, indem Sie die nachfolgenden Aktivitäten nacheinander durchführen:

Entspannungsübungen

- Legen Sie Ihren Text vor sich hin, lesen Sie noch nicht.
- Schließen Sie die Augen und entspannen Sie sich. Nehmen Sie Ihren Körper vom Scheitel zur Sohle wahr. Ihre Haltung ist aufrecht und bequem, Ihre Atmung ruhig und gleichmäßig.
- Stellen Sie sich vor, wie eine Mandarine auf Ihrem Hinterkopf liegt.
- Versuchen Sie zu erspüren, wie wach und entspannt Sie sind. Entspannen Sie Ihr Gesicht mit einem leichten Lächeln.
- Formulieren Sie in Gedanken das Ziel, das Sie mit dem Lesen verbinden; z. B.: "In den nächsten zehn Minuten werde ich diesen Artikel lesen, um Ideen zu finden, wie die Bildungspolitik in Deutschland verbessert werden kann."
- Bewahren Sie diesen entspannten Zustand, öffnen Sie die Augen und beginnen Sie zu lesen (vgl. Scheele 1996, S. 55 f.).

2.1.2.2 Das Leseziel bestimmen

Fachliteratur will zielgerichtet gelesen werden

Beim Lesen von Unterhaltungsliteratur lesen Sie den Text vom Anfang bis zum Ende, also Seite für Seite, Wort für Wort. Beim Lesen von Fachliteratur ist es anders. Hier wollen Sie die Inhalte nicht an sich vorüberziehen lassen, sondern Sie suchen die gezielte und systematische Auseinandersetzung mit den dargebotenen Inhalten.

Optimales Lesen beginnt mit einer klaren Zielsetzung. Kein konkretes Ziel zu haben führt zu einem passiven und somit ineffektiven Leseverhalten.

Vielleicht wollen Sie schnell einen Überblick über den vorliegenden Text erhalten oder Sie suchen in einem Abschnitt ganz bestimmte Informationen, die Ihnen helfen, ein konkretes Problem zu lösen. Oder Sie wollen sich unterhalten oder entspannen.

Klären Sie in einem ersten Schritt zunächst einmal Ihr eigenes Leseziel, die Absicht, warum Sie diesen Text lesen wollen. Nachstehende Fragen können Ihnen bei der Bestimmung Ihres Leseziels helfen:

Fragen zur Lesezielbestimmung

- Was will ich durch das Lesen der Information erreichen?
- Möchte ich einen allgemeinen Überblick erhalten?
- Möchte ich nur die wichtigsten Details wissen?
- Ist es nötig, den ganzen Text zu lesen?
- Ist es ausreichend, nur einen bestimmten Abschnitt zu lesen? Welcher Abschnitt ist für mich wichtig?

- Welche Textstellen interessieren mich?
- Möchte ich mich informieren? Worüber?
- Möchte ich mich unterhalten oder entspannen?
- Möchte ich neue Ideen erhalten?
- Möchte ich mich auf eine Prüfung vorbereiten?
- Möchte ich Standpunkte, Ideen oder Erkenntnisse kritisch prüfen?
- Möchte ich selbst einen Artikel, eine Studienarbeit etc. schreiben?
- Wie viel Zeit bin ich bereit aufzuwenden, um mein Ziel zu erreichen?

2.1.2.3 Überblick verschaffen

Der Überblick ist der schnellste Weg, um den Aufbau und die Strukturen eines Textes kennenzulernen.

Erkenntnisse der Gehirnforschung

Aus der Gehirnforschung ist bekannt, dass die rechte Gehirnhälfte dafür zuständig ist, einen Überblick über erlebte Sachverhalte herzustellen (vgl. Abschnitt 2.1.4.2). Dies hilft, Einzelinformationen in einen bestehenden Zusammenhang einzuordnen (vgl. Birkenbihl 1997, S. 67). Das Gehirn kann am besten solche Strukturen bzw. Muster verarbeiten, die bereits grob angelegt bzw. vertraut sind. Diese Erkenntnis ist auch für das Lesen bedeutsam: Je mehr Sie im Vorfeld des eigentlichen Lesens über den Themenbereich sowie den Aufbau eines Textes schon wissen, desto leichter wird es Ihnen fallen, den Text gewinnbringend zu lesen.

a) Generelle Hinweise für das Verschaffen eines Überblicks

Beim "Überblick verschaffen" achten Sie stets darauf, dass Sie nicht auf konventionelle Weise, Wort für Wort, zu lesen beginnen. Versuchen Sie zunächst, sich im Text lediglich grob zu orientieren.

Welche schnell erfassbaren Informationen ermöglichen Ihnen eine derartige erste Orientierung? Bei Büchern erreichen Sie diese dadurch, dass Sie

Informationen zum Überblick verschaffen

- die auf der Rückseite und den Umschlagklappen abgedruckten Texte durchlesen. Diese Texte geben in knapper Form Auskunft über den Verfasser, die Absicht und die Inhalte des Buchs,
- die Angaben zum Erscheinungsjahr, zur Anzahl der Auflagen einsehen und prüfen, ob es sich um ein Original oder eine Übersetzung handelt,

- das Vorwort bzw. die Einführung lesen (vgl. Abschnitte 3.7.2.1 und 3.8.5). Hierin finden Sie Informationen des Autors selbst und ggf. eine Darlegung der inhaltlichen Absichten, des Aufbaus des Buchs sowie der das Buch betreffenden Abgrenzungen,
- das Geleitwort lesen. Hier erfahren Sie unter anderem Näheres über den Verfasser und seine sonstigen Arbeiten,
- das Inhaltsverzeichnis durchsehen (vgl. Abschnitt 3.8.6). Versuchen Sie dabei zwei Dinge festzustellen: Ist das, was Sie brauchen, im Buch enthalten, wenn ja, wo? In welchem Zusammenhang steht der gesuchte Inhalt, welche Abschnitte setzen sich davon ab?,
- Abbildungen, Tabellen, Übersichten ansehen sowie fett, kursiv oder in Kästen hervorgehobene Textelemente „anspringen" (vgl. Abschnitt 3.8.2). Bedenken Sie, dass ein Bild oft mehr sagt als tausend Worte,
- das Literaturverzeichnis durchsehen (vgl. Abschnitt 3.8.9). Hierin erhalten Sie Auskunft darüber, welche Quellen vom Autor verarbeitet wurden und ob aktuelle Literatur herangezogen wurde,
- Zusammenfassungen lesen (vgl. Abschnitt 3.7.2.3). Am Ende einzelner Abschnitte oder am Ende des Buchs wiederholen üblicherweise wenige Sätze das Wichtige des Inhalts,
- das Nachwort lesen. Hier finden Sie eine ausblickende Betrachtung sowie Hinweise über offen gebliebene Fragen (vgl. Zielke 1991, S. 124 f.).

Vorgehen bei Zeitschriftenartikeln

Bei Zeitschriftenartikeln und Beiträgen in Sammelbänden können Sie ebenfalls derartige Überblicksinformationen gewinnen und zwar mittels einer Durchsicht der im Klappentext der Zeitschrift angegebenen Herausgeberpolitik der Zeitschrift, der Betätigungsfelder ihrer Herausgeber, der dem Artikel bzw. Beitrag vorangestellten Zusammenfassung (Abstract), der Gliederung des Artikels bzw. Beitrags sowie dessen Schlussabschnitts.

Sie werden erstaunt sein, wie viel Sie mit dieser Strategie herausfinden und wie viel Zeit Sie gegenüber dem vollständigen Durchlesen einsparen können. Das Auffinden dieser Hilfen zur ersten Orientierung ermöglicht Ihnen zu entscheiden, ob und inwieweit der vorliegende Text für Ihren Erkenntnisbereich überhaupt wichtig ist.

Hierbei entscheiden Sie auch, welche Textstelle(n) Sie lesen werden. Markieren Sie diese zu lesende(n) Textstelle(n) (zum Markieren vgl. Abschnitt 2.1.3.2).

b) Techniken zum Überblicken des Lesematerials

- *Das Blättern mit System*

Die Hand führt das Auge

Sie können Ihre Augen durch den Text führen, indem Sie Ihre Hand beim Blättern diagonal über jede Doppelseite führen. Damit erfassen Sie bei einem normalen Druckbild ein Viertel der Textmenge. Wichtig ist dabei, dass Ihre Augen nicht zur Ruhe kommen, denn sonst lesen Sie konventionell, ohne es zu merken. Für das Umblättern von einer Seite zur anderen lassen Sie sich eine Sekunde Zeit. Beim Überblicken entsteht in Ihrem Kopf ein Bild vom Inhalt des Textes. Versuchen Sie, dieses Bild des Überblicks festzuhalten. Vergleichen Sie das entstandene Bild mit Ihrem vor Lesebeginn bestimmten Leseziel (vgl. Michelmann/Michelmann 1998, S. 120 f.).

- *Suchwort-Technik*

Suchwort-Technik

Sie werden beim Lesen immer wieder bemerken, dass Ihnen bestimmte Wörter "entgegenspringen". Diese Worte sind in den meisten Fällen auch die zentralen Punkte der Aussage des Autors – es sind Schlüsselworte. Schlüsselwörter sind wichtige Begriffe, die Ihnen helfen, Fragen zu formulieren (vgl. Scheele 1996, S. 63). Andererseits werden Sie auch feststellen, dass Sie bestimmte Suchworte im Kopf haben, die Ihren Lesevorgang leiten.

c) Rückblick

Bewusste Entscheidung über das Weiterlesen

Im letzten Teil des Überblicks beurteilen Sie, was Sie durch diese Textdurchsicht feststellen konnten. Entscheiden Sie dann ganz bewusst, ob Sie weiterlesen und vertiefen wollen oder ob Sie die Quelle vernachlässigen können. In den Zeiten des Informationsüberflusses ist es angebracht, Informationen zielgerichtet aufzunehmen und Informationen, die für Sie unwichtig sind, bewusst außer Acht zu lassen.

Das Geheimnis eines erfolgreichen Überblick-Verschaffens liegt darin zu vermeiden, zu schnell in den Text hineinzulesen. Wenn Sie den Wunsch verspüren zu lesen, um mehr zu erfahren, nehmen Sie diesen Wunsch bewusst wahr, lassen Sie den Wunsch dann los und fahren Sie mit dem Überblick fort. Denn der attraktivste Teil des Überblick-Verschaffens besteht darin, mehr Appetit auf den Inhalt zu bekommen (vgl. Scheele 1996, S. 64 ff).

2.1.2.4 Fragen stellen

Aktive Lern- und Lesehaltung

Für das Erarbeiten von Inhalten, sei es für die Prüfungsvorbereitung, das Schreiben einer Seminararbeit oder etwas anderem, das eine intensive Auseinandersetzung mit dem Lesematerial voraussetzt, ist eine aktive Lernhaltung (eine interessierte und neugierige Einstellung zum Text) optimal. Aktivierung stimuliert das Gehirn, indem es Signale gibt, durch die bereits bestehende Assoziationen ausgelöst werden. Sie können dann gezielte Verbindungen schaffen und die Absicht einlösen, mit der Sie an das Lesematerial herangetreten sind (vgl. Scheele 1996, S. 104). Eine Aktivierungsmöglichkeit ist das "Fragen stellen". Fragen an den Inhalt erleichtern einerseits die Konzentration auf das Wichtige und Wesentliche. Andererseits motivieren Fragen, die wir vor dem Lesen formulieren, weil sie die Neugierde auf den Lesestoff wecken und somit die Aufmerksamkeit auch bei längeren und schwierigeren Texten aufrechtzuerhalten vermögen. Aus einer zunächst passiven Lesehaltung des nur Lesens kann so eine aktive Lesehaltung werden.

Zur Lesevorbereitung bieten sich folgende Fragen an:

Zur Aktivierung Ihres *Vorwissens*:

Prüffragen

- Weiß ich schon etwas über den Stoff (z. B. viel, wenig, nichts)?
- Habe ich bereits Kenntnisse und/oder Erfahrungen über das Thema? Wenn ja, welche? Hierzu können Sie Einfälle zum Thema bzw. zu einzelnen Textstellen verbalisieren, ordnen oder schriftlich festhalten.
- Was weiß ich noch nicht?
- In welchem Zusammenhang habe ich bereits davon gehört bzw. gelesen?

Zur Weckung Ihrer *Neugier*:

- Welche Definitionen, Begriffe, Fachausdrücke werden herangezogen, erläutert und erklärt?
- Welche (theoretische/praktische) Relevanz hat das Thema des Textes für mich?
- Was interessiert mich am meisten?
- Was muss ich wissen, um in der Prüfung gut abzuschneiden, mein Referat zu schreiben, mich an der nächsten Diskussion beteiligen zu können?

Ein Stellen dieser Fragen dient auch der Selbststeuerung Ihres Lernprozesses, weil Sie hierdurch Ihr Vorwissen aktivieren (vgl. dazu Abschnitt 2.1.3.3: "Verbinden von alten und neuen Informationen"), ein Gefühl von Neugier auf den Text erzeugen und damit die Kanäle für den Informationsfluss öffnen. Stellen Sie diese Fragen zu Beginn in schriftlicher Form. Nach einiger Zeit der schriftlichen Übung stellen sich Fragen von selbst ein, die z. B. in einem von Ihnen angelegten Literaturfragebogen festhalten können.

2.1.2.5 Selbststeuerung vor dem Lesen

Als Leser können Sie den gesamten Leseprozess beeinflussen, indem Sie Ihre geistigen Tätigkeiten beim Lesevorgang steuern. Sie können dies vor, während und nach dem Lesen tun.

Die nachstehend aufgeführten Fragen zur Selbstüberprüfung unterstützen die *vor* dem eigentlichen Lesen erfolgende Selbststeuerung.

Abschätzen des Bearbeitungsaufwandes

a) Abschätzen des Bearbeitungsaufwands

Hierbei fragen Sie sich:

- Wie viel Zeit zur Bearbeitung des Textes habe ich?
- Ist der Text anspruchsvoll?
- Wie viel Zeit werde ich voraussichtlich zum Bearbeiten des Textes benötigen?

Auf der Basis der Ihnen täglich zur Verfügung stehenden Zeit und der in Betracht gezogenen Bearbeitungszeit unter Berücksichtigung des Schwierigkeitsgrades des Textes erstellen Sie sich einen angemessenen Zeitplan. Vergessen Sie dabei nicht, Pausen und Wiederholungen einzuplanen.

Schwierigkeiten der Textbearbeitung

b) Abschätzen möglicher Schwierigkeiten bei der Textbearbeitung

Hierzu stellen Sie sich folgende Fragen:

- Wo können beim Lesen Engpässe bzw. Hindernisse entstehen (bspw. Lärm, Störung durch andere Personen sowie Konzentrationsschwierigkeiten oder Zeitmangel)?
- Welche besonderen Schwierigkeiten hat der Text (Fremdsprache, Fachbegriffe)?
- Wen kann ich im Bedarfsfall fragen?
- Welche Hilfsmittel könnten mir beim Lesen behilflich sein?

Stellen Sie sich Wörterbücher, Lexika, Kompendien etc. zur Seite oder verschaffen Sie sich Zugang zum Internet, um dort entsprechende Informationen zu besorgen. Rufen Sie sich überdies geeignete Lesestrategien ins Gedächtnis (vgl. dazu Abschnitt 2.1.3.2). Prüfen Sie außerdem, ob es sinnvoll ist, Gesprächsrunden mit anderen Studierenden oder Doktoranden einzuplanen (vgl. dazu Abschnitt 2.4).

c) Lernaktivitäten planen

Planung von Lernaktivitäten

Dazu stellen Sie sich folgende Fragen:

- Wie gehe ich beim eigentlichen Lesen des Textes vor (bspw. durchsehendes Lesen, flüchtiges oder studierendes Lesen)?
- Wie viel Durchgänge benötige ich für diesen Text?
- Wie kann ich den Text einteilen?
- Habe ich Zeit, den Text anschließend zu verdichten (bspw. exzerpieren, Erstellen grafischer Darstellungsformen)?
- An welchen Stellen werde ich überprüfen, ob ich den Inhalt verstanden habe (bspw. abschnittsweise)?

Markieren Sie sich hierzu Lesepausen im Text und legen Sie die Anzahl der Durchgänge fest (vgl. Friedrich et al. 1987, S. 126 f.).

2.1.3 Das Lesen

Im Anschluss an die vorbereitenden Leseschritte haben Sie sich nun für das Lesen eines bestimmten Textes, Abschnitts etc. entschieden. Sie haben präzisiert, was Sie suchen und wissen wollen. Es folgt nun das eigentliche Lesen mit dem Ziel, auf die gestellten Fragen entsprechende Antworten zu erhalten.

2.1.3.1 Lesestile

Drei Möglichkeiten

Grundsätzlich sind drei Möglichkeiten des Lesens, *drei Lesestile* zu unterscheiden:

- Beim "Durchsehen" gehen Sie den Text schnell durch.
- Beim "den Text flüchtig lesen" überfliegen Sie den Text.
- Beim "den Text studieren" vertiefen Sie sich intensiv in das Lesematerial.

a) Durchsehendes Lesen

Durchsehendes Lesen

Beim durchsehenden Lesen geht es darum, eine gezielte Information aus einem Text herauszuholen. Sie wenden diesen Lesestil bspw. an, wenn Sie ein Wort im Wörterbuch, einen Namen oder eine Telefonnummer in einem Verzeichnis oder eine spezielle Definition, Formel oder Schüsselwort in einem Lehrbuch oder einem Artikel suchen. Hierzu werfen Ihre Augen einen kurzen Blick auf das Lesematerial, um diese spezielle Information zu finden. Die Anwendung dieser Technik ist dann einfach, wenn Sie die Struktur und den Aufbau des Lesematerials kennen (vgl. Buzan 1997, S. 118 f.).

Flüchtiges Lesen

b) Flüchtiges Lesen

Beim flüchtigen Lesen, das auch als "Diagonallesen" oder "kursorisches Lesen" bezeichnet wird (vgl. Zielke 1991, S. 126), lesen Sie, um sich relativ oberflächlich zu informieren und die Textstellen, die Antworten auf Ihre anfangs gestellten Fragen geben können, aufzufinden und festzulegen.

Das flüchtige Lesen dient Ihnen freilich dazu, tiefer als beim Schritt "Überblick verschaffen" in den Text hineinzulesen. Sie gehen zügig über den Text, fischen wesentliche Begriffe, Schlüsselworte und wichtige Sätze heraus und erkennen die der Textquelle zugrunde liegende Struktur immer besser.

Beachten Sie hierzu auch stets den formalen Textaufbau, über den Sie sich auch ein Textverständnis erarbeiten können (vgl. dazu Abschnitt 2.1.3.2).

Beim flüchtigen Lesen versuchen Sie, auf folgende Fragen Antworten zu finden:

Prüffragen

- Was kommt in dem Text vor?
- Wie viel der dargestellten Informationen sind mir schon bekannt?
- Welcher Abschnitt bzw. welche Seite bringt mich im Hinblick auf meine Zielsetzung bzw. Fragestellung weiter?
- Welche Stellen sind mir unverständlich?
- In welche Abschnitte lässt sich das Lesen einteilen?
- Was kann übergangen werden, was ist überflüssig?

Anschließend machen Sie wie im "Rückblick" (vgl. Abschnitt 2.1.2.3) eine Mini-Inventur, um damit eine Entscheidung über Ihr weiteres Vorgehen zu fällen: Entweder gelangen Sie zu der Feststellung, dass Ihnen die gewonnenen Informationen genügen und ein weiteres Lesen nicht erforderlich ist, oder Sie stellen fest, dass der Text für Sie eine weitreichende Bedeutung besitzt und Sie sich eingehender mit ihm befassen wollen. Dann folgt ein vertiefender Lesedurchgang, das studierende Lesen (vgl. Ott et al. 1994, S. 63).

c) Studierendes Lesen

Studierendes Lesen

Ein Abschnitt, den Sie studierend zu lesen beabsichtigen, sollte nicht mehr als zwanzig bis dreißig Seiten umfassen. Längere Abschnitte unterteilen Sie in überschaubare Happen, die Sie sich gezielt vornehmen. Es wird Ihre Motivation steigern, wenn Sie sich zunächst kleinen Abschnitten zuwenden und diese mit Erfolg durcharbeiten, als wenn Sie sich sofort sehr große Texte vorgeben und dann lange nicht ans Ziel kommen.

Während Sie beim flüchtigen Lesen zügig lesen und Textstellen aussuchen, die Sie interessieren, gehen Sie beim studierenden Lesen ausführlich und gründlich vor. Sie sind sehr konzentriert, denken intensiv mit, erarbeiten die Inhalte tiefgehend und systematisch und markieren bedeutsame und unverstandene Stellen.

Gezielte Variation der Lesegeschwindigkeit

Sie variieren je nach Komplexität, Zielsetzung und vorhandenem Vorwissen Ihre Lesegeschwindigkeit.

Sie werden schneller lesen, wenn Sie

- den Absatz oder die Seite bereits während einer der vorhergehenden Schritte gelesen haben. Sie können dann zügiger darüber hinweglesen,
- erkennen, dass die Information einfach und redundant ist. Sie werden dann "durchsehend" oder "flüchtig" lesen.

Sie werden langsamer lesen, wenn Sie

- erkennen, dass der Text neue, schwierige und unverständliche Informationen enthält,
- erkennen, dass Sie eine bedeutsame Stelle lesen,
- eine (kritische) Frage zum Lesestoff haben.

Regressionen

Vielleicht passiert es Ihnen manchmal, dass Sie beim Lesen nicht richtig bei der Sache sind und mit Ihren Gedanken abschweifen. Dann sollten Sie zunächst einmal fragen, ob Sie etwas Äußerliches abgelenkt hat. Eine Ursache für Abschweifungen kann aber auch in sogenannten "Regressionen" (Ott et al. 1994, S. 62) bestehen, die oft durch ein zu langsames Lesen hervorgerufen werden. Während des Lesevorgangs ist es nämlich wichtig, in Bewegung zu bleiben. Halten Sie nicht an, um sich mit Informationen zu beschäftigen, die Sie momentan nicht gleich genau verstehen, sondern lesen Sie weiter. Wenn Sie anhalten und sich zu viel mit dem auseinandersetzen, was Sie nicht bzw. noch nicht verstehen, werden Sie abgelenkt. Sie konzentrieren sich dann zu sehr auf Einzelheiten des Texts und nicht auf den Gesamtzusammenhang. Um Lesebremsen zu vermeiden, geben Sie sich den "Befehl", zügig und konzentriert "vorwärts" zu lesen (vgl. Ott et al. 1994, S. 62). Trösten Sie sich zunächst einmal mit dem Gedanken, dass der Autor diesen Sachverhalt an anderer Stelle mit anderen Worten, Beispielen, Abbildungen oder einer Metapher weiter ausführen wird. Was Sie tun können ist jedoch, diese Stellen mit einem entsprechenden Symbol, bspw. ein "?" für "nicht verstanden" oder ein ":/" für "nochmals lesen" zu markieren (eine Zusammenstellung wichtiger Symbole findet sich in Tabelle 2-1 (Abschnitt 2.1.3.2). Wägen Sie genau ab, wann Sie im Text zurückgehen. Machen Sie es wirklich nur dann, wenn eine besonders schwierige Textstelle ein nochmaliges Lesen erforderlich macht, um das Nachfolgende überhaupt zu verstehen.

Meinung vs. Erkenntnis

Versuchen Sie, beim Lesen zwischen Tatsachen und Interpretationen des Autors eine klare Trennlinie zu ziehen: Wo werden abgesicherte und gemeinhin akzeptierte wissenschaftliche Erkenntnisse und wo die ganz persönliche Meinung des Autors vorgestellt?

Studierendes Lesen erfordert eine hohe Konzentration auf den Lesestoff – schützen Sie sich daher gegen äußere Störungen. Für ein intensives Lesen sind Lesepausen unentbehrlich, in denen Sie Zeit zum Nachdenken und zum Verarbeiten des Gelesenen haben (vgl. Abschnitt 5.3.7.2). Nur so kann eine aktive Auseinandersetzung mit dem Lesestoff stattfinden.

2.1.3.2 Techniken für den Umgang mit Texten

a) Techniken zur formalen Analyse von Sätzen

Ursachen von Verstehensschwierigkeiten

Verstehensschwierigkeiten beim Lesen von Texten können bereits auf der Satzebene auftreten. Wenn Sie einen Satz nicht sofort verstehen, kann dies an der Verwendung unbekannter Ausdrücke, aber auch am komplizierten Satzbau liegen. Schwierigkeiten, die in dem gehäuften Gebrauch von Fachbegriffen begründet sind, legen sich in dem Maße, wie Sie sich in die Systematik und in die Fachsprache eines Fachgebiets einarbeiten werden.

Drei Techniken

Hier sollen nun Techniken vorgestellt werden, die es ermöglichen, die Struktur komplizierter Sätze zu vereinfachen, indem Sie die Sätze umformulieren und zerlegen, so dass Sie diese besser verstehen können und die Kernaussage besser hervortritt. Für den Umgang mit komplizierten Sätzen bieten sich folgende Möglichkeiten bzw. Techniken an:

- Bei Sätzen mit gehäuften Hauptwörtern können Hauptwörter umformuliert werden (vgl. Unterabschnitt "aa)").
- Bei Sätzen mit mehrdeutigen Fürwörtern können eingeführte Begriffe wiederholt werden (vgl. Unterabschnitt "ab)").
- Bei Schachtelsätzen und eingebetteten Relativsätzen können Satzteile übersprungen werden (vgl. Unterabschnitt "ac)").

aa) Hauptwörter umformulieren

Hauptwörter umformulieren

Das Satzverständnis wird hauptsächlich dadurch erschwert, dass gehäuft Hauptwörter auftreten. Diese Gefahr ist dann besonders groß, wenn die Sätze Hauptwörter enthalten, die aus Verben bzw. Adjektiven abgeleitet wurden. Die Sätze werden dadurch abstrakt, unanschaulich und die Satzaussagen schwer nachvollziehbar. Gerade in wissenschaftlichen Texten treten zahlreiche Hauptwörter auf, die bspw. auf "ung", "keit" oder "heit" enden (vgl. auch Abschnitt 3.7.4).

Ein Beispiel:

"Zur exemplarischen Veranschaulichung nehmen wir eine typische Büroarbeit wie das Abtippen eines Schriftstückes an, wo auf die Wahrnehmung und Erkennung einer Reihe von Symbolen wie Buchstaben und Zahlen hin die unmittelbare Umsetzung in eine Abfolge motorischer Handlungen erfolgt: das Drücken der Tasten." (Friedrich et al. 1987, S. 21).

Bei der Technik "Hauptwörter umformulieren" gehen Sie so vor:

- Prüfen Sie, ob das erschwerte Textverständnis durch gehäuft auftretende Hauptwörter verursacht ist.
- Identifizieren Sie die Hauptwörter, die umformuliert werden können. Im zuvor erwähnten Beispiel trifft zu, dass mehrere Hauptwörter, nämlich "Veranschaulichung", "Erkennung" oder "Umsetzung", aus Verben abgeleitet wurden.
- Formulieren Sie den Satz um, wobei die im zweiten Schritt erkannten Hauptwörter durch die entsprechenden Verben bzw. Adjektive ersetzt werden. Der zuvor erwähnte Beispielsatz sieht dann folgendermaßen aus:

"Nehmen wir als Beispiel eine typische Büroarbeit wie das Abtippen eines Schriftstückes, bei der Symbole wie Buchstaben und Zahlen fortlaufend erkannt und unmittelbar in motorische Handlungen umgesetzt werden: das Drücken der Tasten." (Friedrich et al. 1987, S. 22).

ab) Eingeführte Begriffe wiederholen

Begriffe wiederholen

Es gibt Sätze, die sich aufgrund einer wiederholten Nutzung von unbestimmten Fürwörtern schwer verstehen lassen.

Ein Beispiel:

"Wie ist eine solche Schreibgeschwindigkeit für eine routinierte Schreibkraft möglich, der doch scheinbar natürlich gesetzte Grenzen vorgegeben sind, zumal jeder Mensch eine Mindestzeit für seine Reaktionen benötigt, die ihr eine Höchstgrenze setzen müsste?" (Friedrich et al. 1987, S. 23).

Bei der Technik "eingeführte Begriffe wiederholen" gehen Sie so vor:

- Prüfen Sie, ob das erschwerte Satzverständnis durch unbestimmte Fürwörter bedingt ist.
- Identifizieren Sie die unbestimmten Fürwörter und versuchen Sie, diese auf die entsprechenden Begriffe zu beziehen.

In dem vorgenannten Satzbeispiel ist nicht sofort ersichtlich, worauf sich die Fürwörter "der", "die" und "ihr" beziehen. Das "ihr" kann sich sowohl auf die Schreibgeschwindigkeit als auch auf die Schreibkraft beziehen. Für die Zuordnung eines Fürwortes zum entsprechenden Begriff kann es hilfreich sein, den Satzteil, der das Fürwort enthält, als Frage auszudrücken. Müsste der Schreibgeschwindigkeit oder der Schreibkraft eine Höchstgrenze gesetzt sein? Im aufgeführten Beispielsatz ist es sehr wahrscheinlich, dass sich das "ihr" nicht auf die Schreibkraft, sondern auf die Schreibgeschwindigkeit bezieht.

- Hat man zu dem Fürwort den entsprechenden Begriff gefunden, so ist es eine Hilfestellung, diesen zu umkreisen und durch einen Pfeil auf das Fürwort zu beziehen.

"Wie ist eine solche Schreibgeschwindigkeit für eine routinierte Schreibkraft möglich, der doch scheinbar natürlich gesetzte Grenzen vorgegeben sind, zumal jeder Mensch eine Mindestzeit für seine Reaktionen benötigt, die ihr eine Höchstgrenze setzen müsste?" (Friedrich et al. 1987, S. 24).

Satzteile überspringen

ac) Satzteile überspringen

Die Technik "Satzteile überspringen" bietet sich immer dann an, wenn es schwer fällt, die Hauptgedanken eines Satzes aufgrund von eingebetteten Satzteilen zu verstehen.

Ein Beispiel:

"In dem etwa gleichzeitigen Aufkommen von Schreibmaschinen und experimenteller Psychologie, als deren Begründer Wilhelm Wundt genannt wird, der in Leipzig 1879 das erste psychologische Institut gründete, das bald internationalen Rang erlangte, mag ein Grund für die frühen psychologischen Untersuchungen zu ver-

schiedenen Aspekten des Maschinenschreibens zu suchen sein." (Friedrich et al. 1987, S. 25).

Bei der Technik "Satzteile überspringen" gehen Sie folgendermaßen vor:

- Prüfen Sie, ob das erschwerte Verständnis des Hauptgedankens eines Satzes durch eingeschobene Sätze verursacht ist.
- Identifizieren Sie die Satzteile, die den Hauptgedanken des Satzes enthalten.
- Unterstreichen Sie diese Satzteile.

"In dem etwa gleichzeitigen Aufkommen von Schreibmaschinen und experimenteller Psychologie, als deren Begründer Wilhelm Wundt genannt wird, der in Leipzig 1879 das erste psychologische Institut gründete, das bald internationalen Rang erlangte, mag ein Grund für die frühen psychologischen Untersuchungen zu verschiedenen Aspekten des Maschinenschreibens zu suchen sein." (Friedrich et al. 1987, S. 26).

b) Erfassung des formalen Aufbaus von Texten

Struktursuche im Text

Eine weitere wichtige Methode zum besseren Verstehen von Texten besteht darin, den *formalen Aufbau bzw. die Darbietungsstruktur* des jeweiligen Textes zu analysieren. Hierbei versuchen Sie, den Gedankengang des Autors herauszuarbeiten und auf diesem Wege den Textinhalt verständlicher zu machen.

Aufbau empirischer Artikel

Empirische Artikel sind häufig nach dem folgenden Muster aufgebaut:

- Problemstellung,
- Literaturanalyse,
- Hypothesen,
- Methode,
- Ergebnisse und
- Diskussion (vgl. Abschnitt 3.5.1.2).

Dabei verraten die Überschriften und die Umfänge der Abschnitte indirekt, wo in dem jeweiligen Text die Schwerpunkte gesetzt sind.

Methoden der Struktursuche

Es ist jedoch darauf hinzuweisen, dass der formale Aufbau eines Textes nicht immer explizit angezeigt wird. Häufig muss er vom Leser selbst erarbeitet werden. Hierzu können folgende Methoden eingesetzt werden:

- Achten Sie zunächst auf im Text verstreute *"Regieanweisungen"* des Autors, die Einleitungen, Verstärkungen, Änderungen oder Verdichtungen signalisieren. Dies können Einleitungssignale (z. B. besonders, folglich, deshalb), Verstärkungssignale (z. B. außerdem, ferner, überdies, zusätzlich, ebenso) oder Änderungssignale (z. B. andererseits, aber, jedoch, trotzdem, vielmehr) sein (vgl. Koeder 1994, S. 102). Formulierungen, die das Gewicht einzelner Aussagen näher bestimmen, sind bspw. "das Wesentliche ist ..." oder "der entscheidende Punkt ist ...". Hinweise auf Verdichtungen der Informationen durch den Autor können sein: "Ich wiederhole ..." oder "Ich fasse zusammen ...".
- Eine weitere Vorgehensweise zur Erfassung des formalen Aufbaus von Texten besteht darin zu untersuchen, ob diese *deduktiv oder induktiv* angelegt sind (vgl. hierzu die Abschnitte 2.2.3 (Zuhören), 2.1.4.2 (Hierarchische Anordnungen) sowie 3.5 (Gliederungen).
- Schließlich können Sie den formalen Aufbau eines Textes auch dadurch herausarbeiten, dass Sie *formale Stichwörter* am Textrand anbringen. Gebräuchliche Begriffe zur Kennzeichnung des formalen Textaufbaus sind z. B. Definition, These, Frage, Problem, Beispiel, Studie, Untersuchung, Methode, Konsequenz, Erkenntnis, Verallgemeinerung, Voraussetzung, Zusammenfassung, Kritik, Einwand, Merkmal 1, Merkmal 2, ... (vgl. Friedrich et al. 1987, S. 35 f.). Gebräuchliche Begriffe können auch in Form von Abkürzungen oder Symbolen (vgl. hierzu Abschnitt 2.1.3.2 c)) angebracht werden.

c) Markieren

Grundsätzlich sollten Sie sich angewöhnen, nie ohne Bleistift und Block zu lesen. Wenn Sie an einem Bildschirm oder Lesegerät lesen, sollten Sie, sofern möglich, sich der Änderungs- oder Kommentarfunktion bedienen.

Formale und inhaltliche Stichwörter

Markierungen können zunächst in am Textrand angebrachten *formalen*, auf den äußerlichen Aufbau des Textes hinweisenden *Stichwörtern* bestehen. Weiterhin sollten Sie auch *inhaltliche Stichwörter* vermerken, die sich auf den Inhalt des konkreten Text beziehen.

Markiert werden sollten *wichtige* Stichwörter und Textstellen.

Effektives Markieren von Texten erfolgt nicht beim ersten Lesegang, sondern erst dann, wenn der Lernende bereits einen Überblick und ein Verständnis des Textmaterials besitzt. Markieren beim ersten Lesen führt meist dazu, dass viel zu viel markiert wird. Ziel ist es jedoch, die wesentlichen und wichtigen Infos herauszufiltern.

Das Markieren wichtiger Informationen im Text und am Textrand bildet die Grundlage für das Erstellen von Zusammenfassungen sowie von grafischen Darstellungen.

Hervorhebungen

Beim Markieren wird der Text reduziert, indem wichtige Stellen im Text hervorgehoben werden. Diese Hervorhebungen können sowohl in *sprachlicher* als auch in *nicht-sprachlicher* Form erfolgen:

- Bei der sprachlichen Markierung werden wesentliche Begriffe, Schlüsselwörter, Abkürzungen am Textrand notiert. Sie werden entweder dem Text entnommen (Stichwörter) oder vom Leser gebildet (Schlagwörter) (vgl. Abschnitt 3.4.2).
- Nicht-sprachliche Markierungen wie Pfeile, Unterstreichungen in verschiedenen Farben, Kreise, Umrahmungen, Umkastellungen, Klammern, Fragezeichen etc. können sowohl im Text als auch am Textrand angebracht werden (vgl. Friedrich et al. 1987, S. 67 f.).

Das Markieren erleichtert Ihnen die systematische und zielgerichtete Nachbereitung des Textmaterials. Beim ersten Lesen brauchen Sie sich den Inhalt noch nicht einzuprägen, sondern Sie bereiten das Gelesene für ein effektives und effizientes Rekapitulieren vor.

Vielleicht werden Sie sich fragen, wie Sie Wichtiges von Unwichtigem unterscheiden können. Dafür gibt es keine allgemeingültige Methode oder Technik. Sie selbst haben auf der Basis Ihrer Zielsetzung und Ihrer an den Text gestellten Fragen zu entscheiden, welche Begriffe, Definitionen, Zahlen, Zusammenhänge, Textstellen etc. *für Sie* bedeutsam bzw. unbedeutsam sind. Sie markieren das in Ihrem Fragenzusammenhang Bedeutende.

Nutzen des Markierens

Das Markieren von Texten

- ermöglicht eine Erleichterung für die Lesewiederholung durch optische Signale. Im nächsten Lesegang werden dann nur noch markierte oder die herausgeschriebenen Randnotizen gelesen,
- sorgt damit für eine Erhöhung des Lesetempos,
- dient dazu, die Systematik des Textes zu erkennen, den roten Faden der Textquelle sichtbar werden zu lassen und das Wichtige zu akzentuieren und
- fördert durch optisches Hervorheben das Behalten der Inhalte.

Post-Its

Diese Hervorhebungen bzw. Markierungen werden natürlich in einem Text (Buch), den Sie ausgeliehen haben, anders aussehen als in Ihrem eigenen Text. In einem ausgeliehenen Buch dürfen Sie eigentlich gar keine bzw. nur mit einem weichen Bleistift bestimmte Markierungen anbringen, die Sie vor Rückgabe des Buchs wieder ausradieren. Sehr nützlich ist auch das Anbringen von sogenannten "Post-Its", auf denen Sie dann entsprechende Vermerke notieren können, oder einfach das Einlegen von beschriftungsfähigen losen Blättern in ein Buch. Handelt es sich um wichtige prüfungsrelevante Inhalte, empfiehlt es sich, die zentralen Stellen herauszuschreiben (vgl. auch Abschnitt 2.1.4.2).

Dass richtiges Markieren als Technik der Informationsverdichtung bzw. -integration die Lernleistung verbessern kann, zeigte sich in einer Untersuchung von Duke/Schäfer (1986, S. 210 ff.): Personen mit einer hohen Lernleistung unterstreichen sparsam. Dieses sparsame Unterstreichen muss jedoch gelernt und geübt werden.

Sparsamkeit und Einheitlichkeit

Für sinnvolles Markieren gilt grundsätzlich:

- Markieren Sie sparsam.
- Verwenden Sie immer dasselbe Markierungssystem.

Wie markieren Sie sinnvoll?

Es gibt keine verbindlichen Regeln, die angeben, welche Zeichen für welche Hervorhebungen benutzt werden und welche Farben zu wählen sind. Wichtig ist jedoch, dass Sie die einmal gewählten Symbole konsequent verwenden. Entwickeln Sie sich deshalb ein individuelles System für Ihre Markierungen.

Farbige Markierungen

Wenn Sie Farbakzente zur Verstärkung der Aufmerksamkeit setzen, ist es wichtig, darauf zu achten, dass Sie mit wenigen Farben (bspw. rot, grün, blau, schwarz, gelb) gezielt Wichtiges hervorheben. Zu viele Farben vermindern die Qualität Ihrer Markierungen, weil es dann schwer ist sich zu merken, welche Farbe für welchen Inhalt steht. Wie aber setzen Sie Farben im Text gezielt als Lernhilfe ein? Beispiel: Sie lesen ein Lehrbuch über soziologische Theorien. Wenn Sie sowohl in einer Abbildung Aussagen über das einer Theorie zugrundeliegende Menschenbild grün anmalen als auch im Text jene wichtigen Bemerkungen grün kennzeichnen, die sich auf das zugrundeliegende Menschenbild beziehen, dann wird dieser Zusammenhang "Menschenbild = grün" so gut kodiert, dass Sie sich später hervorragend daran erinnern können (vgl. Birkenbihl 1997, S. 69 f.).

In der nachfolgenden Tabelle 2-1 ist die Bedeutung von vielfach genutzten Markierungssymbolen zusammengestellt (vgl. Hüholdt 1993, S. 315). Neben diesen Symbolen können auch sprachliche Kürzel wie „ja“, „gut“, „o. k.“, „nie“, „selten“, „na, ja“ oder „sic“ zu Markierungszwecken verwendet werden.

Markierungssymbole

Tabelle 2-1

Symbol	Bedeutung	Symbol	Bedeutung
!	wichtig	↗ ↘	siehe oben siehe unten
!!	sehr wichtig	Bsp.	Beispiel
?	versteh ich nicht bzw. schwer verständlich	Def.	wichtige Definition
?!	unverständlich, aber wichtig, um Klärung bemühen	1.2.3./ a.b.c.	Bei Gliederungen und Aufzählungen (auch A,B,C,... und I,II,III...)
://	Wiederholung	Zsf.	Zusammenfassung
<=>	Wechselwirkung	⬭	wichtiger Gedanke bzw. Begriff
≀	fraglich, nicht unumstritten	✓/ O.K.	in Ordnung
Ø	im Durchschnitt	ϟ	Widerspruch
→	siehe auch bei	Σ	Summe
=>	daraus folgt	☺	humorvolle Stelle
☹	damit bin ich nicht einverstanden		

2.1.3.3 Verbinden von "alten" und "neuen" Informationen

Textelaboration

In diesem Abschnitt wird dargelegt, wie Sie sich als Leser mit einem Text aktiv auseinandersetzen. Insbesondere geht es darum, wie Sie den Inhalt des Textes mit Ihrem eigenen Wissen verbinden können. Bei diesem Aspekt des Lesens "fügen" Sie dem Text etwas "hinzu", was nicht explizit im Text steht. Der Text wird angereichert, elaboriert. Da Ihnen hierbei eine aktive und konstruktive Rolle zukommt, sind Elaborationen das eigentliche kreative Moment beim Lesen (vgl. Friedrich et al. 1987, S. 43). Viele experimentelle Untersuchungen zeigen, dass das "Elaborieren" das Behalten neu aufgenommener Informationen fördert (vgl. Friedrich et al. 1987, S. 50; Schwank/Seidel/Tormin 1986, S. 47, entsprechende Übungen dort auf S. 72 ff. und 87 f.).

Assoziation und Analogiebildung

Elaborationen führen dazu, dass der Textinhalt auf vielfältige Weise mit dem Vorwissen und den persönlichen Erfahrungen des Lesers verbunden wird. Dieser Sachverhalt wird auch als "Assoziation" oder "Analogiebildung" bezeichnet. Eigentlich kann unser Gedächtnis die Fülle der einströmenden Reize und Informationen lediglich für kurze Zeit speichern. Ein kompliziertes, in unserem Gehirn befindliches Steuerungssystem sorgt jedoch dafür, dass nur die "bedeutsamsten" Informationen herausgefiltert und weitergegeben werden. "Bedeutsam" ist dabei für das Gedächtnis allerdings ein subjektiver Begriff. Als "bedeutsam" wird eine Information dann eingestuft, wenn wir uns dafür interessieren, uns damit beschäftigen und wenn sie *für uns* sinnvoll erscheinen. Informationen werden daraufhin untersucht, ob sie zu einem schon vorhandenen Gedächtnisinhalt passen, d. h. ob sie irgendwo eingeordnet, verbunden bzw. "assoziiert" werden können (vgl. Vollmer/Hoberg 1988, S. 65 ff., dort finden sich auch diverse Übungen zum Assoziieren).

Analogiebildungen spielen beim menschlichen Lernen und Verstehen eine grundlegende Rolle. Durch den ständigen Bezug zu Ähnlichem, bereits Bekanntem werden Gedankennetze aufgebaut. Viele Begriffe heben auf etwas Bekanntes ab, das in einen neuen Kontext gesetzt wird. Auch zur Erklärung eines Sachverhaltes bedient man sich häufig einer Analogie (vgl. Metzig/Schuster 1996, S. 175). Es eignet sich deshalb immer die Fragestellung "An was erinnert mich dieser neue Sachverhalt?".

Das nachfolgende Beispiel soll verdeutlichen, wie der Inhalt eines Textes elaboriert bzw. assoziiert werden kann. Es dient jedoch nur der Veranschaulichung. Es bleibt jedem Leser selbst überlassen, eigene Elaborationen bzw. Assoziationen zu bilden. Es ist deshalb auch nicht möglich, verbindliche Regeln für Art, Anzahl und Inhalt des Elaborierens anzugeben.

"Da die Welt durch Flugzeuge, Satelliten und das Internet kleiner geworden ist, werden Ereignisse in anderen Erdteilen bei uns stärker spürbar als je zuvor. Es geht uns heute alle an, wenn "weit unten in Afrika die Völker aufeinanderschlagen". Denn diese Völker sind gleichberechtigte Mitglieder in den großen politischen und wirtschaftlichen Gremien, in denen auch über unser Schicksal bestimmt wird."

Arten von Elaborationen

Mögliche Arten von Elaborationen:

- *Bildhafte Vorstellungen* mit Farb- und Formbeschreibungen und räumlichen Angaben; z. B. die Vorstellung, wie ein Satellit die Erde umkreist.
- Verknüpfen bzw. Vernetzen von neuen Informationen mit *persönlichen Erfahrungen*; z. B.: "Ich habe mich schon so oft über die immer wieder

steigenden Benzinpreise, die nicht unwesentlich durch die Nahostkrise ausgelöst worden sind, geärgert."

- Aussagen über das *eigene Wissen bzw. Nichtwissen*, z. B.: "Ich verstehe die Beziehung zwischen Nachrichtentechnik und dem Zitat nicht. Vielleicht klärt es sich beim Weiterlesen."
- *Kritische Auseinandersetzung* mit dem Text. "Ob diese Völker wirklich gleichberechtigte Mitglieder sind, erscheint mir fraglich."
- Aktivierung *semantischen Wissens*. Dadurch kann man abstrakte Begriffe durch konkrete Beispiele verdeutlichen; z. B.: "Ein großes politisches Gremium sind z. B. die Vereinten Nationen."
- *Neuformulierung des Inhaltes mit eigenen Worten*. "Also wir sind von weit entfernten Ereignissen heute stärker betroffen, weil die Entfernungen durch moderne Technik überwindbarer geworden sind und unser Schicksal auch von Entscheidungen internationaler Gremien abhängt." (vgl. Friedrich et al. 1987, S. 50 ff.).

2.1.3.4 Lesegeschwindigkeit steigern

Durch gezielte Übung lässt sich das Lesetempo steigern. Diese Steigerung betrifft jedoch nur den eigentlichen Lesevorgang, der aber – wie bereits ausgeführt – für die Aufnahme und Verarbeitung der wesentlichen Inhalte nur *einen* Teil der Lesearbeit ausmacht.

Lesetest

Im Folgenden möchten wir Sie zu einem kleinen Lesetest einladen.

Lesen Sie bitte den nachstehenden, eingerückten Text so schnell und so gründlich wie möglich durch, stoppen Sie die Zeit, die Sie dafür benötigen (der nachfolgende Text und die daran anschließende Übung wurden modifiziert übernommen aus Vollmer/Hoberg 1988, S. 80 ff.; vgl. hierzu auch Michelmann/Michelmann 1998, S. 56; Ott 1988, S. 19; Schräder-Naef 1994, S. 224).

> Haben Sie Ihre Lesetechnik systematisch verbessert, seit Sie mit sechs Jahren das Lesen gelernt haben? Ungeübte erwachsene Leser schaffen im Durchschnitt ca. 90 bis 240 Wörter pro Minute (WpM), ein geübter Leser mit ähnlichen geistigen Fähigkeiten dagegen 500 WpM. Und er erfasst dabei noch mehr von dem Gelesenen. Möglich sind sogar rund 900 WpM.
>
> Natürlich hängt die Lesegeschwindigkeit davon ab, ob der Text leicht oder schwierig ist. Aber zumindest bei leichteren Texten ist der Denkapparat ungeübter Leser nur unzureichend ausgelastet; der Nachschub funktioniert zu langsam, es droht Langeweile, Unkonzentriertheit. Sol-

chen Lesern ist ein Lesetraining, eventuell sogar ein systematischer Aufbaukurs im Lesen anzuraten, in dem der Lesevorgang optimiert wird. Bei einem solchen Lesetraining geht es vor allem darum, schlechte Lesegewohnheiten auszumerzen, die sich im Laufe der Jahre verfestigt haben. Zu den schlechten Lesegewohnheiten gehören:

1. Das *Wort-für-Wort-Lesen*, verbunden mit einer zu geringen Blickspanne. Bis vor wenigen Jahren glaubte man, dass die Augen während des Lesens gleichmäßig über den Text gleiten; heute weiß man, dass sie beim Lesen eine Sprung-Stopp-Bewegung vollziehen. Die Augenbewegung geht also ruckweise vor sich. Aufgenommen wird während der Haltepunkte. Während der Augenbewegung erfolgt dagegen keine Informationsaufnahme. Wie viel bei den Haltepunkten aufgenommen wird, hängt vor allem von zwei Faktoren ab: der Blickspanne und dem Vorrat des Lesers an sogenannten Wortbildern.
2. *Rückwärtsspringen auf bereits Gelesenes* ("Regression"). Der Blick springt oft schon in der gleichen Zeile mehrfach zu bereits Gelesenem zurück. Dies ist meist ein Zeichen mangelnder Konzentration und ist für einen zügigen Lesefluss äußerst hinderlich. Man kann gegen die Regression dadurch angehen, dass man den Text der bereits gelesenen Zeilen durch ein Stück festes Papier abdeckt.
3. *Mitsprechen*. Das laute Lesen ist für eine Steigerung der Lesegeschwindigkeit ebenfalls hinderlich, da Auge und Gehirn schneller als die Sprechwerkzeuge arbeiten (dem widerspricht nicht, dass zur Einprägung komplizierter Sachverhalte der Lernweg Sprechen zur Unterstützung des Lernweges Lesen herangezogen werden sollte).

Neben der Bekämpfung dieser schlechten Gewohnheiten hilft nur die ständige Übung zur Verbesserung des Lesetempos. Hierbei sind Trainingsprogramme von großem Nutzen.

Soweit der Lesetext. Ihre Lesegeschwindigkeit ermitteln Sie mit der Formel:

Berechnungsformel

$$\frac{\text{Gesamtwortzahl des Textes} * 60}{\text{benötigte Zeit in Sekunden}} = x \text{ Wörter pro Minute [WpM]}$$

Der Übungstext umfasst 335 Wörter.

Meine Lesegeschwindigkeit betrug: .... WpM

Prüffragen

Ihre Aufnahmeleistung bzw. Behaltensleistung können Sie feststellen, indem Sie die folgenden Fragen beantworten:

- Wie viele Wörter pro Minute schafft ein ungeübter Leser? (2 Punkte),
- Wie viele Wörter pro Minute sind möglich? (1 Punkt),
- Was droht einem ungeübten Leser bei leichten Texten? (1 Punkt),
- Welches sind die drei schlechten Lesegewohnheiten? (3 Punkte),
- Wie kann man gegen Regression angehen? (1 Punkt),
- Wie verlaufen die Augenbewegungen beim Lesen? (1 Punkt) und
- Wann soll der Lernweg "Sprechen" zur Unterstützung des Lernweges "Lesen" herangezogen werden? (1 Punkt).

Die Aufnahmeleistung wird üblicherweise in Prozent angegeben. Falls Sie den Inhalt vollständig wiedergeben konnten, wäre Ihre Aufnahmeleistung also 100 Prozent. Sie können die Aufnahmeleistung errechnen, indem Sie die Anzahl der erreichten Punkte mit 10 multiplizieren.

Meine Aufnahme-/Behaltensleistung betrug ...... Prozent.

Wie im Lesetest angesprochen, dauert es beim Wort-für-Wort-Lesen verhältnismäßig lange, bis Sinn in das Gelesene kommt. Dies liegt vor allem daran, dass ein einzelnes Wort für sich allein einen relativ geringen Informationsgehalt aufweist. Erst in einem bestimmten Zusammenhang mit anderen Wörtern trägt es zu sinnvollen Aussagen bei. Der Geist, der ja auch durch Filme, Fernsehen, das Internet etc. an einen raschen Informationseingang gewöhnt ist, langweilt sich (vgl. Ott 1996, S. 44).

Blickspanne

Je größer und weiter Ihre Blickspanne ist, desto schneller werden Sie lesen. Die meisten Menschen nutzen nur eine Blickspanne von ca. einem Grad. Das entspricht bei einem normalen Leseabstand von 30 cm knapp einem Zentimeter. Mit einem Blick können lediglich drei- und vierbuchstabige Wörter erfasst werden (vgl. Bohlen 1993, S. 36).

Die Blickspanne ist bis auf ca. 12 Grad steigerungsfähig, was bei 30 cm Abstand etwas über acht Zentimetern entspricht (vgl. Bohlen 1993, S. 38). Lesen Sie also nicht buchstabenweise oder Wort-für-Wort, sondern versuchen Sie, Ihre Blickspanne zu vergrößern.

Schlechte Lesegewohnheiten

Schlechte Lesegewohnheiten (bspw. Wort-für-Wort-Lesen, Mitsprechen, Rückwärtsspringen auf das bereits Gelesene, Nutzung von Lesehilfen wie Finger, Bleistift oder Lineal), die in den ersten Schuljahren als Hilfestellungen für das Erlernen des Lesens ihre Berechtigung hatten, wurden jedoch beibehalten, obwohl sie den erfahrenen Leser in seinem Leseverhalten blockieren. Hinzu kommen kann ein geringer Wortschatz, ein stets gleichbleibendes, nicht dem Schwierigkeitsgrad angepasstes Lesetempo sowie das Lesen zu langer Etappen.

Neben einer Beseitigung dieser ineffektiven Lesegewohnheiten lässt sich das Lesetempo vor allem durch regelmäßige Übung verbessern. Versuchen Sie dazu immer wieder, geeignete – also nicht zu schwere – Texte so schnell wie möglich zu lesen. Dabei kann es nützlich sein, den Lesefortschritt in einer Schnelllesetabelle (vgl. Schräder-Naef 1994, S. 225) festzuhalten. In dieser Tabelle (vgl. Tabelle 2-2) vermerken Sie Ihre Leseleistungen und können so die Verbesserung Ihrer Lesegeschwindigkeit und der Behaltensquote verfolgen. Ihre Lesegeschwindigkeit bestimmen Sie dabei anhand der oben erläuterten Berechnungsformel.

Tabelle 2-2 *Schnelllesetabelle*

Datum	Text	Zeit in Sekunden	Anzahl der Wörter	Wörter pro Minute (Tempo)	Verständniskontrolle Maximum: 100

Um einen Fortschritt in Ihrem Training feststellen zu können, ist es wichtig, stets gleichwertige Texte hinsichtlich ihres Schwierigkeitsgrades für die Übungen heranzuziehen. So ist es sinnvoll, wenn Sie zunächst mit leichten Texten, z. B. Zeitungsartikeln, üben und in einer späteren Sequenz schwierigere Texte, z. B. Fachliteratur, heranziehen. Da das schnelle Lesen Konzentration erfordert, sollten Sie des Weiteren darauf achten, dass Sie nach zehn Minuten das Schnelllesen abschließen und damit beginnen, den Inhalt zu rekapitulieren (vgl. Schräder-Naef 1994, S. 39).

Trainingsprogramme

Vollständige Trainingsprogramme zur Steigerung der Lesegeschwindigkeit werden in zahlreichen Spezialschriften angeboten (vgl. Beyer 1988; Buzan 1997; Ott 1996; Scheele 1996; Zielke 1974).

2.1.3.5 Selbststeuerung während des Lesens

Prüffragen

Nachfolgende Fragen dienen der Selbststeuerung während des Lesevorgangs.

- Lese ich aufmerksam und konzentriert?

Aktivitäten bei einer Nein-Antwort z. B.: Eine Lesepause einlegen; nach einer Seite bzw. einem Abschnitt Fragen an den Text formulieren; eventuell bestehende Lärmquellen vermindern; Sitzplatz und -haltung verbessern; Lichtverhältnisse überprüfen.

- Verstehe ich den Text?
- Warum ist der Text schwer zu verstehen?
- Wie kann ich den Text besser verstehen?

Mögliche Aktivitäten: Text mehrmals lesen, Zusammenfassungen lesen, Überblick über die Textquelle verschaffen, Wörterbücher, Lexika verwenden, schwierige Stellen als Frage formulieren, Techniken zum Verstehen von Sätzen anwenden, Techniken zum Verstehen des formalen Aufbaus hinzuziehen (vgl. Abschnitt 2.1.3.2).

2.1.4 Nachbereitung des Lesens

2.1.4.1 Rekapitulieren

Drei Schritte

Das Rekapitulieren gelesener Texte lässt sich in die Schritte "Textrückblick", "Textreflexion" und "Textverdichtung" unterteilen.

Der *Textrückblick* dient 1) der Verarbeitung, dem Verständnis und dem Nachvollziehen der Ausführungen des Autors sowie 2) der Kontrolle, ob sich die zu Anfang aufgeworfenen Fragen mit Hilfe des Textes einer Beantwortung zuführen lassen.

Bei der *Textreflexion* 1) versuchen Sie, Zusammenhänge zu erkennen und Beziehungen herzustellen, 2) nehmen Sie eventuell neu entstandene Fragen und Aspekte zum Inhalt wahr und halten diese fest sowie 3) setzen Sie sich kritisch mit dem Textinhalt auseinander.

Mittels der *Textverdichtung* 1) fassen Sie den Inhalt auf das Wesentliche zusammen und 2) fertigen sich schriftlich kompakte Aufzeichnungen (Exzerpte, Grafiken, sonstige Visualisierungen) dazu an.

a) Textrückblick

Innehalten

Nachdem Sie einen bestimmten Abschnitt oder einen bestimmten Teil eines Textes durchgearbeitet haben, ist es wichtig, zunächst einmal innezuhalten. Lassen Sie Ihrem Gehirn zum Verarbeiten und Einordnen der neuen Informationen Zeit (zur Pausengestaltung vgl. Abschnitt 5.3.7.2).

Im Anschluss daran

- überfliegen Sie die markierten Stellen und markieren eventuell Übersehenes,
- versuchen Sie, sich den Inhalt in Erinnerung zu rufen,
- prüfen Sie, was Sie behalten haben,
- prüfen Sie, was Sie von dem Gelesenen verstanden haben,
- schlagen Sie ggf. Fremdwörter, Fachausdrücke etc. nach und
- fragen Sie sich, wie sich die Informationen zu Ihrem bisherigen Wissen verhalten.

Textauswertungsfragen

Textauswertungsfragen:

- Was ist das Kernproblem der vorliegenden Abhandlung?
- Welche Stellung bezieht der Autor?
- Wie kommt der Autor zu seiner Stellungnahme, wie begründet er sie?
- Welche Nebenprobleme werden angesprochen?

Das Rekapitulieren ist gerade bei fachwissenschaftlichen Inhalten, die Ihnen Schwierigkeiten bereiten, bedeutsam: Beim Rekapitulieren werden Sie nämlich gezwungen, die dargelegten Gedankengänge nachzuformulieren und mit Ihren eigenen Worten wiederzugeben. Damit stellen Sie sicher, dass Sie die Inhalte bewusst aufnehmen und in Ihrem Gedächtnis verankern.

Zum Verständnis eines Lehrbuchs mit normalem Schwierigkeitsgrad kann vier- bis fünfmaliges Rekapitulieren erforderlich sein. Die Zeit für das Rekapitulieren sollte aus diesem Grunde nicht zu knapp bemessen sein (vgl. Maddox 1988).

Das Ziel dieses Lernschrittes besteht also darin sicherzustellen, dass Sie den Inhalt verstanden und Antworten zu Ihren aufgeworfenen Fragen erhalten haben.

b) Textreflexion

Inhalt der Textreflexion

Beim Reflektieren des Textes bemühen Sie sich,

- *Zusammenhänge/Beziehungen herzustellen.*

Nachdem Sie durch die Bearbeitung des vorhergehenden Schrittes sichergestellt haben, dass Sie die Inhalte hinreichend erfasst haben, versuchen Sie nun, den Gesamtzusammenhang zu verstehen und Beziehungen zwischen einzelnen Aussagen und/oder zu anderen gelesenen Texten sowie zu in Lehrveranstaltungen erfahrenen Aspekten herzustellen.

Hierzu ist es auch sinnvoll, Beziehungen zu anderen Fachgebieten aufzubauen. Dieses bewirkt nämlich eine Interdisziplinarität des Denkens und eine vielschichtige Auseinandersetzung zu dem thematisierten Sachverhalt.

- *eine kritische Auseinandersetzung mit dem Text herbeizuführen.*

Sie sollten das Gelesene nicht nur "schlucken", sondern auch "verdauen".

Kritische Fragen an den Text

Für eine kritische Auseinandersetzung ist es hilfreich, den Textinhalt zu hinterfragen. Dabei achten Sie konsequent darauf, welche Aussagen Ergebnisse und sachliche Informationen beinhalten und welche die Meinung des Autors widerspiegeln, also Bewertungen und Interpretationen darstellen. Kein Autor ist unfehlbar. Sogar klassische Texte können angezweifelt werden.

- Wie kommt der Autor zu dieser Aussage?
- Gäbe es auch eine andere Interpretation für das Ergebnis? Wenn ja, welche?
- Welche Vor- und Nachteile sprechen für diese unterschiedlichen Interpretationen?
- Gibt es Widersprüche im Text?
- Verfolgt der Autor mit seinen Ausführungen bestimmte Absichten?
- Mit welchen Punkten seiner Stellungnahme bin ich einverstanden, mit welchen nicht?

Durch diese zusätzlichen im Laufe des Leseprozesses entstehenden Fragen wird die Auseinandersetzung mit der Lesequelle zum Ausgangspunkt einer kontinuierlichen Erweiterung und Vertiefung Ihres Wissens.

Das Reflektieren eines Textes kann auch nach der Textverdichtung erfolgen. In welcher Reihenfolge Sie diese beiden Schritte durchführen, hängt unter anderem von Ihrem Interesse am Thema, Ihrem Kenntnisstand und nicht zuletzt von Ihrer zur Verfügung stehenden Lernzeit ab.

c) Textverdichtung

Beim Lernen aus schriftlichen Unterlagen (Büchern, Artikeln, eigenen Mitschriften aus Lehrveranstaltungen etc.) ist es eine gute Hilfe, wenn Sie das Gelesene schriftlich kompakt verdichten und sich dabei auf Hauptaussagen beschränken und auf Ausschweifungen und Wiederholungen verzichten.

Vorteile der Textverdichtung

Sie können einerseits den Inhalt in Form von Exzerpten zusammenfassen und/oder andererseits den Inhalt in grafischen Darstellungen komprimieren. Gegenüber ausschließlich mündlichen Wiederholungen erzielen Sie durch schriftliche Zusammenfassungen und grafische Verdichtungen folgende Vorteile:

- Sie sind in einer aktiveren Lernhaltung,
- Sie lernen das Wichtige und Wesentliche von Unbedeutendem zu trennen,
- Sie sind zu kurzen und knappen Aussagen bzw. Darstellungen gezwungen,
- Sie verbessern Ihre sprachliche Ausdrucksfähigkeit,
- Sie fertigen sich eine Zusammenfassung der Kernaussagen für spätere effiziente Wiederholungen an,
- Sie bereiten sich auf Prüfungen vor, damit diese weniger zeitintensiv und stressfreier werden und
- Sie verbessern Ihr Verständnis und Ihre Behaltensleistung insb. dadurch, dass Sie die gelesenen Sachverhalte in organisierter und visualisierter Form darstellen.

2.1.4.2 Techniken zur Textverdichtung

a) Das Erstellen von Exzerpten

Exzerpte

Ein Exzerpt ist ein kurzer schriftlicher Auszug, den Sie sich von einer Quelle anfertigen. Sie schreiben sich aus dem Text das Wichtigste kurz und knapp heraus.

Bei gut gegliederten und organisierten Texten können Sie die bestehende Gliederung und die Überschriften des Textes als Grundlage der Textverdichtung übernehmen. Häufig schlagen sich die Gedanken einer Textquelle, seine Struktur, seine Über- und Unterordnungsverhältnisse in den Überschriften und der Gliederung nieder. Ebenso haben Sie die Möglichkeit, eigene Überschriften zu generieren und diese in eine Ordnung nach Ihrem Verständnis zu bringen.

Bei schwierigen, schwer verständlichen, ungeordneten und unübersichtlichen Texten hingegen sollten Sie eigene Textauszüge bzw. -zusammenfassungen generieren. Bei der Erstellung eigener Textauszüge bzw. -zusammenfassungen sind die Beachtung und Anwendung der vier Dimensionen verständlicher Texte: „die vier Verständlichmacher" (vgl. Schulz von Thun 1989, S. 140 ff.; vgl. Abschnitt 4.1.3) eine nützliche Hilfe. Optimal verständliche und damit leicht lernbare Texte sind einfach formuliert, gut gegliedert, kurz und prägnant gefasst sowie anregend und interessant gestaltet.

Ein Exzerpt kann ein wörtlicher oder sinngemäßer Textauszug sein. Jedoch ist es immer fremdes Gedankengut und muss deshalb originalgetreu sein. Trennen Sie daher eigene Ergänzungen deutlich vom Auszug.

Arten von Exzerpten

- Wenn Sie bei wörtlichen Exzerpten wort- oder inhaltsgetreue Textstellen herausschreiben, sind die entsprechenden Zitierregeln anzuwenden (vgl. Abschnitt 3.7.5).

- Bei nichtwörtlichen, sinngemäßen Exzerpten geben Sie den Inhalt der Originalquelle mit Ihren eigenen Worten wieder. Auch hier ist das sinngemäße Übernehmen nach den Zitierrichtlinien zu gestalten.

Das Zitieren von Textstellen ist insb. dann mit äußerster Sorgfalt vorzunehmen, wenn Sie das Exzerpt als Grundlage für die Ausarbeitung einer schriftlichen wissenschaftlichen Arbeit hinzuziehen wollen. Zum Ausarbeiten Ihres eigenen Textes müssen Sie auf jeden Fall auf die Ihren Exzerpten zu Grunde liegenden Originale zurückgreifen.

Nachhaltige Bedeutung des Exzerpierens

Das Exzerpieren ist trotz der allgegenwärtigen Kopiermöglichkeiten überaus sinnvoll und lohnenswert, da Sie nicht durch das Kopieren, sondern erst durch das Erarbeiten und kritische Lesen eines Textes ein Verständnis über dessen Inhalt gewinnen.

Das Erstellen von Exzerpten ist für den Ungeübten meist anstrengend und mühevoll – es will gelernt sein. Häufig ist auch ein bestimmter Wissensstandard erforderlich, um ein hinreichendes Maß an Wiedergabequalität zu erreichen. Der Einsatz lohnt sich jedoch in mehrfacher Hinsicht. Das Exzerpieren ist eine gute Lernhilfe,

- wenn Sie neu erworbene Informationen einprägen und behalten wollen,

- wenn Sie einen Text knapp und übersichtlich für ein Seminar oder eine Diskussion zur Verfügung haben wollen,
- wenn Sie einen Text für eine schriftliche wissenschaftliche Arbeit aufbereiten,
- wenn Sie die analysierte Quelle nur kurzfristig ausleihen können oder wenn Sie diese später noch benötigen und
- wenn Sie eine gute Merkhilfe für Wiederholungen benötigen (auch hier empfiehlt sich ein Anlegen von Karteikarten (vgl. Abschnitt 3.4.4)).

Eine übersichtliche, knappe und bildliche Form Ihres Exzerptes kann in Form eines Exzerptformblattes gestaltet sein.

Hinweise für das Erstellen von Exzerptformblättern

- Verwenden Sie Blätter in DIN-A-4-Format. Beschreiben Sie diese einseitig und lassen Sie einen breiten Rand für Zusätze. Nummerieren Sie die Seiten durch. Exzerpte können Sie heutzutage selbstverständlich auch mit dem Computer oder dem Smartphone erstellen; die Blätter stellen dann Seiten einer Datei dar. In Tabelle 2-3 ist eine mögliche Struktur eines Exzerptformblatts wiedergegeben.

Um spätere Doppelarbeit zu vermeiden, notieren Sie stets die Standortstelle (z. B. Württembergische Landesbibliothek Stuttgart) und die Signatur der jeweiligen Publikation.

- Karteikarten sind dann günstiger, wenn Sie eine handliche Unterlage benötigen, z. B. beim Halten von Referaten (vgl. Abschnitt 4.1.1 Präsentationen) oder beim Durchführen von Wiederholungen (vgl. Abschnitt 4.2.2.2 Prüfungen).
- Gliedern Sie Ihre Exzerpte übersichtlich und schreiben Sie deutlich.
- Fügen Sie Bilder und grafische Darstellungen ein (vgl. Abschnitt 2.1.4.2).
- Formulieren Sie knapp, jedoch so, dass der gedankliche Zusammenhang später nachvollziehbar ist.
- Für eine übersichtliche Darstellung Ihrer Exzerpte gelten dieselben Regeln wie für Ihre Mitschriften (vgl. hierzu Abschnitt 2.3).

b) Grafische Darstellungsmöglichkeiten

Grafiken

Durch eine bildhafte, grafisch aufgearbeitete Darstellung des Textmaterials lassen sich komplizierte Sachverhalte deutlich machen und es lässt sich insb. aufzeigen, in welcher Beziehung die einzelnen Aussagen zueinander stehen.

Tabelle 2-3

Muster eines Exzerptformblatts

Exzerpt		Datum:	
Quelle:		Standort: (Bibliothek / zu Hause etc.) Signatur:	
Schlagwörter	Inhalt / Zusammenfassung	Seite	Kommentar

Leichtere Abspeicherbarkeit bildhaften Materials

Es ist gezeigt worden, dass bildhaft dargebotenes Material leichter und dauerhafter gespeichert werden kann (vgl. Metzig/Schuster 1996, S. 69 f.). Die beiden Hälften unseres Großhirns sind nämlich auf die Erfüllung bestimmter Funktionen spezialisiert. Während das linksseitige Zentrum für Sprache, Logik, Analysen, Fakten und Erfassen von Details zuständig ist (das Gedächtnis für Sprache und Texte), denkt das rechtsseitige in Bildern, sorgt für den Gesamtüberblick und ordnet allem Erlebten seinen spezifischen Gefühlswert zu (vgl. Abbildung 2-1). Es ist für Ideen und Kreativität zuständig und enthält das Gedächtnis für alles, was wir mit unseren Augen gesehen haben (vgl. Kirckhoff 1993, S. 104).

Dies führt auch dazu, dass Informationen, die simultan über beide Gehirnhälften eingegeben werden, besser verstanden und dauerhafter behalten werden. Wenn eine Information in der linken Gehirnhälfte (z. B. ein Wort) mit einer Information in der rechten Gehirnhälfte (z. B. eine bildhafte Vorstellung zu diesem Wort) verkoppelt wird, dann werden beide Aspekte dieser Botschaft in unserem Gehirn assoziiert (vgl. Birkenbihl 1997, S. 47).

Strukturierendes Lernen

Das Auswerten von Texten und deren bildhaften bzw. visualisierten Darstellungen ist dem sogenannten "strukturierenden Lernen" (Reischmann 1980, S. 86) zuzuordnen. Bei dieser Art des Lernens ermöglichen Einsichtsprozesse zu erkennen, dass zwischen bestimmten Gegebenheiten ein struktureller und logischer Zusammenhang besteht.

Abbildung 2-1 *Funktionen der linken und rechten Gehirnhälfte*

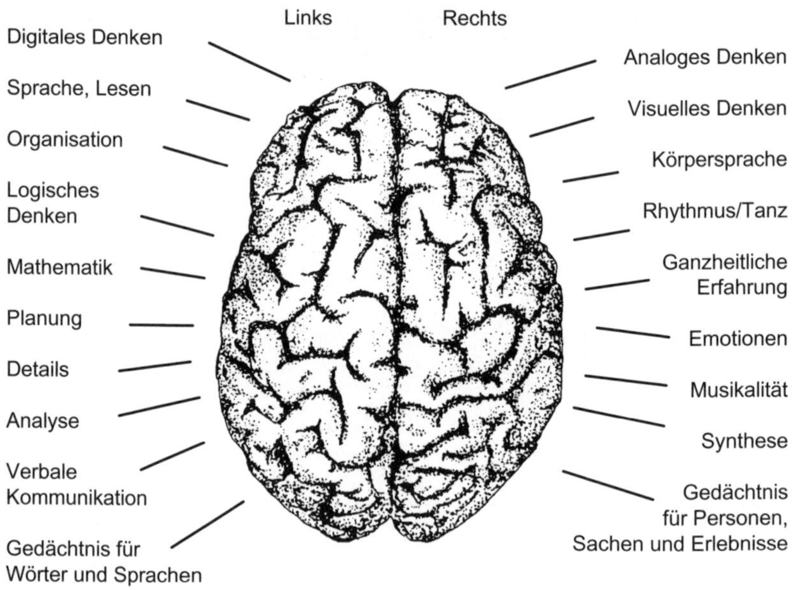

Eigenschaften des Langzeitgedächtnisses

Zudem kommt es beim Lernen darauf an, den Lernstoff gedächtnisgerecht zu organisieren. So hat es sich gezeigt, dass die Speicherkapazität des Langzeitgedächtnisses im Gegensatz zum Kurzzeitgedächtnis – das etwa eine Speicherkapazität von 7 +/- 2 Elementen aufweist (Miller 1956, S. 81 ff.) – überaus groß ist. Durch eine entsprechende Zusammenfassung (Organisation) von Informationen zu übergreifenden Einheiten (sogenannte Chunks – vgl. Zimbardo 1983, S. 272) kann jedoch die Menge der aufzubewahrenden Informationen im Kurzzeitgedächtnis wesentlich gesteigert werden (vgl. Abschnitt 4.2.2.2).

Die Leistungsfähigkeit des Langzeitgedächtnisses hängt ganz erheblich davon ab, wie gut es organisiert ist. Genauso wie eine wohlsortierte Bibliothek benötigt auch das Langzeitgedächtnis eine gute Organisation, damit gespeicherte Informationen abrufbar sind (vgl. Metzig/Schuster 1996, S. 129 f.). Die aufzubewahrenden Informationen müssen also sortiert und zusammengefasst werden.

Techniken zur Strukturierung des Lernstoffs

Für das Strukturieren und Organisieren des Lernstoffs sind "geistige tools" erforderlich, mit deren Hilfe die Inhalte regelhaft und logisch aufeinander bezogen werden können. Die zur Verfügung stehenden Techniken bestimmen den Lernerfolg erheblich. Welche Voraussetzungen sind hierbei erforderlich?

- *Der Inhalt des Text- bzw. Lernmaterials muss für den Lernenden logisch und sinnvoll sein.*

Das Problem von Studienanfängern besteht häufig darin, dass sie keinen Zugang zu ihrem Fach finden, von Fachbegriffen erschlagen werden und nicht erkennen können, was wichtig ist. In einer solchen Situation hilft es, wenn der Text gründlich durchgearbeitet wird, um den Inhalt besser zu verstehen. Hilfreich ist es dabei, Fremdwörter und Fachbegriffe nachzuschlagen, Texte zu elaborieren, Beispiele zu suchen und Exzerpte zu erstellen. Häufig lassen sich bereits hierdurch sinnvolle Zusammenhänge feststellen. Ist dies nicht möglich – was insb. dann der Fall ist, wenn keine logischen Bezüge erkennbar sind –, dann hilft zunächst einmal das "Pauken": Lernen und Verstehen Schritt für Schritt.

- *Es muss eine besondere Lerneinstellung vorliegen.*

Lernende Personen müssen die Bereitschaft mitbringen, sich geistig mit dem einzuprägenden Inhalt auseinandersetzen zu wollen. Sie müssen bereit sein, Informationsbruchstücke aus unterschiedlichen Quellen zusammenzutragen und im eigenen Kopf nach ähnlichen Sachverhalten zu suchen. Sich dazu Zeit zu nehmen und Muße zu gönnen, das sind lernförderliche Bedingungen. Zeitdruck, Übermüdung und äußerer Zwang sind dagegen schlechte Bedingungen für das Lernen (vgl. Reischmann 1980, S. 87 f.).

Lassen Sie sich nicht gleich entmutigen, wenn Ihre Bemühungen nicht auf Anhieb gelingen. Die im Text aufgeführten Zusammenhänge erschließen sich erst nach und nach, so dass Sie sie später ergänzen oder korrigieren müssen. Dies ist jedoch ein Zeichen dafür, dass Sie dabei sind, sich immer tiefer in den Inhalt einzuarbeiten.

Im nächsten Abschnitt finden Sie nun Anregungen für entsprechende Hilfen und Techniken zur Strukturierung von Textinhalten und zur Organisation des Lernstoffs, so dass er in visualisierter Form veranschaulicht werden kann.

Mapping

ba) Mapping

Eine wichtige Möglichkeit, um Kerninformationen von Texten herauszuarbeiten, ist mit dem sogenannten Mapping gegeben. Hierbei werden die wesentlichen Informationen eines Textes in ein Netzwerk von Begriffen und Beziehungen übertragen und dieses grafisch abgebildet. Zu Beginn Ihres Studiums mag es sinnvoll sein, Mappings anzufertigen, die sich auf wenige, häufig vorkommende Begriffe und Beziehungen beschränken. Dies kann auch ein Einstieg in komplexere Mapping-Techniken sein (vgl. hierzu z. B. Netzplantechnik in: Metzig/Schuster 1996, S. 141 ff.; Pflugradt 1985).

Beziehungsarten in Mappings

Friedrich et al. (1987, S. 76) empfehlen das Arbeiten mit vier Arten von Beziehungen:

A → B Die durch den Pfeil symbolisierte Beziehung bedeutet: B ist eine Folge von A; B ist eine Schlussfolgerung aus A; B ist eine Konsequenz von A.

A ← B Die symbolisierte Beziehung durch den Doppelpfeil bedeutet: A steht im Gegensatz zu B; A und B widersprechen sich.

A ≻ B Dieses Symbol bedeutet: B ist ein Teil von A; B ist A untergeordnet; B ist ein Beispiel für A.

A ⇆ B A und B stehen in Wechselwirkung zueinander; A und B bedingen sich gegenseitig.

Hierarchische Anordnungen

bb) Hierarchische Anordnungen

Durch die Gruppierung von Informationen in visualisierter Form lässt sich das Erinnerungsvermögen steigern. Die nachfolgenden Abbildungen 2-2 (vgl. Vollmer/Hoberg 1988, S. 122) und 2-3 (vgl. Vollmer/Hoberg 1988, S. L-23) verdeutlichen diesen Sachverhalt: In ihnen sind Wortlisten aufgeführt, die Sie sich besser einprägen können, wenn Sie diese in der Form eines Begriffsbaumes gruppieren bzw. organisieren. Die Vergabe von Ober- und Unterbegriffen stellt dabei eine Hilfe für die Reproduktion des Lernstoffs dar, so dass die zu den Oberbegriffen gehörigen Bezeichnungen abrufbar sind (vgl. Metzig/Schuster 1996, S. 138 ff.).

Einfacher Begriffsbaum: Tiere

Abbildung 2-2

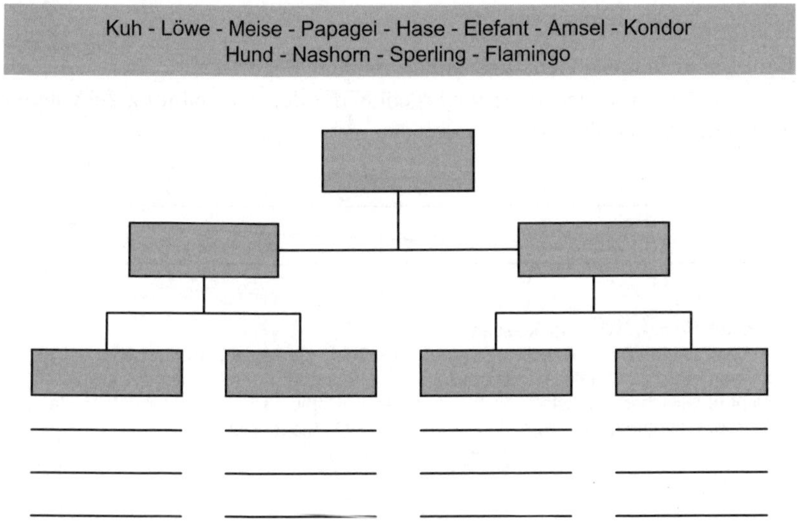

Lösung zum Begriffsbaum: Tiere

Abbildung 2-3

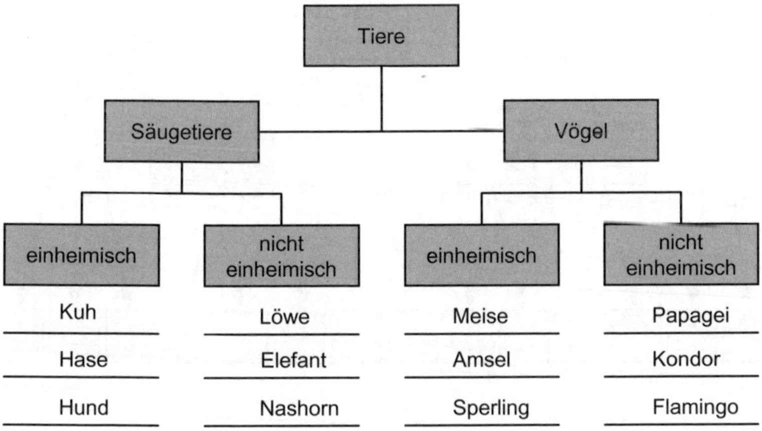

Die zweite Übung (vgl. Abbildung 2-4) (vgl. Vollmer/Hoberg 1988, S. 123) ist im Vergleich zur ersten insofern schwieriger, als (1) die Aufstellung Ober- und Unterbegriffe enthält und (2) Unterbegriffe existieren, die mehreren Oberbegriffen zugeordnet sind.

Bitte versuchen Sie den mehrdimensionalen Begriffsbaum Werkstoffe zu erstellen und vergleichen Sie Ihr Ergebnis mit der in Abbildung 2-5 wiedergegebenen Musterlösung.

Abbildung 2-4 *Komplexer, mehrdimensionaler Begriffsbaum: Werkstoffe*

Werkstoffe bzw. Werkstoffklassen:
Asbest, Aluminium, Bakelit, Eisenmetall, Gold, Gußeisen, Holz, Leder, Glas, Leichtmetall, Metall, mineralischer Werkstoff, natürlicher Werkstoff, nichtmetallischer Werkstoff, Nicht-Eisenmetall, Papier, PVC, Schwermetall, Stahl, Styropor, synthetischer Werkstoff, Werkstoff, Zink, Magnesium

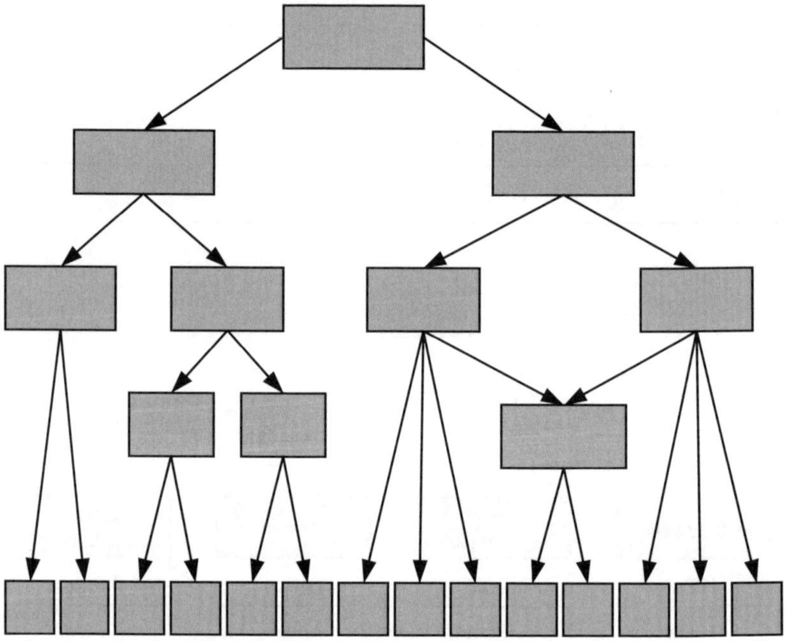

Lösung zum komplexen, mehrdimensionalen Begriffsbaum: Werkstoffe **Abbildung 2-5**

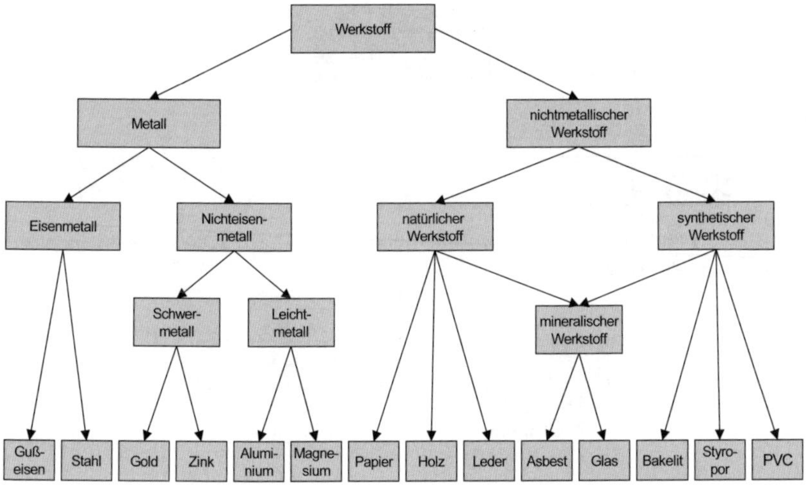

Hierarchische Anordnungen können auch dann verwendet werden, wenn ein Gesamtgedanke in Untergedanken gegliedert dargestellt werden soll. Dabei gibt es im Wesentlichen *zwei* Aufbauprinzipien:

Deduktion

- Ein *deduktiv* angelegter Text beginnt bei allgemeinen Überlegungen bzw. Gesetzmäßigkeiten und führt hin zur Erkenntnis des konkreten Einzelfalls. Beim deduktiven Aufbau lassen sich aus einer allgemeinen Erkenntnis bzw. einem übergeordneten Hauptgedanken verschiedene Fälle, Beschreibungen bzw. Untergedanken ableiten (vgl. Koeder 1994, S. 88). Deduktive Textstrukturen lassen sich sowohl in vertikaler (vgl. Abbildung 2-6) (vgl. Ott et al. 1994, S. 67) als auch in horizontaler Form (vgl. Abbildung 2-7) veranschaulichen.

Abbildung 2-6 *Deduktiv-vertikale Darstellung*

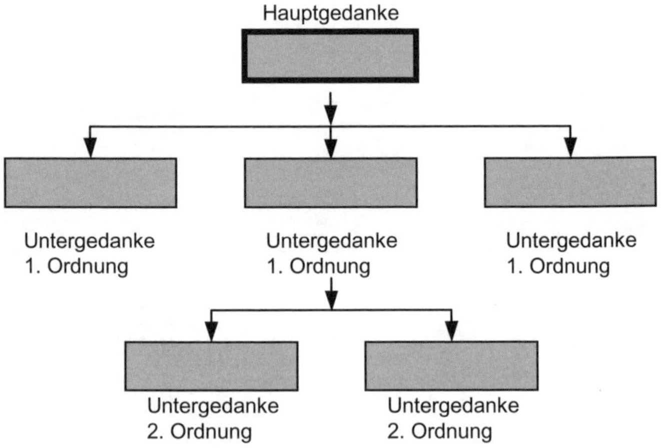

Abbildung 2-7 *Deduktiv-horizontale Darstellung*

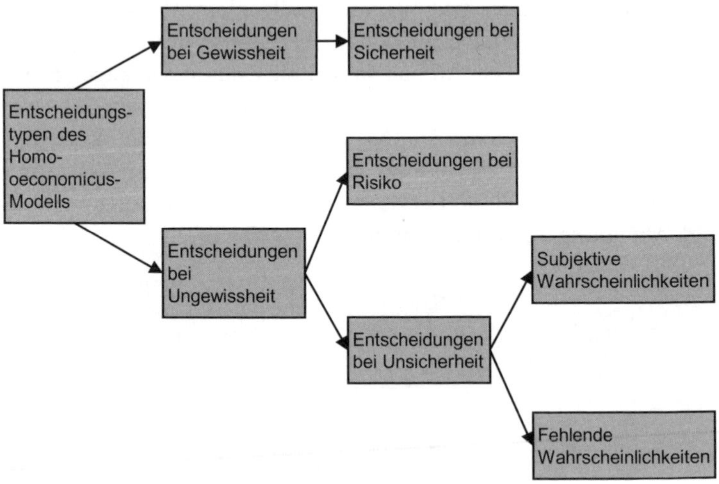

Induktion

- Das andere Prinzip – ein *induktiver* Aufbau – geht vom konkreten Einzelfall, vom Besonderen, von den eventuell auf dem Wege von empirischer Forschung gewonnenen Ergebnissen aus und leitet daraus allgemeine Schlussfolgerungen, Zusammenhänge, Regeln oder Gesetze ab. Das Instrument dieses Denkprozesses ist die Synthese, hierbei werden einzelne Teile zu einem Ganzen zusammengefügt, vom Konkreten wird zum Abstrakten vorangeschritten. Beim induktiven Textaufbau wird aus verschiedenen Einzelgedanken ein wesentlicher Hauptgedanke gewonnen (vgl. Abbildung 2-8) (vgl. Ott et al. 1994, S. 66).

Induktiv-vertikale Darstellung

Abbildung 2-8

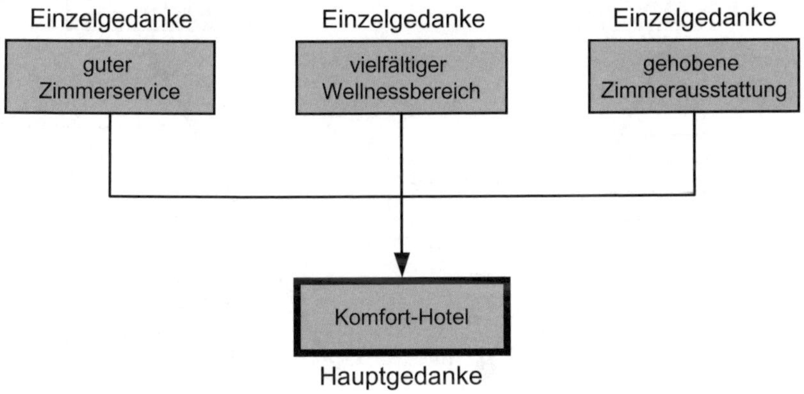

bc) Schemata

Schemata

Schemata sind Darstellungen, in denen die mit einer bestimmten Fragestellung bzw. mit einem bestimmten Thema zusammenhängenden Aspekte grafisch wiedergegeben sind. Die grafische Wiedergabeform bringt den Vorteil mit sich, dass Zusammenhänge aufgezeigt werden können und dass die bestehende Problemstruktur besser verstanden werden kann. Überdies können ggf. erforderliche Ergänzungen relativ leicht in das bestehende Schema integriert werden. Schemata können also mit fortschreitendem Verständnis weiterentwickelt werden und sie ermöglichen, neue Fakten zum Bestehenden hinzuzufügen.

Monozentrale Schemata

bca) Monozentrale Schemata sowie Mind-Maps

Monozentrale Schemata können zur grafischen Darstellung solcher Texte verwendet werden, in deren Mittelpunkt *ein* Thema, *ein* Hauptgedanke oder *ein* Problem steht. Die dem Thema zugehörigen Argumente oder Aussagen werden entsprechend zugeordnet. In Abbildung 2-9 (vgl. Ott et al. 1994, S. 68) ist der Aufbau eines monozentralen Schemas verdeutlicht.

Abbildung 2-9 *Monozentrales Schema*

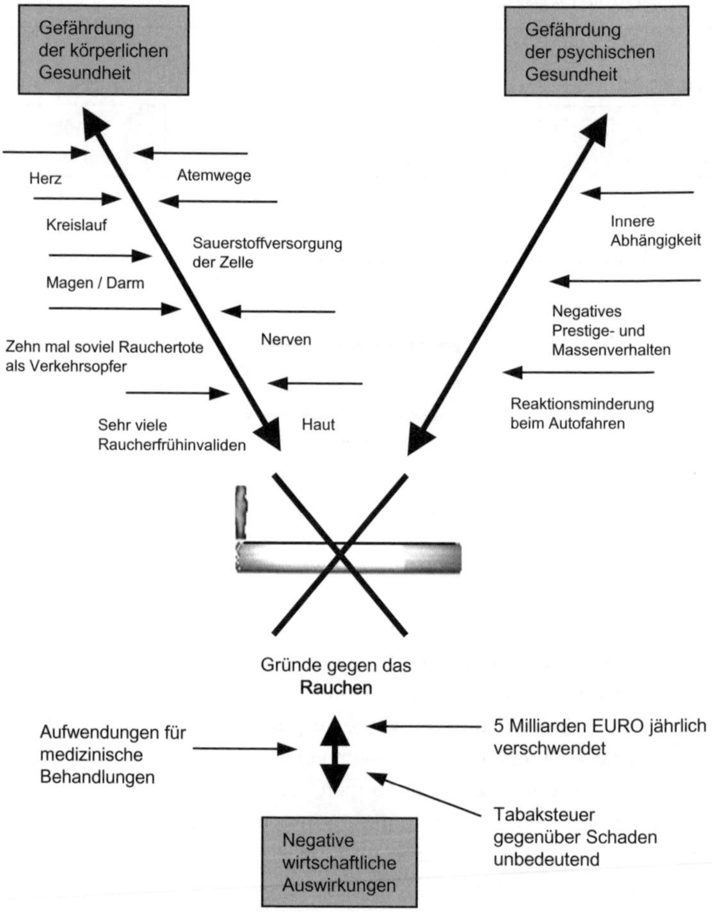

Mind-Maps

Die moderne Variante monozentraler Schemata ist mit dem *Mind-Map* gegeben, das in einer Vielzahl von Veröffentlichungen (Buzan 1984; Buzan/North 1999; Kirckhoff 1993; Novak/Cañas 2006) beschrieben worden ist. Ein Mind-Map besteht aus einem zentralen Begriff, um den ca. vier bis sechs Aspekte angeordnet werden, die mit dem Begriff in Verbindung stehen. Zu jedem Aspekte werden dann weitere in Beziehung stehende Aspekte gesucht.

Theoretischer Hintergrund

Die Urheber und Anwender der Mind-Map-Technik haben erkannt, dass viele Menschen ihre Gedanken in einer Art und Weise notieren bzw. dokumentieren, die eher der Arbeitsweise eines Computers als derjenigen des menschlichen Gehirns entspricht. Viele von uns setzen Sachverhalte *linear* (immer schön der Reihe nach, ein Wort neben das andere, einen Gedanken unter den anderen), *digital* (nur Wörter und Zahlen) oder *logisch* (welcher Gedanke kann aus dem vorhergehenden gefolgert werden) neben- bzw. untereinander. Diese vorherrschende (lineare, digitale, logische) Art des Festhaltens von Gedanken überlastet die linke Gehirnhälfte und lässt die rechte Gehirnhälfte inaktiv. Dieses Brachliegenlassen der rechten Gehirnhälfte führt dazu, dass nicht alle der zur Verfügung stehenden Gehirnkapazitäten genutzt werden und dies trägt wiederum dazu bei, dass die erarbeiteten Lösungen wenig kreativ sind und der Lernvorgang als mühsam empfunden wird (vgl. Birkenbihl 1997, S. 86 f.; Buzan 1997, S. 155 ff.).

Das "Geheimnis" der Mind-Map-Methode besteht nun darin, dass sie die Arbeitsweise der rechten Gehirnhälfte in den Dokumentationsprozess mit einbezieht, also die linke und die rechte Gehirnhälfte gleichermaßen angesprochen werden. Die rechte Gehirnhälfte wird dadurch aktiviert,

Merkmale guter Mind-Maps

- dass Mind-Maps groß genug über das ganze Blatt gezeichnet werden,
- dass sie bunt, mit verschiedenen Farben gezeichnet werden,
- dass Sachverhalte durch Symbole und Bilder dargestellt werden,
- dass organische Formen genutzt werden,
- dass es zugelassen wird, dass im Schaubild zahlreiche Querverbindungen bzw. Verknüpfungen existieren und
- dass verschiedenartigste, funktionale und relationale Beziehungsarten zugelassen werden.

In Abbildung 2-10 ist das Beispiel eines Mind-Maps wiedergegeben.

Regeln zur Erstellung

Welche Regeln sind beim Erstellen eines Mind-Maps zu beachten?

1. Stellen Sie ein farbiges Bild in den Mittelpunkt.
2. Entwickeln Sie die Hauptgedanken vom Mittelpunkt aus.

Abbildung 2-10 *Mind-Map*

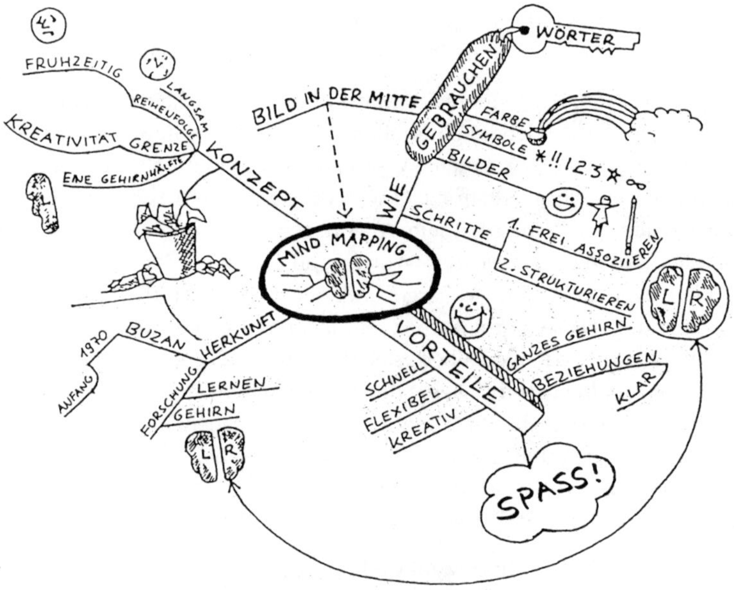

Nutzung von Karteikarten

3. Schreiben Sie Hauptgedanken in größeren Buchstaben als Nebenbemerkungen.

4. Schreiben Sie nur ein Wort in eine Zeile. Jedes Wort beinhaltet eine Vielzahl von Assoziationen. Diese Regel erlaubt jedem Wort eine größere Freiheit, Verbindungen zu anderen Assoziationen in Ihrem Gehirn herzustellen.

5. Schreiben Sie Wörter immer in Druckbuchstaben. Diese vermitteln ein photografischeres, unmittelbareres und verständlicheres Bild.

6. Schreiben Sie einzelne Wörter immer auf eine Zeile (das versorgt das Gehirn mit einem klaren Bild, an das es sich leichter erinnern kann).

7. Verbinden Sie die Zeilen miteinander (das hilft Ihrem Gehirn, Verknüpfungen herzustellen). Diese Verbindungen sollten genauso lang wie das Bild oder das Wort sein, um die Verknüpfung und Raumvorstellung effektiv zu gestalten.

8. Benutzen Sie so viele Bilder wie möglich (das fördert die Entwicklung einer ganzheitlichen Annäherung des Gehirns an den thematisierten Sachverhalt und erleichtert generell die Arbeit Ihres Gedächtnisses).
9. Unterscheiden Sie, wenn immer möglich, die Objekte hinsichtlich ihrer Größe (Dinge, die deutlich hervortreten, merkt man sich leichter).
10. Verwenden Sie Zahlen oder Codes, um alles in die richtige Reihenfolge zu bringen und Verknüpfungen aufzuzeigen.
11. Setzen Sie für das Codieren und Verbinden Pfeile, Symbole, Zahlen, Buchstaben, Farben, Größe oder Umrisse ein (vgl. Buzan 1984, S. 103; Buzan 1997, S. 158 f.).

Mind-Map mit Karteikarten

Wenn Sie ein sehr umfangreiches, komplexes Thema zu bearbeiten haben, können Sie ein karteikartengestütztes Mind-Map anwenden. Dabei entwickeln Sie das Mind-Map nicht auf einem Blatt, sondern Sie schreiben die Stichwörter jeweils auf eine Karteikarte. Diese Karteikarten können Sie so lange auf dem Tisch oder Fußboden herumschieben, bis Sie zu einem zufriedenstellenden Mind-Map gelangt sind (vgl. Birkenbihl 1997, S. 89). Idealerweise lässt sich hierzu eine Pinnwand verwenden, da Sie Ihre Gedanken nicht "aufräumen" müssen, wenn Sie Ihren Tisch oder Boden wieder für andere Tätigkeiten verwenden wollen. Natürlich kann man das auch unter Zuhilfenahme der Computertechnologie durchführen.

Mind-Maps können Sie auch für spontane Aufzeichnungen, für das Sammeln themen- bzw. problemspezifischer Ideen sowie für Gedankenskizzen, die zunächst keinen Anspruch auf Vollständigkeit aufweisen, einsetzen. Ein derartiges "brainwriting" hat den großen Vorteil, dass Sie Ihren Gedankenfluss und Ihre Phantasie und Kreativität nicht dadurch behindern, dass Sie bereits von vornherein überlegen müssen, in welcher Reihenfolge die Gedanken zusammenhängen bzw. aufzulisten sind (vgl. hierzu auch Abschnitt 3.2.2).

bcb) Multizentrale Schemata

Multizentrale Schemata

Haben Sie einen Text durchgearbeitet, bei dem statt einem Thema mehrere Themen oder Hauptgedanken im Mittelpunkt stehen, können Sie zur visuellen Darstellung ein multizentrales Schemata verwenden. Die Hauptaussagen werden in die Mitte des Blattes gesetzt (vgl. Abbildung 2-11) (vgl. Ott et al. 1994, S. 69).

Abbildung 2-11 *Multizentrales Schema: Die Aufgaben der Gewerkschaften*

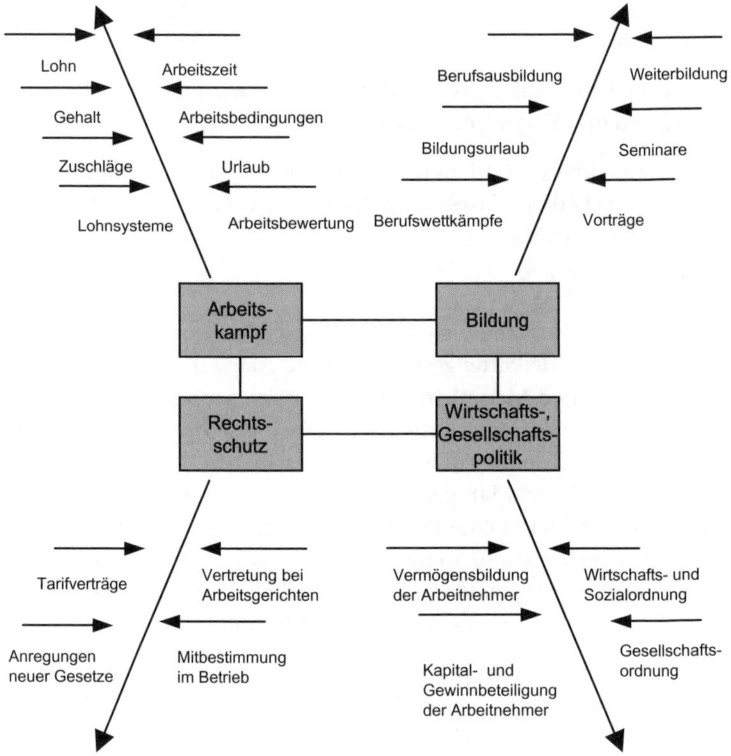

Diagramme

bd) Diagramme

Stark zahlenhaltiges Textmaterial lässt sich am übersichtlichsten in Form von Diagrammen veranschaulichen (vgl. Ott et al. 1994, S. 65).

Flächendiagramme

bda) Flächendiagramme

Flächendiagramme bieten sich dann an, wenn die Aufteilung einer Gesamtgröße in Teilgrößen zur Sichtbarmachung von bestehenden Mengenrelationen aufzuzeigen ist (vgl. Abbildung 2-12) (vgl. Scholz 2000, S. 239). So kann bspw. der Anteil bestimmter Altersgruppen an der Gesamtbevölkerung in Form eines Kreisdiagramms dargestellt werden. Wichtig ist dabei, die Prozentanteile richtig in Winkelgrade umzuwandeln. Eine Größe von 25 Prozent entspricht einem Sektor mit einem Öffnungswinkel von 90 Grad.

Kreisdiagramm

Abbildung 2-12

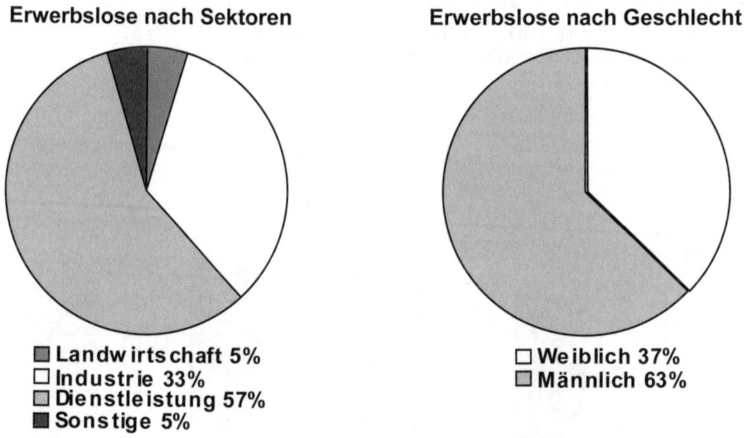

bdb) Stabdiagramme

Stabdiagramme

Stabdiagramme (Balkendiagramme) sind zu empfehlen, wenn zahlenmäßig bestimmte Gesamtkomplexe in Teilkomplexe untergliedert sind und diese mit anderen derart untergliederten Gesamtkomplexen verglichen werden sollen (vgl. Ott et al. 1994, S. 66).

Dabei ist die exakte maßstäbliche Übertragung der Prozentzahlen bzw. Skalenwerte in der passenden Maßeinheit zu beachten (vgl. Abbildung 2-13) (vgl. Ludsteck 2006, o. S.).

Abbildung 2-13 Stabdiagramm

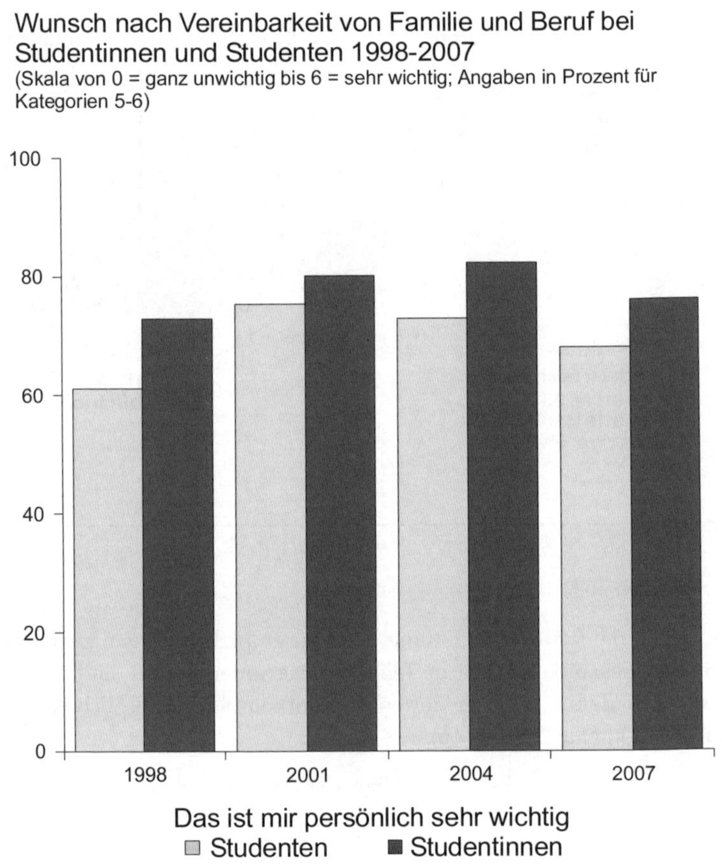

Pfaddiagramme

bdc) Pfaddiagramme

Pfaddiagramme stellen die Abfolge bzw. logische Relation bestimmter Konstrukte dar. Sie eignen sich

- zur Entwicklung oder Darstellung von Zusammenhängen zwischen Größen oder Variablen,
- zur Veranschaulichung des Vergleichs und der Integration theoretischer Konzepte, die im Wissenschaftsbetrieb wichtig sind (vgl. Jacob 1997, S. 74),
- zur Veranschaulichung von Entscheidungsprozessen und

- zur Darstellung und Veranschaulichung geschichtlicher Daten.

In Abbildung 2-14 (vgl. Macharzina/Wolf 2012, S. 553) ist ein Beispiel eines Pfaddiagramms wiedergegeben.

Pfaddiagramm

Abbildung 2-14

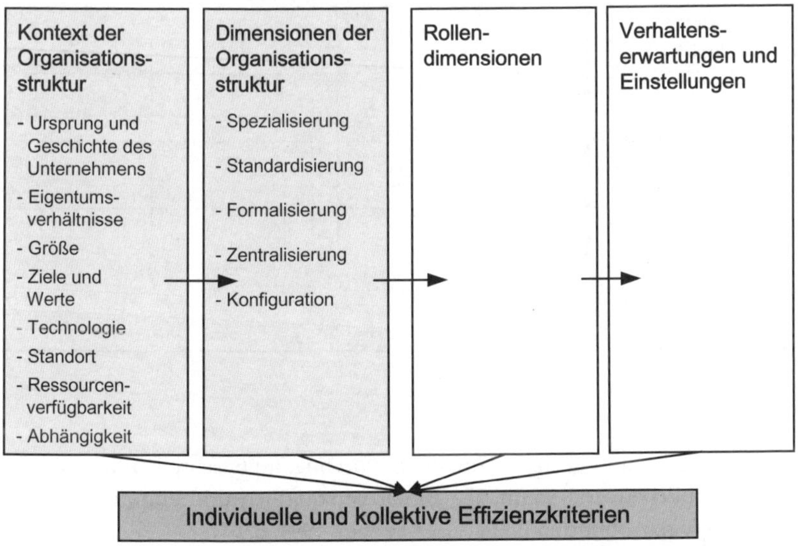

bdd) Raster

Raster

Raster eignen sich dann, wenn der Text aus mehreren Gedanken besteht, die miteinander verglichen oder beurteilt werden sollen (vgl. Abbildung 2-15).

Abbildung 2-15 *Raster*

Reaktionsgebiet \ Reaktionsstrategien	Direkte Reaktion	Flexibilität	Aufmerksamkeit	...
Beziehung zur Umwelt				
Interne Struktur				
...				
...				
...				

bde) Kleine Skizzen

Kleine Skizzen sind geeignet, um einen vorwiegend beschreibenden Text zu veranschaulichen und somit den Inhalt verständlich und einprägsamer zu gestalten (vgl. Abbildung 2-16) (vgl. Ott et al. 1994, S. 67).

Abbildung 2-16 *Kleine Skizze*

1 ➔ Verdunstung 2 ➔ Kondensation 3 ➔ Versickerung 4 ➔ Grundwasser

bdf) Weitere grafische Darstellungsmöglichkeiten

Weitere Diagramme

Neben den vorgenannten lassen sich zahlreiche weitere grafische Darstellungsmöglichkeiten einsetzen. Abbildung 2-17 (Spoun/Domnik 2004, S. 149 f.) gibt Anregungen.

Abbildung 2-17

Weitere grafische Darstellungsmöglichkeiten

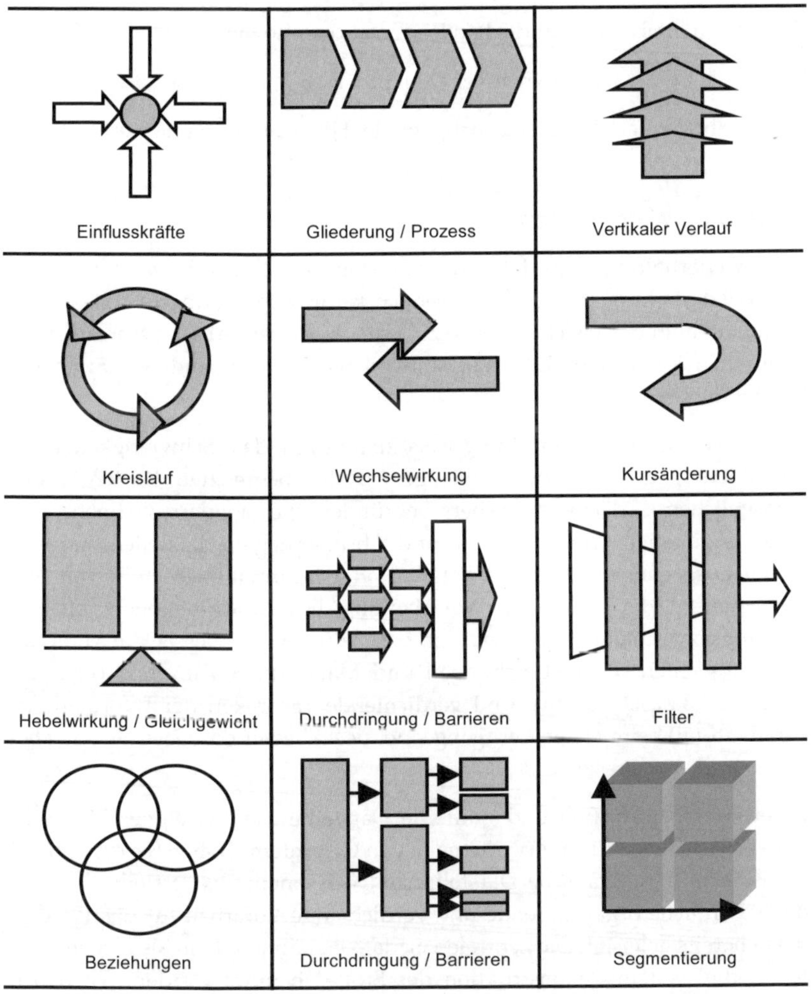

Nutzen von grafischen Darstellungen

Während der Betrachtung dieser Darstellungen sind Sie vielleicht zu der Überlegung gelangt, dass sich grafische Darstellungen nicht nur (1) für das selbstständige Strukturieren, Systematisieren und Organisieren der Informationen von gelesenen Texten (zur Steigerung des Verständnisses und der Behaltensleistung) sowie (2) zur effektiven und effizienten Wiederholung anbieten, sondern sich auch hervorragend

- zur Strukturierung Ihrer eigenen Gedanken für eine schriftliche Arbeit,
- zur Auflockerung längerer Textpassagen in einer schriftlichen Arbeit,
- für den Einsatz in mündlichen Präsentationen sowie
- für die Verbesserung kreativer Denkprozesse

eignen. Ihre Anfertigung ist also in vielerlei Hinsicht der Mühe wert.

2.1.4.3 Wiederholen

Jede Wiederholung sorgt dafür, dass Sie den Lernstoff nicht wieder vergessen. Wiederholung erschöpft sich jedoch keineswegs darin, denselben Text noch einmal in der gleichen Weise zu lesen. In diesem Abschnitt werden Sie erfahren, wie Sie den Textinhalt sinnvoll wiederholen und was Sie dabei beachten müssen.

Lernattitüden vor der Wiederholung

Die neuere Gedächtnisforschung weist darauf hin, dass Schwierigkeiten bei der Wiedergabe von Texten weniger in der begrenzten Kapazität des menschlichen Gedächtnisspeichers begründet sind, sondern vielmehr eine Folge ungünstiger Verarbeitungs- und Abrufstrategien darstellen. Es wird davon ausgegangen, dass das Behalten von Informationen stark von den Prozessen bei der erstmaligen Verarbeitung dieser Informationen abhängt. Trainingsexperimente haben gezeigt, dass je tiefer und besser die Verarbeitungstätigkeiten (Unterstreichungen und Markierungen im Text (vgl. Abschnitt 2.1.3.2), elaborative und verdichtende Techniken der Informationsverarbeitung) beim ersten Lerngang sind, desto besser das Gelernte auch behalten und erinnert wird.

Exzerpte, Überschriften und grafische Darstellungshilfen eignen sich sehr gut als Basisquelle für die Wiedergabe von Gelerntem. Haben Sie erst einmal ein Exzerpt bzw. grafische Darstellungen von einem Text erstellt, dann ist die wesentliche organisierende und verdichtende Vorarbeit für das Wiederholen bereits geleistet. Die zentralen Gedanken können dann als Angelpunkte für die weitere Rekonstruktion des Stoffes benutzt werden. Sie haben sozusagen einen Abrufplan in der Hand, mit dessen Hilfe die Informationen in Ihrem Gedächtnis gesucht werden können.

Beim Zusammenfassen einer Quelle haben Sie eine Aufzählung von Merkmalen, Begriffen etc. durch einen Oberbegriff sowie eine Reihe einzelner Gedanken durch eine Hauptaussage ersetzt (vgl. Abschnitt 2.1.4.2).

Bei der Wiedergabe findet sozusagen eine Umkehrung dieses verdichtenden Prozesses statt. Dabei kommt es insb. darauf an, die einzelnen Gedanken oder Begriffe, die in einem Hauptgedanken bzw. Oberbegriff zusammengefasst sind, zu entfalten sowie wiederzugeben (vgl. Friedrich et al. 1987, S. 104 ff.).

2.1.4.4 Selbstkontrolle nach dem Lesen

Im Rahmen der Selbstüberprüfung nach dem Lesen ist es erforderlich, geeignete Fragen zu stellen. Die Art dieser Fragen ist davon bestimmt, ob die Selbstüberprüfung (1) zum Textrückblick und zur Textreflexion, (2) zur Erfassung der Kernaussagen des Textes oder (3) zur Vorbereitung der Wiedergabe des Textes erfolgt.

Fragen *zum Textrückblick und zur Textreflexion*:

Fragen zum Textrückblick

- Wurden die vor dem Lesen bestimmten Ziele erreicht?
- Wie verhält sich der vorliegende Satz bzw. Abschnitt zu dem vorherigen Inhalt (logische Folge, Verallgemeinerung oder Beispiel)?
- Stimmt der Satz bzw. Abschnitt mit dem vorherigen Inhalt überein (z. B. Widerspruch, Übereinstimmung)?
- Lässt sich das Gelesene mit meinen eigenen Erfahrungen vergleichen?
- Kann ich ein Beispiel geben?

Aktivitäten zur Beantwortung dieser Fragen bestehen in dem Beantworten von Vorfragen sowie in der Nutzung von Techniken zur Verknüpfung neuer Informationen mit dem eigenen Vorwissen (vgl. Abschnitt 2.1.3.3).

Fragen *zur Erfassung der Kernaussagen des Textes*:

Fragen bzgl. Kernaussagen

- Welche Textstellen sind besonders wichtig?
- Wie kann ich den Text am sinnvollsten verdichten (z. B. Exzerpt, welche grafischen Darstellungsmöglichkeiten)?

Fragen *zur Wiedergabe des Textes*:

Fragen zur Textwiedergabe

- Kann ich den wesentlichen Inhalt des Textes wiedergeben?
- Kann ich wichtige Begriffe erläutern und Beispiele darlegen?

Hierzu können Sie das Gelesene laut (alleine oder vor einem Zuhörer) anhand von Aufzeichnungen (Notizen, Gliederungen, grafischen Darstellungshilfen) vortragen.

- Welchen Inhalt kann ich noch nicht wiedergeben?
- Was habe ich nicht verstanden?
- Wo und wie kann ich das lernen, was noch unklar ist?

Hierzu memorieren Sie gezielt diejenigen Inhalte, die Sie noch nicht wiedergeben können, listen offene Fragen auf und planen neue Lernaktivitäten (bspw. zusätzliche Literatur heranziehen, Kommilitonen oder Dozenten fragen) (vgl. Friedrich et al. 1987, S. 130 ff.).

2.2 Aktiv zuhören

2.2.1 Aktiv zuhören - keine Selbstverständlichkeit!

Der Besuch von Lehrveranstaltungen – insb. von Vorlesungen und Seminaren – ist im Studium eine wichtige Quelle für den Erwerb von Wissen. Dabei geht es um die Aufnahme, die Verarbeitung sowie die kritische Auseinandersetzung von bzw. mit den Lerninhalten. Eine nachhaltige Verarbeitung von Lerninhalten wird jedoch nur dann gelingen, wenn Sie in der Lernaktivität "Zuhören" gut geübt sind.

Nachhaltige Bedeutung der Zuhörfähigkeit

Nun könnte man argumentieren, dass die Fähigkeit zum Zuhören in der heutigen Powerpoint-Beamer-Welt, in der viele Professoren gar keine Lehrvorträge mehr halten, sondern in ihren Lehrveranstaltungen nur noch Slide and Slide an die Wand werfen und ein gemeinsames Vor- und Mitlesen dieser Projektionen stattfindet, nicht mehr wichtig ist. Eine derartige Sichtweise ist jedoch insofern ein schwerer Trugschluss, als es im späteren Berufsleben ebenfalls äußerst wichtig ist, dass man einer nicht durch Visualisierungshilfsmittel unterstützten Rede folgen kann. Daher muss man fragen, ob derartige Slides-Schlachten den Studierenden langfristig dienen.

Hindernisse

Es gibt viele Gründe, weshalb Ihnen das Zuhören schwer fallen könnte: Der anstehende Lehrstoff erscheint Ihnen uninteressant, im Vorlesungssaal herrscht eine anonyme Atmosphäre, der Zeitpunkt der Vorlesung liegt für Sie ungünstig: zu früh, im Mittagstief oder zu spät am Abend. Vielleicht fühlen Sie sich auch überfordert, weil Sie mehrere Dinge gleichzeitig zu bewältigen haben: Zuhören – Mitdenken – Mitschreiben – Verarbeiten. Ein weiterer Grund kann darin bestehen, dass der Vortragende undeutlich, zu schnell, zu langsam, unstrukturiert oder hochabstrakt spricht.

"Wenn alles schläft und einer spricht, dann nennt man dieses Unterricht!" Vielleicht kennen Sie diesen alten Spruch aus Ihrer Schulzeit. Vielleicht erachten Sie dies sogar als Normalfall und meinen, dass er auch für Ihr Studium zutrifft.

Da Sie sich den Zeitpunkt von Lehrveranstaltungen sowie die Dozenten vielfach weder aussuchen noch ändern können, werden Sie sich die Frage stellen, was Sie als Zuhörer tun können, damit das Zuhören auch unter den gegebenen Bedingungen möglichst effektiv wird.

Zunächst einmal müssen Sie sich von dem Gedanken verabschieden, Sie bräuchten lediglich Ihre Ohren zu öffnen, um den Lernstoff nachhaltig aufnehmen zu können. Ein derartiges Hörverhalten verführt dazu, abzuschweifen, sich mit interessanten privaten Aktivitäten zu befassen oder einfach vor sich hinzudösen.

Merkmale aktiven Zuhörens

Im Gegensatz hierzu sind erfolgreiche Zuhörer aktive Zuhörer: Sie bereiten sich auf die anstehende Lehrveranstaltung vor, sie sind motiviert, etwas zu lernen, sie hören aufmerksam zu, sie denken mit, sie verbinden neue Informationen mit vorhandenem Wissen, sie be- und hinterfragen den Lernstoff, sie überlegen sich, wie eine praktische Anwendung aussehen könnte und sie unterscheiden Wichtiges von Unwichtigem.

Wollen Sie aus dem Besuch von Lehrveranstaltungen einen größtmöglichen Nutzen ziehen, dann sollten Sie sich mit Methoden des effizienten Zuhörens vertraut machen und diese so weit wie möglich in Ihrem Studienalltag anwenden. Beginnen Sie deshalb frühzeitig damit, Methoden des effizienten Zuhörens in Lehrveranstaltungen sich anzueignen und zu praktizieren.

Interesse für Lehrinhalte

Zuhören gelingt Ihnen dann am besten, wenn Sie Ihr Interesse für die Lehrinhalte zu wecken und steigern vermögen. Dafür können Sie

- *vor* der Lehrveranstaltung etwas tun (vgl. Abschnitt 2.2.2),
- *während* des Zuhörens dazu beitragen (vgl. Abschnitt 2.2.3) und
- *im Anschluss an* die Lehrveranstaltung aktiv werden (vgl. Abschnitt 2.2.4, vgl. Reischmann 1980, S. 21).

Vorlesungen im Internet

In den vergangenen Jahren sind immer mehr Hochschuldozenten dazu übergegangen, ihre Lehrveranstaltungen ins Internet hochzuladen (vgl. z. B. die Seite *http://lecture2go.uni-hamburg.de/veranstaltungen/*), so dass Sie diese zu Hause am Computer verfolgen können. Dieser Service steigert Ihre Flexibilität, erscheint jedoch vor allem für Studierende der jeweiligen Universität geeignet, weil die Inhalte vieler Lehrveranstaltungen universitätsspezifisch variieren. Bei anwendungsorientierten Kursen wie z. B. aus dem Bereich der Statistik oder empirischen Sozialforschungsmethoden erscheint dieser Ansatz jedoch durchaus sehr geeignet.

2.2.2 Gezielte Vorbereitung des Lehrveranstaltungsbesuchs

Teufelskreis

Das Zuhören beginnt bereits mit der Vorbereitung auf die Lehrveranstaltung. Denn: Was man nicht versteht, wird einem langweilig und wenn man gelangweilt ist, lässt die Konzentration, man verliert das Interesse und versteht dann gar nichts mehr. Um diesem in einen schlechten psychischen Zustand hineinführenden Teufelskreis zu entkommen, bereiten Sie sich zweckmäßig auf die Lehrveranstaltung vor. Wie können Sie das tun?

Hinweise zur Vorbereitung

- Entnehmen Sie bereits vor der Lehrveranstaltung aus dem Vorlesungsverzeichnis bzw. der Lehrveranstaltungsankündigung Hinweise über Literatur und verschaffen Sie sich via Bibliotheksbestand oder Handapparat einen ersten Überblick über das Themengebiet (vgl. Abschnitt 3.4.1).
- Lesen Sie sich auch unter Rückgriff auf weitere Fachbücher bzw. Lexika in das Thema der Lehrveranstaltung ein; damit sammeln Sie weitere Informationen über das Themengebiet.
- Besuchen Sie Lehrveranstaltungen, die einen Überblick über das Themengebiet bzw. über den sich durch das Semester ziehenden "roten Faden" geben. Hier werden Informationen zur Struktur des Faches sowie über Zusammenhänge mit Nachbardisziplinen gegeben.
- Denken Sie bereits im Vorfeld der Veranstaltung über folgende Fragen nach:
  - Was weiß ich bereits über das Thema?
  - In welchem Zusammenhang habe ich schon einmal davon gehört?
  - Erinnert mich das Thema an etwas Ähnliches?
- Sprechen Sie mit Ihren Kommilitonen über Inhalte, Schwerpunkte und Ablauf der anstehenden Lehrveranstaltung.

Vorstrukturierung des Lehrstoffes

Mit diesen Aktivitäten bzw. Tätigkeiten strukturieren Sie den Lehrstoff vor, indem Sie nach "Aufhängleisten" bzw. "Schubladen" suchen, die in Ihrem Gedächtnis bereits vorhanden sind. Durch dieses Vorstrukturieren wird Ihnen der Lehrstoff vertrauter erscheinen, von denen aus Sie Verbindungen zu neuen Informationen herstellen können (vgl. Abschnitt 2.1.3.3).

- Wenn Sie einige "Aufhängleisten" bzw. "Schubladen" gefunden bzw. geöffnet haben, dann fragen Sie weiter:
  - Was könnte in der Lehrveranstaltung gesagt werden?
  - Was erwarte ich von dieser Lehrveranstaltung?
  - Wozu möchte ich mehr Informationen haben?

  Das Stellen dieser Fragen bewirkt, dass Sie mit einer eigenen Fragestellung in die Lehrveranstaltung hineingehen. Das versetzt Sie in eine aktive Lernhaltung; Ihre dadurch erhöhte Aufmerksamkeit wird Ihnen das Zuhören erleichtern.

Strategien des Unterrichtsbesuchs

- Gehen Sie stets ausgeschlafen und ausgeruht in die Lehrveranstaltung.
- Wenn Sie müde sind, sollten Sie sich in die erste Reihe setzen.

  Zuhören ist insb. in einer Vorlesung eine schöpferische und aktive Tätigkeit, die eine besonders hohe Konzentration erfordert. Dies ist auch deshalb so, weil das Lerntempo nicht wie beim Lesen von Ihnen selbst bestimmt werden kann.

- Gehen Sie frühzeitig in die Lehrveranstaltung.

  In Vorlesungen gibt es in der Regel keine Teilnehmerbegrenzung. Die besten Plätze bekommen diejenigen, die vor Beginn der Veranstaltung anwesend sind. Setzen Sie sich so, dass

- Sie den Dozenten gut sehen können,
- Ihnen eine gute Wahrnehmung der körpersprachlichen Signale möglich ist und
- Sie von geschwätzigen Kommilitonen entfernt sind.

2.2.3 Hören Sie bewusst und struktursuchend zu

Verhalten im Unterricht

Wenn die Lehrveranstaltung begonnen hat und die Wörter auf Sie einprasseln, heißt es, wach und aktiv zu bleiben. Hören Sie nicht nur aneinandergereihte Sätze, sondern haben Sie den Anspruch, die Informationen in eigene Bahnen zu lenken und die wichtigsten Gedanken zu verdichten. Eine Lehrveranstaltung ist immer Teil eines Ganzen, eines übergeordneten Zusammenhangs. Die Bemühungen des Hörers haben immer wieder von diesen Zusammenhängen auszugehen und die neuen Informationen sind dann auch in diese Zusammenhänge einzuordnen. Sie können sich vorstellen, dass Ihr Studium mit einem großen Puzzle vergleichbar ist: Jeden Tag erwerben Sie neues Wissen, neue Puzzleteile. Ihre Aufgabe besteht darin, dieses neue Wissen bzw. diese neuen Puzzleteile in Ihr Denkschema einzuordnen bzw. dem einzelnen Puzzleteil seinen Platz im Gesamtbild zu geben. Ihr Ziel muss es sein, ein Bild entstehen zu lassen. Arbeiten Sie in jeder Lehrveranstaltung geistig aktiv mit, basteln Sie an Ihrem Puzzle.

Tipps zur effizienten Wissensaufnahme

Wie kann Ihnen das gelingen?

- *Richten Sie Ihr Augenmerk auf das Wichtige.*

  Jeder gute Vortrag hat Kernaussagen, einen logischen Aufbau und eine Struktur. Die Kunst des Zuhörens besteht nun darin, die Kernaussagen und den Gedankengang des Vortragenden herauszufiltern. Dies ist um so schwieriger, als es kaum möglich ist, die Tätigkeiten "Zuhören", "Mitdenken", "Formulieren" und "Mitschreiben" gleichzeitig erfolgreich durchzuführen. Bemühen Sie sich daher, das Unwichtige und Nebensächliche vom Wichtigen zu unterscheiden.

  Nicht alles ist gleich wichtig, viele Darstellungen dienen der Illustration und näheren Beschreibung eines Sachverhaltes. Hinweise für das Unterscheiden von wesentlichen und unwesentlichen Aussagen können nachfolgende Formulierungen bzw. "Regieanweisungen" des Redners sein:

  Regieanweisungen

  - "Das sollten Sie sich merken!"
  - "Dies ist besonders zu beachten!"
  - "Besonders bemerkenswert ist ... "
  - "Ich möchte hervorheben, besonders unterstreichen ..."
  - "Aufzählungen: erstens ..., zweitens ..., drittens ...,"
  - "Ausgangspunkt meiner Darstellung ist die Fragestellung ..."
  - "Damit komme ich zum nächsten Aspekt ..."
  - "Hier eine Zusammenfassung der wichtigsten Thesen ..."

  Der Vortragende wird seine Hauptpunkte und -aussagen durch seine Gestik, Mimik und Sprechweise "unterstreichen". Unterschiedliche Sprechtempi und die betonte Pause vor einer relevanten Aussage können signalisieren, dass etwas Wichtiges folgt.

Roter Faden

- *Achten Sie auf den "roten Faden" des Vortrags.*

  Kleben Sie nicht am einzelnen Wort des Redners, sondern versuchen Sie, den Überblick zu behalten, suchen und verfolgen Sie in seiner Rede stets den "roten Faden".

  Die meisten Dozenten geben zu Beginn der Lehrveranstaltung eine Übersicht über die behandelten Themen sowie am Ende einer Thematik bzw. der Lehrveranstaltung Zusammenfassungen über die wichtigsten Aspekte des dargelegten Stoffs.

Achten Sie während des Vortrags deshalb immer auf derartige "Regieanweisungen".

- *Achten Sie auf den Aufbau des Vortrags.*

Vortragsaufbau

Eine weitere aktivitätsfördernde Möglichkeit besteht darin, darauf zu achten, wie der Redner seinen Vortrag aufgebaut hat. Sie können bspw. untersuchen, ob

- der Vortrag eine breite Darstellung zum Thema gibt oder eine Fragestellung bzw. ein Problem vertiefend behandelt,
- der Vortrag von einem deduktiven oder induktiven Denkansatz ausgeht.

Ein deduktiv aufgebauter Vortrag beginnt bei einer allgemein gültigen Gesetzmäßigkeit, einem Gesamtzusammenhang. Durch die Zerlegung bzw. Analyse des Ganzen wird auf Erkenntnisse über das Besondere eingegangen.

Demgegenüber geht ein induktiv aufgebauter Vortrag von dem Einzelnen, vom Besonderen, bspw. von auf empirischem Wege herausgefundenen Ergebnissen aus und leitet daraus allgemeine Schlussfolgerungen, Gesetzmäßigkeiten und Regeln ab. Mittels der Synthese gelangt man durch das Zusammenfügen von Einzelteilen vom Einzelnen zum Allgemeinen, vom Konkreten zum Abstrakten.

Diese beiden Denkrichtungen werden in Vorlesungen meist in einer Mischform zum Einsatz gebracht (vgl. Koeder 1994, S. 87 f.; vgl. auch Abschnitt 2.1.4.2).

- *Verdichten Sie Ihre eigenen Gedanken.*

Gedankenverdichtung

Folgende Hinweise dienen dazu, dass Sie beim aktiven Zuhören wach und aufmerksam bleiben:

- Versuchen Sie, das Gehörte in Ihre eigene Sprache zu übersetzen und mit Ihren eigenen Worten zu formulieren und aufzuschreiben.
- Aktivieren Sie Ihr Vorwissen. Untersuchen Sie die neu gehörten Wissensbausteine dahingehend, ob Sie zu irgendeinem der schon vorhandenen Gedächtnisinhalte passen, ob sie irgendwo eingeordnet, einsortiert bzw. "assoziiert" werden können (vgl. Abschnitt 2.1.3.3).

- Ordnen Sie den Lernstoff nach Ihren eigenen Gesichtspunkten. Hierbei können grafische Darstellungen, insb. Mind-Maps, eine geeignete Hilfe sein (vgl. Abschnitt 2.1.4.2).
- Versuchen Sie, Ihre Merkfähigkeit durch den Einsatz der sogenannten "Loci-Methode" zu steigern. Diese stellt eine gedächtnisstützende Lernhilfe dar (vgl. Abschnitt 4.2).
- Hören Sie ab und an auch bewusst weg. Damit ein aktives Zuhören über längere Zeit möglich ist, kann es an bestimmten Stellen des Vortrags nützlich sein, bewusst wegzuhören. Mit Weghören ist hier jedoch nicht das Abschalten oder Abschweifen gemeint, sondern das Weghören bspw. bei Anekdoten, witzigen Bemerkungen, Belanglosigkeiten. Nutzen Sie diese Gestaltungselemente des Vortragenden, indem Sie in dieser Zeit Ihre wichtigsten Gedanken verdichten.

2.2.4 Stellen Sie Fragen

Zweiwegkommunikation

Der Vorteil einer mündlichen Weitergabe des Wissens gegenüber einer Weitergabe in Büchern besteht hauptsächlich darin, dass der Vortragende und die Lernenden in direkte Interaktion miteinander treten können. Diese "Zweiwegkommunikation" (oder interaktive bzw. dialogische Verständigung), bei der Sprecher und Hörer Informationen austauschen, ist der "Einwegkommunikation", bei der Informationen nur in eine Richtung (Vortragender "sendet", Studierende hören zu) fließen, hinsichtlich des Lernprozesses deutlich überlegen.

... in Vorlesungen

Im Rahmen einer Vorlesung als traditioneller, aber neueren empirischen Befunden zufolge durchaus effektiven Form (Kloepfer 2012) der Wissensvermittlung wird der Lehrstoff durch den Dozenten präsentiert. Eine Interaktion zwischen Vortragendem und Zuhörern ist im Wesentlichen nur in begrenztem Rahmen möglich. Ein engagierter Dozent ist bemüht, seine Hörer am Vortrag zu beteiligen, indem er Fragen stellt, die zum Mitdenken anregen. Der Dozent weist üblicherweise zu Beginn seiner Vorlesung darauf hin, wie er sich das Procedere der Veranstaltungsreihe vorstellt. Je nach Beschaffenheit der zu vermittelnden Lehrinhalte bietet sich einerseits eine geschlossene Vortragsweise an, die im Anschluss an die Präsentation das Stellen von Fragen zulässt, oder es ist andererseits zweckmäßig, Fragen zwischendurch zu stellen und beantworten zu lassen.

... in Seminaren

Seminare, Übungen, Tutorien, Kolloquien sind im Gegensatz zur Vorlesung für einen kleineren Teilnehmerkreis vorgesehen. Im Vordergrund steht hier das Sammeln von Erfahrungen mit eigenständig erstellten wissenschaftlichen Arbeiten (vgl. Abschnitt 3.1.1). Dazu werden in Absprache mit dem

Veranstaltungsleiter Referate vorbereitet, vorgetragen und gemeinsam diskutiert. In Seminaren hat es sich eingebürgert, dass während des Vortrags Verständnisfragen und im Anschluss daran inhaltliche Diskussionsfragen gestellt werden.

Nur Mut!

Im Allgemeinen können Sie davon ausgehen, dass Lehrkräfte erfreut sind, wenn Studierende Interesse an ihren Ausführungen bekunden, zusätzliche Fragen stellen, eigene Gedanken äußern, Sachverhalte hinterfragen. Diese bestätigen, dass jemand Anteil und Interesse an den präsentierten Gedanken nimmt. Auch der Vortragende braucht solche Rückmeldungen, damit er weiß, ob seine Darstellungen und Äußerungen in der entsprechenden Form angekommen sind oder nicht. Werden keine Fragen gestellt, kann der Vortragende zu der Deutung gelangen, dass alles verständlich und klar präsentiert worden ist. Wenn Sie Fragen stellen, verhalten Sie sich im Sinne des Vortragenden, Sie tun ihm sogar einen Gefallen.

Nutzen Sie daher so weit wie möglich die Gelegenheit, Rückfragen zu stellen. Nicht "Wer viel fragt, bekommt viele dumme Antworten", sondern "Wer viel fragt, gewinnt" sollte Ihr Motto für das Lernen im Studium sein.

Häufig wird von der Möglichkeit des Nachfragens jedoch kein Gebrauch gemacht. Viele Studierende fürchten sich davor, sich mit einer "dummen Frage" zu blamieren. Das Beachten nachstehender Regeln lässt ein Stellen unpassender Fragen erst gar nicht aufkommen:

Tipps für das Fragen-Stellen

- *Leiten Sie Ihre Frage ein, indem Sie die Aussage des Vortragenden wiederholen.*

  Dies empfiehlt sich insb. dann, wenn Sie gern etwas fragen möchten, jedoch nicht wissen, wie Sie Ihre Frage eröffnen sollen.

  Möglichkeiten bestehen bspw. in folgenden Formulierungen:

  - "Könnten Sie Ihre letzte Aussage wiederholen?"
  - "Sie sind von der These ausgegangen, dass ... Hierbei stellt sich mir die Frage ..."
  - "Ihre Aussage ... stimmt (nicht) mit meiner Erfahrung überein. Könnte das damit zusammenhängen ...?"
  - "Könnten Sie das Gesagte an einem konkreten Beispiel erläutern?"

- *Leiten Sie Ihre Frage ein, indem Sie kurz erklären, was die Frage für Sie bedeutet.*

  Eine Frage wird oftmals auch dadurch verständlicher, dass Sie darlegen, warum Sie diese Frage stellen. Damit verdeutlichen Sie den Hintergrund Ihrer Frage sowie deren Bezugsrahmen. Dies erhöht wiederum die

Chance, eine passende Antwort zu bekommen. Des Weiteren verkommt Ihre Frage nicht zu einer "Ausfrage-Frage".

- *Stellen Sie kurze Fragen.*

  Natürlich kommt es immer wieder vor, dass eine große Menge an Stoff in stark verdichteter Weise dargeboten wird. Auch dies hat zur Folge, dass sich die Zuhörer voll und ganz auf das Mitschreiben konzentrieren müssen und erst beim Durcharbeiten der Mitschrift Gelegenheit haben, das Ganze zu überdenken. Denken Sie sich in diesem Fall zu Hause Fragen aus und stellen Sie diese zu Beginn der nächsten Lehrveranstaltung.

2.3 Übersichtlich und nachvollziehbar mitschreiben

2.3.1 Bedeutung des zielgerichteten Mitschreibens im Studium

Notizen als Merkhilfen

Obwohl unterschiedliche Arten von Lehrveranstaltungen (Vorlesungen, Seminare, Übungen, Kolloquien, Tutorien, Projektstudien etc.) verschiedene Zielsetzungen verfolgen, bleibt für Studierende stets die Notwendigkeit, während der Lehrveranstaltungen entsprechende Notizen zu machen.

Ziele des Mitschreibens

Das Mitschreiben dient im Wesentlichen zweierlei Zielen:

- *Verbesserung des Zuhörens, Verstehens und Behaltens*

  Unter lernpädagogischen Gesichtspunkten kommt dem Mitschreiben eine zentrale Bedeutung zu. Es entlastet das Gedächtnis, es fördert die Aufmerksamkeit beim Zuhören und der mitschreibende Zuhörer kann sich deshalb verstärkt mit den dargebotenen Inhalten auseinandersetzen. Da man ohnehin nicht alles mitschreiben kann, ist man ständig vor die Frage gestellt, welche Wichtigkeit man dem eben Gehörten beimessen soll. Schriftliche Notizen verhelfen demzufolge dazu, einen Überblick über das Ganze zu gewinnen, indem man sich auf die Herausarbeitung der Struktur des Vortrags konzentriert. Das Mitschreiben verbessert zudem das Verstehen und Behalten, indem der Zuhörer sozusagen zum Durcharbeiten und Wiederholen angehalten ist. Das Gehörte wird mit den eigenen Kenntnissen und Erfahrungen verglichen, in die eigene Sprache übersetzt und es wird über die Bedeutung des Gehörten entschieden.

Das Mitschreiben ist aber auch deshalb vorteilhaft, weil durch das Zuhören, Schreiben und Sehen verschiedene Lernwege am Informationsaufnahmeprozess beteiligt sind. Eine solche "mehrkanalige Aufnahme" trägt zu einem umfangreicheren Verständnis und besseren Behalten des Lernstoffs bei (vgl. Reischmann 1980, S. 28). Untersuchungsergebnisse unterstützen diese Auffassung: Personen, die Mitschriften eines Vortrags anfertigten, diese aber sieben Tage lang nicht einsahen, konnten sich wesentlich besser an die Vortagsinhalte erinnern als Personen, die in diesem Vortrag keine Notizen anfertigten (vgl. Metzig/Schuster 1996, S. 48).

- *Nutzung der Mitschrift nach der Lehrveranstaltung*

  Zum anderen liegt der Hauptzweck der Erstellung von Mitschriften in der späteren Nutzung dieser Notizen. Einerseits können diese zur Prüfungsvorbereitung herangezogen werden. Andererseits kann die Mitschrift einen ersten Anhaltspunkt geben, wenn die Ausarbeitung einer schriftlichen wissenschaftlichen Arbeit ansteht.

Merkmale nützlicher Mitschriften

Damit eine Mitschrift für spätere Wissenspräsentationen dienlich sein kann, muss sie vollständig, hinreichend genau, übersichtlich und gut strukturiert erstellt (vgl. Koeder 1994, S. 89) und sie muss außerdem überarbeitet werden. Das übersichtliche und nachvollziehbare Mitschreiben sowie das Überarbeiten von Mitschriften bereitet insb. vielen Studienanfängern aufgrund ihrer fehlenden Übung und Erfahrung erhebliche Probleme.

Die nachfolgenden Hinweise zielen auf eine Verbesserung der Mitschreibe- und Überarbeitungsqualität ab.

2.3.2 Was sollen Sie mitschreiben?

Selektivität

Mitschreiben kann nicht bedeuten, den ganzen Vortrag wörtlich zu dokumentieren. Selbst wenn Sie das Stenographieren beherrschen, sollten Sie nicht Wort für Wort mitnotieren. Denn: Das mechanische Mitschreiben verhindert eine aktive Auseinandersetzung mit den dargebotenen Lehrinhalten und somit eine gedankliche Verarbeitung dieser Inhalte durch Mitdenken, Abwägen und das Unterscheiden von Wesentlichem und Unwesentlichem. Andererseits sollten Sie auch nicht der Gefahr erliegen, zu wenig mitzuschreiben. Trotz abnehmender Tendenz sind auch heute noch viele Vorlesungen etwas "Einmaliges", das, was Sie nicht schriftlich festgehalten haben, kann häufig nicht mehr nachgelesen oder rekonstruiert werden. Oftmals geben Lehrkräfte in ihren Lehrveranstaltungen Hinweise darüber, welche Theorien, Themen, Fragestellungen und Autoren sie persönlich schätzen und welche Lehrinhalte sie als besonders prüfungsrelevant erachten. Darüber hinaus erfahren Sie Wissenswertes über aktuelle Forschungsvorhaben und -methoden der jeweiligen Lehrperson. Sogar ein vom Vortragenden selbst veröffentlichtes Lehrbuch bietet nicht die Gewähr, auf die Vorlesung und eine Mitschrift verzichten zu können.

Struktursuche

Wie lassen sich aber die wesentlichen Wörter und Sätze aus der Flut der dargebotenen Vortragsbestandteile herausfiltern? Entscheidend ist es zunächst, den Aufbau und die Struktur des Vortrags zu erfassen. Dies fällt vor allem dann nicht leicht, wenn die Vorkenntnisse über das Thema des dargebotenen Vortrags gering sind. Eine gezielte Vorbereitung kann hierbei bereits Abhilfe leisten. Wie Sie dabei vorgehen können, wurde bereits im Abschnitt "Zuhören" (vgl. Abschnitt 2.2) dargestellt. Die Erstellung einer übersichtlichen Mitschrift ist teilweise auch deshalb schwierig, weil manche Dozenten ihre Vorträge unklar und unübersichtlich aufgebaut haben. In diesem Fall ist es besonders wichtig, dass Sie Ihre Mitschrift überarbeiten und eine eigene Struktur und Gliederung in Ihre Notizen hineinbringen.

Bestandteile von Mitschriften

Ihre Mitschrift sollte *drei Bestandteile* enthalten:

- Hauptpunkte

  Jeder Vortrag enthält neben dem Thema und der Problemstellung, die meist im Lehrveranstaltungstitel bzw. -thema angegeben sind, Grundaussagen, die die Sichtweise und Einstellung des Referierenden wiedergeben.

- Begründungen

  Die Grundaussage eines Vortrags wird in diesem üblicherweise begründet und erklärt. Es werden Argumente zur Stützung der Hauptpunkte aufgeführt. Dabei werden die Grundaussage, das Problem, die These in weitere Unterpunkte aufgefächert und die jeweiligen Voraussetzungen, Bedingungen und Folgen aufgezeigt. Diese Begründungen werden mehrheitlich mittels übergeordneter Theorien sowie mit Fakten (z. B. Namen, Daten, Zahlen etc.) belegt.

- Kommentare und eigene Gedanken

  Während Sie sich bei den Hauptpunkten und ihren Begründungen von den Darstellungen des Vortragenden leiten lassen, sollten Sie ebenso Ihre eigenen Gedanken zu dem Vortrag und dessen Bestandteilen festhalten. Dies können bspw. Fragen zum Inhalt und zu für Sie noch unverständlichen und unkonkreten Fachausdrücken sein oder in Verweisen auf andere Themengebiete sowie in kritischen Anmerkungen bestehen (vgl. Reischmann 1980, S. 30).

Praktische Tipps

Das Mitschreiben wird Ihnen leichter fallen, wenn Sie

- *auf Wiederholungen achten.* Jeder gute Vortragende benutzt das "Hilfsmittel der Redundanz" (Corsten/Deppe 1996, S. 29), um wesentliche und bedeutsame Hauptpunkte, Begründungen und Kernaussagen herauszustellen. Ein häufig genutztes Mittel von Referenten besteht darin, entsprechende Aussagen mit unterschiedlichen Begriffen zu umschreiben und somit mehrfach zu wiederholen,

- *stichwortartig mitnotieren.* Artikel (der, die, das), Hilfswörter (wie, haben, sein) und Füllwörter brauchen nicht mitgeschrieben zu werden,

- *ab und an weghören.* Weghören können Sie bspw. dann, wenn der Referent seine Ausführungen durch Füllmaterial wie persönliche Erinnerungen oder Anekdoten untermauert. In dieser Zeit haben Sie Gelegenheit, Ihre Notizen kurz zu überfliegen und ggf. zu gliedern,

- *in den Ausführungen auf "Regieanweisungen" achten und an diesen Stellen gezielt mitschreiben* (vgl. Abschnitt 2.2.3).

2.3.3 Wie schreiben Sie übersichtlich und nachvollziehbar mit?

Viele Studierende schreiben während der Lehrveranstaltung in einer wenig effizienten und vorteilhaften Art und Weise mit: Sie schreiben auf beliebige Zettel oder in ein Heft. Dabei wird Seite für Seite und überdies auch die Rückseite der Blätter vollgeschrieben. Später anzubringende Ergänzungen können nicht mehr an der passenden Stelle eingefügt werden, Seiten müssen beim Überarbeiten herausgerissen oder eingeklebt werden. Kurzum: Nicht vorstrukturierte Blätter und Hefte sind unangemessene und inflexible Materialien für das Mitschreiben (vgl. Schräder-Naef 1994, S. 170).

Gestaltung der Niederschrift

Damit Ihre Notizen bereits bei der Niederschrift übersichtlich und nachvollziehbar werden, beachten Sie nachstehende Hinweise:

- Verwenden Sie Einzelblätter im Format DIN A 4.

  Einzelblätter bieten genügend Platz für übersichtliche Darstellungen. Zudem lassen sie sich flexibel ablegen. Im Nachhinein kann an der entsprechenden Stelle noch etwas ein- und hinzugefügt oder Überflüssiges aussortiert werden. Das DIN-A-4-Format ist aber auch deshalb günstig, weil Unterlagen, die Dozenten austeilen, sowie Informationen, die Sie bei der Überarbeitung dazugeben (Fachzeitschriftenartikel, Texte aus Fachbüchern, Zeitungsartikel etc.), in der Regel ebenfalls im Format DIN A 4 angelegt sind.

- Strukturieren Sie jedes Blatt vor.
- Schreiben Sie Datum, Thema der Veranstaltung, Name des Vortragenden auf das Blatt.
- Teilen Sie dann Ihr Blatt beim Mitschreiben (in Gedanken oder durch Striche) in vier Spalten ein (vgl. Tabelle 2-4).
- Während des Mitschreibens in der Lehrveranstaltung stehen Ihnen die Spalten "Randbemerkungen" (hierzu eignen sich die in Tabelle 2-1 in Abschnitt 2.1.3.2 zusammengestellten Markierungssymbole) sowie "Mitschreibespalte" zur Verfügung. Die Spalten "Ergänzungen" sowie "Stich- bzw. Schlagwörter" füllen Sie beim Überarbeiten Ihrer Mitschrift aus. Das Feld "eigene Gedanken, Querverweise" können Sie sowohl während der Lehrveranstaltung als auch beim Überarbeiten der Mitschrift nutzen.
- Beschreiben Sie Ihre Blätter nur einseitig, damit Sie auf der Rückseite an passender Stelle ggf. Ergänzungen hinzufügen können.
- Achten Sie auch beim eigentlichen Mitschreiben auf eine hinreichende Strukturierung.

  Strukturiert sein sollte nicht nur Ihr Mitschriften-Blatt, sondern auch Ihre Mitschrift selbst. Strukturierungs- bzw. Gliederungselemente helfen nämlich, die eigenen Notizen übersichtlich zu gestalten. Damit eine übersichtliche Darstellung gelingen kann, ist es ratsam, die Strukturierungs- bzw. Gliederungselemente gezielt und sparsam einzusetzen.

  - Beginnen Sie jeden Themenabschnitt mit einer Überschrift.
  - Schreiben Sie "luftig" mit. Lassen Sie bspw. nach jedem Themenabschnitt ein paar Zeilen frei. Sie haben dann genügend Platz, um Überhörtes nachzutragen, Ergänzungen anzubringen, Nummerierungen vorzunehmen. Papier ist sicherlich der niedrigste Posten bei den Kosten eines Studiums. Seien Sie großzügig im Papierverbrauch.
  - Hauptpunkte beginnen am vorderen Zeilenrand, Begründungen und Erklärungen können eingerückt werden, bei weiteren Unterpunkten wird wiederum eingerückt.
  - Verwenden Sie bei Aufzählungen Spiegelstriche.
  - Wichtige Begriffe, Definitionen, Namen, Formeln, Zahlen etc. können Sie optisch durch Unterstreichungen, Umrahmungen, Farben oder GROSSBUCHSTABEN hervorheben.
  - Benutzen Sie bestimmte Farben (blau, grün, rot, schwarz) für bestimmte Inhalte, z. B. alle Fachwörter schwarz, alle Namen grün, alle Formeln blau sowie alle Definitionen rot.

■ Schreiben Sie mit relativ kleiner Schrift. Groß schreiben kostet Zeit.

Muster eines Blattes für Mitschriften

Tabelle 2-4

Datum:		Thema:	Dozent:	Seite
	Randbemerkungen	Mitschreibspalte	Ergänzungen	Stich- bzw. Schlagwörter
		Ressourcenbasierter Ansatz		*RBV*
	!!	*Die Resource-based View geht auf Penroses frühe Arbeit zurück*	*1957 The Theory of the Growth of the Firm*	*Penrose*
		Unternehmenszentrierte Sichtweise		*Unternehmen*
	?!	*Tacit knowledge als Erfolgsfaktor*		*Tacit*
	nachschlagen	*Rentendenken*		*Renten*
		4 Arten von Renten *Merkmale von Ressourcen* - *wertvoll* - *strategisch relevant* - *nachhaltig* - *begrenzt transferierbar*		*Merkmale*
Eigene Gedanken, Querverweise: *Entspricht doch eigentlich dem Erfolgspotentialdenken, wie es Gälweiler bereits in den 70er Jahren entwickelt hat !!*				

■ Verwenden Sie Abkürzungen, Zeichen und Symbole.

Abkürzungen, Zeichen und Symbole

Die Verwendung von Abkürzungen, Zeichen und Symbolen für häufig wiederkehrende Wörter und Inhalte helfen Zeit zu sparen und ermöglichen ein schnelleres Mitschreiben und damit eine bessere Aufnahme der Inhalte.

■ Erfinden Sie Ihre eigenen Abkürzungen. Damit Sie später nachvollziehen können, welche Bedeutung die jeweilige Abkürzung hat, empfiehlt es sich, ein persönliches Abkürzungsverzeichnis für die einzelnen Lehrveranstaltungen anzulegen (vgl. Abschnitt 3.8.8).

- Nutzen Sie allgemein bekannte Abkürzungen, wie z. B.

tw.	teilweise
Def.	Definition
Zsf.	Zusammenfassung
vgl.	vergleiche
Erg.	Ergebnis

- Setzen Sie die in einer Fachsprache vorherrschenden Abkürzungen ein, wie z. B.

BGB	Bürgerliches Gesetzbuch
HGB	Handelsgesetzbuch
BGH	Bundesgerichtshof
ArbSchG	Arbeitsschutzgesetz
BMG	Bundesministerium für Gesundheit
OLG	Oberlandesgericht
AbgG	Abgeordnetengesetz

- Verwenden Sie Zeichen und Symbole (vgl. Abschnitt 2.1.3.2).

Gliederungsarten

- Gliedern Sie stringent.

Hierbei haben Sie zwei Möglichkeiten:

- Die herkömmliche Möglichkeit, Notizen zu gliedern, besteht in einer hierarchischen und linearen Anordnung von Haupt- und Unterpunkten zur Strukturierung des Inhalts der Vorlesung in logisch aufeinander folgende Teile (vgl. Abschnitt 3.5):

Titel

1. Hauptpunkt
    1.1 Unterpunkt
        1.1.1 Unter-Unterpunkt
        1.1.2 Unter-Unterpunkt
    1.2 Unterpunkt
2. Hauptpunkt

- Eine andere, moderne und nichtlineare Methode zur Erstellung von Notizen ist mit "Mind-Maps" gegeben (vgl. Abschnitt 2.1.4.2). *Mind-Maps*

Natürlich können Sie Ihre Lehrveranstaltungsmitschriften auch unter Nutzung von Laptops, Notebooks oder Tablet-Computern vornehmen. Dabei ist es jedoch ebenfalls hilfreich, wenn Sie die zuvor dargelegten Mitschriftregeln beachten.

2.3.4 Wie Sie Ihre Notizen überarbeiten

Gründe für die Überarbeitung

Es ist nur selten möglich, während der Lehrveranstaltung vollkommene Notizen zu erstellen. Teilweise mangelt es an einer ausreichenden Übung, teilweise fehlt es an einem hinreichenden Überblick. Überdies ist in Lehrveranstaltungen auch die Zeit äußerst knapp. Deshalb müssen Sie die in der Lehrveranstaltung erstellten Notizen – die "Ur-Schrift" (vgl. Corsten/Deppe 1996, S. 28) – überarbeiten, ergänzen und verändern. Das Überarbeiten in Ruhe ermöglicht Ihnen, den Inhalt zu überdenken, Unklarheiten zu beseitigen und Ergänzungen vorzunehmen. Daraus entsteht sodann die fertig ablegbare Mitschrift. Für eine effiziente Prüfungsvorbereitung können Sie diese überarbeiteten Informationen dann zu einem Exzerpt und/oder auf Karteikarten noch kompakter und stringenter verdichten.

Dies bedeutet, dass Sie Ihre Mitschriften stets überarbeiten, bevor Sie diese ablegen. Das Überarbeiten hat den Zweck, Ihre Notizen exakter, zielgerichteter und damit wertvoller zu gestalten. Dies ist besonders dann wichtig, wenn die präsentierten Informationen für eine Prüfung benötigt werden.

Optimaler Überarbeitungszeitraum

Mitschriften sollten möglichst bald nach deren Erstellung überarbeitet werden. Diese Empfehlung sollten Sie auch dann befolgen, wenn an Ihrer Hochschule das für die Bachelor-Master-Welt typische flexible Prüfungssystem besteht. Die Lernpsychologie hat nämlich gezeigt, dass die Behaltensleistung am ersten Tag am stärksten absinkt. In Abbildung 2-18 (vgl. Vollmer/Hoberg 1988, S. 133) ist eine empirisch hergeleitete Vergessenskurve wiedergegeben, die diesen Sachverhalt verdeutlicht.

Zeitpunkt der Überarbeitung

Das Durch- bzw. Überarbeiten sollte deshalb auf jeden Fall noch am Tage der Lehrveranstaltung erfolgen. Verschieben Sie das Überarbeiten auf den nächsten Tag, dann gilt es zu bedenken, dass bereits 40 Prozent der Informationen vergessen worden sind. Überarbeiten Sie gar erst zwei Wochen später, dann haben Sie bereits 90 Prozent (vgl. Vollmer/Hoberg 1988, S. 133) vergessen. Diese vergessenen Informationen müssen dann mit großen Anstrengungen (Nachlesen und Nachfragen) und mit einem erheblichen Mehraufwand an Zeit erst wieder ins Gedächtnis gerufen werden.

Abbildung 2-18 Vergessenskurve

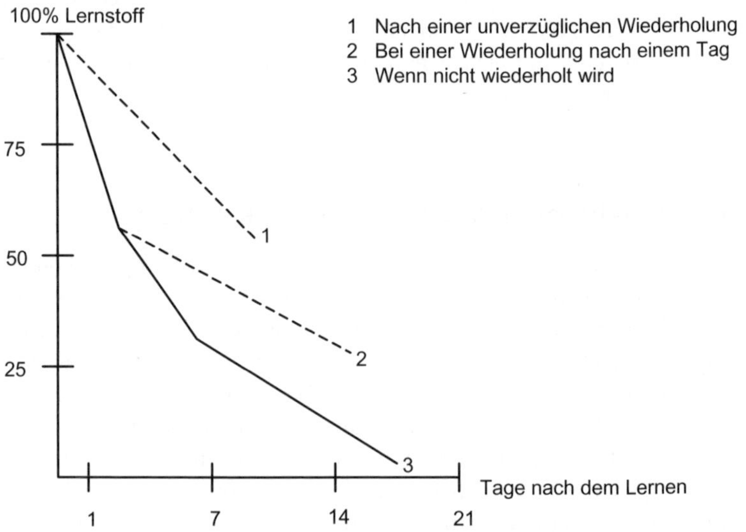

Ein reines, unveränderndes Abschreiben von Mitschriften – bspw. deshalb, weil die Mitschrift sehr unleserlich und unübersichtlich ist – bringt zwar einen Wiederholungseffekt, sorgt aber für keine ausreichende Erhöhung der Behaltens- und Verstehensleistung. Diese kann nur durch die Generierung von sinnvollem Lernmaterial erhöht werden. Versuchen Sie daher stets, im Rahmen der Überarbeitung von Mitschriften eine Struktur in den Lehrstoff zu bringen, die Zusammenhänge zu sehen und irgendwelche Gesetzmäßigkeiten zu suchen. Denn die Verstehens- und Behaltensleistung für unverstandenes und sinnloses Lernmaterial ist gering (vgl. Schräder-Naef 1994, S. 52).

Ergänzung der Überarbeitung

Wenn durch Dozenten oder durch Studierende, die ein Referat halten, Veranstaltungsskripte, Thesenpapiere oder Unterrichtsprotokolle angeboten sowie Literaturempfehlungen ausgesprochen werden, dann sollten Sie diese Unterlagen zum Nachlesen und zur Abrundung des Themengebiets in die Überarbeitung der Mitschrift einfügen. Sie fügen diese nicht als Anhang, sondern „vor Ort" ein, damit Sie sich mit ihnen in gleicher Weise wie mit Lesetexten auseinandersetzen können. Unverzichtbar für die Überarbeitung und Vertiefung der mitgeschriebenen Notizen sind insb. die durch Dozenten ausgesprochenen und zur Ergänzung der Lehrveranstaltung empfohlenen Literaturquellen.

Lerngruppe

Ideal wäre es, wenn Sie an einer Lerngruppe beteiligt sind, in der die Lehrinhalte und entsprechenden Notizen verglichen, durchgesprochen und diskutiert werden (vgl. Abschnitt 2.4). Es ist durchaus normal, wenn die Nachbearbeitungszeit größer ist als die Unterrichtszeit.

Praktische Hinweise zur Überarbeitung

Für die Überarbeitung der Mitschrift hat sich nachfolgendes Vorgehen bewährt:

- Strukturieren Sie den Lehrstoff, indem Sie diesen in logischer Form ordnen. Heben Sie dazu Haupt- und Unterpunkte hervor und versehen Sie diese mit Überschriften.
- Ordnen Sie den Gliederungspunkten entsprechende Hauptgedanken zu. Verwenden Sie dazu möglichst eigene Wörter und Formulierungen. Dies zwingt dazu, den Stoff zu überdenken und hilft einzuschätzen, ob das Ganze verstanden worden ist.
- Setzen Sie die oben erwähnten Strukturierungshilfen gezielt ein.

  Es bietet sich an, bei gleichen Aspekten der Mitschrift (Definitionen, Namen, Begriffe, Formeln, Zahlen etc.) analog zu verfahren, d. h. dass bspw. alle Definitionen farblich rot umrahmt oder alle Formeln blau unterstrichen werden. Dadurch stellen Sie sicher, dass einzelne Aspekte des Textes später auf Anhieb als solche erkannt werden.
- Streichen Sie Unwichtiges.
- Beseitigen Sie Unklarheiten, bspw. Unverständnis hinsichtlich bestimmter Fachbegriffe, und bringen Sie mit Hilfe von Fach- und Lehrbüchern sowie Nachschlagewerken und Lexika notwendige Ergänzungen an.
- Legen Sie sich für gelesene und noch zu lesende Literatur eine Literaturkartei an. Diese wird nach einer alphabetischen Ordnung aufgebaut und sollte Angaben zu Autoren und Titeln von Publikationen (Vor- und Nachname, Titel und Untertitel, Auflage, Verlagsort und Erscheinungsjahr) sowie inhaltsbezogene Stichwörter enthalten (vgl. Abschnitt 3.4.4). Des Weiteren sollten Sie nach Auffinden der Literaturstelle in der Bibliothek die Signatur auf die Karteikarte aufnehmen. Dies erspart Ihnen bei wiederholtem Ausleihen das Heraussuchen aus den Katalogen der ausleihenden Bibliothek. Die Erfahrung zeigt, dass das Auffinden von 10 „vergessenen" Quellen nicht selten einen Tag dauert.
- Füllen Sie die rechte Spalte des vorstrukturierten Blattes mit Schlagwörtern aus.
- Nach dem Durcharbeiten nummerieren Sie Ihre Seiten fortlaufend. Falls Sie noch Ergänzungen auf zusätzlichen Blättern angebracht haben, versehen Sie die Seitenzahl einfach mit einem zusätzlichen Buchstaben (vgl.

Schräder-Naef 1994, S. 175 ff.; Reischmann 1980, S. 34; Koeder 1994, S. 92 f.; Corsten/Deppe 1996, S. 38 ff.).

Lernen, Verstehen und Behalten des Lernstoffs setzt voraus, dass man einen schnellen und präzisen Zugriff auf das Lernmaterial bzw. den zu wiederholenden Stoff hat. Daher ist es insb. für eine zielgerichtete und persönliche Prüfungsvorbereitung nützlich und sinnvoll,

Exzerpte

- aus der überarbeiteten Mitschrift ein Exzerpt anzufertigen.

  Hierbei werden die wichtigsten Hauptpunkte, Begründungen und Definitionen knapp und bündig anhand der wichtigsten Schlagwörter zusammengefasst. Eine für Wiederholungen adäquate Möglichkeit besteht in einer systematischen und strukturierten Zusammenfassung in Form von hierarchischen Anordnungen, Tabellen, Rastern, Schemata etc. (vgl. Abschnitt 2.1.4.2).

Karteikarten

- Karteikarten anzulegen.

  Hierzu werden Fragen zum Lehrstoff generiert und auf der Vorderseite der Karteikarten notiert. Auf der Kartenrückseite werden die jeweiligen Antworten in kompakter Form vermerkt. Karteikarten sind ein äußerst effizientes Hilfsmittel für die Organisation und Handhabung von Wiederholungen zur Prüfungsvorbereitung (vgl. Vollmer/Hoberg 1988, S. 138 f.).

PC-Nutzung

Es versteht sich von selbst, dass die vorgenannten Nachbearbeitungsaktivitäten heutzutage üblicherweise mit Computerunterstützung durchgeführt werden. Exzerpte, Karteikarten etc. werden Sie also nicht mehr physisch, sondern als EDV-Datei anlegen. Die vorgeschlagenen Organisationsprinzipien verlieren hierdurch jedoch nicht ihre Gültigkeit.

2.3.5 Wie Sie Ihre Mitschriften effizient ablegen

Wer vor einer Prüfung zuerst seine Notizen und Unterlagen zusammensuchen und ordnen muss, wird sehr schnell unter Stress geraten und wenig Freude an seinen Mitschriften haben. Es bedarf eines schnellen Zugriffs auf den zu wiederholenden Stoff.

Tipps für die Ablage

- Legen Sie Ihre überarbeiteten Notizen regelmäßig geordnet ab, zweckmäßigerweise so, dass sie leicht wiedergefunden werden. Das ist die Grundlage für eine optimale Prüfungsvorbereitung. Dies gilt auch dann, wenn Sie bereits am Ende des jeweiligen Semesters Ihre Prüfungen abzulegen haben (flexibles Prüfungssystem). Sammeln Sie Ihre überarbeiteten Mitschriften aus Lehrveranstaltungen und die dazu angelegten Exzerpte und/oder Karteikarten auch über das jeweilige Semester hinaus während des gesamten Studiums systematisch. Sie sind die Basis für Ihr weiteres persönliches und zielgerichtetes wissenschaftliches Arbeiten.

- Legen Sie für jede Lehrveranstaltung bzw. jedes Fach einen Ordner an, in dem Sie die einzelnen Mitschriften aufbewahren. Für eine derartige Ordnerablage spricht, dass sich das Material rasch und bequem und an jeder beliebigen Stelle einfügen lässt. Für eine Unterteilung sorgen Register oder Trennblätter. Im Falle der Nutzung von Computern ist es besonders wichtig, auf dem verwendeten Speichermedium eine inhaltlich sinnvolle und ausgewogene Verzeichnisstruktur anzulegen.
- Stellen Sie sicher, dass Sie die Notizen der Vorstunde stets dabeihaben. Dadurch sind Sie in der Lage, Ihr Gedächtnis aufzufrischen bzw. zu kontrollieren, wenn zu Beginn eine Zusammenfassung der Vorstunde gegeben wird.
- Haben Sie sich für das Arbeiten nach dem Karteikartensystem entschieden, legen Sie sich für jede prüfungsrelevante Lehrveranstaltung (Klausur, Referat, Protokoll, Seminararbeit) einen Karteikasten an, in den Sie die beschrifteten Karteikarten einlegen.

Gesamtnutzen guter Ablage

Nach Beendigung des Semesters haben Sie bei konsequenter Anwendung der empfohlenen Hinweise zum Mitschreiben ein vollständiges Manuskript, idealerweise auch ein Exzerpt in strukturierter Form und Karteikarten vorliegen, die allesamt eine effektive Hilfe bei der Klausur- und Prüfungsvorbereitung darstellen werden. Sie haben damit in die Überarbeitung der Mitschrift viel Zeit investiert; Zeit, die Sie später jedoch mühelos wieder "hereinholen" werden. Durch eine systematische und voraussichtige Vorgehensweise haben Sie die notwendigen Schritte zur Prüfungsvorbereitung peu à peu vollzogen. Dies ermöglicht Ihnen zunächst einmal eine stressfreiere und angenehmere Zeit der Prüfungsvorbereitung (vgl. Abschnitt 4.2) – unabhängig davon, ob die Prüfungsordnung Ihres Studienganges studienbegleitende Prüfungen oder ein abschließendes Blockexamen vorsieht.

2.4 Zielführendes Arbeiten in Gruppen

2.4.1 Bedeutungsgewinn von Gruppenarbeit

Einzelarbeit ist im Rahmen des Studiums unabdingbar. Das Einarbeiten in ein neues Themengebiet, das Erlernen von Daten, Paragraphen, Vokabeln, das Formulieren von Gedanken sowie das Anfertigen wissenschaftlicher

Schriften gelingt meistens besser allein, weil man dann die erforderliche Ruhe hat. Für wissenschaftliches Arbeiten gilt also in mancherlei Hinsicht das "Idealbild", wie es Goethe im Faust beschrieben hat:

Negativbeispiel

- allein im Elfenbeinturm der Wissenschaft um Wahrheit ringen,
- sich selbst genügen,
- die einsam ohne fremde Hilfe erbrachte Leistung wertschätzen,
- die eigenen Gedanken hüten,
- sich höchstens in Buchform der Kritik der Welt aussetzen und
- alle Disziplinen beherrschen (vgl. Goethe 1986, S. 13 sowie S. 18 f.).

Arbeitsteilung und Zusammenarbeit

Auf der anderen Seite führt jedoch kein Weg daran vorbei, dass die Zeiten der Universalgelehrten vorbei sind. Die Zunahme von Wissen sowie von in weithin verfügbaren Wissensspeichern abgelegten Informationen führen dazu, dass einzelne Personen nur noch in Spezialgebieten umfassende Kenntnisse erwerben können. Die Informationsflut zwingt zu permanenter Weiterbildung und zur Zusammenarbeit mit anderen Spezialisten und Experten. Viele Leistungen werden sogar erst durch Zusammenarbeit möglich.

Sozialkompetenz

Aufgrund der immer ausgeprägter werdenden Notwendigkeit zur Zusammenarbeit müssen insb. die Mitarbeiter von Unternehmen über ein hohes Maß an sozialer Kompetenz verfügen. Diese ist von Unternehmen schon vor einiger Zeit als einer der wichtigsten Erfolgsfaktoren erkannt worden. *Soziale Kompetenz* ist die Grundlage dafür, erfolgreich mit Kollegen zusammenzuarbeiten und verantwortungsbewusste Entscheidungen zu treffen (vgl. Faix/Laier 1991). Daher verwundert es nicht, dass auch in der schulischen und akademischen Ausbildung die Förderung von Sozialkompetenz im Vergleich zur Vermittlung von reinem Fachwissen an Bedeutung gewonnen hat.

2.4.2 Zielsetzungen und Arten von Gruppenarbeit

Voraussetzungen

Damit Gruppenarbeit konfliktfrei, effizient, effektiv und somit erfolgreich gestaltet werden kann, erfordert es die Kenntnis bestimmter Voraussetzungen. Auch bedarf es der Einhaltung gewisser Spielregeln der Zusammenarbeit.

Erfolgreiche Gruppenarbeit setzt voraus, dass sich die Teilnehmer über die Zielsetzungen und Arten von Gruppenarbeit Gedanken gemacht haben. Gruppenarbeit wird zur Erreichung unterschiedlicher Ziele eingesetzt und je nach Zielsetzung werden Inhalt und Ablauf der Gruppenprozesse variieren.

Grundsätzlich kann Gruppenarbeit den Zielsetzungen "Informieren", "Trainieren", "Diskutieren" und "Problemlösen" dienen (vgl. Dahmer/Dahmer 1991, S. 76 f.).

Vier Ziele

- *Informieren*: In Seminaren, die von einem Dozenten geleitet werden, bringen die einzelnen Seminarteilnehmer Informationen ein, die sie sich gegenseitig zur Weiterverwertung anbieten. Der besondere Zweck einer Informationsgruppe besteht darin, den Gehalt der dargebotenen Informationen zu erörtern, gemeinsam Verständnisfragen zu klären und das Gehörte durch die aktive Auseinandersetzung zu vertiefen.

- *Trainieren*: Ziel von Trainingsgruppen ist es, Fertigkeiten, wie bspw. die freie Rede oder Erste Hilfe-Techniken, zu üben. Es werden hier bestimmte Techniken bzw. Methoden bis zu deren Vollendung geübt. Diese Gruppen werden üblicherweise von einer erfahrenen Person geleitet und die Teilnehmer erhalten entsprechende Rückmeldung über ihren Fertigkeitsgrad.

- *Diskutieren*: In Diskussionsgruppen werden bekannte Informationen inhaltlich erörtert. Voraussetzung dafür ist, dass die Teilnehmer vorbereitet und informiert sind. Der Zweck dieser Gruppen besteht in der aktiven Auseinandersetzung mit den zu diskutierenden Inhalten sowie einer zielorientierten Zusammenarbeit der Beteiligten. Die selbstständig geleitete Gruppe entspricht diesen Zielsetzungen.

- *Problemlösen*: Problemlösungsgruppen setzen die Information und Koordination des erworbenen Wissens voraus, denn die Lösung von Problemen wird nur dann gelingen, wenn die notwendigen Vorinformationen von den Teilnehmern zielbezogen angewandt werden. Dies ist bspw. in Projektgruppen der Fall. Diese Gruppen arbeiten im Regelfall eigenständig. Zwischendurch findet durch eine betreuende Person Beratung statt.

Diskussionsgruppe oder Problemlösungsgruppe

Im Zusammenhang mit dem selbstständigen Lernen im Studium stehen die selbstgeleitete *Diskussionsgruppe* sowie die *Problemlösungsgruppe* im Vordergrund. Der herkömmlichen Einzelarbeit sind sie insb. im Zusammenhang mit

- der kritischen Bearbeitung von Fachliteratur,
- der Nachbereitung von Lehrveranstaltungen,
- der Wiederholung zur Prüfungsvorbereitung des Lehr- und Lernstoffs sowie
- bei Projektarbeiten

überlegen.

2.4.3 Vor- und Nachteile von Gruppenarbeit

Die *Vorteile* der Gruppenarbeit gegenüber der herkömmlichen Einzelarbeit liegen vor allem in folgenden Bereichen (vgl. Dahmer/Dahmer 1991, S. 73 ff.; Schräder-Naef 1994, S. 68):

Vorteile

- der Überprüfung des eigenen Leistungsstands,
- des Austauschs von Gedanken und Erfahrungen,
- dem aktiven Verarbeiten von Lehrstoff,
- dem Beseitigen von Unklarheiten,
- dem Vertiefen des Verständnisses,
- der Selbstmotivation der Gruppe in schwierigen Situationen,
- der gegenseitigen Leistungskontrolle, welche die Prüfungsvorbereitung erleichtert,
- dem Abbau von Prüfungsängsten,
- der Vermeidung von Isolation, was zur Erhaltung und Stärkung der psychosozialen Gesundheit beiträgt,
- der Stärkung der Kommunikations- und Kooperationsfähigkeiten,
- dem Einüben des Redens und Argumentierens sowie
- der Entwicklung und Förderung sozialer Kompetenz.

Gruppenarbeit kann also intellektuelle, emotionale und soziale Bedürfnisse der Gruppenteilnehmer befriedigen.

Neben der Vielzahl der positiven Wirkungen von Gruppenarbeit sollten Sie sich auch über die beim Lernen in Gruppen auftretenden *Nachteile* bzw. Schwierigkeiten bewusst sein. Bisweilen

Nachteile

- kommt die Gruppe im Lernprozess nur langsam voran, wobei dies um so häufiger auftritt, je größer die Gruppe ist,
- halten einige Teilnehmer lange Monologe und dominieren somit den Verlauf der Gruppenarbeit,
- werden endlose Diskussionen geführt,
- fehlt es Lerngruppen an Orientierung und Zielbezogenheit,
- wird vom eigentlichen Thema abgeschweift,
- entstehen Spannungen aufgrund von Rivalitäten und Akzeptanzproblemen einzelner Gruppenmitglieder,

- liegen die Erwartungen der Gruppenmitglieder weit auseinander,
- ist die Gruppensitzung ungenügend vorbereitet und
- mindern starker Gruppendruck und zu hohe Konformität die Qualität der Ergebnisse.

In der Tat arbeiten selbst eingespielte Gruppen langsamer als Einzelpersonen. Dies ist darin begründet, dass die erforderlichen Prozesse der gegenseitigen Information und Entscheidungsfindung zusätzliche Zeit benötigen. Dies ist besonders dann der Fall, wenn in der Gruppe Entscheidungen demokratisch getroffen werden sollen. Hierin liegt auch ein Grund, warum Gruppenarbeit einen größeren planerischen und organisatorischen Aufwand, wohlüberlegte Spielregeln, eine klare Aufgabenstellung bzw. Zielsetzung, eine erhöhte Arbeits- und Gruppendisziplin sowie ein hohes Maß an Verantwortungsbereitschaft erfordert (vgl. Rost 1997, S. 73).

Die obige Aufzählung von Nachteilen der Gruppenarbeit soll nicht als Argument *gegen* die Gruppenarbeit verstanden werden. Die Kenntnis derselben kann dazu dienen, die in der Gruppe eventuell auftretenden dysfunktionalen Vorgänge zu erkennen und zu vermeiden.

2.4.4 Merkmale leistungsstarker bzw. -schwacher Arbeits- bzw. Lerngruppen

Kontrastbildung

Hinweise über die zielführende Gestaltung von Gruppenarbeit lassen sich identifizieren, wenn die Merkmale leistungsstarker (linke Spalte) bzw. leistungsschwacher (rechte Spalte) Arbeits- bzw. Lerngruppen einander gegenübergestellt werden (vgl. Blöchliger 1987, S. 121 f.):

Das *Gruppenklima* ist unbürokratisch und entspannt. Es herrscht eine Arbeitsatmosphäre, die Menschen zu engagieren und zu interessieren vermag. Anzeichen von Langeweile finden sich kaum.	Das *Gruppenklima* ist von Gleichgültigkeit und Langeweile gekennzeichnet. Spannungen treten häufig auf. Die Gruppe ist von ihrer Aufgabe nicht wirklich angesprochen.
Die *Aufgaben und Ziele* der Gruppe sind allen Mitgliedern klar und finden Zustimmung. Strittige Punkte werden in aller Offenheit diskutiert, es wird nach Lösungen gesucht.	Aus Gesprächen ist schwer zu entnehmen, wie die *Aufgabe* der Gruppe lautet bzw. welches die *Ziele* sind. Obwohl sie "verkündet" worden sind, gibt es keinerlei Anzeichen dafür, dass die Gruppe sie verstehen will oder bereit ist, ein gemeinsames Ziel zu akzeptieren.

Die *Kommunikation* ist spontan, offen und fließt in alle Richtungen. Die Mitglieder hören einander zu. Jede Idee findet Gehör. Es hat niemand Angst, seine Meinung zu äußern.	Die *Kommunikation* ist vorsichtig, zurückhaltend oder ganz blockiert. Niemand weiß, woran er ist. Die Mitglieder hören kaum aufeinander. Wenn Meinungen geäußert werden, dann vor allem, um die eigene Position zu sichern oder zu stärken.
Meinungsverschiedenheiten werden von der Gruppe akzeptiert. Es gibt keine Anzeichen dafür, dass man Konflikten aus dem Wege geht. Konflikte werden nicht unterdrückt, sondern als Anstoß zum weiteren Diskutieren und Beraten genommen, sie helfen der Gruppe weiter.	Die Gruppe ist nicht fähig, aus *Meinungsverschiedenheiten* Nutzen zu ziehen. Konflikte blockieren die gesamte Gruppe. Sie werden deshalb unterdrückt oder in persönlichen Feindschaften auf Kosten der Gruppe ausgetragen.
Die meisten *Entscheidungen* werden in Übereinstimmung gefällt und es herrscht Klarheit darüber, dass die Lösung bei allen auf Zustimmung stößt. Ist jemand nicht einverstanden, bringt er seine Bedenken in aller Offenheit vor und die Gruppe versucht, die Bedenken in die Entscheidung einzubauen, sofern dazu Möglichkeiten vorhanden sind.	Oft werden *Entscheidungen* gefällt, ohne dass die Konsequenzen für die Gruppe geprüft worden wären. Nach der Entscheidung beginnt das Klagen jener Mitglieder, welche die getroffene Entscheidung nicht akzeptieren können und sich gegen die Durchführung weigern oder sie sabotieren.
Wird eine Aufgabe angefangen, so werden *klare Verantwortlichkeiten und Verhaltensregeln* bestimmt und akzeptiert.	Niemand weiß so recht, wer was machen soll. Selbst dann, wenn gewisse Verantwortlichkeiten festgelegt sind, werden *erhebliche Zweifel* angebracht, ob man sich ihnen unterzieht.
Kritik wird offen und ohne Angst vorgebracht. Sie wird nicht als persönlicher Angriff aufgefasst. Kritik ist konstruktiv und zielt darauf ab, Hindernisse zu beseitigen, die der Gruppe den Weg zum Ziel erschweren.	*Kritik* führt regelmäßig zu Spannungen. Mit Kritik werden persönliche Angriffe vorgetragen. Von Kritik ist die Gruppe peinlich betroffen. Aus Angst vor Spannung und Konflikten wird jede offene Kritik vermieden.

Die Gruppenmitglieder geben ihren *Gefühlen* Ausdruck, soweit sie zum Problem beitragen und die Ziele der Gruppe betreffen. Geheime Vorgehensweisen werden nicht angewendet. Jeder weiß vom anderen, was er denkt.	Mit seinen *Gefühlen* hält man möglichst zurück. Keiner will sich bloßstellen. Viele Dinge sind daher geheim und keiner weiß vom anderen, was er denkt.
Die Gruppenleitung herrscht nicht über die Gruppe, die *Führung* wird von Zeit zu Zeit weitergegeben, so wie es die Umstände erfordern und die Fähigkeiten der Mitglieder zulassen. Es gibt daher auch wenig Anzeichen für Machtkämpfe. Nicht wer Recht hat, steht zur Debatte, sondern wie die Gruppe ihre Aufgabe optimal lösen kann.	Die Gruppenleitung lässt sich die *Führung* unter gar keinen Umständen aus den Händen nehmen. Er klammert sich mit allen ihm zur Verfügung stehenden Mitteln an seine Rechte, seine Macht, seine Stellung. Letztlich lautet die entscheidende Frage: Wer hat Recht, wer setzt sich durch?
Die Gruppe ist *sich selbst gegenüber kritisch*. Sie verfolgt ihre Arbeit mit wachem Auge. Es wird offen darüber diskutiert, was man da tut und ob die bisherigen Lösungen sinnvoll sind.	Die Gruppe geht jeder Diskussion über ihre eigene Funktionsfähigkeit aus dem Weg. Sie *hält sich für unfehlbar* und kritisiert vor allem andere Gruppen.

2.4.5 Grundsätze und Spielregeln für die Gruppenarbeit

Damit die Vorteile von Gruppenarbeit zum Tragen kommen können, müssen mehrere Grundsätze und Spielregeln beherzigt werden.

Gestaltungsprinzipien

Gruppensitzungen müssen sorgfältig vorbereitet und auch die Durchführung muss sorgfältig gestaltet werden. Auf der "feinstofflichen Ebene" geht es um die Kunst der Gesprächsführung und das Beachten zwischenmenschlicher Aspekte. Auf der "handwerklichen" Ebene kann das Einsetzen von Moderationstechniken zur Verbesserung eines zielorientierten Gruppenablaufs beitragen (vgl. Stickel-Wolf 1998a, S. 2 f.).

Aus diesen Grundsätzen lassen sich die nachfolgenden Empfehlungen ableiten:

- *Die Auswahl der Partner für die Gruppenarbeit muss sorgfältig erfolgen.*

  Dabei sollten Sie die folgenden Auswahlkriterien heranziehen:

- Ihre Teampartner sollten etwa im gleichen Semester sein.
- Sie sollten etwa über die gleiche Intelligenz und Leistungsfähigkeit verfügen wie Sie.
- Sie sollten über ergänzende Fähigkeiten (z. B. Sie: stark im Quantitativen; Ihr Partner: stark im Qualitativen) verfügen.
- Ihre Partner sollten verlässlich und bereit zum Teilen von Informationen sein.
- Es sollte eine allgemeine Sympathie zwischen den Gruppenmitgliedern bestehen.

- *Die Gruppenarbeit bedarf der thematischen Vorbereitung.*

Thematische Vorbereitung

Hierbei müssen Sie Fragen klären wie:

- "Was ist unser Thema, Problem bzw. Auftrag?" Beispiel: "Wir wollen uns im Zusammenhang mit der Klausurvorbereitung mit Fragen der Unternehmensführung beschäftigen."

  Bei der Erarbeitung komplexer Themengebiete ist es besonders wichtig, für jedes Gruppentreffen ein konkretes Thema zu benennen, so dass alle Gruppenteilnehmer die gleichen Vorbereitungen treffen können und einen homogenen Kenntnisstand haben. Vorbereitend können auch bereits von den einzelnen Mitgliedern Fragenkataloge erstellt werden. In der eigentlichen Sitzung können das Thema dann diskutiert und Unklarheiten beseitigt werden.

- "Welche Teilthemen stehen zur Bearbeitung an?"

  Beispiel: "Wir wollen uns mit Formen der Unternehmensverfassung, mit der Formulierung von Strategien, mit der Kultur von Unternehmen, ... beschäftigen."

  In vielen Fällen von Gruppenarbeit empfiehlt es sich, ein komplexes Thema in Teilthemen zu zerlegen und einzelne Gruppenmitglieder zu beauftragen, jeweils ein Teilthema auszuarbeiten und in der nachfolgenden Sitzung vorzustellen. Anschließend findet in der Gruppe eine Diskussion und Klärung statt.

- "Was ist das Ziel der Gruppenarbeit bzw. dieser Sitzung bzw.: Wie soll das Ergebnis aussehen?"

  Beispiel: "Wir wollen bis zum Ende der heutigen Sitzung einen Katalog mit Vor- und Nachteilen unterschiedlicher Formen der Unternehmensverfassung erarbeiten, so dass eine fundierte Auswahl eines geeigneten Verfassungsrahmens möglich ist."

Das Ziel einer Gruppensitzung sollte hinsichtlich seines Inhalts (Was soll erreicht werden?), seines Ausmaßes (In welchem Grad?) sowie seines zeitlichen Bezugs (Bis wann?) bestimmt werden. Dann ist es klar formuliert (Heinen 1966) und Sie können im Anschluss an die Gruppensitzung erkennen, ob das Ziel erreicht worden ist oder nicht (vgl. Abschnitt 5.3.2).

Organisatorische Vorbereitung

- *Die Gruppenarbeit bedarf der organisatorischen Vorbereitung.*
  - Sie müssen die Frage klären, wie häufig und an welchen Tagen Sie sich treffen wollen.
  - Sie müssen einen geeigneten Raum bestimmen, in dem Sie sich treffen werden. Dies kann ein räumlich gesehen zentraler Ort sein oder Sie treffen sich abwechselnd in den Wohnungen der Gruppenmitglieder.
  - Sie haben optimalerweise geeignete technische Hilfsmittel, wie Tageslicht-Projektoren, Beamer, Tafeln, Flipcharts, Metaplanwände bereitzustellen. Das Arbeiten mit Techniken der Moderation ermöglicht eine zielgerichtete und ergebnisorientierte Zusammenarbeit (vgl. Klebert/Schrader/Straub 1987).

Unterlagen bereitstellen

- *Es müssen entsprechende Unterlagen bereitgestellt werden.*

  In Betracht kommen z. B. in der Fachliteratur diskutierte Theorien und Ergebnisse wissenschaftlicher Untersuchungen, Statistiken, Informationen aus der Tagespresse etc.

  Diese Unterlagen müssen allen Gruppenmitgliedern rechtzeitig – also im Vorfeld der Gruppensitzung – zur Verfügung gestellt werden.

Angemessene Gruppengröße

- *Die Gruppengröße muss wohlüberlegt bestimmt werden. Sie darf nicht zu hoch sein.*

  Ab einer Gruppengröße über fünf Personen ist die Beteiligung einzelner Teilnehmer am Gruppengeschehen sehr unterschiedlich: Während Einzelne sehr viel sprechen, melden sich andere kaum oder gar nicht mehr zu Wort. Eine ideale Gruppengröße für Lerngruppen ist daher mit drei bis fünf Personen gegeben.

Rollenklärung

- *Die Gruppe sollte sich Gedanken über Rollen einzelner Beteiligter machen.*
  - Wer leitet bzw. moderiert die einzelnen Sitzungen (Wer übernimmt die Gruppenleitung)?
  - Wer führt Protokoll?
  - Bei Projektgruppen: Wer präsentiert ggf. das Ergebnis?

Verfahren der Entscheidungsfindung

- *Die Gruppe sollte Verfahren der Entscheidungsfindung festlegen.*
  - Wann sollte eine Entscheidung über Abstimmung gefällt werden?
  - Wann sollte eine Entscheidung mit Konsens abschließen?
  - Wann sollte eine endlos erscheinende Diskussion vertagt bzw. abgebrochen werden?

Offene Kommunikation

- *Die Gruppe sollte sich um eine offene Kommunikation bemühen.*

  Ideal ist es, wenn die Gruppenleitung für die Einhaltung bewährter Kommunikationsregeln eintritt und die einzelnen Gruppenmitglieder diese Kommunikationsregeln beherzigen.

  Die nachfolgend in Anlehnung an Ruth Cohn (Cohn 1991) vorgestellten Kommunikationsregeln erscheinen zunächst verblüffend einfach. Wenn Sie an Gruppensitzungen aktiv oder als Beobachter teilnehmen, dann werden Sie jedoch schnell bemerken, wie oft gegen diese einfach anmutenden Regeln verstoßen wird.

Kommunikationsregeln

  - *"Jeder ist für sich selbst verantwortlich!"*

    Übernehmen Sie die Verantwortung für sich selbst. Bestimmen Sie Ihr eigenes Vorgehen mit Blick auf die Arbeit, auf die Gruppe und auf alles, was für Sie wichtig ist. Entscheiden Sie bewusst, wann Sie reden und wann Sie schweigen wollen.

  - *"Sprechen Sie nicht per "man" oder "wir", sondern per "ich"!"*

    Sagen Sie nicht "Wir meinen doch alle ..." oder "Wir sollten jetzt aber ..." Dies suggeriert nämlich einen Konsens, der vielfach nicht vorhanden ist. Formulieren Sie statt dessen "Meine Auffassung ist, ... Für unser weiteres Vorgehen schlage ich vor ... Seht Ihr das genauso?"

  - *"Leiten Sie eine Frage dadurch ein, dass Sie erklären, was diese für Sie bedeutet!"*

    Persönliche Aussagen sind besser als unechte Fragen (unechte Fragen sind solche, die gar kein wirkliches Verlangen nach Antworten bzw. Informationen ausdrücken). Persönliche Aussagen machen eigene Standpunkte klar und helfen den anderen, ebenfalls offener zu werden. Fragen enthalten oft versteckte Angriffe und erzeugen Abwehr oder Gegenangriffe.

  - *"Nur einer zur gleichen Zeit bitte!"*

    Damit Zuhören gelingen kann, ist es unabdingbar, dass die Gruppenmitglieder nacheinander reden.

- *"Vermeiden Sie befindende, absolute Interpretationen der Aussagen oder Verhaltensweisen der anderen Gruppenmitglieder. Teilen Sie stattdessen Ihre persönliche Reaktion mit!"*

  Inadäquate Interpretationen („Sie sind arrogant!") erregen Abwehr und verlangsamen den Gruppenprozess. Direkte persönliche Aussagen, Gedanken und Gefühle, die das Gesagte bei Ihnen auslöst („Ich ärgere mich, wenn Sie immer lächeln, wenn ich etwas sage."), führen meist zu Erklärungen.

- *"Unterbrechen Sie die sachbezogene Gruppendiskussion, wenn Sie nicht aktiv daran teilnehmen können, wenn Sie gelangweilt, verärgert oder unkonzentriert sind!"*

  Ärger, Konzentrationsschwierigkeiten etc. werden oft vertuscht, um nicht "zu stören". Oft liegen aber solchen "Störungen" wesentliche, auch für andere Gruppenmitglieder interessante Probleme zugrunde. Werden diese Schwierigkeiten nicht ernst genommen, geht der Kontakt des Gruppenmitglieds zur Gruppe verloren und die Arbeitsfähigkeit der Gruppe ist vermindert.

- *"Seien Sie selektiv authentisch in Ihrer Kommunikation. Machen Sie sich bewusst, was Sie denken und fühlen und wählen Sie aus, was Sie sagen und tun!"*

  "Authentisch sein" bedeutet, in Kontakt mit den eigenen Gedanken und Gefühlen zu sein. Sie geben Auskunft darüber, was Sie im Moment wünschen oder tun möchten. Jedoch nicht alles von dem, was Sie denken oder fühlen, werden Sie sagen, nicht um alles werden Sie bitten. "Selektiv authentisch sein" ist ein Weg zwischen undifferenzierter Offenheit und ängstlicher Anpassung (vgl. Langmaack/Braune-Krickau 1989, S. 98 ff.).

Phasen der Gruppenarbeit

- *Die Gruppenarbeit muss als Ganzes mit Anfangspunkt und Schlusspunkt gesehen werden. Der Ablauf der Gruppenarbeit sollte sich an der Einhaltung bestimmter Phasen orientieren.*

  - Die *Phase des Ankommens* dient der Einstimmung auf die bevorstehende Zusammenarbeit.

  - Die *Orientierungsphase* dient der Verständigung über das Ziel der Zusammenkunft. Dazu sind Unterziele bzw. Teilschritte zur Zielerreichung zu bestimmen sowie ein Zeitplan für den Sitzungsablauf zu erstellen. Selbstverständlich können diese Punkte bereits während der Vorbereitung des Gruppentreffens behandelt werden, so dass sie in der eigentlichen Gruppensitzung nur noch vom Gruppenleiter vorgestellt werden müssen.

- In der *Informationsphase* werden Informationen weitergegeben, in Form von Referaten etc.
- In der *Bearbeitungsphase* werden die Informationen im Hinblick auf das Sitzungsziel diskutiert. Diese Informationen dienen als Grundlage für die Erarbeitung bestimmter Lösungen.

  Für die Beurteilung von Informationen und Vorschlägen stehen im wissenschaftlichen Bereich Maßstäbe wie Wahrheit, Objektivität, Methodik, Nachvollziehbarkeit und Systematik im Vordergrund. Demgegenüber werden in der Praxis Informationen und Vorschläge eher nach ihrer Wirksamkeit, Durchführbarkeit und Dringlichkeit beurteilt.
- In der *Evaluationsphase* wird geklärt, ob die Informationen für die Zielerreichung ausreichend, wesentlich und aktuell sind, ob die Diskussion zur Klarheit beigetragen hat und ob eventuell Beschlüsse gefasst werden können.
- In der *Phase der Ergebnissicherung* werden Entscheidungen getroffen und es wird bestimmt, wie sie umgesetzt werden sollen. Überdies wird festgelegt, wer was bis wann zu erledigen hat.
- In der *Abschlussphase* werden das Ergebnis, der zu diesem Ergebnis führende Weg – der Gruppenprozess – sowie das eigene Erleben dieses Prozesses thematisiert.

Wenn die Ergebnisse gemeinsamer Sitzungen fixiert werden sollen – bspw. zur Wiederholung vor Prüfungen oder als Nachweis der Projektgruppentätigkeit –, dann ist das Erstellen von Protokollen notwendig (vgl. Abschnitt 3.1.6), (vgl. Dahmer/Dahmer 1991, S. 83 f.; Klebert/Schrader/Straub 1987).

Reflexion des Gruppenprozesses

- *Die Gruppe sollte regelmäßig die Art und Weise ihrer Gruppenprozesse und -ergebnisse reflektieren.*

Ein sorgfältiges Reflektieren der Gruppenprozesse und -ergebnisse führt dazu, dass die Gruppe und ihre Mitglieder Erfolgserlebnisse verspüren. Überdies können im Rahmen des Reflektierens Ausblicke vorgenommen werden, was noch zu tun ist, und es kann wahrgenommen werden, welche Ziele noch nicht erreicht wurden.

Adäquate Fragen zur Auswertung der Gruppen- bzw. Lernsituation sind nachfolgende:

- Wie habe ich die Sitzung erlebt?
- Was förderte meine Beteiligung?

- Was oder wer hinderte mich daran, aktiv am Geschehen teilzunehmen?
- Welche Personen, welche Methoden haben zum Fortgang des Gruppenprozesses beigetragen?
- Was hat mir gefallen? Was hat mich gestört?
- Was sollte anders werden?
- Welche Verbesserungsvorschläge für die nächste Sitzung habe ich?

Diese Fragen sollte jedes Gruppenmitglied zunächst für sich beantworten. Damit die unterschiedlichen Auffassungen sichtbar werden, sollten diese visualisiert werden (z. B. mittels Flipchart oder Metaplanwand). Hernach geht es darum, in der Gruppe festzulegen, welche Verbesserungsvorschläge in der nächsten Sitzung umgesetzt werden sollen.

Rolle und Aufgabe der Diskussionsleitung

- *Die Diskussionsleitung hat den Ablauf der Gruppensitzung zu gestalten und auf die Einhaltung der Kommunikationsregeln zu achten.*

Für den Ablauf der Gruppensitzung ist es vorteilhaft, wenn die Gruppe einem Mitglied die Diskussionsleitung überträgt. Bei regelmäßigen Zusammenkünften empfiehlt es sich, die Diskussionsleitung abwechselnd unterschiedlichen Gruppenmitgliedern zu übergeben. Bei Bestehen einer Diskussionsleitung wird die Gruppensitzung zielorientierter und ergebnisorientierter vorgehen. Überdies sammeln die Gruppenmitglieder hierdurch Erfahrungen in der Leitung von Gruppen.

Die Diskussionsleitung sollte sich als integrativer Leiter bzw. als Moderator verstehen. Er sollte weder als dominante Führungsperson noch als Laissez-faire-Leiter, sondern als "primus inter pares" auftreten.

Diesem Selbstverständnis wird entsprochen, wenn die nachfolgenden Anregungen zur Handhabung der Diskussionsleitung berücksichtigt werden:

- Thema, Zielsetzung und Ablauf der Sitzung vorstellen,
- Prozess der Gruppenarbeit steuern,
- Wortmeldungen entgegennehmen,
- bei Abschweifungen auf diese hinweisen,
- sachliche Beiträge einfordern,
- Vielredner um kurze Wortbeiträge bitten,
- stille Gruppenmitglieder einbinden,

- das Spektrum unterschiedlicher Meinungen darstellen,
- Zusammenfassungen geben,
- Pausen zum Nachdenken einräumen,
- auf die Einhaltung des Zeitrahmens achten sowie
- unter Medieneinsatz wichtige Statements, Meinungen, aber auch Unklarheiten festhalten.

2.4.6 Weiterführende Hinweise

Zahlreiche Veranstalter, wie bspw. die Landeszentralen für politische Bildung, Volkshochschulen, kirchliche Träger oder private Fortbildungsinstitute bieten Kurse an, die auf die Verbesserung der Fähigkeiten zur Gruppenarbeit abzielen. Die Leitung und Moderation von Gruppen lässt sich niemals vollständig auf theoretischem Wege erlernen, sondern bedarf vielmehr der praktischen Übung und des angeleiteten Trainings.

Schließlich ist darauf hinzuweisen, dass Gruppenarbeit nur dann sinnvoll ist, wenn sie sich mit Einzelarbeit abwechselt. Daher sollten Arbeitsgruppen nicht ständig „tagen", sondern immer wieder Zeitelemente einschieben, in denen die Gruppenmitglieder selbstständig am Gruppenthema arbeiten.

3 Tipps zur Erstellung einer schriftlichen wissenschaftlichen Arbeit

Schriftliche Leistungen und ihre Arten

Unabhängig davon, ob Sie nun einen Bachelor-, Master-, Diplom- oder Magister-Studiengang absolvieren, haben Sie während Ihres Studiums wiederholt schriftliche oder mündliche Leistungen zu erbringen. Im Spektrum der *schriftlichen* Leistungen sind Prüfungen und Klausuren einerseits und wissenschaftliche Arbeiten andererseits zu unterscheiden.

- Mit der erfolgreichen Teilnahme an Prüfungen und Klausuren dokumentieren Sie, dass Sie sich erfolgreich mit einem zuvor von anderen Personen präsentierten Stoffgebiet vertraut gemacht haben. Diese Leistungserbringung weist einen passiv-rezipierenden Charakter auf.
- Mit der Erstellung einer wissenschaftlichen Arbeit belegen Sie, dass Sie (1) an der Kernfunktion wissenschaftlicher Tätigkeit – Wissen zu generieren – mitgewirkt haben oder (2) zumindest die dazu erforderliche Vorgehensweise beherrschen. Hier sind Sie aktiv-produzierend tätig.

Mündliche Leistungen

Mündliche Leistungen können ebenfalls passiv-rezipierend sowie aktiv-produzierend (aktiv-beitragend) sein. In mündlichen Prüfungen dominiert üblicherweise das passiv-rezipierende Element. Im Rahmen von Kolloquien, Disputationen etc. belegen Sie hingegen, dass Sie auch in der Lage sind, in spontaner Weise eigenständige Gedanken bzw. Problemlösungen zu entwickeln.

Die in diesem Hauptabschnitt bereitgestellten Hinweise zielen auf eine Verbesserung Ihrer *schriftlichen* wissenschaftlichen (*aktiv-produzierenden*) Arbeit ab. Vorgehensweisen und Hilfsmittel, die Ihnen eine Verbesserung Ihrer *passiv-rezipierenden* schriftlichen Leistungen sowie Ihrer *mündlichen* Leistungen ermöglichen, werden im Abschnitt 4.2 dieses Buchs vorgestellt.

3.1 Typen von schriftlichen wissenschaftlichen Arbeiten

Im Rahmen von unterschiedlichen wissenschaftlichen Arbeiten werden von Ihnen ungleiche Arten von Leistungen erwartet. Nur durch eine Reflexion der unterschiedlichen Typen wissenschaftlicher Arbeiten können Sie Ihren Leistungsbeitrag angemessen gestalten. Daher werden nachfolgend die verschiedenen Typen wissenschaftlicher Arbeiten kurz vorgestellt (vgl. auch Rückriem/Stary/Franck 1980, S. 74 ff.; Preißner 1994, S. 4 ff.; Standop 1994, S. 1 ff.). Wenn Sie sich an Hochschulen umhören, dann wissen Sie, dass dort von Seminararbeiten, Hausarbeiten, (Kurz-)Referaten, Thesenpapieren, Postern, Protokollen, Berichten, Studienarbeiten, Projektarbeiten sowie Abschlussarbeiten gesprochen wird.

3.1.1 Seminararbeit

Sinn von Seminaren

Seminararbeiten sind Schriften, die als Grundlage für eine Präsentation in einem Seminar erstellt werden (vgl. Standop 1994, S. 2 f.; Trimmel 1994, S. 26 f.). Sie sollen eine diskursive Erörterung bzw. Erarbeitung aktueller wissenschaftlicher Themen ermöglichen. Neben dem Vordringen an die "inhaltliche Vorfront" des Erkenntnisstandes sollen sie auch die schriftliche und mündliche (vgl. Abschnitt 4.1) Kommunikationsfähigkeit der Seminarteilnehmer trainieren. Daher werden in Seminaren üblicherweise ein Vortrag und eine schriftliche Ausarbeitung erwartet.

Mit Seminararbeiten ist die Einstiegsstufe schriftlicher wissenschaftlicher Arbeiten gegeben, die in Abschlussarbeiten, Dissertationen sowie Habilitationsschriften ihre Steigerung findet. Trotz aller quantitativer und qualitativer Unterschiede sind wissenschaftliche Arbeiten wesensverwandt und die an sie anzulegenden Beurteilungskriterien ähnlich (vgl. Abschnitt 3.10).

Wesen einer Seminararbeit

Eine Seminararbeit ist eine ca. 15 bis 20 Seiten lange schriftliche Ausarbeitung. Sie enthält kompakte Informationen zu einem bestimmten Gegenstandsbereich, einem bestimmten Lehrstoff oder einem bestimmten Forschungsfeld. Es sollen ein relativ komplexes Thema erfasst, komprimiert dargestellt und formelle Aspekte wissenschaftlichen Arbeitens sowie insb. des Argumentierens eingeübt werden. Während Proseminare üblicherweise kürzer, einfacher sind und in der ersten Studienhälfte erstellt werden, haben die später zu erstellenden Haupt- oder Forschungsseminare einen größeren Umfang (bis zu 25 Seiten) und Schwierigkeitsgrad.

Seminararbeiten werden traditionellerweise, jedoch immer seltener in der vorlesungsfreien Zeit vor dem Semester, in dem das jeweilige Seminar stattfindet, angefertigt, so dass die Seminarteilnehmer dann eine Grundlage für ihr im Seminar selbst gehaltenes Referat zur Verfügung haben. An einigen Hochschulen wird jedoch umgekehrt verfahren; die Seminararbeiten werden nach Abschluss des Seminars (und damit erst nach dem Vortrag) erstellt.

Timing der Erstellung

3.1.2 Hausarbeit

Uneinheitliche Begriffsverwendung

Der Hausarbeitsbegriff ist mehrdeutig (vgl. Preißner 1994, S. 4). Einige verwenden ihn deckungsgleich mit demjenigen der Seminararbeit und sie präferieren den Hausarbeitsbegriff, weil Seminararbeiten nicht während der Seminarsitzung selbst, sondern anderswo (vielfach eben zu Hause) angefertigt werden. Ein anderes Verständnis liegt vor, wenn jene Form von Arbeiten als Hausarbeit bezeichnet wird, welche die Zulassung zu einem Seminar ermöglicht (vgl. auch Theisen 1998, S. 8). In diesem Fall kann die Hausarbeit lediglich in einer eigenständigen Zusammenfassung des bisherigen Lernstoffs bestehen, anhand der die Seminarleitung ersehen kann, dass der jeweilige Studierende "seminarreif" ist.

3.1.3 Referat

Mündliche Präsentation

Als Referat wird mehrheitlich die mündliche Präsentation einer Seminararbeit verstanden. Die für Referate vorgesehene Präsentationszeit beträgt in der Regel 20 bis 30 Minuten. Hernach findet üblicherweise eine Aussprache (Diskussion) statt, vor der sich insb. ungeübte Referenten scheuen (und daher ihre Vortragszeit überziehen).

Die knappe Vortragszeit ist auch der eigentliche Hauptgrund, warum ein Referat kein wörtliches Abbild einer Seminararbeit darstellen kann, sondern stets eine Auswahl ihrer wichtigen Highlights darstellen muss. Viele Referenten handeln dieser Einsicht zuwider und versuchen, während ihrer Präsentation besonders schnell zu sprechen und möglichst alle Facetten ihrer Seminararbeit "durchzupeitschen". Dies muss zwangsläufig scheitern. In der Referatvorbereitung ist also zu selektieren, was nicht leicht fällt.

Kurzreferat

Mit Kurzreferaten sind zeitlich verkürzte Versionen (ca. zehn Minuten) von Referaten gegeben. Man findet sie nicht nur im Lehrbetrieb (z. B. in Proseminaren), sondern auch auf Fachkonferenzen mit einer großen Teilnehmerzahl. Bei ihnen stellt sich noch mehr als bei "normalen Referaten" das Problem des Auswählens, Weglassens und Zusammenfassens. Eingesetzt werden

Kurzreferate häufig dann, wenn es darum geht, einen Begriff oder ein wissenschaftliches Konzept in kompakter Form zu erläutern.

Sprachstil

Sie sollten versuchen, das Manuskript Ihres Vortrags nicht bloß aus Ausschnitten der Seminararbeit zusammenzuschneiden. Die knappe Zeit sowie die herrschende Gruppendynamik verlangen nämlich einen besonderen Sprachstil. Sowohl bei "normalen" als auch bei Kurzreferaten sind die im Wissenschaftsbetrieb gültigen Spielregeln zu beachten; insb. diejenige der Kenntlichmachung fremden geistigen Eigentums auf den Präsentationsfolien (vgl. Abschnitt 3.7.5.3). Überdies sollten Referierende bei der Vorbereitung ihrer Vorträge die Fähigkeiten und Motivationsstrukturen des Auditoriums fest im Visier haben. In Abschnitt 4.1 werden Hinweise zur Vorbereitung und Gestaltung von Vorträgen bereitgestellt.

3.1.4 Thesenpapier

Zwei Varianten

Im Seminarzusammenhang lassen sich mindestens zwei Varianten von Thesenpapieren unterscheiden (vgl. Sesink 1994, S. 136 ff.; Bünting/Bitterlich/Pospiech 1996, 37 f.):

- Die erste Variante fußt auf der Erkenntnis, dass *ein* wesentliches Ziel der Präsentation von Seminararbeiten darin besteht, die übrigen Seminarteilnehmer über die bei der Ausarbeitung der Seminararbeit gewonnenen Erkenntnisse zu informieren und ihnen eine Grundlage für eigene Reflexionen über diesen Erkenntnisbereich zu vermitteln.

  Da die Zuhörer bei Seminarpräsentationen oft keine Zeit haben, hinreichend viel mitzuschreiben, versucht nun die erste Variante von Thesenpapieren, die Struktur der zentralen Elemente von Seminarpräsentationen (Referaten) auf zwei bis drei Seiten abzubilden. Derartige Thesenpapiere enthalten üblicherweise die Gliederung, eine Zusammenfassung der wichtigsten Vortragsinhalte, bei empirisch ausgerichteten Vorträgen eventuell Tabellen, Abbildungen, Formeln etc. sowie eine Liste der zentralen Literaturstellen.

- Eine andere, wohl die originäre Variante von Thesenpapieren liegt vor, wenn der Referent im Rahmen seines Thesenpapiers tatsächlich Thesen entfaltet und somit weniger neutral informieren als Stellung beziehen will. Ein derartiges Thesenpapier ist ein hoch persönliches Dokument; im Gegenteil zum völlig neutralen Protokoll (vgl. Abschnitt 3.1.6) will es einen Impuls für die nachfolgende Diskussion schaffen und Personen mit unterschiedlichen Standpunkten zu einer aktiven Teilnahme an der Diskussion provozieren. Ein solch geartetes Thesenpapier ist ebenfalls knapp; während des Vortrags erläutert der Referent differenziert, warum er gerade zu den genannten und nicht zu anderen Thesen gelangt ist.

Um die Absichten eines derartigen Thesenpapiers bestmöglich zu erfüllen, sollten die Thesen nach sachlich-logischen Gesichtspunkten gegliedert und kurz und prägnant ausformuliert werden. Auch empfiehlt sich eine enumerative Darstellung der Thesen, die dadurch "knackiger" in Erscheinung treten, einprägsamer sind und leichter angesprochen werden können.

Es versteht sich von selbst, dass Thesenpapiere – unabhängig von ihrem Typ – den Seminarteilnehmern allerspätestens zu Beginn der jeweiligen Seminarsitzung zur Verfügung gestellt werden sollten.

3.1.5 Poster

Nicht nur auf großen Konferenzen, sondern auch in Massenveranstaltungen von Hochschulen entsteht das Problem, dass aus Zeit- und Kapazitätsgründen nicht sämtliche der erstellten wissenschaftlichen Arbeiten mündlich präsentiert werden können. Um den nicht zum Zuge gelangenden Personen trotzdem die Möglichkeit zu einer Vorstellung ihrer Leistungen zu geben, ist das Medium des Posters entwickelt worden. Innerhalb des Lehrbetriebs von Hochschulen setzen sich Poster vor allem wegen ihres Abwechslungsreichtums immer mehr durch.

Visualisierungsinstrument

Ein Poster ist ein großer Papierbogen (DIN A 1, besser noch DIN A 0), auf dem der Urheber (bzw. eine Gruppe von Urhebern) einer wissenschaftlichen Arbeit Informationen über die Zielsetzung, das theoretische Fundament, den Untersuchungsgang, die Methode und die zentralen Ergebnisse des von ihm (ihr) bearbeiteten Projekts bereitstellt. Vielfach wird dieser Papierbogen auf einen festen Untergrund (Metaplanwand etc.) aufgezogen und in einer zuvor angekündigten Zeitspanne und Räumlichkeit ausgestellt. An diesem Ort werden von verschiedenen Personen zeitgleich mehrere Poster präsentiert, so dass interessierte Konferenz- und Seminarteilnehmer von Poster zu Poster gehen können. Während der Zeit der Posterpräsentation befinden sich die Urheber bei ihren Postern – sie halten sich für eventuell auftretende Fragen und Diskussionswünsche der Konferenz- und Seminarteilnehmer bereit (vgl. Abschnitt 4.1.8.3).

Designprinzipien

Knappheit, Strukturiertheit und Kreativität stellen die obersten Ziele der Postergestaltung dar. Bei der Anfertigung von Postern sollten Sie sich auf die wesentlichen Aspekte Ihres Projekts konzentrieren. Überdies sollte auf Ihrem Poster Ordnung herrschen (insb. sollte es nicht überladen sein). Kreativität lässt sich erreichen, wenn bei der Postergestaltung unkonventionelle

Visualisierungsformen und überdies alternative Materialien eingesetzt werden. Weiterhin sollten Sie für die Besucher der Postersession Langfassungen Ihrer (Seminar-)Arbeit, eine auf DIN A 4 verkleinerte Version Ihres Posters sowie anderweitige Handouts bereithalten (vgl. Abschnitt 4.1.8).

Werden Poster im Rahmen des universitären Lehrbetriebs eingesetzt, dann ist ihre inhaltliche Evaluation unbedingt erforderlich. Bitten Sie Ihre Dozenten um ein derartiges Feedback.

3.1.6 Protokoll und Bericht

Verbindlichkeit und Neutralität

Das Protokoll ist die offizielle Berichterstattung über einen Sitzungstermin (vgl. Standop 1994, S. 4 f.). Es soll zusammenfassen, was wirklich geschehen ist. Das Protokoll soll völlig neutral sein und ausschließlich das wiedergeben, was sich tatsächlich ereignet hat. Wahrheitstreue ist sein oberstes Qualitätskriterium. Das Protokoll ist insb. aus der (Diskussions-)Arbeit der Gremien von Institutionen (Gemeinden, Hochschulen, Vereine etc.) nicht wegzudenken. Im Protokoll darf nichts weggelassen oder hinzugefügt werden, und es dürfen auch keine Bewertungen oder Interpretationen abgegeben werden.

Varianten

Mit dem *Verlaufsprotokoll* sowie dem *Ergebnisprotokoll* sind zwei Varianten von Protokollen zu unterscheiden (Bünting/Bitterlich/Pospiech 1996, S. 29). Verlaufsprotokolle sind chronologisch gegliedert; ihr Aufbau entspricht also der Ereigniskette der Sitzung, über die berichtet wird. In Ergebnisprotokollen bestimmt die Sachlogik der Tagesordnungs- bzw. Ergebnispunkte die Strukturierung der Berichterstattung. Im Mittelpunkt steht somit, wie die behandelten Diskussionspunkte aufeinander aufbauen. Der Begriff *"Seminarprotokoll"* wird bisweilen für Protokolle verwendet, die sowohl die Merkmale eines Verlaufs- als auch diejenigen eines Ergebnisprotokolls aufweisen.

Gestaltungsprinzipien

Unabhängig von der gewählten Protokollvariante müssen Sie bei der Erstellung von Protokollen mehrere Prinzipien einhalten:

- Das Protokoll sollte dergestalt abgefasst sein, dass auch Personen, die an der betreffenden Sitzung nicht anwesend waren, den Sitzungsverlauf rekonstruieren können.
- Das Protokoll sollte einen überblicksartigen Charakter aufweisen und sich nicht in Detailbeschreibungen verlieren. Lange Protokolle (mehr als zehn Seiten) werden kaum gelesen.
- Das Protokoll sollte eine klare Gliederung aufweisen und den Leser gezielt auf besonders wichtige Tagesordnungspunkte hinführen.

- In der Kopfzeile des Protokolls sollte festgehalten werden, um welche Sitzungsart es sich handelt, wann und wo die Veranstaltung stattfand, welchem Thema die Sitzung gewidmet war, wer für die Sitzung verantwortlich war (wer hat sie geleitet, einberufen oder organisiert) und welche Personen an der Sitzung (trotz Einladung nicht) teilgenommen haben.
- Im Protokoll sind sämtliche behandelten Punkte anzusprechen; es hat sich auf die wichtigsten Redebeiträge zu beschränken.
- Im Protokoll müssen die wesentlichen Sitzungsergebnisse dokumentiert sein (Übereinkünfte, Abstimmungsergebnisse, Punkte, über die keine Einigung erzielt werden konnte und die vertagt werden mussten etc.).
- Im Protokoll ist das gesprochene Wort festzuhalten, etwaige persönliche Reaktionen einzelner Diskussionsteilnehmer sind jedoch nicht zu dokumentieren.
- Im Protokoll sollten diskussionsinhaltliche Aussagen gegenüber sitzungsorganisatorischen Beschreibungen eindeutig überwiegen.
- Um die Verbindlichkeit eines Protokolls noch besser gewährleisten zu können, ist bei seiner Erstellung stets anzugeben, welche Person es wann und wo erstellt hat. Diese Person hat das Protokoll zu unterschreiben.

Auswahlproblem

Trotz der Beachtung dieser Empfehlungen bleibt beim Protokollieren das Problem der Auswahl festzuhaltender Inhalte; eine absolute Objektivität wird somit trotz aller Bemühungen nicht erzielbar sein. Daher werden Protokolle üblicherweise in der nächsten Sitzung zur Abstimmung gestellt.

Wie das Protokoll informiert auch der Bericht über ein bestimmtes Ereignis, es handelt sich bei ihm jedoch nicht um ein offizielles Dokument, sondern um die Informationsbereitstellung einer Person. Daher ist der Bericht etwas weniger neutral als das Protokoll.

3.1.7 Studienarbeit

Umfangreichere Ausarbeitung

Bei einer Studienarbeit handelt es sich üblicherweise um eine dreimonatige Arbeit, die in das Stoffgebiet der Pflichtfächer des fortgeschrittenen Studiums einordenbar ist. Während Studienarbeiten in den Sozial- und Wirtschaftswissenschaften eher selten sind, finden sich diese in natur- und ingenieurwissenschaftlichen Studiengängen häufig.

Studienarbeiten können als Kurzfassungen von Abschlussarbeiten (vgl. Abschnitt 3.1.9) angesehen werden, die an sie zu richtenden Beurteilungen gleichen näherungsweise denjenigen von Abschlussarbeiten (vgl. Abschnitt 3.10).

3.1.8 Projektarbeit

Charakter von Projekten

Wissenschaftliches Arbeiten vollzieht sich mehrheitlich im Rahmen von Projekten – Aufgabenstellungen also, die durch das Merkmal einer begrenzten zeitlichen Erstreckung (Endlichkeit) gekennzeichnet sind. Dabei ist es durchaus typisch, dass mehrere Projekte nebeneinander bearbeitet werden. Die Projektarbeit will die Fähigkeit zur Erarbeitung derartiger zeitraumbegrenzter Aktivitäten einüben. Innerhalb einer knapp bemessenen Frist soll eine sorgfältige Vorbereitung und Durchführung einer Problemlösung vollzogen werden (vgl. Abschnitt 2.4).

Ansonsten gelten für Projektarbeiten die im Hinblick auf Seminar- und Abschlussarbeiten bereitgestellten Hinweise (vgl. Abschnitt 3.2).

3.1.9 Abschlussarbeit

Abschlussarbeit

Mit Bachelor-, Master-, Diplom- und Magister-Arbeiten sind die wichtigsten Typen von Abschlussarbeiten wissenschaftlicher Studiengänge gegeben. Obwohl sich Bachelor-, Master-, Diplom- und Magister-Studiengänge in mancherlei Hinsicht voneinander unterscheiden (vgl. Abschnitt 1.3), gleichen sich diese vier Arten von Abschlussarbeiten doch erheblich und können hier in einem Zuge behandelt werden. Insbesondere stellen sie nach der Habilitationsschrift und Dissertation die umfänglichsten und komplexesten Formen wissenschaftlichen Arbeitens dar (freilich mit deutlichem Abstand zu diesen). Da sich die vorliegende Schrift vorwiegend an *Studierende* unterschiedlicher grundständiger Studiengänge wendet, wird nachfolgend allgemein von Abschlussarbeiten gesprochen.

Hohes Anspruchsniveau

Mit der selbstständigen Anfertigung einer Abschlussarbeit sollen Studierende zeigen, dass sie in der Lage sind, eine Aufgabe ihres Fachgebiets nach bekannten Verfahren und wissenschaftlichen Gesichtspunkten selbstständig zu bearbeiten und die erarbeiteten Ergebnisse klar und übersichtlich darzustellen. Die Fähigkeit zum eigenständigen wissenschaftlichen Arbeiten unter Anleitung und in einer beschränkten Zeit soll bewiesen werden.

Im Vordergrund steht vor allem die geistige Durchdringung des zur Bearbeitung übernommenen Problembereichs, die theoretische Fundierung der Arbeit, die Schlüssigkeit des Untersuchungsdesigns, die Angemessenheit des Forschungsinstrumentariums, die Stringenz der Auswertung und Interpretation von Daten sowie die Eingängigkeit der sprachlichen Darstellung (nähere Einzelheiten über anzulegende Beurteilungskriterien finden sich in Abschnitt 3.10).

Eigenständigkeit als Ziel

Obwohl Abschlussarbeiten ohne reproduzierende, referierende Bestandteile nicht auskommen, haben sie ein stärkeres aktiv-produzierendes Gewicht als die vorgenannten Arten wissenschaftlichen Arbeitens. Im Rahmen von Abschlussarbeiten sollen vielfach Lösungen für *bestehende* Probleme bereitgestellt werden.

In der Hochschulrealität existieren viele Arten von Abschlussarbeiten und dies erfordert von Studierenden unter anderem Entscheidungen zwischen theoretischen und praxisbezogenen Arbeiten, Literaturarbeiten und empirischen Arbeiten, modernen und klassischen Arbeiten sowie lehrstuhlthemennahen und lehrstuhlthemenfernen Arbeiten (vgl. Abschnitt 3.2.3).

Ein wichtiger Unterschied zwischen Abschlussarbeiten einerseits und Seminararbeiten andererseits besteht darin, dass die Erstgenannten allenfalls ein bis zwei Mal wiederholt werden können. Daher sollten Sie sich noch sorgfältiger als bei der Anfertigung einer Seminararbeit um eine zielgerichtete Bearbeitung des von Ihnen übernommenen Themas bemühen. Insbesondere wird durch den Abgabetermin ein strenges Zeitmanagement erforderlich (vgl. Abschnitt 3.3).

3.1.10 Dissertation

Schriftliche Promotionsleistung

Eine Dissertation ist die schriftliche Leistung, die auf dem Wege zur Verleihung eines nicht ehrenhalber verliehenen Doktortitels zu erbringen ist. Die Dissertation unterscheidet sich nicht nur umfangmäßig (ihre Länge beträgt üblicherweise 200 bis 300 Seiten), sondern vor allem qualitativ von den vorgenannten Abschlussarbeiten.

Forschung bitte!

Sie stellt einen wissenschaftlichen Text dar, in dem über den Verlauf und die Ergebnisse eines (bzw. mehrerer) Forschungsprojekts(e) berichtet wird. Dementsprechend ist man sich heutzutage weitgehend einig, dass ein bloßes Zusammenschreiben von Literatur nicht ausreicht, um promoviert zu werden. Einer Dissertation muss also mindestens ein eigenes abgeschlossenes Forschungsprojekt zu Grunde liegen, das nicht notwendigerweise empirisch zu sein hat. Die Forschungsergebnisse können auch theoretisch, also auf der Basis der Fähigkeit zum logischen Schließen, hergeleitet worden sein.

Kumulative Dissertation

Immer mehr Fakultäten ermöglichen Doktoranden, eine kumulative Dissertation einzureichen. Diese besteht aus einer Sammlung von Fachartikeln, die in wissenschaftlichen Zeitschriften erschienen sind bzw. erscheinen werden. Üblicherweise wird erwartet, dass zumindest einer dieser Artikel bereits von einer renommierten Fachzeitschrift zur Veröffentlichung angenommen ist.

Nach Vorliegen der positiven Gutachten zu einer Dissertation hat der Doktorand eine mündliche Promotionsprüfung zu bestehen, die in der Form einer Disputation, eines Kolloquiums oder eines Rigorosums abgenommen werden kann.

Näheres regeln die Promotionsordnungen der wissenschaftlichen Hochschulen.

3.1.11 Habilitationsschrift

Voraussetzung für Ruferteilung

Eine Habilitationsschrift ist eine Art „zweite Dissertation", die bis vor wenigen Jahren von allen Wissenschaftlern erstellt werden musste, die eine ernsthafte Chance auf die Erteilung eines Rufes auf einen Lehrstuhl bzw. eine Professur einer Universität haben wollten. Inhaltlich gleicht die Habilitationsschrift der Dissertation weitgehend, nur dass eben eine noch umfassendere Kenntnis des Wissensbestands der jeweiligen Disziplin zu belegen und noch innovativer zu forschen ist.

Aktuelle Trends

Im Zuge der stark von der US-amerikanischen Hochschullandschaft geprägten Modernisierung des hiesigen Universitätssystems werden zwischenzeitlich vielerorts hochrangige Zeitschriftenpublikationen als habilitationsgleiche Leistungen erachtet. Habilitanden müssen also nicht notwendigerweise ein zweites Buch schreiben.

Einzelheiten finden Sie in den Habilitationsordnungen der Universitäten.

3.2 Übernahme einer schriftlichen wissenschaftlichen Arbeit

Tipps für ...

... Abschlussarbeit

... Seminararbeit

... Dissertation

Im vorliegenden und den nachfolgenden Abschnitten finden Sie Hinweise, die bei der Übernahme und Bearbeitung einer schriftlichen wissenschaftlichen Arbeit bedeutsam sind. Die Hinweise beziehen sich dabei vorwiegend auf den Fall der *Abschlussarbeit*, die aufgrund ihrer Umfänglichkeit und relativen Neuartigkeit den Studierenden üblicherweise die größten Probleme bereitet. Die Mehrzahl der Hinweise ist natürlich auch auf Seminar- und anderweitige während des Studiums anzufertigende Arbeiten übertragbar. Abgesehen von den anmeldetechnischen Besonderheiten gelten sie auch im Hinblick auf die Anfertigung einer Dissertation und Habilitationsschrift.

3.2.1 Voraussetzungen für die Bearbeitung einer Abschlussarbeit

Anfertigungszeitraum

Hochschulen, die mit dem Leistungspunktesystem (Credit-Point-System) arbeiten, geben ihren Studierenden üblicherweise die Möglichkeit, den Zeitraum, in dem sie ihre Abschlussarbeit anfertigen möchten, weitgehend selbstständig zu bestimmen. Typischerweise muss jedoch eine bestimmte Anzahl an Leistungspunkten erbracht worden sein, um mit der Abschlussarbeit beginnen zu dürfen. Es gibt jedoch auch noch Hochschulen, an denen nach wie vor studienabschließende Blockprüfungen durchgeführt werden. In diesem Fall müssen Sie klären, ob Sie Ihre Abschlussarbeit bereits vor den abschließenden Blockprüfungen schreiben können oder nicht. Die entsprechenden Informationen erhalten Sie beim Prüfungsamt Ihrer Hochschule.

Betrachten wir die beiden Fälle zusammen, dann bleibt festzuhalten, dass sich viele von Ihnen eine Meinung darüber bilden müssen, ob sie ihre Abschlussarbeit vorgezogen schreiben wollen oder nicht. Beide Vorgehensweisen haben ihre spezifischen Vor- und Nachteile.

Vor- und Nachteile der Alternativen

- Für die *vorgezogene Anfertigung* der Abschlussarbeit schon früh in der fortgeschrittenen Phase des Studiums spricht zunächst, dass für Sie ein flexiblerer Einstieg in das Abschlussarbeitsprojekt möglich wird (üblicherweise existiert in diesem Fall kein exakt bestimmtes Datum, an dem die Anmeldung der Abschlussarbeit erfolgen muss), dass Sie durch ein geschicktes Timing der Abschlussarbeit zwischen seminararmen Semestern Ihre Studiendauer etwas verkürzen können, dass Ihr Studium abwechslungsreicher wird, dass Sie sich bereits vor Vollendung des Studiums mit einer abgeschlossenen Abschlussarbeit bewerben können und dass die bewältigte Abschlussarbeit zu einem Motivationsschub im Hinblick auf die letzten noch anstehenden Prüfungen führt. Letzteres gilt insb. dann, wenn Ihr Studiengang ein Blockexamen vorsieht. Auf der anderen Seite werden Sie zu dem vorgelagerten Zeitpunkt jedoch noch nicht die Erfahrung haben, die Ihnen zu eigen ist, wenn Sie sämtliche Lehrveranstaltungen besucht und inhaltlich verarbeitet haben, dass Sie insb. noch keinen guten Überblick über den Fächerkanon Ihres Studiengangs haben und daher Ihre Abschlussarbeit unter Umständen in einem relativ uninteressanten Bereich verfassen, dass Ihnen eventuell nicht genügend Zeit zur Klärung Ihrer fachlichen und persönlichen Interessen verbleibt und dass ein Trainingseffekt von Seminararbeiten für die Abschlussarbeit nur partiell vorhanden ist.

- Die *Anfertigung* der Abschlussarbeit *nach Abschluss* sämtlicher Prüfungen bringt dagegen die Vorteile mit sich, dass Sie tendenziell reifer sind und sich voll und ganz auf Ihre wissenschaftliche Arbeit konzentrieren können. Überdies ist diese Abfolge logisch schlüssiger, da Sie sich zuerst das bestehende Wissen eines Faches aneignen und erst dann selbst neues Wissen "produzieren". Auf der anderen Seite werden Sie jedoch vielleicht schon voll und ganz im Bewerbungsstress stehen. Auch ist bekannt, dass viele Studierende, welche die Abschlussarbeit ganz am Ende Ihres Studiums schreiben, diese als lästige Zusatzpflicht bzw. als Anhängsel empfinden.

Formale Beschränkungen

Wenn Ihnen eine *vorgezogene Abschlussarbeit* ermöglicht wird und Sie dieses Angebot annehmen wollen, dann müssen Sie beim Prüfungsamt Ihrer Hochschule nachfragen, wann Sie frühestens mit der Abschlussarbeit beginnen können. Zu bedenken ist, dass viele Hochschulen geregelt haben, ab welchem Zeitpunkt des Studiums eine Anfertigung von Abschlussarbeiten möglich ist. So werden Sie im Falle eines Diplomstudiengangs auf jeden Fall das Grundstudium absolviert haben müssen. Klären Sie auf dem Prüfungsamt auch ab, ob Sie eine bestimmte Anzahl von Leistungspunkten (Leistungsnachweisen) erbracht haben müssen, bevor Sie zur Abschlussarbeit zugelassen werden.

Auch müssen Sie im Fall einer vorgezogenen Abschlussarbeit sicherstellen, dass Sie hinreichend Zeit für die Anfertigung Ihrer Arbeit zur Verfügung haben. Viele Studierende versuchen, die Abschlussarbeit anzufertigen und nebenbei noch einige Prüfungen bzw. Klausuren zu schreiben. Dies geht meistens schief. Wenn Sie von einer derartigen Doppellösung nicht ablassen können, sollten Sie auf jeden Fall Ihren Betreuer informieren (er wird dann wohl Verständnis für den schleppenden Fortgang Ihres Abschlussarbeitsprojekts aufbringen).

Auswahlkriterien von Lehrstühlen

Neben diesen eher im Bereich der Prüfungsordnung begründeten Klippen müssen Sie wahrscheinlich auch noch einige Hürden überwinden, die an dem Lehrstuhl (bzw. an der Professur – im Nachfolgenden wird der Einfachheit halber vorwiegend von Lehrstuhl gesprochen) bestehen, an dem (der) Sie Ihre Abschlussarbeit schreiben wollen.

- So werden nur wenige der stark frequentierten Lehrstühle bereit sein, Abschlussarbeiten von Studierenden zu betreuen, die andere als die vom jeweiligen Lehrstuhl angebotenen Spezialisierungs- bzw. Vertiefungsrichtungen studieren. Das ist auch vernünftig, da mit der Abschlussarbeit der intellektuelle Gipfelpunkt des Studiums gegeben ist, und dieser sollte im Bereich des jeweiligen Spezialgebiets liegen. An manchen Lehrstühlen ist diese Regelung etwas abgeschwächt und es wird formuliert: "Bei der Vergabe von Abschlussarbeiten werden Studierende bevorzugt, die das Vertiefungsfach/die Spezialisierungsrichtung ... belegt haben."
- Sehr häufig wird auch vorausgesetzt, dass Sie vor Beginn der Abschlussarbeit am betreffenden Lehrstuhl bereits eine Seminararbeit geschrieben (und ggf. dabei eine bestimmte Mindestnote erzielt) haben. Auch dies ist

gerechtfertigt, da die Seminararbeit den Arbeitsstil des jeweiligen Studierenden erkennen lässt und damit ein wichtiges Indiz dafür ist, ob dem Bewerber die Übernahme eines bestimmten Abschlussarbeitsthemas anzuraten ist oder nicht.

- Noch spezifischer sind die Anforderungen, wenn – wie bisweilen geschehen – vor der Zulassung zur Abschlussarbeit ein Literaturtest durchgeführt wird. Hierdurch soll sichergestellt werden, dass der jeweilige Bewerber in dem betreffenden Erkenntnisfeld die zur Anfertigung der Abschlussarbeit erforderlichen Grundkenntnisse aufweist. In gleicher Weise wird spezifisch selektiert, wenn im Vorfeld von empirisch ausgerichteten Abschlussarbeiten gefordert wird, dass der Abschlussarbeitskandidat erfolgreich (= bestandene Klausur) an Lehrveranstaltungen über "Methoden der empirischen Sozialforschung" teilgenommen hat.

3.2.2 Findung eines Abschlussarbeitsthemas

Freiheit der Themenwahl

Wenn Sie ein Abschlussarbeitsthema suchen, müssen Sie zunächst abklären, ob Ihre Hochschule bzw. Ihr Lehrstuhl Ihnen die Möglichkeit eröffnet, das Thema Ihrer Abschlussarbeit selbst zu bestimmen (vgl. Standop 1994, S. 6 f.). In der akademischen Welt herrschen nämlich drei verschiedene Verfahrensweisen vor (vgl. ähnlich Greschat et al. 1970, S. 47 ff.; Bänsch 1995, S. 32 f.):

Drei Varianten

- An einigen Hochschulen bzw. Lehrstühlen müssen Studierende, die eine Abschlussarbeit schreiben wollen, aus einem "Topf" ein Abschlussarbeitsthema ziehen. Den Bewerbern sind die angebotenen Themen vorher nicht bekannt. Dies wäre für Sie natürlich die schwierigste Situation, da Ihnen ein Thema zugewiesen werden kann, das Ihnen nicht liegt. Daher wird Ihnen bei dieser Variante üblicherweise die Möglichkeit zur Rückgabe des Themas geboten – allerdings würden Sie in diesem Fall das Recht zu einer erneuten Wiederholung der Abschlussarbeit verlieren.

- An einigen Hochschulen führen die einzelnen Lehrstühle Listen von Abschlussarbeitsthemen, die sie gern bearbeiten lassen möchten. Diese Listen sind am schwarzen Brett, im Lehrstuhlsekretariat, bei den Assistenten oder auf der Homepage des Lehrstuhls verfügbar. Manche Lehrstühle führen sogar spezielle Veranstaltungen durch, in denen sie die angebotenen Abschlussarbeitsthemen präsentieren und insb. erläutern. Dieser Fall weist den Vorteil auf, dass Sie sicher sein können, ein den Lehrstuhl interessierendes Thema zu bearbeiten. Andererseits ist Ihre Wahlmöglichkeit eingeschränkt – freilich weitaus geringer als im erstgenannten Fall. Falls der Sie betreuende Lehrstuhl ein derartiges Modell "fährt", fragen Sie bitte nach: Manche der Themenlisten anbietenden

Lehrstühle gestatten nämlich eine mit einem Assistenten abgestimmte Modifikation der vorgegebenen Themen.

- Eine dritte Gruppe von Lehrstühlen sieht grundsätzlich davon ab, den Studierenden Themen für Abschlussarbeiten vorzuschreiben. Jeder Studierende hat hier also die Möglichkeit (und die Pflicht), ein Thema zu suchen, das seinen persönlichen Interessen und Neigungen entspricht. Dies erscheint zunächst die für Sie günstigste Situation zu sein. Es ist jedoch zu bedenken, dass sich viele Studierende schwer tun, ein für eine Abschlussarbeit würdiges und zugleich hinreichend spezifisches Thema zu finden. Auch ist zu berücksichtigen, dass ein Anspruch auf eine Zulassung eines selbstgewählten Themas nicht besteht.

Am häufigsten sind die zweite und die dritte Variante. Vielfach werden auch Kombinationen realisiert – bspw. dergestalt, dass eine Themenliste vorliegt und den Studierenden zugleich die Möglichkeit zur eigenständigen Themenwahl geboten wird.

Nie auf eigene Faust loslegen

Unabhängig von der Möglichkeit der freien Wahl eines Abschlussarbeitsthemas gilt der Grundsatz, dass eine Abschlussarbeit nie auf eigene Faust begonnen werden darf. Der jeweilige Studierende würde nämlich riskieren, dass das von ihm anvisierte Thema bereits vergeben ist. Außerdem wandeln sich bisweilen – von den Studierenden oft unbemerkt – die Inhalte von Themen schnell – und dadurch könnte der Zeitplan für die Erstellung einer Abschlussarbeit (vgl. Abschnitt 3.3) empfindlich aus der Balance geraten.

3.2.2.1 Themenwahl und -formulierung

Falls Sie eine Wahlmöglichkeit haben, gehört die Entscheidung über das Thema Ihrer Abschlussarbeit zu den allerwichtigsten, die Sie im Rahmen deren Erstellung, wenn nicht sogar Ihres gesamten Studiums zu treffen haben. Bei der Beantwortung empfiehlt sich die Beachtung der nachfolgenden Hinweise:

Prinzipien der Themenwahl

- *Wählen Sie ein Abschlussarbeitsthema, das Sie wirklich interessiert.*

  Dies ist eine der zentralen Grundvoraussetzungen für das Gelingen einer Abschlussarbeit. Hiervon hängt nämlich ab, ob sie die Abschlussarbeit als lästiges Übel oder aber als persönliche Chance begreifen und Spaß an ihr haben werden. Wenn Sie ein für Sie attraktives Thema wählen, dann werden Sie es zu schätzen wissen, sich im Rahmen des Studiums endlich einmal vertiefter mit einer bestimmten Fragestellung befassen zu können und hierzu etwas Eigenständiges vorlegen zu dürfen. Auch wird es Ihnen bei einer auf Ihre Persönlichkeit abgestimmten Themenwahl eher möglich sein, die während der relativ langen Bearbeitungszeit fraglos auf

Sie zukommenden Durststrecken zu überwinden. Loten Sie also sehr sorgfältig aus, in welchen Bereichen Ihre persönlichen Neigungen liegen. Ihren Interessenschwerpunkten können Sie bspw. dadurch "auf die Schliche kommen", dass Sie sich überlegen, was Sie gern lesen oder über welche Themen Sie sich mit anderen Personen gern austauschen. Denken Sie auch darüber nach, welche Art von Anforderungen Sie während des Studiums gut und gern bewältigt haben.

- *Das Thema sollte einen Bezug zu mindestens einem Fach aus dem Fächerkatalog Ihres Studiengangs aufweisen.*

Dies ist natürlich eine absolute Mindestanforderung. Bei Beachtung dieser Empfehlung werden Sie nämlich sicherstellen, dass Ihr Studium inhaltlich nicht zu heterogen wird und Sie werden eine Voraussetzung schaffen, dass Sie von Seiten des betreuenden Lehrstuhls eine kompetente Abschlussarbeitsbetreuung erhalten. Auch wird so die Wahrscheinlichkeit des Entstehens einer inhaltlich flachen Abhandlung relativ gering gehalten.

- *Es muss sich um ein Thema handeln, das noch nicht in gleicher Form bearbeitet worden ist.*

Dieses an fast allen Lehrstühlen herrschende Prinzip ist aus der Grundaufgabe des Wissenschaftsbetriebs abgeleitet, neue Erkenntnisse zu schöpfen. Auch hilft es, Ihren eigenen Leistungsbeitrag zu beurteilen. Fragen Sie an den für eine Betreuung in Betracht kommenden Lehrstühlen nach, ob es Listen gibt, in denen alle an der jeweiligen Einheit bereits verfassten Abschlussarbeiten zusammengestellt sind.

- *Ein prüfungsberechtigter Dozent Ihrer Hochschule muss sich bereit erklären, eine Arbeit mit diesem Thema zu betreuen.*

Diese Anforderung rührt aus dem Grundsatz der Freiheit von Lehre und Forschung her. Professoren können innerhalb relativ weit abgesteckter Grenzen selbst bestimmen, worüber sie forschen und lehren wollen. Klären Sie durch Nachfragen ab, welche Art von Wissenschaft ein bestimmter Professor bzw. Lehrstuhl betreibt und in welchen Feldern die aktuellen Forschungsschwerpunkte des Lehrstuhls angesiedelt sind. Besteht eine Neigung zu grundlagenwissenschaftlich ausgerichteten Projekten? Oder wird pragmatisch und beraterartig gearbeitet? Werden ausschließlich empirische bzw. empirisch ausgerichtete Arbeiten bevorzugt? Wird quantitative („harte") empirische Forschung oder qualitativ orientierte Fallstudienforschung bevorzugt? Gehen Sie in die Sprechstunde des Lehrstuhlinhabers bzw. Professors selbst, und versuchen Sie, im persönlichen Gespräch herauszufinden, wo seine Interessen liegen.

- *Zu dem anvisierten Abschlussarbeitsthema muss eine angemessene Fachliteratur existieren.*

  Angemessen heißt hier zweierlei: Einerseits darf das Thema noch nicht überforscht sein (es darf nicht eine Übermenge an Literatur existieren und es müssen also noch offene Forschungsfragen bestehen), andererseits muss eine kritische Mindestmasse an Publikationen vorliegen, auf denen Sie Ihre Arbeit aufsetzen können. Nur wenige Studierende sind nämlich in der Lage, ohne eine adäquate Literaturbasis eine gehaltvolle wissenschaftliche Arbeit anzufertigen. Denken Sie daran, dass Sie im Regelfall über 50 Seiten zu dem Thema Ihrer Abschlussarbeit schreiben müssen.

- *Die zu schreibende Abschlussarbeit muss nützlich sein im Hinblick auf die Erreichung Ihrer Karriereziele.*

  Vergessen Sie den Aspekt der Verwertung Ihrer Abschlussarbeit nicht! Bei der Bestimmung eines Abschlussarbeitsthemas sollten Sie also bereits (bzw. endlich) darüber nachdenken, was Sie nach dem Studium machen wollen: Wollen Sie in die Praxis gehen oder der Wissenschaft erhalten bleiben? In beiden Fällen wird die Abschlussarbeit Ihre Visitenkarte für die späteren Bewerbungen sein, da sie die erste wirklich von Ihnen selbstständig erbrachte wissenschaftliche Leistung ist. Wenn Sie in der Unternehmenspraxis tätig werden wollen, sollten Sie sich überlegen, in welchen Funktionsbereichen Sie am liebsten arbeiten würden. Wenn Sie im wissenschaftlichen Bereich bleiben wollen, sollten Sie sich darüber hinaus auch klar werden, welche Art von Forschung Sie bevorzugen.

Sukzessives Vorgehen

Wissenschaft ist ein überaus dynamischer Bereich. Daher macht es wenig Sinn, wenn Sie das Thema Ihrer Abschlussarbeit bereits Monate oder sogar ein ganzes Jahr vor Beginn ihrer Laufzeit genau ausmachen und festzurren. Gehen Sie vielmehr so vor, dass sich die Veränderlichkeit des Wissenschaftsbereichs im Prozess der Bestimmung Ihres exakten Abschlussarbeitsthemas niederschlägt. Begreifen Sie die Zeit der *Themenformulierung als einen sukzessiv-iterativen Prozess*. Er könnte bspw. folgendermaßen aussehen:

Schritte des Suchprozesses

- Blättern Sie zunächst die aktuellen Jahrgänge der in Ihrer Disziplin dominierenden Fach- sowie übergeordneten Zeitschriften Seite für Seite durch. In der Betriebswirtschaftslehre sind bspw. die Fachzeitschriften "Betriebswirtschaftliche Forschung und Praxis – BFuP", "Die Betriebswirtschaft – DBW", "Die Unternehmung – DU", "Business Research – BuR (reine Online-Zeitschrift)", "Zeitschrift für Betriebswirtschaft – ZfB" sowie "Zeitschrift für betriebswirtschaftliche Forschung – ZfbF" besonders zu beachten. Halten Sie sich durchaus einen ganzen Tag zum Schmökern in der Bibliothek auf. Quatschen Sie dabei jedoch nicht nur mit Kommilitonen herum. Achten Sie auch bewusst auf Aushänge, die über die Themen aktueller Kongresse, Tagungen, Workshops informieren. Suchen Sie das Gespräch mit Unternehmensvertretern und Dozenten. Sehen Sie überdies mehrere bereits erfolgreich abgeschlossene Abschlussarbeiten hinsichtlich des Inhalts, des Aufbaus und der Struktur durch, um so ein "Feeling" für adäquate Themenstellungen zu gewinnen. Machen Sie sich bei all diesen Aktivitäten Notizen über ein noch relativ breites Spektrum als potenziell in Betracht kommender *Felder* für Abschlussarbeitsthemen (bis zu zehn Felder).

- Suchen Sie dann Ihren Professor bzw. den zuständigen Assistenten in der Sprechstunde auf und tragen Sie ihm Ihre Ideen hinsichtlich potenzieller Felder von Abschlussarbeitsthemen vor. Engen Sie zusammen mit ihm Ihre Liste potenzieller Felder von Abschlussarbeitsthemen auf etwa drei Alternativen ein.

- Führen Sie dann in der Fachbibliothek eine Literaturrecherche durch. Nutzen Sie hierzu insb. Recherchesysteme bzw. Literaturdatenbanken wie WISO, Econlit, EBSCO, Scopus, ABIInform sowie Google Scholar (vgl. Abschnitt 3.4.2) (auf diese Recherchesysteme sollte erst in dieser Phase zurückgegriffen werden, da ihr sinnvoller Einsatz die Verfügbarkeit valider Suchbegriffe voraussetzt). Prüfen Sie mittels dieser Literaturrecherche, ob zu den für Sie interessant erscheinenden Feldern eine kritische Menge an Publikationen vorliegt. (Zählen Sie nur jene Treffer von Publikationen, die mehr als fünf Seiten lang sind; die übrigen sind häufig – also nicht immer – fast durchweg oberflächlich oder journalistisch.)

- Beschaffen Sie sich für jedes der drei in Betracht kommenden Felder zwei bis drei der während des Rechercheprozesses nachgewiesenen Publikationen (am besten solche, die in anerkannten Fachzeitschriften erschienen sind) und lesen Sie diese durch (Bücher sollten in dieser Phase nur kursorisch gelesen werden (zum kursorischen Lesen vgl. Abschnitt 2.1.3.1)).

- Gehen Sie erneut in die Sprechstunde Ihres Betreuers (Professor bzw. Assistent) und tragen Sie Ihre Eindrücke über den Literatur- bzw. Diskussionsstand vor. Entscheiden Sie sich in oder bald nach dieser Sitzung für eines der drei Themenfelder. Legen Sie zusammen mit dem Betreuer ein grobes Arbeitsthema für Ihre Abschlussarbeit fest (zur Betreuung wissenschaftlicher Arbeiten vgl. Schädler/Hohmeier 1997, S. 11 ff.).

Allmähliche Festlegung des Themas

- Beschaffen Sie (direkt in den Bibliotheken bzw. über Fernleihe) die für das Arbeitsthema relevant erscheinenden Publikationen und arbeiten Sie diese durch. Suchen Sie während des Lesens dieser Publikationen gezielt nach angesprochenen Teilthemen und offenen Fragen. Bedenken Sie beim Lesen dieser Publikationen, dass Ihre Abschlussarbeit nicht rein deskriptiv sein darf, sondern ein *Problem* behandeln sollte.

- Listen Sie die Aspekte auf, die dem Arbeitsthema Ihrer Abschlussarbeit zugeordnet werden können (dies kann in dieser Phase durchaus noch in einer kreativitätsfreundlichen Form (z. B. Mind-Map (vgl. Abschnitt 2.1.4.2)) geschehen; die später zugrundezulegenden Gliederungskriterien (z. B. logische Über- bzw. Unterordnung – vgl. Abschnitt 3.5.1) sind in dieser kreativen Frühphase noch von einer untergeordneten Bedeutung).
- Diskutieren Sie mit Ihrem Betreuer die zuvor dem Arbeitsthema der Abschlussarbeit zugehörigen Aspekte und entscheiden Sie, welche von diesen in der Abschlussarbeit behandelt werden sollten. Konkretisieren, spezifizieren bzw. korrigieren Sie während dieses Sprechstundenbesuchs zusammen mit Ihrem Betreuer das Arbeitsgebiet Ihrer Abschlussarbeit und gelangen Sie so zu einem Abschlussarbeitsthema.

Dieser Prozess erscheint nicht nur mühsam und langwierig – er ist es auch. Bedenken Sie jedoch, dass es sich bei der Wahl eines Abschlussarbeitsthemas um eine *strategische* Entscheidung handelt – eine Entscheidung also, die in vielerlei Weise ausstrahlt und an die Sie weitgehend gebunden sind. Investieren Sie also in diesen Schritt relativ viel Zeit. Erarbeiten Sie das Thema und den Untertitel Ihrer Abschlussarbeit äußerst sorgfältig.

Hinweise für die Titelformulierung

Bei der Formulierung des Arbeitstitels Ihrer Abschlussarbeit sollten Sie darüber hinaus folgende Hinweise beachte:

- Bestimmen Sie den Arbeitstitel Ihrer Abschlussarbeit so, dass es die zentral zu untersuchenden Inhalte erkennen lässt.
- Streben Sie nach einem problem- und "issue"-orientierten Abschlussarbeitstitel. Positionieren Sie mit Ihrer Betitelung offene Fragen und benennen Sie nicht nur ein Funktionsfeld von Unternehmen.
- Fassen Sie das Thema Ihrer Abschlussarbeit eher etwas enger als weiter. Nur so können Sie sicherstellen, im Rahmen Ihrer Abschlussarbeit eine argumentative Tiefe erlangen zu können. Titel wie "Aktuelle Fragen der deutschen Politik", "Krisenmanagement", "Auswirkungen der Globalisierung" oder "Soziologie der Moderne" sind viel zu weit gefasst, als dass sie im Rahmen einer Abschlussarbeit sinnvoll behandelt werden könnten.
- Formulieren Sie das Thema so, dass die Einbettung des zu bearbeitenden Problems in einen übergeordneten thematischen Gesamtzusammenhang ersichtlich wird.
- Berücksichtigen Sie bei der Wahl Ihres Abschlussarbeitsthemas, dass Sie die betreffende Arbeit in einer relativ kurzen Zeit (sechs Monate oder sogar nur acht Wochen) erstellen müssen. Auch dies spricht für ein eher spezifisches Thema.

- Sprechen Sie sämtliche das Thema Ihrer Abschlussarbeit betreffenden Angelegenheiten mit Ihrem Betreuer ab. Insbesondere sind alle späteren Abweichungen von dem vereinbarten Thema, der Gliederung oder dem inhaltlichen Vorgehen – sofern sie prüfungsrechtlich überhaupt zulässig sind – unbedingt mit dem Betreuer bzw. dem Prüfungsamt abzustimmen.

3.2.2.2 Themeninterpretation

Die Frage der Themeninterpretation wird dann besonders relevant, wenn Sie ein *fremdbestimmtes Abschlussarbeitsthema* zu bearbeiten haben (Fall 1 oder 2 der obigen Typologie). Aber auch bei einem selbstgewählten Abschlussarbeitsthema ist es wichtig, den Inhalt der Titelwörter in einer Art und Weise auszudeuten, die mit demjenigen Ihrer Interaktionspartner vereinbar ist. Diesbezüglich sind mehrere Hinweise relevant, die übrigens nicht nur für die Interpretation von Abschlussarbeitsthemen, sondern auch von Klausurfragestellungen wichtig sind (vgl. hierzu auch Rückriem/Stary/Franck 1980, S. 218 ff.; Krämer 1992, S. 2 ff.):

Sorgfalt bei der Interpretation

- Nehmen Sie sich für die erste, allgemeine Interpretation Ihres Abschlussarbeitsthemas viel Zeit. Es ist nämlich bekannt, dass Bearbeiter in der Frühphase der Auseinandersetzung mit einem wissenschaftlichen Thema ihre grundlegende Einstellung und Orientierung zu diesem Thema herausbilden und festlegen. Bitte schauen Sie sich die Themenstellung äußerst genau an.
- Analysieren Sie insb. intensiv, welche Begriffe sich in der Themenstellung wiederfinden. Die Erfahrung zeigt, dass sich viele Studierende auf einzelne Begriffe des Themas "stürzen", ihre Bearbeitung einseitig auf die damit verbundenen Themenelemente ausrichten und damit die übrigen Themenelemente zu wenig intensiv bearbeiten. Arbeiten Sie auch sehr genau heraus, was die in der Themenstellung vorkommenden Begriffe inhaltlich bedeuten.
- Prüfen Sie akribisch, ob sich in der Themenstellung Anhaltspunkte über die relative Wichtigkeit der einzelnen Begriffe (Themenelemente) finden und in welcher inhaltlichen Beziehung diese zueinander stehen. Arbeiten Sie auf diese Weise heraus, welche Aspekte und Unteraspekte das Thema aufweist.

Hinzuziehung von Hilfsmitteln

- Ziehen Sie in der Frühphase der Interpretation Ihres Abschlussarbeitsthemas Fachenzyklopädien (z. B. Gablers Wirtschaftslexikon oder Vahlens Kompendium der Betriebswirtschaftslehre), fachwissenschaftliche Nachschlagewerke (z. B. die im Schäffer-Poeschel-Verlag erschienenen Handwörterbücher der Betriebswirtschaft und ihrer Teilbereiche), Handbücher (z. B. die im Gabler-Verlag erschienenen Handbücher zur Unternehmensführung, zur Strategischen Führung, zum Produktmanagement, zum Internationalen Management oder zum Dienstleistungsmanagement) oder Lehrbücher (vgl. Abschnitt 3.4.1) heran. Greifen Sie auf mehrere dieser Quellen zurück, um nicht der Gefahr einer einseitigen Themeninterpretation zu erliegen.

- Wenn diese Überblickspublikationen nicht in der Lage sind, Ihnen einen ersten Eindruck über das Thema Ihrer Abschlussarbeit zu vermitteln, dann greifen Sie gleich auf die in Abschnitt 3.4.2 erwähnten Literaturrecherchesysteme zurück. Diese führen Sie zu aktuellen und in wichtigen Zeitschriften veröffentlichten Publikationen, die Ihnen eine zuverlässige Interpretation Ihres Themas erlauben dürften.

Kontaktnahme mit Betreuer

- Halten Sie in dieser Phase der Interpretation Ihres Abschlussarbeitsthemas Rücksprache mit dem Betreuer Ihres Projekts. Er hat nämlich das Thema akzeptiert und müsste seinen Inhalt eigentlich am besten kennen. Manchmal kommt er selbst zu dem Schluss, dass das Thema etwas umformuliert werden muss, um es prägnanter und "knackiger" zu machen.

- Sprechen Sie auch mit ausgewählten Kommilitonen über das Thema Ihrer Abschlussarbeit; nicht jedoch mit einer sehr großen Zahl von Personen. Wenn Sie mit zu vielen undifferenziert gegriffenen Personen diskutieren, dann werden Sie eher verwirrt als geläutert.

- Interpretieren Sie am Ende dieses Prozesses das Thema als Ganzes. Was ist insgesamt mit dem Thema gemeint? Welche Implikationen weist das Thema auf und welche Reichweite ist ihm zu eigen?

- Formulieren Sie ggf. für sich den Titel der Abschlussarbeit um, um dadurch neue Ideen darüber zu gewinnen, wie das Thema gemeint ist. Auch eine Übersetzung in eine Fremdsprache mit anschließender Rücküberseztung kann eine derartige Verständnisvertiefung bewirken.

3.2.3 Entscheidung über die Art einer Abschlussarbeit

Strategische Entscheidungen

Im Vorfeld der Erstellung einer Abschlussarbeit haben Sie eine Reihe von überaus bedeutsamen Entscheidungen über die Art Ihrer Arbeit zu treffen (weitere, im Nachfolgenden nicht angesprochene Fragen werden thematisiert in Eco 1993, S. 16 ff.). Die Bedeutung dieser Entscheidungen ist groß, weil Sie sie nicht so leicht wieder revidieren können. Beim Treffen dieser Entscheidungen müssen Sie in ganz erheblichem Maße Ihre persönlichen Orientierungen, Neigungen und Präferenzen berücksichtigten. Es sind

Grundwertentscheidungen. Die nachfolgenden Hinweise können also lediglich grobe Anhaltspunkte vermitteln; ausschlaggebend ist letztlich die Ausrichtung Ihrer Persönlichkeit selbst.

3.2.3.1 Anfertigung der Abschlussarbeit in Zusammenarbeit mit einem Unternehmen?

Zunehmende Beliebtheit

Abschlussarbeiten, die in Zusammenarbeit mit einem Unternehmen geschrieben werden, erfreuen sich einer zunehmenden Beliebtheit (vgl. Wucknitz 1995, S. 183 ff.). Trotzdem ist jedoch in jedem Einzelfall zu prüfen, ob die Anfertigung einer unternehmensbezogenen Abschlussarbeit für den jeweiligen Studierenden sinnvoll ist. Unternehmensbezogene Arbeiten weisen nämlich nicht nur Vorzüge, sondern auch Nachteile auf. Zu den Vorzügen unternehmensbezogener Abschlussarbeiten zählen:

Vorzüge

- Unternehmensbezogene Abschlussarbeiten bieten einen guten Rahmen für ein effektives Zusammenwirken von Wissenschaft und Praxis. Der Praktiker ist mit den im Einzelfall herrschenden aktuellen Problemen bestmöglich vertraut; der Wissenschaftler kennt den im akademischen Bereich herrschenden Forschungsstand. Diese Spezialisierungseffekte kommen auch Ihnen zugute.
- Unternehmensbezogene Abschlussarbeiten eröffnen Ihnen eine gute Möglichkeit, Ihre Einstellungschancen bei Bewerbungen zu erhöhen. Dies trifft insb. deshalb zu, weil das Thema Ihrer Arbeit üblicherweise in Ihrem Studienabschlusszeugnis ausgewiesen ist.

Nachteile

Wesentliche Nachteile kommen in folgenden Argumenten zum Ausdruck:

- Die Themen unternehmenszentrierter Abschlussarbeiten sind häufig dergestalt angelegt, dass die wissenschaftliche Ausrichtung der Arbeit nicht in jedem Fall im Vordergrund steht. Dies ist ein Nachteil, da die Abschlussarbeit trotz aller Praxisorientierung eine wissenschaftliche Qualifikationsarbeit darstellen muss. Insbesondere ist es nicht immer einfach, in unternehmenszentrierten Abschlussarbeiten einen ausgewogenen Mittelweg zwischen den Hochschulinteressen und den Interessen Ihres Kooperationsunternehmens zu finden.
- Die für Abschlussarbeiten typische relativ kurze Bearbeitungszeit (üblicherweise drei Monate) steht der Anfertigung einer unternehmensbezogenen Abschlussarbeit tendenziell entgegen: Bei derartigen Arbeiten wird von Ihnen nämlich erwartet, dass Sie den Wünschen mehrerer Parteien genügen.
- Zahlreiche Unternehmen bieten unter dem Deckmäntelchen der altruistischen Unterstützung von Studierenden eine Mitwirkung an unterneh-

menszentrierten Abschlussarbeiten an. In Wirklichkeit wünschen sie sich jedoch nur einen preisgünstigen Unternehmensberater.

- Manche Lehrstühle lassen sich den deutlich erhöhten Aufwand für die Betreuung einer unternehmenszentrierten Abschlussarbeit durch eine unternehmensseitige Spende vergüten. Nicht alle Unternehmen sind bereit, eine derartige Zuwendung zu leisten, und das kann wiederum die Anfertigung Ihrer Abschlussarbeit gefährden.
- Die Erstellung einer interessanten unternehmensbezogenen Abschlussarbeit kann zur Konsequenz haben, dass Ihr Partnerunternehmen auf einen Sperrvermerk (vgl. Abschnitt 3.8.11) drängt, der Ihre Möglichkeiten zur Verwertung der Arbeit einschränkt.

Verhaltenstipps für unternehmenszentrierte Abschlussarbeiten

Wenn Sie sich trotz dieser Nachteile für eine unternehmenszentrierte Abschlussarbeit entscheiden, dann sollten Sie die nachfolgenden Hinweise beachten (weitere Hinweise finden sich in Wucknitz 1995, S. 183 ff.):

- Prüfen Sie, ob Sie bereits im Vorfeld der Anfertigung der Abschlussarbeit ein Praktikum in dem Sie interessierenden Unternehmen absolvieren können. Sie können dann bereits während des Praktikums ausloten, welche Erwartungen man in dem Zielunternehmen hat und ob reelle Chancen bestehen, dass Sie die für die Erstellung der Arbeit erforderlichen Informationen bereitgestellt bekommen.
- Prüfen Sie ernsthaft, ob das unternehmensseitig angebotene Thema einen hinreichenden inhaltlichen Bezug zu aktuellen im Schrifttum diskutierten und am Lehrstuhl verfolgten Forschungsthemen aufweist. Nur so wird gewährleistet, dass für alle Beteiligten angemessene Synergieeffekte anfallen.
- Richten Sie die Gestaltung Ihrer Abschlussarbeit trotz des bestehenden deutlichen Praxisbezugs eindeutig an den für wissenschaftliche Qualifikationsarbeiten gültigen Kriterien und Standards aus.
- Arbeiten Sie das Thema Ihrer Abschlussarbeit zunächst in seiner theoretischen Dimension auf und versuchen Sie hernach, eine Lösung für das Praxisproblem aus den im Schrifttum bereitgestellten Theorien, Konzepten, Modellen, Methoden und Techniken abzuleiten. Stellen Sie sicher, dass der praxisbezogene Teil Ihrer Abschlussarbeit sauber auf dem theoriezentrierten Teil aufbaut.
- Drängen Sie von Anbeginn an auf klare Absprachen mit dem Zielunternehmen. Verdeutlichen Sie insb. den mitwirkenden Unternehmensvertretern, dass Sie nur dann einen für das Unternehmen wertvollen Lösungsbeitrag bereitstellen können, wenn das Unternehmen Ihnen hinreichendes Informationsmaterial zur Verfügung stellt (insb. Zeitrah-

men sowie Material, das über allseits verfügbare Hochglanzbroschüren hinausgeht).

- Sprechen Sie Ihre Absicht zur Zusammenarbeit mit einem Unternehmen bereits zu Beginn des Abschlussarbeitsprojekts mit Ihrem Betreuer am Lehrstuhl ab.

Zusammenarbeit mit externem Institut

Eine weitere Alternative zur Durchführung einer praxisnahen Abschlussarbeit wird häufig vergessen: Manche Lehrstühle bieten die Möglichkeit, dass Studierende ihre Abschlussarbeit in Zusammenarbeit mit einem externen Forschungsinstitut (z. B. Fraunhofer-Institut; Max-Planck-Institut; Öko-Institute; Wirtschaftsforschungsinstitute) anfertigen.

3.2.3.2 Literaturzentrierte ("theoretische") oder empirische Arbeit?

Insbesondere wenn Sie Ihre Abschlussarbeit nicht in einem Unternehmen schreiben wollen, müssen Sie entscheiden, ob Sie eigene empirische Erhebungen durchführen wollen oder Ihre Arbeit ausschließlich auf die im Schrifttum verankerten Informationen sowie auf deren Basis vollzogenen eigenen logischen Schlussfolgerungen stützen wollen. Bei der letztgenannten Variante wird erwartet, dass Sie sich einen Literaturüberblick verschaffen: Ihre Eigenleistung besteht darin, Zusammenhänge und Kausalitäten aufzuzeigen und zu begründen. Man spricht hierbei auch von einer "theoretischen Arbeit", was insofern "den Nagel nicht auf den Kopf trifft", als natürlich auch jede empirische Arbeit eine solide theoretische Grundlage aufweisen sollte. Umgekehrt wird auch in fast allen literaturzentrierten Arbeiten auf empirisches Material zurückzugreifen sein – nur dass dieses eben nicht vom Studierenden selbst erstellt wurde. Obwohl die Wahl zwischen literaturzentrierter und empirischer Abschlussarbeit somit keine echte Alternativentscheidung darstellt, sind literaturzentrierte und empirische Abschlussarbeiten jeweils durch besondere Vor- und Nachteile gekennzeichnet (zu empirischen wissenschaftlichen Arbeiten vgl. Lohse 1997, S. 126).

Vor- und Nachteile von Literaturarbeiten

- Die *Vorteile* einer *literaturzentrierten Abschlussarbeit* dürften insb. darin bestehen, dass diese noch am ehesten hinreichend Zeit und Diskussionsraum bietet, um sich intensiv mit grundlegenden Fragen der jeweiligen Disziplin auseinander zu setzen, dass sie vom Aufwand etwas begrenzter sein dürfte als eine empirische Abschlussarbeit, dass sie zeitlich besser kalkulierbar ist, dass Unwägbarkeiten der Datenbeschaffung wegfallen und dass sie mit einem geringeren Verbrauch an materiellen Ressourcen verbunden ist. Als wichtige *Nachteile* sind dagegen anzusprechen, dass der Studierende in erheblichem Maße von der Güte des im Schrifttum dokumentierten Wissens abhängig ist und dass sich literaturzentrierte Abschlussarbeiten vielfach in einem Umschichten des bestehenden Wissens erschöpfen. Wird in ihrem Rahmen keine erhebliche Systematisierung und Synopse geleistet, dann sind diese Arbeiten von einem wenig fruchtbaren Jäger-und-Sammler-Dasein geprägt.

Vor- und Nachteile empirischer Arbeiten

- Zu den *Vorteilen empirischer Abschlussarbeiten* gehört, dass der durchführende Studierende originäres Informationsmaterial aufzuweisen hat, über das Andere nicht verfügen und dass die empirischen Informationen aus den Unternehmen selbst stammen, was den jeweiligen Urheber wiederum für die arbeitgebende Wirtschaft attraktiver macht. *Nachteilig* ist andererseits, dass empirische Abschlussarbeiten ein hohes Maß an Methodenkompetenz erfordern, dass anspruchsvollere empirische Untersuchungen, die über reine Häufigkeitsauszählungen hinausgehen, äußerst zeitaufwendig sind und dass der theoretische Teil vieler empirischer Abschlussarbeiten schwach ausgeprägt ist. Vielfach dominieren umfangreiche Befragungen, die ohne hinreichende konzeptionelle Vorabüberlegungen durchgeführt worden sind (zum Nutzen empirischer Forschung vgl. auch Witte 1981).

Reifegrad des Erkenntnisfelds

Diese Pros und Cons stellen natürlich nur grobe Anhaltspunkte für die zu treffende Wahlentscheidung dar. Abschließende Empfehlungen können an dieser Stelle auch deshalb nicht gegeben werden, weil die Entscheidung erheblich vom Entwicklungsstand des zu bearbeitenden Erkenntnisbereichs abhängt. So wird man Arbeiten, die auf einen schwach entwickelten Erkenntnisbereich bezogen sind, erst einmal explorativ empirisch (zur explorativen Forschung vgl. Abschnitt 3.6.2) ausrichten, um die in diesem Bereich bestehenden Zusammenhangsstrukturen identifizieren zu können.

Leitmaxime

Wenn Sie eine empirisch ausgerichtete Abschlussarbeit anfertigen wollen, dann sollten Sie unter anderem darauf achten,

- dass Sie vor der Durchführung des empirischen Teils der Untersuchung das Schrifttum sorgfältig sichten,
- dass Sie die hypothetisierten und geprüften Zusammenhänge auf der Basis einer (bzw. mehrerer) Theorie(n) entwerfen,
- dass Sie die Konstrukte (Variablen), mit denen Sie umgehen, inhaltlich spezifizieren,
- dass Sie nicht auf dem Niveau einer rein beschreibenden Analyse verharren, sondern auch nach zusammenhangsbezogenen Aussagen streben und
- dass Sie Ihre Befunde nicht nur darlegen, sondern auch diskutieren.

Bei Erfüllung dieser Bedingungen dürfte Ihre empirische Abschlussarbeit einen deutlichen "Added Value" aufweisen. Dies soll jedoch nicht bedeuten, dass eine reine Literaturarbeit generell unterlegen ist. Gleichwertig wird sie jedoch nur dann sein, wenn die sorgfältige Literaturanalyse in den Entwurf neuartiger Erkenntnisse bzw. Modellüberlegungen einmündet.

3.2.3.3 Lehrstuhlinteressen vs. Studierendeninteressen?

Unterschiedliche Interessen-positionen

Obwohl es natürlich zutrifft, dass an vielen Lehrstühlen am ehesten jene Abschlussarbeiten zur Betreuung angenommen werden, die in einem klaren Zusammenhang mit einem lehrstuhlseitigen Forschungsprojekt stehen, sollten Sie Ihre Wahlentscheidung nicht vorrangig von derartig opportunistisch-pragmatischen Überlegungen leiten lassen. Die von Ihnen gewählte Abschlussarbeit wird nämlich für Sie über längere Zeit hinweg ein wichtiges Element Ihres beruflich relevanten Bewerberprofils darstellen.

Akzentuieren Sie also ruhig Ihre eigenen Interessen und bringen Sie Ihrem Betreuer gegenüber deutlich zum Ausdruck, wofür Sie sich interessieren und wofür nicht.

3.2.3.4 Modethema oder klassisches Thema?

Problematik von Modethemen

Trotz aller Sachlichkeit ist Wissenschaft in erheblichem Maße durch Moden und Trends bestimmt. Themen kommen und gehen. So waren bspw. in der Betriebswirtschaftslehre lange Zeit Diskussionen über das Organisieren mittels Strukturen out, während das Organisieren über Personen und Prozesse absolut in war. Völlig aus der Mode sind Abhandlungen über die Kontrolle des *Verhaltens* von arbeitenden Menschen, während die *Ergebnis*kontrolle äußerst populär ist. Schwierig sind derartige Trends deshalb, weil die Präferenzen im Zeitablauf wechseln: So wissen wir bspw., dass Plädoyers für dezentrale Organisationsformen nach einer gewissen Zeit immer wieder durch solche zugunsten zentraler Organisationsformen abgelöst werden und umgekehrt.

Pragmatische Lösung

Vor dem Hintergrund derartiger zeitlich nicht exakt verort- und schon gar nicht a priori terminierbarer Pendelschwünge ist es natürlich schwierig, allgemeine Verhaltensempfehlungen bzgl. der Wahl attraktiver Themen abzugeben. Machen Sie sich jedoch dieses Realphänomen des Wissenschaftsbetriebs bewusst (Kieser 1996). Seien Sie überdies skeptisch, wenn Zeitgenossen vermeintlich altmodisch erscheinende Themen schnell und kategorisch ablehnen; prüfen Sie vielmehr die inhaltliche Kraft dieser Themen und deren zukünftige Relevanz sorgfältig. Und wenn Sie mit einem bestimmten Modethema liebäugeln: Führen Sie eine publikationsjahrbezogene Recherche der zu ihm vorgelegten Veröffentlichungen durch. Sie werden dann schnell sehen, ob sich die Publikationsmenge in den vergangenen Jahren positiv oder negativ entwickelt hat. Analysieren Sie jedoch vor allem den Inhalt der zu dem jeweiligen Thema verfügbaren Schriften: Prüfen Sie, ob es im Bereich dieses modischen Themas noch "weiße Flecken" gibt, die Sie besetzen könnten.

3.2.4 Entscheidung über Einzel- vs. Gruppenarbeit

Beispiel für Gruppenarbeit

Die Prüfungsordnungen verschiedener Hochschulen gestatten es, dass Abschlussarbeiten und sogar Dissertationen in einer Gruppen- bzw. Gemeinschaftsarbeit angefertigt werden (Beispiel einer Gemeinschaftsdissertation: Joggi, W., Rutishauser-Frey, B., Auswirkungen der Personalpolitik schweizerischer multinationaler Unternehmungen auf ihre Führungskräfte in den schweizerischen Hauptsitzen und in europäischen Niederlassungen, Gemeinschaftsdissertation, Hochschule Sankt Gallen, Sankt Gallen 1980). Dies ist insb. dann eine Alternative, wenn ein sehr umfangreiches Thema zur Bearbeitung ansteht. Jeder der beteiligten Studierenden übernimmt dann einen Teil des Gesamtthemas.

Sorgfältige Abwägung erforderlich

Diese Variante von Abschlussarbeiten erscheint zunächst sehr attraktiv, da die multipersonelle Grundstruktur eine lernförderliche dialogische Verständigung ermöglicht (vgl. Abschnitt 2.4) und so das oft als lästig empfundene Einzelkämpfertum überwunden werden kann. Überdies entspricht diese Form einer Abschlussarbeit eher der späteren beruflichen Tätigkeit, die sich ebenfalls vorwiegend im Rahmen von Gruppenprozessen vollziehen wird. Auf der anderen Seite ist jedoch in Rechnung zu stellen, dass Gruppenarbeiten einen erheblichen Risikofaktor in sich bergen. Nur in Ausnahmefällen werden nämlich die beteiligten Studierenden voll kompatible Motiv- und Fähigkeitsstrukturen aufweisen und so kann es durchaus zu destruktiv wirkenden Konfliktsituationen kommen.

Pragmatische Tipps

Wenn Sie Ihre Abschlussarbeit in der Form einer Gruppenarbeit anfertigen wollen, dann sollten Sie

- Ihre(n) Co-Autoren äußerst sorgfältig auswählen (z. B. Kommilitonen, mit denen Sie schon in früheren Phasen des Studiums gern und erfolgreich zusammengearbeitet haben),
- eine gleichmäßige Verteilung des Abschlussarbeitsthemas vornehmen und klar festlegen, wer für welche Teile der Abschlussarbeit verantwortlich ist und
- Grundsätze und Spielregeln für die Gruppenarbeit aufstellen (vgl. Abschnitt 2.4).

3.2.5 Exposé: Erstellung eines Arbeitskonzepts

Sinn und Zweck

Im Zusammenhang mit Abschlussarbeiten stellt ein Exposé ein Arbeitskonzept bzw. ein "Forschungsproposal" dar, das die Anfertigung der Arbeit vorstrukturiert. Auch wenn längst nicht alle Lehrstühle die Erstellung eines Exposés verlangen, sollten Sie sich im eigenen Interesse um die Erarbeitung eines derartigen Konzepts bemühen.

Die Erstellung eines Exposés ist aus mehrerlei Gründen sinnvoll (vgl. Trimmel 1994, S. 54 f.; Bünting/Bitterlich/Pospiech 1996, S. 37 ff.). Es dient dazu,

Nutzen von Exposés

- Verständnisschwierigkeiten bei der Definition der Abschlussarbeit zu vermeiden,
- das Thema der Abschlussarbeit frühzeitig einzugrenzen und zu spezifizieren,
- die eigentliche Fragestellung der Arbeit (Forschungsfrage) exakt zu formulieren,
- den theoretischen Hintergrund, den Forschungsplan und die Untersuchungsstrategie zu durchdenken (also sicherzustellen, dass der Konzeptentwurf der forschungsbezogenen Aktion vorausgeht (Vermeidung eines Aktionismus)),
- bereits frühzeitig mögliche Risiken der Abschlussarbeitserstellung zu erkennen bzw. zu beseitigen und
- schwerwiegende Fehleinschätzungen des Arbeitsaufwands auszuschließen.

Aufgrund der relativ geringen Erfahrenheit von Studierenden ist die Erstellung eines Exposés vor allem bei selbstgewählten Abschlussarbeitsthemen überaus wichtig. Der Umfang eines Exposés sollte bei drei bis fünf im Schriftgrad "12 Punkt" und eineinhalbzeilig ausgedruckten DIN-A-4-Seiten liegen. Das Exposé sollte folgende Inhalte aufweisen:

Bestandteile eines Exposés

- Name des Studierenden, Semesterzahl, Studienrichtung und bisherige Studienschwerpunkte,
- Titel der geplanten Abschlussarbeit,
- knappe Zusammenfassung der Problemstellung (auf 10 bis 15 Zeilen verdichtet) und genaue Fragestellung der Arbeit,
- wissenschaftliche und praktische Relevanz der Arbeit,
- Erläuterung der Problemstellung, einschließlich Skizze der eigenen Vorkenntnisse sowie des Standes der Forschung zum Thema der Arbeit, Theorie, auf der die Arbeit beruht,

- bei empirischen Arbeiten eine Skizze des Forschungsdesigns (Variablen, Variablenanordnung, hypothetisierte Zusammenhänge, Grundgesamtheit, Stichprobe, geplante Auswertungsstrategien),
- ggf. vorhandene eigene Vorarbeiten,
- ggf. benötigte Mittel und Finanzierung dieser Mittel,
- Zeitplan zur Erstellung der Arbeit,
- vorläufiges Inhaltsverzeichnis der Arbeit sowie
- Verzeichnis der wichtigsten Literaturstellen.

PZM

Aufgrund dieses strukturellen Aufbaus werden Exposés an einigen Hochschulen mit dem Begriffskürzel "PZM" (Problemstellung – Ziel – Methode) belegt.

Nach Fertigstellung reichen Sie Ihr Exposé beim Betreuer der Abschlussarbeit ein. Fast alle Betreuer lassen heutzutage zu, dass das Exposé als E-Mail-Attachment eingereicht wird. Geben Sie Ihrem Betreuer in jedem Fall hinreichend Zeit, um Ihr Exposé nicht nur durchzulesen, sondern auch darüber hinaus zu durchdenken (ca. zwei Wochen), und vereinbaren Sie einen entsprechend platzierten Sprechstundentermin.

Überarbeitungen

Erachten Sie es als Normalfall, als Teil eines Lernprozesses und nicht als Ausdruck einer ungebührlichen Kritik, wenn Ihr Exposé im Anschluss an die Besprechungen mit Ihrem Betreuer mehrfach zu überarbeiten sein wird. Rechnen Sie damit, dass die Erstellung des endgültigen Exposés mehrere Wochen benötigt.

Die endgültige Version Ihres Exposés ist dann Grundlage der offiziellen Anmeldung Ihrer Abschlussarbeit. Es stellt sozusagen einen "Vertrag" dar, auf den sich die beteiligten Parteien (Studierender, Betreuer) berufen können. Die Exposéerstellung gleicht also in vielerlei Hinsicht einem Zielvereinbarungsprozess, wie wir ihn aus dem Bereich der Unternehmensführung kennen, wo dieser Prozess häufig als Management by Objectives (MbO) bezeichnet wird (Macharzina/Wolf 2012, S. 582). Das Exposé ist eine Basis dafür, dass Ihr Betreuer Sie ergebnisorientiert über Ziele anleiten kann.

Manche Lehrstühle dringen auch dann auf die Erstellung eines Exposés, wenn sie lediglich die Zweitbegutachtung einer Abschlussarbeit übernehmen und der Erstgutachter die Anfertigung eines derartigen Dokumentes nicht verlangt. Auch dies sollten Sie nicht als Schikane, sondern als sinnvolle Investition erachten: In diesem Fall erscheint seine Anfertigung sogar besonders wichtig, weil sich die zweitbegutachtenden Lehrstühle vielfach weniger intensiv mit dem Thema Ihrer Abschlussarbeit beschäftigen können als die eigentlichen Betreuer Ihrer Arbeit.

3.2.6 Anmeldung der Abschlussarbeit

Anmeldeformular

Sobald Sie das exakte Thema Ihrer Abschlussarbeit mit Ihrem Betreuer festgelegt haben, müssen Sie die Arbeit anmelden. An den meisten Hochschulen geschieht dies unter Nutzung eines hierzu entworfenen Anmeldeformulars (dieses ist im Prüfungsamt erhältlich). Bedenken Sie, dass der bei der Anmeldung der Abschlussarbeit angegebene Titel in aller Regel nicht abgeändert werden darf.

Termine und Fristen

Beachten Sie auch die an Ihrer Hochschule gültigen Termine und Fristen. Während einige Hochschulen feste Anmeldetermine ausgeben (z. B. zwei Mal jährlich), ist an anderen ein Einstieg jederzeit möglich.

Gutachterwahl

Prüfen Sie schließlich, ob Sie selbst für die Wahl des Zweitgutachters verantwortlich sind und wie bedeutsam an Ihrer Hochschule die "richtige Wahl" eines geeigneten Zweitgutachters ist. Analysieren Sie dabei ruhig die an Ihrer Hochschule im Bereich des Lehrkörpers bestehenden mikropolitischen Strukturen. Wenn Sie den Zweitgutachter selbst zu bestimmen haben, dann versteht es sich von selbst, dass Sie ihn vor Fertigstellung Ihrer Arbeit im Rahmen seiner Sprechstunde aufsuchen.

3.2.7 Verpflichtung zur fristgerechten Lieferung

Rechtliche Verbindlichkeit

Durch Ihre Unterschrift auf dem Anmeldeformular bestätigen Sie die Übernahme der Abschlussarbeit und Sie verpflichten sich zur fristgerechten Lieferung der Schrift. Ein Rücktritt ist dann üblicherweise nicht mehr möglich (jedenfalls nicht mehr ohne Verlust eines Prüfungsanspruchs). Es bedarf keiner besonderen Erwähnung, dass die vorgesehene Zeit von der Themenstellung bis zur Abgabe der Abschlussarbeit nicht überschritten werden darf, was die Notwendigkeit eines sorgfältigen Zeitmanagements bewirkt (vgl. Abschnitt 3.3).

3.3 Projektplanung

3.3.1 Bedeutung einer sorgfältigen Projektplanung

Frühzeitige Einübung

Eine rechtzeitige und gründliche Projektplanung (Arbeits- und Zeitplanung sowie Kostenplanung) ist für die erfolgreiche Erstellung Ihrer wissenschaftlichen Arbeit essenziell (zur Projektplanung im Rahmen von wissenschaftlichen Arbeiten vgl. auch Wottawa 1997, S. 37 ff.). Sie ist um so wichtiger, je länger die Bearbeitungszeit, je komplexer das Projekt und je geringer externe Vorgaben hinsichtlich der Arbeitsinhalte und -strukturierung sind. Um die nachfolgend vorgestellten Tipps zur Projektplanung im Zusammenhang mit der Erstellung wissenschaftlicher Arbeiten nachhaltig zu erlernen, sollten Sie diese frühzeitig und zunächst einmal an kleineren Arbeitsvorhaben einüben, die nicht mehr als vier Wochen beanspruchen (Thesenpapiere, Hausarbeiten, Seminararbeiten).

Ja, mach nur einen Plan
Sei nur ein großes Licht!
Und mach dann noch 'nen zweiten Plan
Geh'n tun sie beide nicht.

Im dritten Akt von Brechts Dreigroschenoper findet sich diese Ballade von der Unzulänglichkeit menschlicher Planung. Das darin zum Ausdruck kommende Gefühl ist vielen Studierenden und vielleicht auch Ihnen wohl bekannt. Trotzdem: "Werkeln" Sie bitte nicht nur so vor sich hin, sondern planen Sie Ihr Arbeitsvorhaben und Ihre Zeit sorgfältig (vgl. Abschnitt 3.3).

Aufgaben

Die Aufgaben der *Arbeits- bzw. Zeitplanung* sind:

- die Festlegung und Abstimmung der erforderlichen Arbeitsschritte,
- die Gewichtung der einzelnen Arbeitsschritte,
- die Berücksichtigung sonstiger Aktivitäten sowie
- die Kontrolle des eigenen Arbeitsfortschritts.

Voraussetzungen

Wesentliche Voraussetzungen für eine entsprechende Arbeits- bzw. Projektplanung sind:

- Kenntnis aller erforderlichen Arbeitsschritte,
- Analyse der sonstigen Arbeitsbelastung und Aktivitäten,
- realistische Abschätzung der eigenen Arbeitsbereitschaft und -fähigkeit (vgl. Theisen 1998, S. 17).

Verfallen Sie bitte nicht dem Irrtum, die Planung des Arbeitsvorhabens sei nur für Studierende, denen eine sehr begrenzte Zeitspanne zur Verfügung steht, sinnvoll und notwendig. Nein, auch Studierenden, die über mehr Zeit verfügen, ist eine Arbeits- und Zeitplanung dringend anzuraten. Denn gerade in diesem Fall besteht die Gefahr, dass Sie am Anfang des Projekts nicht mit der notwendigen Konzentration arbeiten, dass Sie Ihre Arbeit unsystematisch angehen und unnötig viel Zeit verschenken.

70-70-Falle

Im Negativfall eines unprofessionell gehandhabten Projekt- und Zeitmanagements geraten viele Studierende zum Ende ihrer Arbeit dergestalt in große

Schwierigkeiten, dass sie eine mangelhafte oder gar keine schriftliche Arbeit vorlegen. Bei wenig Projekterfahrung und ungenügendem Zeitmanagement besteht dann leicht die Gefahr, in die sogenannte "Siebzig-Siebzig-Falle des Projekt-Terminplanes" zu geraten. Dieser Quotient beschreibt das Verhältnis der bereits verbrauchten Zeit zur Menge der noch zu erledigenden Arbeit. Bei der 70-70-Situation hat man nach Ablauf von 70 Prozent der zur Verfügung stehenden Zeit erst 30 Prozent der zu erbringenden Arbeit geleistet, so dass in den verbleibenden 30 Prozent der Zeit die restlichen 70 Prozent der Arbeit erledigt werden müssen (vgl. Jacob 1997, S. 50).

Eine effektive und effiziente Arbeits- und Zeitplanung möchte Sie vor diesen Misserfolgen bewahren und Ihnen zu einem erfolgreichen Abschluss Ihrer schriftlichen Arbeit verhelfen.

Zeitplanung vor Inhaltsarbeit

Stürzen Sie sich also nicht sofort in die inhaltliche Arbeit, sondern erstellen Sie zuerst einen Arbeitsplan. Zugegeben: Die Erstellung desselben kostet Zeit. Aber diese Zeit werden Sie in Kürze wieder eingespart haben. Bedenken Sie, dass Ihnen ein Plan nicht nur Arbeitszeiten diktiert, mittels deren Einhaltung und Absolvierung Sie sich Ihrem Ziel langsam aber sicher nähern werden, sondern dass er Ihnen hilft, Entscheidungszeit einzusparen, zu einem ausgewogenen und weniger belastenden Arbeitsprogramm zu gelangen und im Idealfall mehr Freizeit zu gewinnen.

3.3.2 Arbeits- und Zeitplanung

Drei Phasen

Die Arbeits- und Zeitplanung lässt sich in drei Phasen einteilen (vgl. Reischmann 1980, S. 64 ff.):

- Zusammenstellung der erforderlichen Arbeitsschritte (vgl. Abschnitt 3.3.2.1),
- Abschätzung und Festlegung der für die einzelnen Arbeitschritte benötigten Zeit (Dauer) (vgl. Abschnitt 3.3.2.2),
- Aufstellung des Arbeits- und Terminplans (vgl. Abschnitt 3.3.2.3).

Diese Art der arbeits- und zeitbezogenen Strukturierung des Projektes orientiert sich im Wesentlichen an der "ALPEN-Methode", die in Abschnitt 5.3.4 erläutert wird. Hier wird sie konkret auf das Projekt "eine wissenschaftliche Arbeit erstellen" bezogen.

3.3.2.1 Festlegung der erforderlichen Arbeitsschritte

Fertigen Sie eine Liste aller Tätigkeiten an, die mit Ihrer wissenschaftlichen Arbeit zusammenhängen. So gewinnen Sie einen Überblick über Ihr Projekt.

Bei der Erstellung einer wissenschaftlichen Arbeit sind üblicherweise die nachfolgenden Arbeitsschritte durchzuführen:

Erforderliche Arbeitsschritte

- *Orientierung bzw. Themenfindung*
  - Thema suchen, formulieren bzw. interpretieren,
  - Thema erkunden: eigenes Wissen aktivieren, Experten befragen, Informationen sammeln,
  - erste Literatursuche und -auswertung,
  - Thema eingrenzen,
  - Projektart festlegen,
  - Festlegen von Fragestellung, Methodik und Vorgehensweise sowie
  - Erstellung und Besprechung eines Exposés mit Grobgliederung.
- *Projektplanung*
  - Arbeits- und Zeitplanung sowie
  - Kostenplanung.
- *Literaturrecherche, -beschaffung, -sichtung, -auswahl und -auswertung*
  - Systematische Literatursuche,
  - Bibliographierung bzw. Archivierung von Literatur,
  - Beschaffung von Literatur und
  - Lesen, Exzerpieren und Verdichten der Literatur.
- *Strukturierung des Materials*
  - Ordnen,
  - Klären und
  - Differenzieren.
- *Entwurf einer differenzierten Gliederung*
  - Bestimmung von Teilthemen,
  - hierarchische Ordnung der Teilthemen und
  - Festlegung der Gliederungsstruktur.
- *Besprechung der differenzierten Gliederung mit zuständigen Experten (Betreuer, in Kolloquien etc.)*

- *Überarbeitung und Besprechung der differenzierten Gliederung*
- *Erstellung der Manuskriptrohversion*
- *ggf. Beratung und Diskussion der Arbeit mit den Experten*
- *Durchsicht der Manuskriptrohversion*
- *Überarbeitung der Manuskriptrohversion*
  - Editieren nach inhaltlichen Gesichtspunkten: unter anderem Begrifflichkeiten, Logik, Stringenz, Konsistenz, Vollständigkeit, Überleitungen, Anmerkungen, Metaphern, Quellenangaben und Literaturverweise sowie
  - Editieren nach sprachlichen Gesichtspunkten: unter anderem Satzbau, Ausdruck, Rechtschreibung, Interpunktion.
- *Endkorrektur*
  - Korrekturlesen (auch durch andere Personen): unter anderem Suche nach grammatikalischen und Rechtschreibfehlern, Überprüfung von Zitaten, Quellen, Seitenpaginierung.
- *Endausdruck sowie ggf. Vervielfältigung des Manuskripts*
- *Binden der Arbeit*
- *Abgabe der Arbeit.*

Wenn Sie eine empirische Arbeit anfertigen wollen, dann müssen Sie darüber hinaus noch die nachfolgenden Arbeitsschritte planen, die im Anschluss an die Erstellung der differenzierten Gliederung eingeschoben werden.

... bei empirischen Arbeiten zusätzlich

- Festlegung des Designs für die empirische Untersuchung,
- Durchführung von Befragungen, Beobachtungen, Dokumentenanalysen etc.,
- Bestimmung von Rücklauf-, Erfassungs- und Auswertungszeiten bei der Durchführung empirischer Untersuchungen sowie
- Auswertung des vorhandenen Materials.

Die aufgeführten Arbeitsschritte lassen sich wiederum in vielfältige kleinere Teiltätigkeiten untergliedern (vgl. Abschnitt 5.3.5).

3.3.2.2 Abschätzung der benötigten Zeit (Dauer)

Arbeitsschritte

Für eine realistische Zeitplanung ist es vorteilhaft, wenn Sie die Ihnen zur Verfügung stehende Nettoarbeitszeit ermitteln. In Tabelle 3-2 finden Sie ein Beispiel einer Arbeitsliste, in der die anfallenden Arbeitsschritte durch Zeitempfehlungen ergänzt sind. Diese Arbeitsliste bezieht sich auf eine Abschlussarbeit, in deren Rahmen *keine* eigene empirische Forschung durchgeführt wird.

Berechnungsform

Das in Tabelle 3-1 vorgestellte Beispiel ist auf eine wissenschaftliche Qualifikationsarbeit ausgerichtet, die einen Umfang von ca. 80 DIN-A-4-Seiten aufweisen soll, die in drei Monaten zu erstellen ist und deren Bearbeitungszeitraum sich vom 01.09.2014 bis 30.11.2014 erstreckt. Da Studierende bei der Anfertigung von Abschlussarbeiten üblicherweise eine der eigentlichen Bearbeitungszeit vorgeschaltete Einarbeitungszeit erhalten, soll die dreimonatige Bearbeitungszeit ab der Fertigstellung der Gliederung laufen. Hinzugerechnet wird daher eine sechswöchige Einarbeitungszeit. Überdies wird davon ausgegangen, dass sich der Bearbeiter während dieser Zeit auf die Erstellung seiner Arbeit konzentriert und jede Woche sechs Tage mit je ca. sieben Stunden an dem Projekt arbeitet (vgl. auch Theisen 1998, S. 20).

Tabelle 3-1 *Bestimmung des Zeitrahmens einer Abschlussarbeit*

Einarbeitungszeit	
18.07.2014 bis 31.08.2014	45 Tage
abzüglich Sonntage	6 Tage
abzüglich Feiertage	1 Tage
abzüglich Vorlesungstage (vorlesungsfreie Zeit)	0 Tage
Zur Verfügung stehende Arbeitstage	38 Tage
Bearbeitungszeit	
01.09.2014 bis 30.11.2014	91 Tage
abzüglich Sonntage	13 Tage
abzüglich Feiertage	3 Tage
abzüglich Vorlesungstage (1 Tag pro Woche ab 16.10.2014)	7 Tage
Zur Verfügung stehende Arbeitstage	68 Tage

Es trifft fraglos zu, dass in der Zeit der Erstellung einer Abschlussarbeit auch an Samstagen und Sonntagen durchgearbeitet werden muss (was im Übrigen auch für viele Managerjobs gilt). Wir empfehlen, diese Tage bei der Bestimmung des Zeitrahmens einer Abschlussarbeit zunächst nicht zu berücksichtigen, weil sich leider oft zeigt, dass man den entwickelten Zeitplan nicht vollständig einhalten kann und somit ein zusätzlicher Zeitpuffer vorgehalten wird.

Achtung!

Bei der Festlegung der für die einzelnen Arbeitsschritte benötigten Zeiten sind dreierlei Aspekte zu berücksichtigen:

- Berücksichtigen Sie bei Ihrer Zeitplanung nicht nur die inhaltlichen Haupttätigkeiten wie "Gliederung erstellen" oder "Manuskript abfassen", sondern auch arbeitsorganisatorische Nebentätigkeiten. Diese erfordern nämlich viel Zeit.
- Je detaillierter Sie die einzelnen Arbeitsschritte aufteilen, desto leichter wird Ihnen die Festlegung bzw. Abschätzung des dazu erforderlichen Zeitaufwands gelingen.
- Orientieren Sie sich am planmäßigen Abgabetermin der Arbeit. Ein Zeitplan lässt sich am ehesten von diesem Zeitpunkt aus, von hinten her kalkulieren. Zumindest die Arbeitsschritte Abgabe, Binden, Vervielfältigen sowie Durchsicht des Manuskripts sind relativ leicht zu planende Größen.

Rückwärtsrechnung des Zeitbedarfs

Für die Abgabe sollten Sie einen Tag, für den Ausdruck (bzw. die Vervielfältigung) und das Binden zusammen etwa vier Tage veranschlagen.

Die Durchsicht des Manuskripts (Korrekturlesen) erfordert ungefähr drei Tage, sofern es noch von einer weiteren Person gelesen werden soll. Die anstehenden Überarbeitungen benötigen je nach Ausmaß und Länge ungefähr vier bis fünf Tage. Für die Manuskriptdurchsicht sowie ggf. eine Besprechung mit Experten (Betreuer an der Hochschule, eventuell Betreuer aus der Praxis etc.) sollten Sie neun Tage veranschlagen.

Für die Erstellung der Manuskriptrohversion sind bei einer Drei-Monats-Arbeit ca. vierzig Tage einzuplanen. Bedenken Sie jedoch, dass die Zeitdauer für die Erstellung der Rohversion erheblich von der Qualität und der Länge des vorhandenen und auszuwertenden Materials abhängt. Sie ist um so schneller zu bewältigen, je zielstrebiger die vorausgehenden Arbeitsschritte gestaltet worden sind.

Die Besprechung der differenzierten Gliederung mit Experten und die daraus resultierende Überarbeitung des Gliederungsentwurfs erfordert ungefähr drei Tage.

Für die Strukturierung des Materials und die Erarbeitung einer differenzierten Gliederung sind ca. sieben Tage notwendig. Diese Tätigkeiten prägen die Gestalt und Qualität Ihrer wissenschaftlichen Arbeit sehr und sollten daher nicht in einer sehr kurzen Zeit erledigt werden.

Für die Auswertung der Literatur sollten ca. 16 Tage angesetzt werden. Diese Zeitspanne sollte keinesfalls mehr als ein Drittel der Bearbeitungszeit ausmachen, da Sie sonst Gefahr laufen, in einem "Jäger-und-Sammler-Dasein" zu verharren.

Für die Literatursichtung und -auswahl sollten ca. fünf Tage und für die Literaturrecherche und -beschaffung sechs Tage veranschlagt werden. Beachten Sie, dass dieses Zeitbudget zu verlängern ist, wenn in den Bibliotheken eingeschränkte Öffnungszeiten bestehen, wenn Bücher bereits ausgeliehen sind, in erheblichem Maße auf Fernleihen zurückgegriffen werden muss oder wenn zeitintensive Vervielfältigungstätigkeiten anfallen.

Für die Arbeits- und Zeitplanung sollten Sie sich einen Tag Zeit gönnen.

Wenn Sie eine empirische Arbeit anfertigen wollen, dann sollten Sie berücksichtigen, dass diese im Rahmen einer Drei-Monats-Frist kaum zu bewältigen ist. Für eine solide Feldforschung (Befragung, Dokumentenanalyse etc.) werden Sie nämlich allein mindestens sechs bis acht Wochen Zeit benötigen. Ein empirisches Projekt sollte daher stets im Rahmen einer Sechs-Monats-Arbeit durchgeführt werden. Bei Durchführung eines empirischen Projekts sind die in Tabelle 3-2 dargestellten Arbeitsschritte um weitere wie Hypothesengenerierung, Variablenoperationalisierung, Fragebogenkonstruktion, Pretest des Fragebogens, Fragebogenversendung, Dateneingabe, statische Auswertung, Dateninterpretation zu ergänzen (zur Durchführung dieser Schritte vgl. Friedrichs 1981, S. 112 ff.).

Bedenken Sie, dass die Empfehlungen zur zeitlichen Dauer der einzelnen Arbeitschritte nur ungefähre Zeitvorschläge darstellen und diese je nach Projektart, persönlichem Arbeitsstil und -vermögen, den vorhandenen Rahmenbedingungen etc. erheblich variieren.

Pufferzeiten vorsehen

Hilfreich ist es, die Bearbeitungsdauer der Arbeitsschritte großzügig zu veranschlagen. Planen Sie unbedingt hinreichende Pufferzeiten ein. Diese Pufferzeiten sind dazu gedacht, unvorhergesehene Ereignisse, wie bspw. leichte Krankheiten, technische Defekte etc. abzufedern.

Tabelle 3-2

Arbeitsliste mit Arbeitsschritten und Zeitbudgetierung (Drei-Monats-Arbeit; 38 Tage Vorlaufdauer und 68 Tage Bearbeitungszeit)

	Arbeitsschritte	veranschlagte Zeit in Tagen	tatsächlich benötigte Zeit
1.	Arbeits- und Zeitplanung	1	
2.	Literaturrecherche und -beschaffung	6	
3.	Literatursichtung und -auswahl	5	
4.	Literaturauswertung	16	
5.	Strukturierung der Literatur	4	
6.	Entwurf einer differenzierten Gliederung	3	
7.	Besprechung der differenzierten Gliederung mit Experten	1	
8.	Überarbeitung der differenzierten Gliederung und Besprechung	2	
9.	Erstellung der Manuskriptrohversion (inkl. Tabellen, Abbildungen, Verzeichnissen)	40	
10.	ggf. Besprechung mit Experten	2	
11.	Manuskriptdurchsicht	7	
12.	Manuskriptüberarbeitung	5	
13.	Endkorrektur	3	
14.	Endausdruck	2	
15.	Binden der Arbeit	2	
16.	Abgabe der Arbeit	1	
17.	Puffer	5	

Planfortschritt-kontrolle

Nach Abschluss eines jeden Arbeitsschritts sollten Sie die tatsächlich benötigte Zeit mit der veranschlagten Zeit vergleichen. Diese Art der Kontrolle ist sinnvoll und notwendig,

- da erfolgreich abgeschlossene Arbeitsschritte Ihnen Erfolgserlebnisse vermitteln und Ihre Motivation steigern und
- da Sie frühzeitig eventuell auftretende Abweichungen feststellen können. Im Anschluss an einen frühzeitigen Vergleich ist es Ihnen noch am ehesten möglich, die Ursachen der aufgetretenen Abweichungen zu ermitteln, um daraus Korrekturen für die nächste Planungszeit abzuleiten (vgl. Müller-Klement/Seiwert 1997, S. 64).

Abweichungs-analyse

Wenn Sie erheblich von Ihrem Plan abweichen, dann sollten Sie besonders sorgfältig nach den hierfür verantwortlichen Ursachen suchen:

- War die ursprüngliche Schätzung falsch? Wenn ja, weshalb?
- Haben äußere Bedingungen die Arbeit gehemmt? Wenn ja, welche?
- Welche Verbesserungen sind angebracht?

Diese Art der Kontrolle versetzt Sie in die Lage, Ihren Erfolg zu beurteilen bzw. notwendige Korrekturen in Ihrem Arbeitsvorhaben vorzunehmen.

Auch wenn Sie sich im Verlauf der Anfertigung Ihrer Arbeit weitgehend an Ihre Planung halten, sollten Sie *grundsätzlich* in der Lage und bereit sein, Ihre Pläne zu korrigieren und zu ändern. Im Verlauf eines komplexen Projekts wird es nämlich immer wieder Momente geben, an denen neue Gesichtspunkte auftreten, die bei der ursprünglichen Planung noch nicht berücksichtigt worden sind. Auch wird es häufig vorkommen, dass Sie das veranschlagte Zeitbudget etwas über- oder unterschreiten. Deshalb gilt es, im Sinne der Ergebnisqualität flexibel zu handeln. Sie sollten nicht zum Sklaven Ihres Plans werden, sondern stets in der Lage sein, Pläne selbst in Frage zu stellen. Ziel ist nicht eine sture Planerfüllung, sondern die sinnvolle Lösung der anstehenden Aufgabe.

A-, B- und C-Aufgaben

In Abschnitt 5.3.4 (Zeitplanung) wird darauf hingewiesen, dass es sinnvoll ist, wenn beim Projektmanagement zwischen A-, B- und C-Aufgaben differenziert wird. Bei der Anfertigung einer wissenschaftlichen Arbeit stellen bspw. die Findung des Themas sowie der Entwurf der Gliederung bzw. des Untersuchungsdesigns A-Aufgaben dar, da sie den Gesamterfolg ganz erheblich beeinflussen. Daneben fallen jedoch zahlreiche Vor-, Nach- und Routinearbeiten an (z. B. Fernleihen anfordern, Kopieren, Vervielfältigen), die ebenfalls erledigt werden müssen (B- und C-Aufgaben). Da Ihr Erfolg nicht daran gemessen wird, wie routiniert Sie Ihre B- und C-Aufgaben beherrschen, sollten Sie die A-Aufgaben in den Mittelpunkt Ihrer Arbeits- und Zeitplanung stellen (Müller-Klement/Seiwert 1997, S. 45 f.). Bedenken Sie bei der Priorisierung der einzelnen Arbeitschritte jedoch, dass es sich selbst bei den C-Aufgaben (vgl. dazu Abschnitt 5.3.4) um unentbehrliche Arbeitsschritte handelt.

3.3.2.3 Aufstellung des Arbeits- und Terminplans

Mit Ihrem bisherigen Vorgehen haben Sie sich einen Überblick über die anfallenden Arbeitschritte verschafft, Ihr gesamtes Zeitbudget bestimmt und die für die einzelnen Arbeitsschritte vermutlich benötigte Zeit festgelegt.

Timing von Teiltätigkeiten

Stellen Sie jetzt einen Plan auf, wann (an welchen Tagen, zu welcher Tageszeit) Sie welche Teiltätigkeit konkret in Angriff nehmen werden. Da es eine Überforderung wäre, auf einmal für jeden der in Tabelle 3-3 aufgelisteten Arbeitschritte alle Termine zu deren Erledigung festzulegen, empfiehlt es sich, die Arbeits- und Terminplanung schrittweise durchzuführen.

Bei umfangreichen und komplexen Projekten, wie es eine wissenschaftliche Arbeit darstellt, ist es angebracht, den ersten der in der Arbeitsliste (vgl. Tabelle 3-2) genannten Arbeitsschritte herauszugreifen und diesen dann detailliert auszuplanen. Zerlegen Sie diesen Arbeitsschritt in die hierzu erforderlichen Teiltätigkeiten und listen Sie diese auf. Schätzen Sie die Bearbeitungsdauer der jeweiligen Teiltätigkeit ab und bestimmen Sie den Tag und die Uhrzeit der Erledigung (vgl. Tabelle 3-3).

Arbeitsplan *Tabelle 3-3*

	Teiltätigkeit	Dauer in Tagen	vorgesehene Tageszeit	tatsächlich benötigte Zeit
1.	Durchsicht von			
1.1	Enzyklopädien, Lexika, Handwörterbüchern	1 Tag am 2.9.14	10-17 h	
1.2	Buchbeständen in Präsenzbibliotheken	1/2 Tag am 3.9.14	10-13 h	
1.3	Bibliothekskatalogen	1/2 Tag am 3.9.14	14-18 h	
1.4	Fachzeitschriften	1 Tag am 4.9.14	10-17 h	
1.5	Datenbanken	1 Tag am 5.9.14	10-17 h	
1.6 1.7	Verzeichnis lieferbarer Bücher (VLB) Verlagsprospekte }	1/2 Tag am 7.9.14	10-13 h	
2.	Bestellen und Ausleihen	1/2 Tag am 7.9.14	14-17 h	
3.	Kopieren	1 Tag am 8.9.14	10-17 h	
4.	Kaufen	1/3 Tag am 9.9.14	10-12 h	
	Puffer =	2/3 Tag 7 Tage		

Erster Schritt der Projektdurchführung

Mit der Arbeits- und Terminplanung haben Sie nun den ersten Schritt zur erfolgreichen Absolvierung Ihres Arbeitsvorhabens erledigt. Mittels der kurzfristigen Planung realisieren Sie die Ausführung der geplanten Tätigkeiten. Weitere Hinweise dazu, wie Sie Ihre Arbeit effektiv und effizient auf die Woche verteilen und wie Sie Ihre Tagesarbeit organisieren, entnehmen Sie den in Abschnitt 5.3.7 bereitgestellten Tipps.

3.3.3 Kostenplanung

Kostentreiber

Bei der Erstellung einer umfangreichen schriftlichen Arbeit können erhebliche Kosten entstehen, die Sie im Voraus bedenken und entsprechend planen sollten. Kosten fallen bspw. für den Erwerb von Büromaterial, das Führen von Telefonaten, Literaturbeschaffungen, Fotokopien, EDV-Kosten, Reise- und Fahrtkosten, Exkursionen, das Drucken von Fragebögen, das

Versenden von Briefen (einschließlich Rückporti) sowie die Auswertung empirischen Materials an (vgl. Theisen 1998, S. 12 und S. 20).

Nachdem wir uns nunmehr überblicksartig mit den grundlegenden methodischen Aspekten der Projektplanung beschäftigt haben, werden im Folgenden wichtige Arbeitsschritte des Projekts "Abschlussarbeit" inhaltlich vertiefend behandelt.

3.4 Literatursuche und -beschaffung

Die erfolgreiche Durchführung einer wissenschaftlichen Arbeit setzt die Auswertung der zum Thema der Arbeit vorliegenden wissenschaftlichen Veröffentlichungen voraus. Dies gilt natürlich auch dann, wenn Sie eine eigene empirische Untersuchung durchführen.

Gütekriterien der Literaturverarbeitung

Im Rahmen der Begutachtung Ihrer wissenschaftlichen Arbeit wird nämlich geprüft,

- ob Sie eine *ausreichende Zahl* an Literaturquellen verarbeitet haben (hierdurch soll der im Wissenschaftsbereich bestehenden Vielfalt an Erkenntnissen entsprochen werden),
- ob Sie *unterschiedliche Arten* von Quellen (Monographien, Zeitschriftenaufsätze, Internetquellen, evtl. Interviews, Befragungen) genutzt haben (hierdurch soll dem erkenntnispluralistischen Charakter von Wissenschaft entsprochen werden),
- ob Sie sich auf *einschlägige Literaturquellen* bezogen haben (hierdurch soll berücksichtigt werden, dass in vielen Disziplinen der Stand der Erkenntnis im Wesentlichen von einer überschaubaren Gruppe von Personen und Organen bestimmt wird),
- ob Sie *fremdsprachige Literaturquellen* integriert haben (hierdurch soll berücksichtigt werden, dass "Scientific Communities" heutzutage länderübergreifend aktiv sind),
- ob Sie *aktuelle Literaturquellen* eingesetzt haben (hierdurch soll dem Umstand Rechnung getragen werden, dass sich der Wissensfortschritt in vielen Erkenntnisbereichen sehr schnell vollzieht) und
- ob Sie auf *schwierig zu beschaffende* Literatur, also nicht nur die offensichtlich unmittelbar verfügbaren Quellen, zurückgegriffen haben (hierdurch soll berücksichtigt werden, dass manche herausragende Schriften im Verborgenen schlummern).

Zwei verwobene Teilaktivitäten

Die nachfolgenden Erläuterungen zum Thema "Literatursuche und -beschaffung" sind dergestalt aufgebaut, dass zunächst ein Überblick über Methoden der Literatursuche bzw. -recherche gegeben und hernach die Literaturbeschaffung thematisiert wird. Es ist jedoch darauf hinzuweisen, dass es sich hierbei um eine ausschließlich aus pädagogisch-didaktischen Gründen vorgenommene analytische Trennung der beiden Aktivitäten handelt; in der Praxis ist eine strikte Trennung von Suche/Recherche einerseits und Beschaffung andererseits in aller Regel nicht möglich. Überdies ist auch anzumerken, dass viele Recherche- und Beschaffungsmedien beiden Zwecken dienen.

3.4.1 Spektrum der für wissenschaftliche Arbeiten relevanten Informationsträger

Die zur Anfertigung einer wissenschaftlichen Qualifikationsarbeit erforderlichen Informationen sind in verschiedenen Arten von Wissensträgern abgelegt. Eine generelle Auseinandersetzung mit diesen Arten von Wissensträgern lohnt sich, weil hierdurch eine zielgerichtete Materialsuche möglich wird. An dieser Stelle können freilich nur die wichtigsten Wissensträger erwähnt werden (Informationen über das Wesen weiterer relevanter Wissensträger finden sich bei Tettinger 1992, S. 50 ff.; Burchardt 1995, S. 42):

Lehrbücher

- *Lehrbücher* begleiten Studierende während ihres gesamten Studiums, sie sind mit ihnen daher bestens vertraut. Im Zusammenhang mit der Erstellung einer wissenschaftlichen Qualifikationsarbeit kommen sie als *Einstiegsliteratur* in Betracht – als mehr jedoch nicht. Dies liegt erstens daran, dass es das Ziel nahezu sämtlicher Lehrbuchkonzeptionen ist, dem Leser einen breiten Überblick über den jeweiligen Themenbereich zu ermöglichen. Zweitens reichen sie als alleinige Informationsgrundlage nicht aus, weil in der Mehrzahl der Lehrbücher die aufgegriffenen Konzepte eher beschrieben als kontrovers diskutiert werden. Und drittens wird in Lehrbüchern üblicherweise vorwiegend jenes Wissen berücksichtigt, das weitgehend unumstritten ist bzw. die herrschende Meinung darstellt. Erkenntnisbereiche, über die noch wenig bekannt ist – die für Ihre wissenschaftliche Qualifikationsarbeit also besonders interessant erscheinen – werden in Lehrbüchern üblicherweise rudimentär oder gar nicht behandelt. Greifen Sie auf Lehrbücher daher hauptsächlich in der Frühphase Ihrer Beschäftigung mit dem Thema Ihrer Arbeit zurück.

Sonstige Monographien

- Anders sieht es mit sonstigen wissenschaftlichen *Monographien* wie Dissertationen, Habilitationsschriften oder anderweitigen auf ein spezifisches Untersuchungsfeld ausgerichteten eigenständigen Schriften aus. Diese leiden in aller Regel nicht unter einer unzureichenden Tiefe bzw.

einem zu geringen Problematisierungsniveau. Sie stellen für Sie daher eine der wesentlichen Grundlagen für die Erstellung Ihrer wissenschaftlichen Qualifikationsarbeit dar. Bedenken Sie jedoch, dass Monographien aufgrund ihrer teilweise mehrjährigen Entwicklungsgeschichte nicht in allen Teilbereichen hochaktuell sind.

Da moderne Verlags- und Drucktechniken die Veröffentlichung von Lehrbüchern und Monographien mit sehr kleinen Auflagen ermöglichen und das Verlagsrisiko bei einem Versagen einer Publikation am Markt heutzutage sehr gering ist, ist die Gesamtzahl der angebotenen Lehrbücher und Monographien mittlerweile unüberschaubar groß. Sie werden somit Anhaltspunkte zur Vorselektion der unzähligen Publikationen benötigen. Hierfür kommt nach wie vor das Renommée des jeweiligen Verlags in Betracht. So publizieren bspw. Verlage wie Gabler, Schäffer-Poeschel, Leske & Budrich, Campus oder der Westdeutsche Verlag auch heute ausschließlich Dissertationen, die weit überdurchschnittlich bewertet worden sind.

Zeitschriftenartikel

- Die wichtigste Informationsquelle für die Erstellung wissenschaftlicher Qualifikationsarbeiten besteht fraglos in *Fachzeitschriftenartikeln*. In Fachzeitschriften ist nämlich der Schwerpunkt des wissenschaftlichen Erkenntnisfortschritts dokumentiert. Da nahezu sämtliche Wissenschaftsdisziplinen internationalisiert sind, sollten Sie nicht nur deutsche, sondern auch ausländische, insb. englischsprachige Fachzeitschriften heranziehen. Da jährlich neue Fachzeitschriften auf den Markt drängen und ihre Anzahl permanent zunimmt, wird es für Sie zunehmend schwieriger, aus der Flut der Zeitschriftenartikel diejenigen herauszufinden, welche die "größte Substanz" aufweisen und Ihnen am meisten weiterhelfen. Sie sollten daher bereits zu Beginn Ihrer eigenen wissenschaftlichen Erkenntnisbemühungen prüfen, welche Fachzeitschriften in Ihrer Disziplin als allgemein anerkannt gelten (Wissenschaftler sprechen von "*einschlägigen Fachzeitschriften*"). In aller Regel sind dies diejenigen Zeitschriften, die mit einem sogenannten Double-Blind-Reviewing arbeiten. Hierunter versteht man, dass die von den Autoren eingereichten Manuskripte in anonymisierter Form von mindestens zwei unabhängig voneinander arbeitenden Gutachtern beurteilt und autorenseitig bei Aussicht auf Veröffentlichung in einem mehrstufigen Prozess überarbeitet werden. Im Bereich der Betriebswirtschafts- bzw. Managementlehre entsprechen bspw. die in Deutschland verlegte "Zeitschrift für betriebswirtschaftliche Forschung", "Die Betriebswirtschaft", „Business Research“ sowie die "Management International Review" diesem Standard.

Nützlich ist es auch, wenn Sie sich die im angelsächsischen Raum weit verbreiteten "Journal Quality Lists" ansehen, in denen die einem bestimmten Fachgebiet zugehörigen Fachzeitschriften "gerankt" sind. Wenn

Sie die Internet-Adresse *http://www.harzing.com* aufrufen, können Sie eine in der Betriebswirtschaftslehre weithin akzeptierte Qualitätsliste ausdrucken. Auf der Internetseite *http://www.scimagojr.com/journalrank.php* wird ein Service angeboten, der Fachzeitschriften aller wissenschaftlicher Disziplin hinsichtlich ihres Impacts und wissenschaftlichen Qualität beurteilt.

Bedenken Sie jedoch, dass es selbst im Kreise renommierter Fachzeitschriften sogenannte "Zitierkartelle" gibt. Verschiedene Autoren beziehen sich wechselseitig vorwiegend auf Veröffentlichungen innerhalb eines bestimmten akademischen Netzwerkes, oft einer "wissenschaftlichen Schule". Berücksichtigen Sie bei Ihrer Literatursuche also auch in hinreichendem Maße randständige Autoren.

Herausgeberwerke

- Ein immer größerer Teil wissenschaftlicher Publikationen besteht in sogenannten *Herausgeberwerken* (Handbücher, Sammelbände, Festschriften etc.). Bei diesen sind die Herausgeber für die Gesamtkonzeption des Werkes (Titel, Definition und Strukturierung der Abschnitte, Einheitlichkeit der Gestaltung) verantwortlich; die einzelnen Abschnitte sind jedoch von unterschiedlichen Autoren verfasst. Berücksichtigen Sie, dass nicht alle dieser Herausgeberwerke höchsten wissenschaftlichen Standards genügen. Vielfach handelt es sich um sogenannte "Einladungswerke", bei denen die Buchabschnitte mitunter von in dem jeweiligen Bereich nicht besonders stark ausgewiesenen Autoren verfasst worden sind und bei denen sich Wissenschaftler gegenseitig die Möglichkeit zur Publikation eröffnen. Überdies werden bisweilen (nahezu) identische Beiträge in mehreren Herausgeberwerken abgedruckt, was zu einer Redundanz in der Publikationslandschaft führt. Schließlich handelt es sich bei einigen der in Herausgeberwerken veröffentlichten Beiträge um Abhandlungen, welche die jeweiligen Autoren nicht in (renommierten) Fachzeitschriften unterbringen konnten. Vertrauen Sie daher auf jene Beiträge in Herausgeberwerken, deren Autoren zum gleichen bzw. zu einem ähnlichen Thema auch in renommierten Fachzeitschriften publiziert haben.

Handwörterbuchbeiträge

- Obwohl *Handwörterbuchbeiträge* ähnliche Eigenschaften aufweisen, erscheinen Sie als Grundlage zur Erstellung wissenschaftlicher Arbeiten wesentlich interessanter. Dies liegt erstens daran, dass in verschiedenen Fachdisziplinen Handwörterbücher (z. B. die in Abschnitt 3.2.2.2 erwähnten) einen sehr guten Ruf genießen und von sehr renommierten Fachgelehrten herausgegeben werden. Zweitens werden im Rahmen derartiger Handwörterbuchprojekte im Regelfall jene Fachvertreter mit dem Abfassen der einzelnen Beiträge betraut, die in dem jeweiligen Bereich besonders anerkannt sind. Und drittens werden die Autoren von den Herausgebern gebeten, ihren Beitrag gezielt als Überblicksbeitrag abzufassen. Handwörterbuchbeiträge sind daher in der Phase der Findung einer Struktur für die eigene wissenschaftliche Arbeit besonders wichtig.

Arbeitspapiere

- Ein großes Problem des wissenschaftlichen Publizierens besteht darin, dass von der Fertigstellung des Manuskripts (Buch, Zeitschriftenartikel etc.) bis zur eigentlichen Veröffentlichung im Regelfall sehr viel Zeit verstreicht. Bei hoch angesehenen Zeitschriften (z. B. Management Science) sind es bis zu fünf Jahre. Um eine größtmögliche Aktualität zu erlangen, ist es für Sie daher wichtig, neben Publikationen auch *Forschungsberichte bzw. Arbeitspapiere* zu berücksichtigen. Oft ermöglichen es Ihnen diese Schriftstücke noch am ehesten zu erkennen, bis zu welchem Wissensstand der jeweilige Wissenschaftler gegenwärtig vorgedrungen ist. Durch Arbeitspapiere werden Sie also relativ pünktlich über "work in progress" informiert. Diesem Vorteil großer Aktualität steht jedoch der Nachteil gegenüber, dass derartige Forschungsberichte bzw. Arbeitspapiere üblicherweise keine externe Prüfinstanzen (Begutachtungsverfahren, Empfehlungen von Herausgebern etc.) durchlaufen haben. Ihre Qualität ist also nicht immer gesichert. Immer mehr Wissenschaftler haben sich dafür entschieden, ihre Arbeitspapiere auf die Internetplattform Social Science Research Network (SSRN) hochzuladen. Nutzer dieser Plattform (*http://www.ssrn.com*) können über eine Suchmaske eine gezielte Literatursuche betreiben und die betreffenden Arbeitspapiere als pdf herunterladen.

SSRN

Sonstige

- Neben diesen Quellen kommen noch unzählige andere Wissensträger wie Statistiken, Jahrbücher, Kataloge, Informationen von Pressediensten, Informationen von verschiedenen Ämtern, Institutionen oder Verbänden sowie journalistische oder literarische Texte als Informationsgrundlage für die Erstellung einer wissenschaftlichen Qualifikationsarbeit in Betracht. Viele dieser Quellen sind im Internet verfügbar. Allerdings ist zu bedenken, dass ins Internet auch Quellen eingestellt sind, deren Qualität weder von einem Verlag noch von wissenschaftlichen Gutachtern geprüft worden ist.

Primär- vs. Sekundärliteratur

Schließlich sollten Sie bei der Durchsicht der genannten und anderer Wissensträger stets prüfen, ob es sich bei dem jeweiligen Schriftstück um eine *Primärliteratur* oder um eine *Sekundärliteratur* handelt. Während Primärliteratur aus eigenen Forschungsbemühungen des jeweiligen Autors hervorgegangen ist, stellt Sekundärliteratur das Ergebnis eines Zusammentragens, Umschreibens, Verdichtens etc. von Primärliteratur dar. Es versteht sich von selbst, dass es nicht genügt, wenn im Zuge der Erstellung einer wissenschaftlichen Qualifikationsarbeit ausschließlich bzw. überwiegend auf Sekundärliteratur zurückgegriffen wird.

3.4.2 Recherche bzw. Nachweis von Literatur oder: Wo finden Sie Hinweise auf themenrelevante Literatur?

Im Gegensatz zu Vorlesungen und Seminaren werden Sie im Vorfeld der Erstellung Ihrer Abschlussarbeit keine expliziten Literaturvorschläge und erst recht keine fertigen Literaturlisten bereitgestellt bekommen. Sie müssen das für die Ausarbeitung relevante Schriftgut also selbstständig identifizieren und zusammentragen.

Frühzeitiges Üben erforderlich

Die Leichtigkeit, mit der Ihnen die Suche nach themenrelevanter Literatur "von der Hand geht", hängt einerseits wesentlich von Ihrem eigenen Kenntnisstand über das zu bearbeitende Thema ab, ist andererseits jedoch auch ganz erheblich von Ihrer allgemeinen Routiniertheit beim Suchen von Literatur bestimmt. Üben Sie daher die selbstständige Suche nach Literatur nicht erst dann ein, wenn für Sie ganz besonders wichtige wissenschaftliche Arbeiten (z. B. die Abschlussarbeit) unmittelbar bevorstehen, sondern schon viel früher während Ihres Studiums.

Berücksichtigen Sie, dass sich eine sorgfältige Suche nach themenbezogener Literatur auf jeden Fall lohnt: Wissenschaft ist nämlich trotz ihrer dynamisch-innovativen Elemente auch ein kumulativer Prozess, bei dem es darum geht, "das Rad nicht zwei Mal zu erfinden", sondern das bereits vorliegende Wissen als Ausgangspunkt für die Suche nach neuen Erkenntnissen zu nehmen. Wenn Sie sich für eine intensive Literatursuche zu motivieren haben, dann denken Sie daran, wie schmerzlich es für Sie wäre, wenn Sie mehrere Monate in die Entwicklung eines neuen Konzepts, eines neuen Modells oder einer Gestaltungsempfehlung investiert hätten und hernach dann feststellen würden, dass die Lösung zu Ihrem Problem schon von jemandem anderen gefunden worden ist. Es ist also sinnvoll, bereits in der Frühphase der Erstellung Ihrer wissenschaftlichen Arbeit genau zu prüfen, ob die gesuchte Lösung Ihres Problems schon erarbeitet und veröffentlicht worden ist. Auch lohnt es sich zu testen, ob sich andere Wissenschaftler bereits vergeblich mit Ihrem Problem beschäftigt haben.

Verweisquellen

Die Suche nach themenrelevanter Literatur können Sie von verschiedenerlei Punkten aus starten (vgl. Preißner 1994, S. 22 ff.; Standop 1994, S. 11 ff.; Boni 1995, S. 142 ff.; Theisen 1995b, S. 126). Am leichtesten wird es Ihnen fallen, wenn Sie bei Ihrer Suche vom Allgemeinen zum Besonderen voranschreiten, also einen stufenweise verfeinernden Suchprozess durchlaufen. Folgende Verweisquellen bieten sich an:

Allgemeine Enzyklopädien

- Fachübergreifende *Enzyklopädien und Wörterbücher* halten Informationen in einer sehr allgemeinen Form bereit. Diese Quellen werden als Tertiärliteratur bezeichnet, weil sie gleichsam aus dritter Hand berichten. Auf

Abschlussarbeitsniveau sind sie daher am ehesten noch für das grobe Kennenlernen des zu bearbeitenden Gebiets einzusetzen. Da fachübergreifende Enzyklopädien und Wörterbücher jedoch nur in Ausnahmefällen Literaturverzeichnisse aufweisen, beschränkt sich ihre Unterstützungsleistung auf die Bereitstellung von verwandten Begriffen, die ebenfalls recherchiert werden können. Relevante Informationsquellen dieser Art sind mit der *Brockhaus-Enzyklopädie in 24 Bänden, mit Meyers Enzyklopädischem Lexikon in 25 Bänden*, mit *The Encyclopaedia Britannica in 28 Bänden*, der großen Zahl von *Fremd- und Fachwörterbüchern* (z. B. Duden Fremdwörterbuch, Wahrig Fremdwörter-Lexikon oder mehrsprachige Wirtschaftswörterbücher) sowie *Wikipedia* gegeben. Die Mehrzahl der Offline-Nachschlagewerke sind mittlerweile in DVD-Versionen verfügbar, so dass sich die Recherche komfortabel gestaltet.

Fachenzyklopädien

- *Fachenzyklopädien und Handwörterbücher* weisen einen spezifischeren Fokus auf und daher werden Sie in diesen etwas detailliertere Informationen über die im Rahmen Ihrer Arbeit zu behandelnden Fragestellungen finden. Diese Publikationen helfen Ihnen, einen Überblick über die Bandbreite des Themas und über die mit ihm verbundenen wichtigsten Schlüsselbegriffe zu gewinnen. In diesen disziplinspezifischen Publikationen finden Sie in aller Regel auch erste Literaturhinweise, die Ihnen eine gezielte Suche nach weiteren relevanten Veröffentlichungen ermöglichen. Beispiele stellen das *Gabler Wirtschaftslexikon, Vahlens Kompendium der Betriebswirtschaftslehre*, die im Fischer-Verlag *erschienenen Handwörterbücher der Sozialwissenschaften* bzw. *Handwörterbücher der Wirtschaftswissenschaft*, die von Schäffer-Poeschel herausgegebenen *Handwörterbücher der Betriebswirtschaft*, das bei Hohe verlegte *Lexikon der Psychologie* und das beim VS-Verlag erschienene *Lexikon zur Soziologie* dar.

Lehrbücher

- *Lehrbücher* sind für das Auffinden themenrelevanter Literatur interessant, da zumindest die Autoren qualitativ hochwertiger Lehrbücher die für den jeweiligen Erkenntnisbereich bedeutsame Literatur gesichtet und ausgewertet haben. Gehen Sie bei der Nutzung von Lehrbüchern als Medien der Literatursuche insb. von deren Stichwortverzeichnissen aus. Beim Lesen der indizierten Abschnitte werden Sie nicht nur auf relevante Publikationen, sondern auch auf Begriffe und Konzepte hingeführt, die für die Erstellung Ihrer Arbeit bedeutsam sein können. Prüfen Sie jedoch sorgfältig die Qualität der herangezogenen Lehrbücher: Längst nicht alle sind sorgfältig ausgearbeitet (eine kritische Güteprüfung empfiehlt sich insb. bei den in sogenannten Skriptenverlagen erschienenen Lehrbüchern).

Bibliothekskataloge

- Weil Ihr privater Dokumentenbestand (Lexika, Skripten, Vorlesungsmitschriften, Bücher etc.) aller Wahrscheinlichkeit nach zu klein bzw. zu unspezifisch sein wird, stellen Bibliotheken und *Bibliothekskataloge* besonders wichtige Hilfsmittel zur Literatursuche dar (vgl. Böttcher/Zielinski 1973, S. 54 ff.; Burchardt 1995, S. 43 ff.).

Diese umfassen alle in einer Bibliothek bzw. in mehreren Bibliotheken vorhandenen Publikationen (Bücher, Zeitschriften etc.) und sind in der Form von herkömmlichen Karteikarten (Zetteln), Mikrofiches oder EDV-Dateien abgelegt. Trotz aller Unterschiedlichkeit einzelner Katalogsysteme ist insb. auf zwei grundlegende Arten von Katalogen hinzuweisen: den *alphabetischen Katalog* sowie den *Sachkatalog*. Zu Ersterem gehören der *Verfasser- bzw. Autorenkatalog* sowie der *Titelkatalog*. Letzterem sind der *Schlagwort- bzw. Stichwortkatalog* sowie der systematische Katalog zuzuordnen (umfangreichere Hinweise finden sich in den Vorauflagen dieses Buches).

Alphabetischer Katalog

- Die Einträge im *alphabetischen Katalog* sind von den zu jeder Publikation gehörenden bibliographischen Angaben bestimmt. Da der alphabetische Katalog von den formalen, die Publikation begleitenden Angaben geprägt ist, wird er auch als "*Formalkatalog*" bezeichnet.

Verfasserkatalog

  - *Verfasser- bzw. Autorenkatalog*

    Beim Arbeiten mit dem Verfasser- bzw. Autorenkatalog ist zu berücksichtigen, dass sich in Bibliotheken mit *Verfasserwerken* und *Sachtitelwerken* zwei grundsätzliche Arten von Publikationen finden. Erstere verfügen über Autoren bzw. Herausgeber, Letztere nicht.

    Verfasserwerke sind in Bibliotheken im Verfasser- bzw. Autorenkatalog alphabetisch nach den Familiennamen der Verfasser geordnet.

    Im Zusammenhang mit der Literatursuche zu einem bestimmten Thema wird Ihnen der alphabetische Katalog nur weiterhelfen können, wenn begründete Vermutung besteht, dass ein bestimmter Verfasser zu dem betreffenden Thema mehr verfasst/herausgegeben hat als die bereits bekannte Publikation.

Titelkatalog

  - *Titelkatalog*

    Von dem Rückgriff auf den Titelkatalog werden Sie einen größeren Nutzen ziehen. In ihn sind die Publikationen gemäß ihres Titels eingereiht. Der Titelkatalog wird Ihnen jedoch nur dann weiterhelfen, wenn der Begriff, zu dem Sie Publikationen suchen, am Anfang eines Publikationstitels steht – was längst nicht immer der Fall ist.

Sachkatalog

- Um Bibliotheksnutzern die Chance zum Auffinden solcher relevanten Publikationen zu eröffnen, bei denen die Kernbegriffe nicht an zentraler

Stelle des Publikationstitels auftreten, haben Bibliotheken *Sachkataloge* eingerichtet. In diesen auch als "Realkataloge" bezeichneten Rastern werden die verfügbaren Publikationen gemäß ihrer Inhalte nach unterschiedlichen Ordnungssystemen verzeichnet. Ausgangspunkt der Systematisierung ist nicht die einzelne Publikation, sondern eine immer weiterführende Gliederung des "Gesamtwissens" in viele kleine Bereiche, denen die einzelnen Publikationen zugeordnet werden.

Stich- und Schlagwortkatalog

- *Stich- bzw. Schlagwortkatalog*

Ein sinnvoller Umgang mit diesem Katalog setzt das Wissen um den Unterschied von Stich- und Schlagwörtern voraus. Bei Stichwörtern handelt es sich um Begriffe, die sich im Titel oder Untertitel der jeweiligen Publikation finden. Schlagwörter hingegen sind Begriffe, die nicht notwendigerweise Bestandteil des Titels der jeweiligen Publikation sind. Sie werden von dem Autor selbst bzw. dem die Publikation verwaltenden Bibliothekspersonal der Publikation zugeordnet.

Beim Anlegen eines *Stichwortkatalogs* zieht das Bibliothekspersonal sinntragende Wörter aus dem Titel der archivierten Publikation heraus und reiht diese in ein alphabetisches, mit Querverweisen zu der Publikation bestücktes Verzeichnis ein. Während einige Bibliotheken Stich- und Schlagwortkataloge integriert in einem Verzeichnis führen, separieren andere diese Kataloge voneinander.

Wie auch immer diese beiden Verzeichnisse geführt werden, so stellen sie doch jene Variante von Bibliothekskatalogen dar, auf welche Sie als literatursuchende Studierende hauptsächlich zurückgreifen werden. Bei der Nutzung von Schlagwortkatalogen sollten Sie berücksichtigen, dass dort auf eine Eingliederung fremdsprachiger Begriffe zumeist verzichtet wird. Lediglich bei weithin bekannten Begriffen wie "Operations Research", "Management" oder „Assessment Center“ werden Ausnahmen gemacht. Überdies werden Sie beim Rückgriff auf derartige Kataloge vor dem Problem stehen, dass Sie nicht wissen, mit welchen Stich- oder Schlagwörtern Sie suchen sollen. Hier hilft nur ein iteratives Vorgehen: Sie werden sich die ersten Publikationen besorgen und durchsehen und auf dieser Basis Ihr Stich- bzw. Schlagwortspektrum modifizieren.

Systematischer Katalog

- *Systematischer Katalog*

Im Gegensatz zu den vorgenannten Katalogen geht der systematische Katalog von dem Publikationsbestand der jeweiligen Bibliothek aus. In diesem Katalogtyp wird der Bestand der Bibliothek nach einer festgelegten, an einem thematischen Leitgedanken orientierten Sachgebiets-Systematik erfasst. In diese a priori geschaffene Systematik werden die dem Bibliotheksbestand hinzugefügten Publikationen nacheinander eingereiht.

Der *Standortkatalog* ist ein Ableger des systematischen Katalogs. Er spezifiziert, an welchem Ort der Bibliothek sich ein bestimmtes Sachgebiet von Publikationen befindet. Der Standortkatalog ist in Präsenzbibliotheken bedeutsam, bei dem die Nutzer selbst an die Regale treten können.

OPAC

Der wesentliche Nachteil der vorgenannten herkömmlichen Bibliothekskataloge besteht darin, dass sie Ihnen nicht ermöglichen, in verschiedenen Katalogen gleichzeitig zu recherchieren. Durch die Anwendung von Datenverarbeitungssystemen ist es in den letzten Jahren jedoch möglich geworden, diesen Mangel durch die Entwicklung des sogenannten *OPAC* (Online Public Access Catalogue) zu überwinden (zu elektronischen Bibliothekskatalogen vgl. auch Kammer 1997, S. 130). Fast alle Bibliotheken verfügen heutzutage über OPACs, die Ihnen eine Recherche mit kombinierten Suchkriterien ermöglichen. Ein weiterer Vorteil von OPACs besteht darin, dass Sie die Literatursuche übers Internet aus der Ferne, z. B. von Ihrem häuslichen Computerarbeitsplatz aus, vornehmen können (Hinweise zur zielführenden Nutzung von OPAC-Systemen finden sich im Abschnitt 3.4.2 zur Nutzung von Literaturdatenbanken).

Zentralkatalog

Vielfach ist in den Bibliotheken auch ein Zugriff auf sogenannte Zentralkataloge möglich, in denen die Publikationsbestände mehrerer bzw. sogar zahlreicher Bibliotheken nachgewiesen sind. Die *Zentralkataloge* stellen elektronische Zusammenführungen der Kataloge der einzelnen Bibliotheken dar. Diese Zentralkataloge sind in aller Regel über das Internet verfügbar. Da sie weitgehend, aber doch nicht vollständig einer einheitlichen Bedienungslogik folgen, sollen sie hier nur in ihren Eckdaten erwähnt werden.

Der Umgang mit Bibliotheken und insb. mit Bibliothekskatalogen lässt sich am besten in der Bibliothek selbst erlernen. Dort hilft Ihnen auch das in der Regel geschulte Bibliothekspersonal bei den anstehenden Rechercheaktivitäten weiter. Zwar ist es nicht möglich, dass die Bibliotheksmitarbeiter jede Publikation kennen; sie sind jedoch mit dem strukturellen Aufbau der jeweiligen Bibliothek bestens vertraut.

Fachbibliographien

- In zahlreichen wirtschafts- und sozialwissenschaftlichen Disziplinen sind sogenannte *Fachbibliographien* verfügbar, auf die Sie ebenfalls zurückgreifen können. Diese stellen gedruckte, systematische, üblicherweise periodisch erscheinende Verzeichnisse dar, in denen die in einem bestimmten Zeitraum erschienenen Publikationen nach unterschiedlichen Kriterien zusammengestellt sind. Im Bereich der Wirtschaftswissenschaften ist mit dem Journal of Economic Literature (JEL) wohl die wichtigste periodisch veröffentlichte Fachbibliographie gegeben. Zu nennen sind aber auch *fä-*

cherübergreifende Bibliographien wie die "Internationale Bibliographie der Zeitschriftenliteratur" (IBZ), die über 3500 Zeitschriften auswertet, oder die jeweiligen Nationalbibliographien (z. B. "Deutsche Bibliographie", "American Book Publishing Record" etc.).

Literaturdatenbanken

- *Literaturdatenbanken*

Allgemeine Merkmale

In den letzten Jahren sind vorwiegend durch kommerzielle Anbieter (Hosts) Literaturdatenbanken aufgebaut worden, die Ihnen helfen, themenrelevante Fachliteratur ausfindig zu machen. Da diese Literaturdatenbanken im Zusammenhang mit dem wissenschaftlichen Arbeiten zwischenzeitlich eine sehr große Bedeutung erlangt haben, sollen sie hier etwas ausführlicher angesprochen werden (zur Recherche in kommerziellen Literaturdatenbanken vgl. auch Grobe/Westendorp 1997, S. 89 ff.; Engel 1997, S. 101 ff.).

Diese Literaturdatenbanken weisen im Vergleich mit den zuvor erwähnten OPACs der Bibliotheken zwei wesentliche Vorteile auf: Erstens beschränken sie sich nicht auf den Bestand einer bestimmten Bibliothek bzw. Bibliotheksgruppe und zweitens erfassen sie nicht nur Bücher (Monographien), sondern auch Zeitschriftenartikel. Dem steht jedoch der Nachteil gegenüber, dass sich die Mehrzahl der Literaturdatenbanken jeweils auf besondere Fachbereiche beziehen. Es handelt sich also um Fachdatenbanken. Dieser Nachteil wird für Sie jedoch erträglich sein, da sich Ihre wissenschaftliche Arbeit aller Wahrscheinlichkeit nach nicht über zahlreiche Fachbereiche erstrecken wird.

Zwei Varianten

Bei derartigen Literaturdatenbanken sind zwei Varianten zu unterscheiden:

- Eine erste Variante besteht darin, dass die jeweilige Bibliothek über eine (regelmäßig aktualisierte) DVD-Version der jeweiligen Literaturdatenbank verfügt. Weil die Recherche bei jeder dieser beiden Alternativen nicht über das Internet läuft, wird teilweise auch von einer "Offline-Recherche" gesprochen. Der Nachteil der "Offline-Recherche" besteht darin, dass die DVD-Scheiben relativ teuer sind (Jahresgebühren im Regelfall über € 5.000,--) und dass daher längst nicht alle Bibliotheken über derartige Literaturdatenbanken verfügen. Gleichwohl finden sie sich jedoch praktisch in allen Universitäts- und Landesbibliotheken.

- Bei der zweiten Variante kann über das Internet auf die jeweilige Literaturdatenbank zugegriffen werden. Diese Variante hat den Vorteil, dass Sie die Recherche von jedem an das Internet angeschlossenen Computer aus und somit auch außerhalb der Bibliothek durchführen können. In diesem Fall starten Sie Ihre Internet-Zugangssoftware (Ihren Internet-Browser) und greifen über die Homepage jener Bibliothek auf die jeweilige Literaturdatenbank zu, die diese lizenziert hat.

Der Nachteil dieser Online-Variante besteht darin, dass aus lizenzrechtlichen Gründen lediglich den Angehörigen der jeweiligen Bibliothek bzw. Hochschule ein freier Zugriff auf die Literaturdatenbanken ermöglicht wird. Für andere Nutzer sind derartige Online-Recherchen kostenpflichtig. Kostenpflichtige Literaturrecherchen empfehlen sich also nur dann, wenn die gewünschten Literaturstellen nicht durch anderweitige Hilfsmittel nachgewiesen werden können.

Bei der Nutzung sämtlicher Varianten von Literaturdatenbanken ist zu berücksichtigen, dass die in ihnen dokumentierte Literaturerfassung vielfach erst seit einigen Jahren erfolgt. Literaturdatenbanken vermögen also die Nutzung von herkömmlichen Bibliothekskatalogen nicht vollständig zu ersetzen. Prüfen Sie deshalb bereits vor dem Zugang zu einer bestimmten Literaturdatenbank, wie weit diese in die Vergangenheit zurückreicht.

Steckbriefe vielfach genutzter Literaturdatenbanken

Prominente Literaturdatenbanken

Die Zahl der verfügbaren Literaturdatenbanken ist sehr groß geworden. Trotzdem ist es möglich und wichtig, einige vielfach genutzte Literaturdatenbanken kurz zu charakterisieren:

WISO

- *WISO*
  Die von der Genios GmbH München angebotene Datenbank WISO enthält wirtschafts- und sozialwissenschaftliche Literatur. Sie setzt sich aus den beiden Teilbereichen Wirtschaftswissenschaften und Sozialwissenschaften zusammen. Die WISO-Datenbank weist deutsche und internationale Fachliteratur nach (über 13 Millionen Literaturnachweise (Zeitschriften, Bücher, Sammelwerke und Dissertationen) sowie fast 120 Millionen Artikel aus der Tages- und Wochenpresse (unter anderem FAZ, SZ, NZZ, Handelsblatt)). Verwiesen wird überdies auf über 64 Millionen Informationen über Unternehmen, Produkte und Märkte. Die Berichtszeit reicht bis in die siebziger Jahre zurück; eine hohe Berichtsdichte ist jedoch nur im Hinblick auf Publikationen gegeben, die seit den neunziger Jahren erschienen sind. In die Datenbank sind nicht nur die bibliographischen Angaben von Publikationen, sondern auch deren Zusammenfassungen (Abstracts) und auf sie bezogene Schlagwörter eingestellt. Eine differenzierte Recherche wird somit möglich. WISO wird laufend aktualisiert. Die Recherche erfolgt komfortabel über eine Eingabemaske.

EconLit

- *EconLit*
  EconLit ist englischsprachig, wird von der American Economic Association herausgegeben und stellt eine Literaturdatenbank mit volkswirtschaftlichen Schriften dar. In dieser Datenbank finden jene Publikationen Berücksichtigung, die dem Auswertungsstandard der international renommierten Zeitschrift Journal of Economic Literature (JEL) (vgl. Abschnitt 3.4.2) genügen. Aufgenommen werden Zeitschriftenaufsätze, Arbeitspapiere, Dissertationen, Konferenzberichte, Monographien sowie Artikel aus Sammelbänden, die den Bereichen Wirtschaftstheorie, Wirtschaftsgeschichte, Ökonometrie, Wirtschaftspolitik, Bevölkerungswissenschaft, Regionalwissenschaft sowie Agrarwissenschaften zuordenbar sind. Die Datenerfassung reicht bis in das Jahr 1969 zurück. Insgesamt werden 1640 wichtige Fachzeitschriften ausgewertet. Wie in der WISO-Datenbank beinhaltet auch EconLit Abstracts der erfassten Publikationen (dies gilt nur für Zeitschriftenartikel und zwar für solche, die nach 1986 erschienen sind).

ABI/INFORM

- *ABI/INFORM*
  ABI/INFORM wird von Proquest Information and Learning angeboten. Mit ihr ist eine der führenden englischsprachigen Literaturdatenbanken gegeben, die auf betriebswirtschaftliche (einschließlich auf gesamtwirtschaftliche Aspekte und Tendenzen bezogene) Fragestellungen ausgerichtet ist. Berücksichtigung finden Beiträge zu den Erkenntnisfeldern Außenwirtschaft, Bankwirtschaft, Energiewirtschaft, Gesundheitswesen, Investition, Finanzierung, Kapitalmarkt, Management, Operations Research, Öffentliche Verwaltung, Organisation, Personalmanagement, Telekommunikation, Umweltökonomie, Unternehmensplanung, Verkehr, Versicherungswirtschaft, Wirtschaftsinformatik sowie Wirtschafts- und Steuerrecht. Bis ins Jahr 1975 zurück werden über 4.000 englischsprachige Zeitschriften ausgewertet. Mittlerweile sind fast 1,5 Millionen Dokumente erfasst. ABI/INFORM enthält Abstracts der eingestellten Beiträge. Darüber hinaus ist es bei Artikeln, die in etwa 3000 bestimmten Zeitschriften erschienen sind, möglich, die Volltexte der Beiträge auszudrucken. Die Internetversion von ABI/INFORM erfolgt mittels eines Direktzugangs auf einen Server in den USA. ABI/INFORM wird monatlich ergänzt.

EBSCO

- *EBSCO*
  Unter dem Namen „EBSCO" wird von EBSCO Information Services ein ganzer Verbund an literaturbezogenen Datenbanken angeboten. Diese Organisation wertet ebenfalls vorwiegend englischsprachige betriebs- und volkswirtschaftliche Literatur aus. Ein größerer Teil der nachgewiesenen Publikationen ist in Volltext verfügbar. Innerhalb der EBSCO-Datenbanken ragen zwei Produkte heraus: „Academic

Search Premier" stellt eine multidisziplinäre Datenbank dar, in der ca. 12000 wissenschaftliche Zeitschriften (ca. 4600 davon im Volltext) aus praktisch allen Wissensgebieten ausgewertet werden. Bei „Business Source Premier" handelt es sich um eine Wirtschafts-Datenbank mit ca. 2300 Zeitschriften mit Volltextzugang aus den Bereichen Management, Marketing, Economics, Finance, Accounting und International Business. Auch Länderberichte sind dort verfügbar. EconLit ist zwischenzeitlich in EBSCO integriert worden. Referenzprodukte schaffen einfache, nutzerfreundliche Schnittstellen zwischen EBSCO und anderen Softwarepaketen. Vergleichstests zeigen, dass EBSCO noch mächtiger ist als ABI/INFORM.

- *JSTOR*
  JSTOR ist ein Literaturarchiv, in dem sich ältere Zeitschriftenpublikationen finden. Enthalten sind mehrheitlich Zeitschriftenbeiträge, die vor über fünf Jahren veröffentlicht worden sind. Der Bestand von JSTOR umfasst ca. 2,5 Millionen Artikel die in über 1400 Zeitschriften veröffentlicht worden sind. Der wesentliche Vorteil des ebenfalls über eine Eingabemaske komfortabel recherchierbaren JSTOR besteht darin, dass pdf-Versionen der Beiträge verfügbar sind. Mittels JSTOR lässt sich also Literatur nicht nur komfortabel nachweisen, sondern am Arbeitsplatz ausdrucken und elektronisch durchsuchen.

JSTOR

- *DIGIZeitschriften*
  Mit DIGIZeitschriften ist ein deutschsprachiges Pendant zu JSTOR gegeben. DIGIZeitschriften versteht sich als das Deutsche Digitale Zeitschriftenarchiv. Das Projekt wird von der Deutschen Forschungsgemeinschaft gefördert. Enthalten sind etwa 290 Zeitschriften aus 21 wissenschaftlichen Disziplinen. Insgesamt sind ca. 4,6 Millionen Seiten Fachzeitschriftenartikel verfügbar. Geht man davon aus, dass ein wissenschaftlicher Artikel einen Umfang von ca. 20 Seiten hat, dann sind also 230.000 Artikel enthalten. Die in den erfassten Zeitschriften enthaltenen Artikel können nach dem Nachweis ebenfalls direkt am Computer ausgedruckt werden. Allerdings ist zu bemerken, dass die führenden Zeitschriften verschiedener Disziplinen nicht in DIGIZeitschriften enthalten sind.

DIGIZeitschriften

- *PSYNDEX*
  Diese Datenbank wird von dem Leibniz-Zentrum für Psychologische Information und Dokumentation (ZPID) herausgegeben. Zurückreichend bis in das Jahr 1977 wurden über 350 Fachzeitschriften, Monographien, Sammelwerke und Dissertationen ausgewertet, was zu einem Bestand von 250.000 Dokumenten geführt hat. PSYNDEX enthält Angaben zu deutsch- und englischsprachigen Publikationen von Autoren aus deutschsprachigen Ländern und zu psychologisch relevan-

PSYNDEX

ten audiovisuellen Medien sowie psychologischen und pädagogischen Testverfahren. Darüber hinaus stehen Zusammenfassungen der Originaldokumente in Deutsch und/oder Englisch zur Verfügung. Die Datenbank wird wöchentlich aktualisiert. Alle Nachweise sind nach dem Thesaurus of Psychological Index Terms der American Psychological Association geordnet.

PsycINFO

- *PsycINFO*
  Die von der American Psychological Association betriebene Datenbank PsycINFO enthält Nachweise der internationalen Literatur zur Psychologie sowie zu psychologierelevanten Gebieten von Medizin, Psychiatrie, Krankenpflege, Soziologie, Erziehungswissenschaften, Pharmakologie, Physiologie, Linguistik, Anthropologie, Wirtschafts- und Rechtswissenschaften. Nachgewiesen werden mehr als 3,3 Millionen Publikationen. Es werden fast 2500 Zeitschriften, Bücher, Dissertationen und technische Berichte ausgewertet, von denen die frühesten bereits im Jahr 1887 erschienen sind. Bei 98 Prozent dieser Fachzeitschriften handelt es sich um doppelt-blind begutachtete Organe. Suchbar sind bibliografische Angaben, Deskriptoren und Abstracts.

Karlsruher Virtueller Katalog

- *Karlsruher Virtueller Katalog*
  Wenn Sie Buchpublikationen finden wollen, dann ist der Karlsruher Virtuelle Katalog (KVK – *http://www.ubka.uni-karlsruhe.de/kvk.html*) eine ideale Ausgangsplattform. Dieser Katalog wurde Mitte der 1990er Jahre an der Universität Karlsruhe von Mitarbeitern der Universitätsbibliothek und der Fakultät für Informatik entwickelt. Er erlaubt eine Recherche in den Beständen von zahlreichen deutschsprachigen und internationalen Bibliotheken sowie den Katalogen großer Buchhändler. Die Recherche kann unter anderem nach den Kriterien Titel, Schlagwort, Autor, ISBN-Nummer, Jahr, Körperschaft und Verlag durchgeführt werden.

Google Scholar

- *Google Scholar*
  Google Scholar ist eine Suchmaschine, die speziell wissenschaftliche Server durchsucht. Dabei werden nicht nur Bücher und Zeitschriftenartikel, sondern auch Dissertationen sowie Seminar-, Bachelor- und anderweitige wissenschaftliche Qualifikationsarbeiten berücksichtigt. Erwähnenswert ist zudem die Funktion, dass über einen Link eine Liste angezeigt werden kann, in der Publikationen aufgeführt werden, welche die in den Suchergebnissen angezeigten Artikel zitieren. Google Scholar erfüllt damit eine Funktion, die ansatzweise derjenigen des SSCI entspricht, der unten erläutert wird. Schließlich finden sich teilweise auch Links zu pdf-Volltextversionen der Artikel. Hier

ist jedoch Vorsicht geboten: Bei nicht wenigen dieser pdf-Dateien handelt es sich um illegale Raubkopien.

Google Books

- *Google Books*
  Dieser ebenfalls von Google angebotene Dienst will das in Büchern gespeicherte Wissen durch Digitalisierung für die Volltextsuche verfügbar machen. Da an diesem Programm zwischenzeitlich zahlreiche Verlage und Bibliotheken teilnehmen, ist geschätzt worden, dass Google bereits 5 Prozent der jemals gedruckten Bücher digitalisiert hat. Bücher, die in Google Books erfasst sind, können elektronisch nach Schlüsselbegriffen durchsucht werden. Wenn Sie dann auf die betreffende Seite des Buches springen, können Sie sehen, ob dort auf weiterführende Literatur hingewiesen wird.

Verbesserte Benutzerfreundlichkeit

Die verfügbaren Literaturdatenbanken ermöglichen eine relativ umfassende und benutzerfreundliche Literatursuche. Im Gegensatz zu früher, als die Benutzer von Literaturdatenbanken noch in erheblichem Maße auf die Unterstützung von Recherchefachleuten angewiesen waren, ist es heutzutage möglich, ohne große Übung erfolgreich eine Recherche durchzuführen. Vorteilhaft ist auch, dass verschiedene Literaturdatenbanken Nachweissysteme enthalten: Sie zeigen auf, an welchen Orten die nachgewiesenen Publikationen verfügbar sind.

Praktische Nutzungstipps

Hinweise zur Benutzung von Literaturdatenbanken

Trotz des erhöhten Komforts von Literaturdatenbanken ist es lohnend, wenn Sie sich bereits vor der Übernahme einer wissenschaftlichen Arbeit in der Benutzung dieser Systeme üben. Im Laufe dieses Trainings werden Sie erkennen, dass Sie Ihre Suchergebnisse durch ein geschicktes Vorgehen erheblich verbessern können. Trotz aller Unterschiedlichkeit der Literaturdatenbanken bzw. Recherchesysteme lassen sich einige Empfehlungen formulieren, welche deren Nutzung erleichtern.

- Informieren Sie sich bereits im Vorfeld Ihrer Literatursuche sorgfältig über die thematischen Schwerpunkte der einzelnen Literaturdatenbanken. Nur so vermeiden Sie eine Vergeudung Ihrer knappen Zeit und nur so können Sie Gewissheit erlangen, dass Ihre Literatursuche zu den bestmöglichen Ergebnissen führt.

- Klären Sie bereits vor der Recherche mit dem Bibliothekspersonal, wie gut die Chancen sind, dass Sie an die in einer bestimmten Literaturdatenbank ausgewiesenen Publikationen auch tatsächlich herankommen können. Längst nicht alle der in den Datenbanken nachgewiesenen Literaturstellen sind nämlich komfortabel beschaffbar (teilweise bestehen Schwierigkeiten bei der Fernleihe etc.).

- Prüfen Sie kritisch unterschiedliche Zugangsmöglichkeiten zu den von Ihnen ausgewählten Literaturdatenbanken. Bei vielen Datenbanken stehen sowohl Internetversionen als auch lokale DVD-Versionen zur Verfügung. Wägen Sie in diesem Fall sorgfältig ab, welche Zugangsform für Sie zeit- und kostenoptimal ist. Bedenken Sie dabei, dass sich eine ausführliche Recherche über mehrere Stunden hinziehen kann und als ein iterativer Prozess gestaltet (bestehend aus mehreren Abfolgen von Suchen – Ordern – Lesen – Suchen – Ordern – Lesen etc.) ist.

- Klären Sie bereits vor der Recherchesitzung ab, ob Sie Ihre Rechercheergebnisse auf einem Datenträger speichern und/oder ausdrucken können. Bringen Sie im Falle einer Abspeichermöglichkeit einen Datenträger (z. B. USB-Stick) zur Recherchesitzung mit. Bedenken Sie, dass bei Internetversionen verschiedener Literaturdatenbanken (z. B. ABI/INFORM) das Abspeichern von Rechercheergebnissen gar nicht bzw. nur auf eine unkomfortable Weise möglich ist. Reservieren Sie sich für die Recherchesitzung also genügend Zeit.

- Berücksichtigen Sie, dass in manchen Bibliotheken die Literaturdatenbanken nicht während der gesamten Öffnungszeit zur Verfügung stehen. Lassen Sie sich ggf. einen Termin geben, zu dem Ihnen die zur Nutzung vorgesehene Literaturdatenbank exklusiv zur Verfügung steht.

- Stellen Sie sich frühzeitig eine Liste von Stich- bzw. Schlagworten zusammen, die Sie recherchieren wollen. Entwerfen Sie diese Liste nicht erst dann, wenn Sie bereits vor dem Computer (Recherchesystem) sitzen. Sie haben dort in aller Regel nicht die nötige Zeit und Ruhe und Sie werden auch durch den Rechercheprozess abgelenkt (dies soll natürlich nicht bedeuten, dass Sie darauf verzichten sollten, Ihre Stich- bzw. Schlagwortliste während des Rechercheprozesses zu modifizieren).

- Moderne Literaturdatenbanken sind bequem über Autorennamen, Stichwörter, Schlagwörter etc. zu erschließen und ermöglichen insb. eine kombinierte Suche nach Publikationen zu den interessierenden Begriffen. Informieren Sie sich trotzdem sehr genau, in welcher Form Sie Begriffskombinationen einzugeben haben. Es ist nämlich bekannt, dass viele "Neulinge" nur einen Bruchteil der möglichen Treffer finden, weil sie ihre Suchbegriffe bzw. Suchbegriffskombinationen unkorrekt bzw. ungeschickt eingeben.

Syntax-Beispiele

- Beschäftigen Sie sich mit den bei der jeweiligen Literaturdatenbank gültigen Recherchewerkzeugen, insb. Regeln der Verknüpfung, der Trunkierung und der Indexsuche. Bedenken Sie,
  - dass bei "Und-Verknüpfungen" die Schnittmenge der zu den einzelnen Begriffen gefundenen Treffern ausgewiesen wird,
  - dass bei "Oder-Verknüpfungen" die Vereinigungsmenge der zu den einzelnen Begriffen gefundenen Treffern ausgewiesen wird,
  - dass eine "Nicht-Verknüpfung" zu einem Ausschluss des betreffenden Begriffs bzw. Namens führt,
  - dass die vorgenannten Verknüpfungsarten kombiniert werden können (Beispiel: (Strategie UND Organisation) NICHT Mintzberg),
  - dass unter "Trunkieren" das Setzen von Platzhaltern verstanden wird, wobei "*", "?" und "$" häufig als Trunkierungszeichen verwendet werden und
  - dass die Index-Suche einen schnellen Zugriff über einen sogenannten Schlüssel auf einen Datensatz ermöglicht.
- Nehmen Sie das Angebot der Bibliotheken bezüglich Recherche-Schulungen an. Durch eine Teilnahme an derartigen Schulungen können Sie vermeiden, das "Rad" mehrfach erfinden zu müssen. Fragen Sie überdies nach, ob an den Recherchearbeitsplätzen Benutzungsanleitungen zu den einzelnen Literaturdatenbanken zur Verfügung stehen.
- Hüten Sie sich davor, Ihre Begriffe sofort im Gesamtbereich der Literaturdatenbankeinträge (also im "Freitext" bzw. im ganzen "Abstract") zu suchen. Insbesondere wenn Sie ein nicht allzu spezifisches Thema zu bearbeiten haben (was der Regelfall sein dürfte), dann werden Sie bei dieser Vorgehensweise mit einer kaum zu bewältigenden Menge an Publikationen konfrontiert, von denen die Mehrzahl den betreffenden Begriff nur am Rande behandelt. Beginnen Sie Ihre Suche also im Titelfeld (Stichworte) oder im Schlagwortfeld. Gehen Sie erst hernach auf die allgemeinere Ebene über.
- Begreifen Sie Ihre Recherche – wie oben erwähnt – als einen iterativen Prozess. Beschaffen Sie sich nach Abschluss der ersten Recherche die dabei gefundenen Publikationen und lesen Sie diese durch, um zusätzliche Suchbegriffe zu identifizieren. Recherchieren Sie nach diesen neuen Begriffen im Rahmen einer zweiten Sitzung.

- Vertrauen Sie niemals vollständig auf Literaturdatenbanken im Besonderen und EDV-Systemen im Allgemeinen. Die Störanfälligkeit von Literaturdatenbanken und EDV-Systemen aufgrund von Benutzerfehlern bzw. Systemabstürzen ist nämlich weitaus größer als die Gefahr, dass ein zettelbasiertes Dokumentationssystem fehlerhaft ist.

Weitere Verweisquellen ...

- Berücksichtigen Sie, dass die Mehrzahl dieser Hinweise auch für die Nutzung lokaler OPAC-Systeme nützlich ist.

... Internet

- Mit dem *Internet* ist eine Grundlage zur Literaturbeschaffung gegeben, die durch eine stark zunehmende Bedeutung gekennzeichnet ist. Das Internet wird in Abschnitt 3.4.6 detailliert als Hilfsmittel zur Studienorganisation besprochen.

... SSCI

- Eine nützliche Quelle zur Identifikation von Literaturstellen und insb. Zusammenhängen zwischen Literaturstellen ist mit dem *(Social) Science Citation Index ((S)SCI)* gegeben. Dieser ermöglicht es herauszufinden, in welchen später erschienenen Literaturstellen eine bestimmte Quelle zitiert worden ist. Dies ist wichtig, da hierdurch ermittelt werden kann, welche "Karriere" bestimmte Publikationen gemacht haben, ob die in ihnen bereitgestellten Gedanken also fortgeführt wurden oder eher in eine Sackgasse geführt haben. Der (S)SCI ist aber auch deshalb ein wichtiger Informationsträger, weil die üblichen Bibliothekskataloge keine derartige Vorwärtsverfolgung, sondern lediglich eine Rückwärtsverfolgung von Publikationen zulassen (so auch das unten erwähnte Schneeballsystem). Aufgrund seines hohen Preises ist der (Social) Science Citation Index nur an relativ wenigen Bibliotheken verfügbar.

... Scopus

- Im Jahre 2004 hat der holländische Elsevier-Verlag die Zitations- und Abstractdatenbank „Scopus" auf den Markt gebracht, die wie der (S)SCI eine Vorwärtssuche von Zitationen ermöglicht. Derzeit sind in Scopus etwa 42,5 Millionen Artikel erfasst, die mehrheitlich in über 17.000 Fachzeitschriften Peer-Review erschienen sind. Scopus ist damit noch viel mächtiger als der (S)SCI. Erfasst sind Publikationen aus den Bereichen Medizin, Technik, Kunst- und Geisteswissenschaften sowie Wirtschafts- und Sozialwissenschaften.

... LOTSE

- Eine besonders nützliche Ausgangsplattform zum Nachweis relevanter Publikationen und anderweitiger Informationsquellen ist mit „LOTSE" gegeben. Hinter diesem Namen verbirgt sich eine Internetseite der Universität Münster (*http://lotse.uni-muenster.de*). Auf dieser Seite findet sich eine Liste wissenschaftlicher Disziplinen, von der man durch einfaches Anklicken von Feldern zu unterschiedlichsten Internetseiten gelangt, die z. B. bei der Literatursuche, der Literaturbeschaffung, der Benutzung von Bibliotheken oder der Faktensuche behilflich sind.

- Als Quelle zur Identifikation unbekannter Literaturstellen bieten sich aber auch *Expertengespräche* an. In deren Rahmen können Sie herausfinden, mit welchen anderen Themen bzw. Termini die Experten (in dem jeweiligen Bereich arbeitende Praktiker, Berater oder Wissenschaftler) das Thema Ihrer wissenschaftlichen Arbeit in Verbindung bringen. Wenn Ihnen bspw. der Name eines herausragenden, den jeweiligen Erkenntnisbereich wesentlich bestimmenden Wissenschaftlers bekannt ist, dann besteht durchaus die Möglichkeit, dass Sie diesen schriftlich oder per E-Mail kontaktieren. Bekannt ist bspw. der Fall eines Studierenden der Berufsakademie Stuttgart, der eine wissenschaftstheoretisch ausgerichtete Arbeit abzufassen hatte und in diesem Zuge nach London an Sir Karl Raimund Popper (dem weltweit führenden Vertreter der Wissenschaftsrichtung des sogenannten kritischen Rationalismus) geschrieben hatte, der ihm daraufhin bereitwillig die gestellten Fragen beantwortet hat.

... Expertengespräche

- Schließlich ist es auch denkbar, dass Sie *den Betreuer Ihrer wissenschaftlichen Arbeit* kontaktieren, um an Literaturhinweise zu gelangen. Diese Strategie erscheint attraktiv, da Sie in diesem Zuge erfahren können, in welcher Weise Ihr Betreuer Ihre wissenschaftliche Arbeit ausgerichtet haben möchte. Diese Strategie sollten Sie jedoch erst dann ergreifen, wenn sämtliche der zuvor genannten Strategien *trotz sorgfältigster Bemühungen* fehlgeschlagen sind. Eine spätere Ansprache Ihres Betreuers empfiehlt sich deshalb, weil wissenschaftliche Arbeiten grundsätzlich selbstständig erarbeitet werden sollen. Schließlich kann eine zu starke Ausrichtung Ihrer Bemühungen auf die Ideen Ihres Betreuers dazu führen, dass Sie sich einseitig an dessen Vorstellung klammern, Ihre Gedanken zu stark an seinen Publikationen orientieren und keine eigenen bzw. neuen Gedanken entfalten.

... der Betreuer der Arbeit

Bedenken Sie, dass es in allen Phasen der Literatursuche durchaus üblich ist, parallel zueinander mehrere der vorgeschlagenen Wege zu beschreiten.

Schneeballsystem

Bei den vorgenannten Literaturrecherchemethoden bildet die Anwendung des sogenannten "*Schneeballsystems*" eine wichtige Metakompetenz (vgl. Theisen 1995a, S. 170 f.). Dieses stellt eine kumulative Form des Bibliographierens dar und beruht auf der Erkenntnis, dass das zu einem bestimmten Thema verfügbare Schrifttum nicht aus einer bloßen Ansammlung voneinander unabhängiger Publikationen besteht, sondern dass sich die einzelnen Publikationen aufeinander beziehen und in einem inhaltlichen Zusammenhang stehen. Üblicherweise beziehen sich neuere Publikationen auf verschiedene ältere Publikationen. Dementsprechend setzt eine nach dem Schneeballsystem vollzogene Literatursuche an möglichst aktuellen Publikationen an und versucht, über die dort zu findenden Zitate und Literaturlisten zu älteren Publikationen vorzudringen. Eine konsequente Anwendung des Schneeballsystems führt nicht nur zur Identifikation eines Netzes von

Querverbindungen und Zitaten, sondern hilft auch zu erkennen, welche Publikationen im jeweiligen Themenbereich eine besondere Bedeutung besitzen und somit als Schlüsselveröffentlichungen bezeichnet werden können. Ein Nachteil dieser Vorgehensweise besteht jedoch darin, dass mit seiner Anwendung immer nur zeitlich vorgelagerte, nie jedoch zeitgleich oder später erschienene Veröffentlichungen identifiziert werden können.

Effektivität und Effizienz

Wenn Sie die vorgenannten Tipps zur Literatursuche anwenden, dann sollten Sie freilich berücksichtigen, dass die im Rahmen der Erstellung der wissenschaftlichen Arbeit durchzuführende Literatursuche nicht nur effektiv (= bestmögliche Zielerreichung), sondern auch effizient (= günstige Input-Output-Relation) zu sein hat. Es kann also nicht darum gehen, die Literatursuche so lange voranzutreiben, bis man wirklich alle Quellen gefunden hat (vgl. auch Burchardt 1995, S. 101 f.). Wenn Sie ein derartiges Perfektionsstreben realisieren, dann werden Sie vermutlich niemals über ein letztlich unproduktives Jäger-und-Sammler-Dasein hinauskommen. Der Grundsatz der sowohl effektiven als auch effizienten Literaturrecherche ist auch deshalb zu befolgen, weil für die Bearbeitung wissenschaftlicher Arbeiten nur sehr wenig Zeit zur Verfügung steht.

Um den Zeitpunkt bestimmen zu können, an dem Sie die Literaturrecherche abbrechen können, sollten Sie das Recherchieren und das Auswerten der Literatur nicht streng nacheinander, sondern zeitlich etwas verschoben parallel zueinander durchführen. Beim Auswerten der Literatur werden Sie nämlich bemerken, dass der Anteil des Neuen, das Sie erfahren, zunehmend geringer wird.

3.4.3 Zugang zu bzw. Beschaffung von Literatur

Der Zugang zu bzw. die Beschaffung von Literatur kann auf verschiedene Weise erfolgen. Die wichtigsten Formen sind mit der Nutzung von Bibliotheken, der Fernleihe, elektronischen Veröffentlichungen sowie dem Kauf von Publikationen gegeben (vgl. auch Sesink 1994, S. 63 ff.).

Ausleihe vor Ort

Ausleihe von Publikationen in lokalen Bibliotheken

Auch im Zeitalter elektronischer Medien ist die für Sie relevante wissenschaftliche Literatur hauptsächlich in Bibliotheken zu finden. Bibliotheken sind das "kollektive Gedächtnis" des Wissenschaftsbetriebs, auf das Sie während Ihres Studiums – nicht nur beim Anfertigen einer Abschlussarbeit – regelmäßig zurückgreifen sollten. Bei Einhaltung der Ausleihbedingungen stellen sie die wohl kostengünstigste Alternative zur Literaturbeschaffung dar.

Praktische ausleihebezogene Tipps

- Klären Sie, welche Bibliotheken für Ihr Studium bzw. für Ihre wissenschaftliche Betätigung prinzipiell in Betracht kommen bzw. besonders wichtig sind. Gibt es eine Lehrstuhlbibliothek, eine Institutsbibliothek, eine Fakultätsbibliothek? Verfügen Bibliotheken anderer Institute über interessante Publikationsbestände? Finden sich in der Hochschulbibliothek für Sie interessante Schriften? Welche anderen öffentlichen Bibliotheken (Stadtbibliotheken, Landesbibliotheken, Spezialbibliotheken (in Stuttgart z. B. die Bibliothek des Institutes für Auslandsbeziehungen; in Kiel und Hamburg die Deutsche Zentralbibliothek für Wirtschaftswissenschaften)) bieten sich an? Unter *http://elfikom.physik.uni-oldenburg.de/dissonline/unibib.html* finden Sie Verweise auf deutsche Universitätsbibliotheken. Prüfen Sie sorgfältig, auf welche Erkenntnisbereiche die Ihnen zugänglichen Bibliotheken spezialisiert sind.
- Machen Sie sich bereits während des Studiums mit den Gepflogenheiten (Öffnungszeiten, Notwendigkeit zum Mitbringen des Bibliotheksausweises, Ausleihbedingungen, Vormerkmöglichkeiten etc.) der für Sie interessanten Bibliotheken vertraut. Besorgen Sie sich einen Bibliotheksflyer, auf dem die wichtigsten „Spielregeln" der Bibliothek vermerkt sind oder schreiben Sie sich diese ggf. selbst auf. Üben Sie sich insb. frühzeitig in der Nutzung der Bibliothek des Instituts bzw. des Fachbereichs, an dem Sie studieren. Gehen Sie dort häufig ein und aus und blättern Sie in regelmäßigen Abständen die dort verfügbaren Fachzeitschriften durch.
- Nutzen Sie die Führungen, Einführungsveranstaltungen bzw. Tutorien, die von vielen Bibliotheken insb. zu Semesterbeginn angeboten werden. Diese erleichtern Ihnen das Vertrautwerden mit den jeweiligen Bibliotheksgepflogenheiten bzw. -bedingungen.
- Prüfen Sie, ob Sie in der betreffenden Bibliothek überhaupt ausleihberechtigt sind. Handelt es sich um eine Präsenzbibliothek, bei der generell keine Möglichkeit besteht, Bücher auszuleihen? Werden unterschiedlichen Personengruppen unterschiedliche Ausleihmöglichkeiten eröffnet? Wird Studierenden die Möglichkeit zur Kurzausleihe (z. B. über Nacht oder über das Wochenende) geboten?

Bibliothekstypen

- Klären Sie auch, ob es sich bei der jeweiligen Bibliothek um eine Freihandbibliothek oder um eine Magazinbibliothek handelt. In Freihandbibliotheken haben Sie die Möglichkeit, direkt auf die Regale mit den thematisch geordneten Publikationen zuzugreifen. In Magazinbibliotheken sind die Publikationen für den Bibliotheksnutzer nicht direkt zugänglich. Sie müssen über Leihscheine bzw. über das elektronische Ausleihsystem angefordert werden. Bedenken Sie, dass in manchen Bibliotheken Mischtypen vorliegen. Bevorzugen Sie bei sonst gleichen

Bibliotheksmerkmalen eine Freihandbibliothek, da diese eher dem menschlichen Informationsverarbeitungsverhalten entspricht.

- Fragen Sie, ob die jeweilige Bibliothek über einen Lesesaal verfügt und klären Sie ggf. für sich, ob dieser Lesesaal ein für Sie attraktives Arbeitsklima aufweist. Dies ist wichtig, da es Publikationen gibt, die von den Bibliotheken nicht verliehen werden und Sie daher vor der Frage stehen werden, ob Sie diese Publikationen komplett kopieren oder direkt in der betreffenden Bibliothek auswerten müssen.

Carrels

- Prüfen Sie, ob in der betreffenden Bibliothek sogenannte Carrels (Einzelarbeitsplätze, Lesekabinen, Isoloirs) eingerichtet sind, die von Studierenden und Doktoranden für eine bestimmte Zeit (z. B. ein Semester) belegt werden können. Informieren Sie sich über die Benutzungsbedingungen für diese Carrels. Klären Sie insb. ab, zu welchen Zeitpunkten im Jahr diese Carrels vergeben werden. Häufig sind es der 1. April und der 1. Oktober. Tragen Sie sich ggf. in eine Vormerkliste ein.
- Fragen Sie ggf. nach, ob Ihnen die Bibliothek, in der Sie Ihren Hauptarbeitsplatz einrichten wollen, die Möglichkeit zu einem Internet-Zugang eröffnet. Ein Internet-Zugang ist wichtig, da sich moderne Wissenschaft als ein multimedialer Prozess präsentiert, bei dem der jeweilige Forscher in nicht immer absehbarer Abfolge unterschiedliche Medien nutzt.
- Legen Sie eine eigene Liste an, in der Sie die Signaturen von Büchern, Nachschlagewerken, Zeitschriften etc. vermerken, auf die Sie während der Erstellung Ihrer wissenschaftlichen Arbeit wiederholt zurückgreifen müssen. Günstig ist es auch, eine zweite Liste mit den Kennnummern von Bibliotheken (Bibliothekssigel) anzulegen. Dies erspart Ihnen das teilweise sehr aufwendige Suchen in Bibliothekskatalogen.
- Verzichten Sie darauf, in einem Zuge stapelweise Publikationen nach Hause auszuleihen. Das wird Sie nur frustrieren. Wahrscheinlich werden Sie dann manche Publikationen zurückgeben müssen, bevor Sie sie überhaupt lesen konnten. Versuchen Sie also, die Menge der gleichzeitig ausgeliehenen Publikationen an das Volumen Ihrer Informationsverarbeitungs- bzw. Literaturauswertungskapazität anzupassen.

Beachtung von Ausleihfristen

- Beachten Sie unbedingt die in der jeweiligen Bibliothek herrschenden Ausleihfristen. Einerseits sparen Sie hierdurch lästige, zwischenzeitlich sehr hohe Mahngebühren; andererseits unterbinden Sie es, ungerechtfertigterweise anderen Bibliotheksnutzern Literatur zu entziehen. Bemühen Sie sich ggf. rechtzeitig um eine Verlängerung der ausgeliehenen Publikationen. Notieren Sie den Abgabetermin Ihrer zurückzugebenden Publikationen in Ihrem Terminplaner und legen Sie auf der betreffenden Seite Ihren Ausleihzettel ein. So verhindern Sie ein versehentliches Überziehen von Ausleihfristen. Prüfen Sie, ob in der betreffenden Bibliothek die Möglichkeit zur längerfristigen bzw. sogar dauerhaften Ausleihe von Publikationen besteht.

Sparsames Kopieren

- Prüfen Sie kritisch, was Sie kopieren sollten und was nicht. Hüten Sie sich insb. davor, "Unmengen" von Veröffentlichungen ohne vorherige Notwendigkeitsprüfung zu kopieren. Bei vielen Studierenden ist das Kopieren nichts anderes als ein Aktionismus zur Eindämmung des eigenen schlechten Gewissens. Natürlich werden Sie um ein Kopieren verschiedener Publikationen nicht herumkommen – allein schon deshalb nicht, weil Sie in diesem Fall Kennzeichnungen im Text vornehmen können (vgl. Abschnitt 2.1.3.2). Kopieren Sie Publikationen jedoch erst dann, wenn Sie in diese hineingelesen haben. Stimmen Sie überdies Ihre Kopiergepflogenheiten und Ihr Kopiervolumen auf die bestehenden Ausleihmöglichkeiten sowie Ihr Lesevermögen ab.
- Berücksichtigen Sie, dass in Bibliotheken die Weitergabe von entliehenen Publikationen oder die Ausleihe an Dritte aus Sicherheits- und Verfügbarkeitsgründen untersagt ist und zum Entzug des Benutzerausweises führen kann.
- Bedenken Sie, dass in nahezu sämtlichen Bibliotheken Fachpersonal bereitsteht, das Ihnen sehr gern bei der Beschaffung von Literatur behilflich ist.
- Prüfen Sie, ob die jeweilige Bibliothek bereit ist, Ihre Vorschläge zur Neuanschaffung von Publikationen zu berücksichtigen. Bedenken Sie jedoch, dass in vielen Bibliotheken derartige Neuanschaffungen sehr viel Zeit benötigen, und prüfen Sie, ob Sie überhaupt noch innerhalb des für die Erstellung Ihrer wissenschaftlichen Arbeit vorgesehenen Zeitrahmens erfolgen werden.

Fernleihe

Fernleihe

Ist eine bestimmte Publikation in einer von Ihnen genutzten Bibliothek nicht verfügbar, dann können Sie versuchen, diese Publikation über Fernleihe zu beschaffen. Die Fernleihe (sie wird auch als "auswärtiger Leihverkehr" bezeichnet) ist ein Literaturbeschaffungsdienst, der vorwiegend von den wissenschaftlichen Bibliotheken angeboten wird. Bei Aufgeben einer Fernleihe wird die gewünschte Publikation von einer anderen, dem Leihverkehr angeschlossenen Bibliothek herbeigeschafft.

Über Fernleihe können Monographien und Zeitschriften(artikel), die weder an der jeweiligen Bibliothek noch an einer anderen in derselben Stadt befindlichen Bibliothek vorhanden sind, zur Ausleihe bestellt werden. Von einer Fernleih-Bestellung ausgeschlossen sind überdies Neuerscheinungen, im Buchhandel zu geringem Preis erhältliche Werke und nichtwissenschaftliche Publikationen.

Das Aufgeben von Fernleihen ist gebührenpflichtig. Im Regelfall werden die Gebühren durch den Erwerb von Auftragszetteln (sogenannte Fernleihscheinen) entrichtet (gegenwärtig € 1,50 je aufgegebene Fernleihe). Überdies ist zu beachten, dass bis zum Eintreffen einer per Fernleihe angeforderten Publikation mehrere Wochen vergehen können.

Arbeitsschritte bei der Fernleihe

Wenn Sie eine Fernleihe in Auftrag geben wollen, dann sollten Sie folgende Arbeitsschritte durchführen:

- Prüfen Sie vor der Bestellung anhand von Bibliothekskatalogen, ob die gewünschte Publikation (1) überhaupt verfügbar und – wenn ja – (2) lokal vorhanden ist. Bedenken Sie, dass eine Bestellung über Fernleihe auch dann ausgeschlossen ist, wenn die gesuchte Publikation am Ort zwar vorhanden, momentan jedoch verliehen ist.
- Füllen Sie für jede Publikation (also auch für jeden einzelnen Zeitschriftenartikel) einen Fernleihauftrag aus. Halten Sie dabei unbedingt die auf dem Leihschein oder der Eingabemaske vorgegebene Reihenfolge der bibliographischen Angaben ein.
- Suchen Sie unter Nutzung von Mikrofiche-Lesegeräten oder ggf. elektronischen Medien die genauen bibliographischen Angaben der gewünschten Publikation heraus.
- Führen Sie einen Standortnachweis der von Ihnen gesuchten Publikation durch. Hierzu stehen Ihnen bspw. die Zeitschriftendatenbank (ZDB), die Datenbank des Südwestdeutschen Bibliotheksverbundes (SWB) oder der in Abschnitt 3.4.2 erwähnte Karlsruher Virtuelle Katalog (KVK – *http://www.ubka.uni-karlsruhe.de/kvk.html*) zur Verfügung.

Im Regelfall werden Sie die gewünschte Publikation innerhalb von zwei bis drei Wochen erhalten. Über das Eintreffen der von Ihnen bestellten Literatur werden Sie per Post benachrichtigt; bitte legen Sie diesen Brief beim Abholen in der Ausleihe vor.

Das Fernleihsystem sieht vor, dass gelieferte Kopien im Besitz des Auftraggebers verbleiben und dass bei Büchern die Leihfrist üblicherweise vier Wochen beträgt.

Berücksichtigen Sie, dass Fernleihen für die jeweilige Bibliothek mit einem großen Verwaltungsaufwand verbunden sind. Greifen Sie also nur in dringenden Fällen auf dieses Beschaffungsinstrument zurück.

Online-Fernleihe

Zusätzlich zu dieser konventionellen Form der Fernleihbestellung besteht seit 1997 für die an einer Hochschule bzw. Bibliothek registrierten Nutzer die Möglichkeit, von jedem Internet-Arbeitsplatz aus Online-Fernleihbestellungen aufzugeben. Dies ist jedoch nur dann möglich, wenn die obigen Bedingungen erfüllt sind und das gesuchte Dokument in der Online-Datenbank "Online-Contents" nachgewiesen ist.

Gehen Sie hierzu über die Homepage Ihrer Hochschulbibliothek zu der Internet-Seite eines elektronische Fernleihen ermöglichenden Dienstes (z. B. GBV) und geben Sie dort den Namen der gesuchten Publikation, Zugangs- bzw. Kundennummer sowie Ihr Passwort (eine Zugangsberechtigung können Sie bei der Fernleihestelle Ihrer Hochschule beantragen) ein. An manchen Hochschulen sind derartige Online-Fernleihen kostengünstiger zu haben als herkömmliche Fernleihen.

Dokument-Schnell-Lieferdienste

Vor einigen Jahren haben führende Bibliotheken unter Nutzung moderner Technologien neue Methoden zur Literaturbeschaffung entwickelt, die als *Dokument-Schnell-Lieferdienste (DSL)* bezeichnet werden. Diese Schnell-Lieferdienste stellen Ihnen die gewünschten Publikationen rasch und relativ preiswert direkt an Ihrem Arbeitsplatz zur Verfügung. Die Mehrzahl dieser Dienste ist bislang allerdings nur auf die Lieferung von Zeitschriftenaufsätzen beschränkt. Wenn Sie einem Dokument-Schnell-Lieferdienst bspw. einen Auftrag zur Beschaffung eines Zeitschriftenartikels erteilen, dann wird in einer dem Verbund angeschlossenen Bibliothek die betreffende Zeitschrift zur Hand genommen, der entsprechende Beitrag eingescannt, Ihnen in elektronischer Weise übermittelt oder ausgedruckt und Ihnen übersandt. Zu den wichtigsten Dokument-Schnell-Lieferdiensten zählen:

- *SUBITO* beruht auf einer Bund-Länder-Initiative zur Beschleunigung der Literatur- und Informationsversorgung und wird vom Bundesministerium für Bildung und Forschung gefördert. SUBITO will die bestehenden Liefersysteme bundesweit zusammenführen. SUBITO ermöglicht einen Zugriff auf über 7.000.000 Aufsätze aus mehr als 20.000 Zeitschriften. SUBITO liefert die in Auftrag gegebenen Beiträge innerhalb von drei Arbeitstagen, im Falle eines Eilauftrags sogar binnen 24 Stunden. Die Lieferung erfolgt per E-Mail, FTP, Fax, Briefpost oder Bibliotheksabholung. Geordert werden können auch Monographien; diese werden per Post verschickt und müssen nach vierwöchiger Leihfrist wieder zurückgegeben werden. Mit *http://www.subito-doc.de* kommen Sie zu SUBITOS Homepage.

- Im Bereich von Zeitschriftenpublikationen kann eine Schnelllieferung schließlich durch die in Abschnitt 3.4.2 erwähnten Literaturdatenbanken erfolgen. Datenbanken wie EBSCO oder JSTOR ermöglichen einen direkten Ausdruck bzw. eine Abspeicherung vieler gefundener Publikationen.

Diese Dokument-Schnell-Lieferdienste unterscheiden sich von den später angesprochenen elektronischen Veröffentlichungen insofern grundlegend, als Letztere von Anbeginn an digital sind.

Rückgriff auf elektronische Veröffentlichungen, insb. auf elektronische Fachzeitschriften

Nutzung von E-Journals

In den letzten Jahren haben sich immer mehr Verleger entschlossen, die von Ihnen veröffentlichten Fachzeitschriften nicht in Hard-Copy-Form, sondern in elektronischer Form zu publizieren („Elektronische Zeitschriften" bzw. „E-Journals"). Aus Ihrer Sicht ist dieses Angebot vorteilhaft, da es Ihnen per Mausclick einen sofortigen Zugang zu Fachartikeln ermöglicht. Überdies können Sie die Beiträge direkt aus dem Internet heraus drucken. Elektronische Zeitschriften sind auch deshalb attraktiv, weil die Fachbeiträge durch Suchfunktionen erschlossen und weil teilweise auch Textstellen auf elektronischen Datenträgern abgespeichert werden können. Weiterhin ist in einer steigenden Zahl dieser Fachbeiträge ein sog. „cross reference linking" vorgenommen. Hierunter versteht man, dass den in dem Text des Beitrags enthaltenen Quellenangaben Hyperlinks hinterlegt sind. Wenn Sie auf die betreffende Quellenangabe klicken, dann öffnet sich am Bildschirm ein weiteres Fenster, in dem der zitierte Artikel ersichtlich wird.

cross reference linking

Projekt „Elektronische Zeitschriftenbibliothek"

Diesem Angebot folgend hat sich in Deutschland eine größere Gruppe von Bibliotheken zu dem Projekt "Elektronische Zeitschriftenbibliothek" zusammengefunden. Über dieses Gemeinschaftsprojekt wird ein strukturierter und einheitlicher Zugang zu wissenschaftlichen Volltextzeitschriften im Internet angeboten (*http://rzblx1.uni-regensburg.de/ezeit/*). Die Zeitschriftentitel werden kooperativ gesammelt und in eine gemeinsame Datenbank eingepflegt, wobei jede Teilnehmerbibliothek ihre lizenzierten Zeitschriften eigenständig verwaltet. Die Zeitschriften können nach Fächern sortiert oder alphabetisch aufgelistet werden; es gibt die Möglichkeit, einzelne Titel zu suchen oder unterschiedliche Anzeigeoptionen aufzurufen. Die Zugriffsmöglichkeiten auf Volltextartikel werden durch ein Ampelsystem symbolisiert. Dieses zukunftsweisende Gemeinschaftsprojekt wird von der Universität Regensburg koordiniert. Fragen Sie in Ihrer Bibliothek nach, ob sie einen Zugang zu dieser Elektronischen Zeitschriftenbibliothek ermöglichen kann.

Neben Fachzeitschriften werden aber auch immer mehr Monographien in einer elektronischen Form veröffentlicht. Über die gängigen Internet-Suchmaschinen können Sie prüfen, ob von einer bestimmten Publikation eine elektronische Ausgabe verfügbar ist.

Erwerb

Erwerb von Publikationen

Auch im Zeitalter schier unbegrenzter Literaturnachweis- und -ausleihmöglichkeiten spielt der Erwerb von Publikationen im Zusammenhang mit der

Erstellung einer wissenschaftlichen Qualifikationsarbeit eine wichtige Rolle. Der käufliche Erwerb von Publikationen bringt folgende Vorteile mit sich:

Vorteile Kauf

- Sie können relativ schnell an die Publikationen herankommen (dies gilt insb. für Neuerscheinungen, die in Bibliotheken vielfach erst zeitlich verspätet eingestellt werden),
- die Publikation ist unbegrenzt verfügbar (sie müssen Sie nicht wieder aus der Hand geben),
- Sie haben die Möglichkeit, in die erworbenen Publikationen hineinzuschreiben,
- Sie vermeiden das Entstehen einer Zettelwirtschaft (Bücher sind in mancherlei Hinsicht handlicher als Kopien),
- Sie bemerken, dass das Lesen in Originalen eleganter, würdiger und inspirierender ist als das Lesen in kopierten Texten und
- die erworbenen Publikationen ermöglichen Ihnen den Aufbau einer eigenen Bibliothek.

Diesen Vorteilen stehen jedoch einige Nachteile gegenüber:

Nachteile Kauf

- Ältere Publikationen sind vielfach vergriffen und daher nicht mehr im Buchhandel erhältlich,
- nicht jeder Studierende verfügt über die Finanzmittel, um sämtliche erforderlichen Publikationen zu erwerben und
- sie erscheinen teurer als Kopien der entsprechenden Texte.

Der letztgenannte Nachteil erweist sich vielfach jedoch als ein vermeintlicher. So belaufen sich bspw. die Kosten für eine nicht verkleinerte Kopie eines 800seitigen Lehrbuchs leicht auf € 50,-- (was nicht selten über dem Kaufpreis des Buchs liegt).

Erst in das Buch hineinlesen!

Eine Regel sollten Sie im Zusammenhang mit dem Publikationserwerb jedoch auf alle Fälle beachten: Kaufen Sie niemals die Katze im Sack. Blättern Sie die für einen Erwerb vorgesehene Publikation vor dem Kaufakt zumindest flüchtig durch (zur Methode des Lesens vgl. Abschnitte 2.1.2.3 sowie 2.1.3.1). Bitten Sie den Buchhandel, nicht vor Ort verfügbare Werke zur Ansicht zu bestellen. Diese Strategie erscheint auch deshalb angebracht, weil nicht alle Titel wissenschaftlicher Publikationen der Forderung nach Titelwahrheit genügen. Oft werden Buchtitel aus ökonomischen Gründen bewusst weit gefasst, um eine möglichst breite Lesergruppe anzusprechen.

3.4.4 Archivierung von Literatur (Führen von Literaturkarteien bzw. -datenbanken)

Während Ihres Studiums werden Sie aller Wahrscheinlichkeit nach nicht unter einem Mangel an Informationen, sondern eher unter einer Informationsüberflutung leiden. Dies gilt insb. für jene Informationen, die Ihnen über das Schrifttum zur Verfügung gestellt werden. Sie werden feststellen, dass Sie schnell den Überblick verlieren, wenn Sie es unterlassen, die von Ihnen genutzten Schriften systematisch zu ordnen und übersichtlich abzulegen (vgl. Rückriem/Stary/Franck 1980, S. 163 ff.).

Bemühen um Systematik

Bemühen Sie sich daher um eine systematische Literaturverwaltung. Deren übergeordnetes Ziel besteht darin, auf jede der gesammelten Literaturstellen jederzeit – ohne erheblichen Arbeits- und Zeitaufwand – zurückgreifen zu können. Auch erhöht eine systematische Literaturverwaltung das Ausmaß intersubjektiver Zugreifbarkeit: Wenn Sie gängige Archivierungsregeln einhalten, werden auch Dritte sich in Ihren Unterlagen zurechtfinden können.

Fast alle von Ihnen haben es bei der Erledigung dieser Verwaltungsaufgabe viel leichter als unsere Altvorderen: Sie verfügen nämlich über einen eigenen Computer und sie haben auch anderweitige Planungshilfen (Zeitplaner, Arbeitshilfen etc.) zur Hand. Aber selbst wenn Sie keinen eigenen Computer haben, wird es Ihnen möglich sein, die Masse der Literaturstellen übersichtlich zu archivieren. Sie müssen nur bestimmte Spielregeln einhalten.

Mit und ohne EDV

Dieser Abschnitt enthält zwei Unterabschnitte. Der erste beschäftigt sich mit der herkömmlichen, ohne EDV-Unterstützung durchgeführten Form der Literaturverwaltung. Die dortigen Hinweise betreffen Grundlagen der Literaturverwaltung, die auch bei einer EDV-gestützten Literaturverwaltung bedeutsam sind. Der zweite wendet sich der EDV-gestützten Literaturverwaltung und insb. den zahlreichen Literaturverwaltungsprogrammen zu. Vorab sollen jedoch einige übergeordnete Empfehlungen zur zielführenden Literaturverwaltung bereitgestellt werden.

Generell gilt:

Übergeordnete Hinweise zur Literaturverwaltung

- Dokumentieren Sie im Zusammenhang mit Ihrer Literaturarbeit so viel wie möglich (auf Karteikarten bzw. in EDV-Dateien). Halten Sie eher zu viel als zu wenig in schriftlicher Form fest.

- Beginnen Sie mit der Verwaltung Ihrer Literatur frühzeitig, idealerweise schon früh im Bachelor-Studium. Nehmen Sie die Verwaltung von Literatur nicht erst dann auf, wenn Sie das Beschaffen, Erfassen *und* Bearbeiten der Literatur schon vollständig abgeschlossen haben. Bei einer derartigen nachgelagerten Literaturverwaltung werden Sie nicht mehr genau wissen, was Sie früher im Einzelnen getan bzw. gedacht haben.

- Archivieren Sie die für Sie relevanten Schriftstücke regelmäßig, bspw. einmal wöchentlich oder einmal monatlich. Am besten zu einer Tageszeit, wenn Ihr Kopf nichts anderes (Sinnvolleres) als Verwaltung mehr zulässt. Die Literaturverwaltung kann bspw. als allabendliches Pflichtprogramm durchgeführt werden.
- Greifen Sie – sofern möglich – auf das Hilfsmittel der modernen EDV (Literaturverwaltungsprogramme bzw. Datenbanksysteme) zurück. Diese ermöglichen Ihnen eine bequeme Literaturdokumentation und -suche.
- Prüfen Sie in diesem Fall, ob es möglich ist, gedruckte Dokumente informationstreu mit einem Scanner in Ihren Computer einzulesen. Zum Einlesen von Texten ist spezielle Software (z. B. das Programm "Optical Character Recognition – OCR") entwickelt worden.
- Delegieren Sie die Literaturverwaltungstätigkeit nicht an Dritte (Familienmitglieder, Freunde). Bei einer arbeitsteiligen Erledigung werden Sie sich in Ihrer Literaturkartei bzw. -datenbank nicht allzu gut zurechtfinden.

Traditionelle Methode: zettelbasiertes Karteisystem

Traditionelle Methode

Genauso wie bei der EDV-gestützten Literaturverwaltungsmethode bildet bei der traditionellen das Anlegen von Verzeichnissen – Sie sollen nachfolgend als "Karteien" bezeichnet werden – den Ausgangspunkt der Literaturverwaltung. Bei der traditionellen Methode sollten Sie – im gleichen Stil wie herkömmlich arbeitende Bibliotheken – mehrere Arten von Karteien bzw. Verzeichnissen anlegen (vgl. Sesink 1994, S. 66 ff.):

Drei Karteiarten

- eine *Literaturkartei* (diese enthält bibliographische Angaben, Querverweise zur Personenkartei, Angaben zu Fundstellen, Zuordnung von Schlagwörtern (= Querverweise zur Schlagwortkartei), Querverweise auf Rezensionen, Abstracts, Sekundärliteratur, Querverweise auf Exzerpte und kopierte Ausschnitte, Querverweise auf eigene Arbeiten sowie eigene Kommentare und Anmerkungen),
- eine *Schlagwortkartei* (diese enthält Querverweise zur Literaturkartei, Querverweise zu verwandten Schlagwörtern, Querverweise auf eigene Materialien und eigene Notizen) sowie
- eine *Personenkartei* (diese enthält Informationen über Leben und Werk bedeutender Personen, Hinweise auf Dokumente dieser Personen, über die betreffende Person sowie Querverweise zur Literaturkartei).

Dieses dreigliedrige Karteisystem können Sie noch durch ein Verzeichnis über die *Ablage von Studienmaterial*, die *Ablage themenbezogener Materialien* sowie die *Ablage von literaturbezogenem Material* ergänzen.

Von diesen Karteien kommt der *Literaturkartei* die größte Bedeutung zu, da wissenschaftliche Literatur häufig über den jeweiligen Autor identifiziert wird. Achten Sie darauf, dass jedes von Ihnen archivierte Literaturstück durch eine Karteikarte vertreten ist. Legen Sie aber auch von jenen Schriften Karteikarten an, die Sie gegenwärtig noch nicht besitzen, die aber mit großer Wahrscheinlichkeit während Ihres späteren Studiums für Sie wichtig werden. Ihre zur Literaturkartei gehörenden Karten sollten die Größe DIN A 6 aufweisen und folgende Angaben enthalten:

Bestandteile der Literaturkartei

- Nachname und Vorname des(r) Autors(en) bzw. Herausgeber(s) der Schrift,
- genauer Titel der Schrift mit Untertitel,
- ggf. Auflage der Schrift,
- Veröffentlichungsjahr,
- bei Büchern bzw. Beiträgen in Sammelbänden: Verlagsort,
- bei Beiträgen in Zeitschriften und Sammelbänden: Jahrgang und Seitenzahlen,
- wenn Sie über die Schrift bereits verfügen: aufsteigende Inventarisierungsnummer,
- wenn Sie über die Schrift noch nicht verfügen: Ort, an dem diese Schrift vorhanden ist (bei Bibliotheken: Signatur),
- Schlagwörter zu den Inhalten der Schrift.

Diese Angaben sollten Sie auf den Karteikarten in genau jener Art und Reihenfolge vermerken, wie dies in Abschnitt 3.8.9 (Literaturverzeichnis) empfohlen wird. Sie ersparen sich durch eine identische Aufzeichnungsweise nachträgliche zeitaufwendige und fehlerstiftende Anpassungsarbeiten.

Schlagwortvergabe

Zu den schwierigsten Aufgaben im Zusammenhang mit dem Anlegen von Karteikarten zählt die *Vergabe von Schlagwörtern*. Da diese stark von der subjektiven Wahrnehmung und den Interessensschwerpunkten des jeweiligen Lesers abhängig ist, ist es nur sehr bedingt möglich, allgemein gültige Empfehlungen zu unterbreiten. Gleichwohl lassen sich einige Mindestanforderungen formulieren, die Sie beim Bestimmen von Schlagwörtern und dem Anlegen von Schlagwortkarteien beachten sollten.

Praktische Tipps

- Berücksichtigen Sie, dass Schlagwörter nicht notwendigerweise aus dem Titel der jeweiligen Schrift entstammen müssen.
- Lesen Sie zur Festlegung von Schlagwörtern daher die Schrift zumindest kursorisch durch (zum kursorischen Lesen vgl. Abschnitt 2.1.3.1).

- Legen Sie pro Schrift drei bis fünf (maximal zehn) Schlagwörter fest. Diese Ziffern stellen freilich nur grobe Orientierungen dar, da die Anzahl der zu vergebenden Schlagwörter vom Umfang und der thematischen Breite der jeweiligen Schrift abzuhängen hat.
- Berücksichtigen Sie bei der Vergabe von Schlagwörtern, dass deren Spezifität mit der Breite des Arbeitsgebiets des jeweiligen Nutzers zu korrespondieren hat. Insbesondere macht es keinen Sinn, wenn zu hoch aggregierte Schlagwörter vergeben werden. So hilft es bspw. nicht weiter, wenn ein Studierender der Psychologie bei einer Schrift das Schlagwort "Psychologie" vergibt.
- Achten Sie darauf, dass Sie bei der Vergabe von Schlagwörtern zeitnah einen entsprechenden Eintrag ins Schlagwortverzeichnis vornehmen. Wenn Sie dies unterlassen würden, wäre eine spätere schlagwortbezogene Suche entweder sehr mühsam (Sie müssten alle Kärtchen der Literaturkartei durchsehen) oder sogar völlig ausgeschlossen.
- Legen Sie die Schlagwortkartei so an, dass Sie auf jeder Karteikarte ein Schlagwort eintragen und darunter die entsprechenden Titel in Kurzform (ggf. deren Inventarisierungsnummern) niederschreiben.
- Vermerken Sie alle von Ihnen vergebenen Schlagwörter in einer Liste, um sicherzustellen, dass dieselbe Thematik nicht unter unterschiedlichen Schlagwörtern registriert wird.
- Versehen Sie die Karten der Schlagwortkartei mit Querverweisen zu verwandten Themen (z. B. Schlagwortkarte Unternehmensstrategie: siehe Unternehmenspolitik, siehe Unternehmensführung, siehe Top Management).
- Wenn Sie ganze Bücher inventarisieren, dann empfiehlt es sich, in der Schlagwortkartei Seiten bzw. Buchabschnitte zu spezifizieren, auf bzw. in denen der jeweilige Sachverhalt thematisiert wird.
- Es ist durchaus sinnvoll, wenn Sie bei den auf einer Schlagwortkarte vorgenommenen Literatureinträgen kommentierende Bemerkungen einfügen. Beispiel: Auf der Schlagwortkarte "Innovationsmanagement" haben Sie die Publikation "Hauschildt, J., Salomo, S., Innovationsmanagement, 5. Aufl., München 2010" eingetragen. Da dies eine der allerwichtigsten Quellen zu diesem Themenbereich ist, können Sie Bemerkungen wie "fundamental" oder "ganz wichtig" hinzufügen.

Vergabe von Inventarisierungsnummern

Erforderlich ist überdies, dass Sie jede Schrift mit einer *Inventarisierungsnummer* versehen, die Sie sowohl auf der Schrift selbst sowie auf den dazugehörenden Kärtchen der Literatur-, der Schlagwort- und der Personenkartei vermerken. Manche Personen wählen als Inventarisierungsnummern alphanumerische Kombinationen (z. B. DA52), um hierdurch bereits einen Hinweis auf den thematischen Schwerpunkt der jeweiligen Schrift (im Beispiel DA = Deutsche Außenpolitik) zu geben. Diese Vorgehensweise erscheint zunächst günstig, doch ist zu bedenken, dass derartige Zuordnungen insofern problematisch sind, (1) als manche Schriften mehrere Themenschwerpunkte aufweisen und (2) als die Themenfelder der mit den Schriften arbeitenden Personen wechseln können. Daher erscheint es günstiger, jede Schrift ausschließlich mit einer Zahl zu versehen (z. B. 172) und idealerweise darauf zu achten, dass ihre Inhalte sorgfältig anhand des Schlagwortkatalogs erfasst sind. Diese Lösung bringt auch den Vorteil mit sich, dass dann sämtliche Schriften entlang dieses eindeutigen, "unbestechlichen" Kriteriums (aufsteigende Zahlen) in Ordnern abgelegt werden können.

Wenn Sie eine *Personenkartei* anlegen wollen, dann sollten Sie für jede Person eine Karteikarte reservieren und auf dieser Karte zentrale Informationen über das Leben und Werk der betreffenden Person vermerken. Es empfiehlt sich, in der Personenkartei Querverweise zur Literatur- und Schlagwortkartei einzutragen.

EDV-gestützte Literaturdatenbanken

Moderne Methode: EDV-gestützte Literaturdatenbanken

Die EDV-gestützte Literaturverwaltung bringt erhebliche, mit den meisten Literaturverwaltungsprogrammen realisierbare Vorteile mit sich:

- Sie können bei der Literaturerfassung auf Eingabehilfen (Bildschirmmasken) zurückgreifen.
- Sie können bequem Stich- und Schlagwörter bestimmen, die automatisch zu Stich- und Schlagwortkarteien zusammengefasst werden.
- Sie können Ihren Literaturbestand komfortabel nach diesen Stich- oder Schlagwörtern durchsuchen.
- Sie können nach nahezu beliebigen Kombinationen von Stich- und Schlagwörtern recherchieren.
- Sie können Ihre Suchresultate sortieren (z. B. Autorennamen, Veröffentlichungsjahr), in Listen zusammenfassen und in andere "Softwarewelten" exportieren.
- Wenn Sie gleiche Publikationen für mehrere Arbeiten verwenden, müssen Sie diese nicht jedes Mal neu zusammenstellen.
- Sie können die in EBSCO, JSTOR etc. ausgewiesenen Quellenangaben direkt in die Literaturverwaltungsprogramme einspeisen,
- Sie können die erfassten Publikationen direkt in Ihre wissenschaftliche Arbeit einbinden.

Prominente Softwarepakete

Am Softwaremarkt wird mittlerweile eine kaum überblickbare Fülle an Literaturverwaltungsprogrammen angeboten. Nachfolgend wird ein Spektrum an Kriterien vorgestellt, anhand derer ein Vergleich bzw. eine Beurteilung der Programme möglich ist. Hernach werden dann die wichtigsten Programme anhand dieser Kriterien einander gegenübergestellt. Die zu berücksichtigenden *Vergleichkriterien* sind:

Vergleichs-kriterien

- Allgemeine Kriterien (Vertriebsform, Verfügbarkeit einer Demoversion, Erweiterungsmöglichkeit, Sprache (englisch/deutsch))
- Kosten (Kaufpreis, Kosten für Programmpflege)
- PC-Systemvoraussetzungen (Hardware, Betriebssystem, Interdependenzen mit anderen Softwarepaketen)
- Programmfunktionen (Verwaltungsfunktionen, Zusatzfunktionen)
- Programmschnittstellen (Importformate, Internetbasierte Datenbankabfrage, Exportformate, Formatvorlagen)
- Eingabemasken (Vorkonfigurierte Eingabefelder, frei definierbare Eingabefelder, Datensicherung, Anzeigeformat)
- Eingabehilfen (Rechtschreibkontrolle, strukturelle Eingabehilfen (Doubletten, Auswahllisten etc.))
- Suchmaske (Suchalgorithmus, Suchfunktion, Anzeigeformat, Suchhistorie)
- Programmhilfe (Hilfefunktionen, Hersteller-Support)
- Benutzerfreundlichkeit (Menüstruktur, Informationsdarstellung, Dateneingabe).

Diese Vergleichskriterien sollten Sie bei dem Kauf eines Programms mit dem Händler durchgehen und besprechen.

Jenne (2003, S. 51 ff.) hat die am Markt verfügbaren Literaturverwaltungsprogramme systematisch untersucht und kommt im Hinblick auf vielgenutzte Programme zu dem in Tabelle 3-4 zusammengestellten Ergebnis.

3.4.5 Auswahl und Auswertung von Literatur

Literaturauswahl als Problem

Wenn Sie die oben genannten Hinweise zur Recherche und Beschaffung von Literatur beachten und umsetzen, werden Sie bei nahezu allen Themen wissenschaftlicher Arbeiten eine Fülle von Schriften zur Verfügung haben. Diese Literaturfülle steht im Widerspruch zu der nahezu bei allen Arten wissenschaftlicher Arbeiten bestehenden Zeitknappheit.

Tabelle 3-4 *Vergleich verfügbarer Literaturverwaltungsprogramme*

Kriterien \ Programm		LiteRat	Biblist	Scholar's Aid	Biblio Express	Citation	Liman	Biblio-graphix	EndNote
Vertrieb		Down-load	CD, später Down-load	Download	Download	CD	CD oder Down-load	CD oder Down-load	CD oder Download
Sprache		Deutsch	Deu/ Eng	Englisch	Englisch	Englisch	Deutsch	Deu/ Eng	Englisch
Kosten		frei	49 € später frei	99 US$	frei	79 US$	12 € oder 10 €	75 €	120 €
Hardware		RAM 16 HD 10	Keine Angabe	RAM 32 HD 20	RAM 16 HD6	RAM 128 HD 20	RAM 32 HD 20	RAM 32 HD 15	RAM 16 HD 50
Software		Access Runtime	-	-	-	-	-	Explorer ab 4.0	Word ab 97
Betriebs-system		Windows ab 3.11, OS2, Mac	Windows ab 3.11	Windows ab 95	Windows ab 95	Windows ab 98	Windows ab 98	Windows ab 95	Windows ab 98 SE, Mac OSX
Datenein-gabe	Manuell	3	I	4	2	3	2	4	3
	Import	I	2	4	1	2	4	3	4
Verarbei-tung	Suche	3	2	4	3	3	3	3	2
	Arbeits-aufträg	4	0	0	0	0	2	1	0
Datenausgabe	Bild-schirm	2	2	4	1	2	3	3	3
	Export Textver-arbeitung	I	I	4	3	3	3	4	4
	Export an andere Systeme	I	I	3	3	3	1	3	3

Da diese Zeitknappheit auch für das Durcharbeiten von Literatur gilt, müssen Sie eine Auswahl unter den Ihnen zur Verfügung stehenden Schriftstücken treffen, in deren Rahmen Sie bestimmen, (1) welche Schriftstücke Sie lesen werden und welche nicht und (2) in welcher Reihenfolge Sie die Schriftstücke lesen werden. Folgern Sie aus diesen Hinweisen bitte *nicht,* dass es sinnvoll ist, die Literatursuche weniger sorgfältig zu betreiben, weil sich dann das Literaturauswahlproblem nicht so sehr stellt. Dies ist ein "Holzweg", weil Sie in diesem Fall während Ihrer wissenschaftlichen Betätigung aller Wahrscheinlichkeit nach nicht die ergiebigsten, nicht die besten Literaturstellen verwerten werden.

Qualitätsindikatoren für Literatur

Doch wie findet man die besten Schriften heraus? Ist es möglich, die Qualität einer Schrift zu beurteilen, ohne dass man in ihr gelesen hat? Obwohl es hierfür keine absolut verlässliche Methode gibt, lassen sich doch einige Indikatoren benennen, die mit einer gewissen Wahrscheinlichkeit über den Gehalt einer Schrift Auskunft geben:

- Die Schrift ist in einer renommierten, begutachteten Zeitschrift veröffentlicht worden (vgl. Abschnitt 3.4.1).
- Die Schrift ist in einem bekannten, im jeweiligen Fachgebiet respektierten Verlag erschienen.
- Die Schrift ist in verschiedenen anderen Arbeiten zitiert worden.
- Die Schrift ist von einer Person verfasst worden, die im jeweiligen Fachgebiet gut bekannt und anerkannt ist.
- Die Schrift ist von einer Person verfasst worden, deren Veröffentlichungsthemen nicht zu heterogen sind, die also nicht glaubt, zu allerlei Themen etwas sagen zu können.
- Am Anfang der Schrift werden eine Untersuchungsfrage und eine Abschnittsgliederung spezifiziert, am Ende findet sich eine Zusammenfassung der wichtigsten Erkenntnisse.
- In der betreffenden Schrift wird auf Schriften anderer Personen zurückgegriffen. Dies ist ein Qualitätsindikator, weil es dann wahrscheinlich ist, dass in der betreffenden Schrift das bestehende Wissen berücksichtigt worden ist.
- Die Schrift weist einen gewissen Mindestumfang auf. Die heutigen wissenschaftlichen Probleme sind in aller Regel komplex und können nicht auf zwei oder drei Seiten hinreichend behandelt werden. Diesen Indikator sollten Sie jedoch mit Vorsicht anwenden: Einstein hat seine zentralen Gedanken zur Relativitätstheorie in einem kurzen Aufsatz veröffentlicht.

Nutzung von Lesetechniken

Schriften, die einem oder sogar mehreren dieser Indikatoren entsprechen, sollten Sie im nächsten Schritt unter Berücksichtigung der in Abschnitt 2.1.3 dargelegten Lesetechniken durcharbeiten. Schriften, die durch dieses Sieb durchgefallen sind, sollten Sie zumindest flüchtig (= diagonal bzw. kursorisch) lesen (vgl. Abschnitt 2.1.3.1), bevor Sie diese endgültig ab- bzw. weglegen. Die vorgenannten Indikatoren können nämlich keine absolut verlässlichen Auswahlkriterien darstellen.

Lesen statt bloßes Kopieren

Viele Studierende haben es sich angewöhnt, alles zu kopieren bzw. ausdrucken, was auch nur im Entferntesten mit ihrem Studium (ihrer Arbeit) zusammenhängt. Dies ist aus verschiedenen Gründen eine problematische Vorgehensweise. Erstens fallen Ihnen hierdurch sehr hohe Kosten an, zweitens benötigt insb. das Kopieren viel Zeit, drittens müssen Sie dann meterweise abgeheftetes Material überblicken, was viertens demotivierend ist und fünftens handeln Sie ökologisch fragwürdig. Beschränken Sie Ihre Kopier- und Ausdruckaktivitäten also auf qualitätsvoll erscheinende Publikationen. Diese können Sie dann aber auch mit gutem Gewissen kopieren bzw. drucken, zumal Sie dann in den Text hineinschreiben können. Vergessen Sie im Falle des Kopierens bzw. Ausdruckens jedoch auf keinen Fall, die vollständige Quellenangabe der Schrift auf der Kopie zu vermerken und (eine) zugehörige Karteikarte(n) anzulegen. Andernfalls werden Sie in der Endphase der Erstellung Ihrer Arbeit Schwierigkeiten haben, die fehlenden Informationen zu ergänzen.

Im Anschluss an die Literaturauswahl muss die Literatur gelesen werden. Beachten Sie dabei bitte die in Abschnitt 2.1 bereitgestellten Hinweise (die wir bereits oben behandelt haben, weil sie für das Studium im Allgemeinen und nicht nur für die Erstellung einer schriftlichen wissenschaftlichen Arbeit bedeutsam sind).

3.4.6 Das Internet für Studierende

Die Verbreitung des Internets hat in den letzten Jahren weiter stark zugenommen. Gerade bei Studierenden ist dieses Medium sehr beliebt und dementsprechend sind die meisten Studierenden „online“.

Auch wenn Sie Ihren Zugang zum World Wide Web (www), dem populärsten Teil des Internets, sowie Ihren E-Mail-Account primär für private Zwecke verwenden, bietet Ihnen das Internet bzw. das World Wide Web vielfältige Nutzungsmöglichkeiten, die Ihnen wertvolle Unterstützung für Ihr Studium liefern können.

Internet zur Informationssammlung

Im Mittelpunkt der Nutzung des Internets zu Studienzwecken steht der Informationsaustausch. Da das Internet eine „Übermenge“ von Informationen bereithält, werden Sie aus seiner Verwendung nur dann einen persönlichen Gewinn ziehen können, wenn Sie mit ihm sachgerecht umgehen. Nur dann haben Sie Chancen, nicht in der Datenvielfalt unterzugehen.

Internet zur Kommunikation mit der Hochschule

Der vorliegende Abschnitt ist in vier Teile gegliedert: Zunächst soll Ihnen gezeigt werden, wie das Internet die Kommunikation mit Ihrer Hochschule und Ihren Kommilitonen erleichtern kann. Danach wird dargelegt, wie Sie im Netz den Überblick wahren, indem die verschiedenen Suchmöglichkeiten im www vorgestellt werden. Nach dieser allgemeinen Darstellung möglicher „Einstiegsstellen“ wird im dritten Teil die Suche nach Literatur unter Verwendung verschiedener Bibliotheken-Kataloge thematisiert, die für die Erstellung einer Seminar- oder Abschlussarbeit bedeutsame Informationsstellen enthalten. Abschließend werden noch weitere Institutionen vorgestellt, die Ihnen im Rahmen Ihres Studiums behilflich sein können.

3.4.6.1 Kommunikation mit der Hochschule

Auch wenn Ihre Hochschule nicht weit von Ihrem Wohnort entfernt liegt, haben Sie per Internet viele Möglichkeiten, gerade Formalitäten und vermeintliche Nebensächlichkeiten des Studiums schnell und effizient zu erledigen. Im Folgenden sollen dafür einige Anwendungsmöglichkeiten dargestellt werden:

Anmeldung:

Internet zur Anmeldung

Sie kennen sicherlich das Problem: Sie müssen sich bis zu einem bestimmten Zeitpunkt für eine Klausur, ein Seminar oder eine Übung anmelden. Diese Anmeldetermine liegen häufig in den Semesterferien, in denen viele Studierende ein Praktikum absolvieren, Auslandserfahrungen sammeln oder sich in ihrem Heimatort aufhalten. Die Anmeldeliste befindet sich jedoch im Sekretariat des Lehrstuhls oder im Prüfungsamt, weit entfernt von Ihrem jetzigen Aufenthaltsort. Sie ist somit nur für die „Daheimgebliebenen" Ihrer Kommilitonen erreichbar. Bei einer Möglichkeit zur Anmeldung per Internet können Sie von jedem Ort der Welt Ihre Teilnahme „buchen". Dieser Vorgang ist in der Regel innerhalb von wenigen Minuten erledigt. Eine Online-Anmeldung hat zudem gegenüber einer handschriftlich entstandenen Liste den Vorteil, dass die Daten maschinell eingegeben werden, so dass Missverständnisse und Irritationen aufgrund von unleserlichen Daten vermieden werden.

Eine Online-Anmeldung ist jedoch nicht auf Klausuren, Seminare oder Übungen beschränkt: Wer einmal bei einem angesehenen Professor die Sprechstunde besucht hat, hat sich vielleicht über die langen Schlangen und das unproduktive, oft stundenlange Warten geärgert. Auch hier wirkt eine Online-Anmeldung mit Terminvergabe effizienzsteigernd. Eine Terminvergabe könnte auch telefonisch im jeweiligen Sekretariat erfolgen, jedoch hat diese Vorgehensweise den Nachteil, dass die Sekretariate erstens zumeist nur wenige Stunden des Tages geöffnet haben und zweitens häufig mit anderen Arbeiten überlastet sind. Im Gegensatz zu den Anmeldungen zu Klausuren oder Seminaren ist die Online-Anmeldung zu Sprechstunden zur Zeit jedoch noch wenig verbreitet.

Information:

Internet zur Information

Eine weitere Anwendungsmöglichkeit liegt in einer einfachen Informationsfunktion. Das Internet fungiert dabei als Ergänzung zum „schwarzen Brett", das Ihnen an jedem Lehrstuhl, Institut oder sonstigen Hochschuleinrichtungen für Ihr Studium relevante Informationen liefert. Der Nachteil der schwarzen Bretter im herkömmlichen Sinn besteht wiederum darin, dass nur die physisch Anwesenden die Informationen erhalten können. Virtuelle schwarze Bretter hingegen können Sie fast überall über die Noten der letzten Klausur, die kurzfristige Verlegung einer Lehrveranstaltung oder interessante Vorträge an der Hochschule unterrichten.

Internet zum Foliendownload

Download:

Wie Sie im Laufe Ihres Studiums bestimmt schon festgestellt haben, hat jeder Professor, Dozent oder sonstige an einer Hochschule Lehrende eine spezielle Methode, die in den Lehrveranstaltungen verwendeten Medien (z. B. Powerpoint-Slides bzw. Folien für den Overhead-Projektor) den Studierenden zur Verfügung zu stellen. So werden von den Lehrstühlen häufig zu Semesterbeginn Skripte verkauft, die die gesamten Materialien einer Veranstaltung beinhalten. Eine andere Möglichkeit besteht darin, in einem speziellen Ordner die Folien der letzten Veranstaltung zum Kopieren zur Verfügung zu stellen. Dieser Ordner wird dann wöchentlich aktualisiert. Diese Vorgehensweise hat den Nachteil, dass bei großer Resonanz die Materialien unbrauchbar oder von Ihren egoistischen Kommilitonen einfach aus dem Ordner entwendet werden. An dieser Stelle setzt der Download von Unterrichtsmaterialien aus dem Internet an. Die für eine Veranstaltung relevanten Materialien können, je nach Präferenz des Lehrstuhls, en bloc vor Semesterbeginn oder aber wöchentlich aktualisiert auf der Homepage des Lehrstuhls eingestellt werden, so dass Sie die Möglichkeit haben, die Materialien auf Ihren Computer zu laden, um sie dann selbst auszudrucken. Als Dateiformat für diese Zwecke wird in den meisten Fällen das pdf-Format gewählt. Die Dateien können dann mit dem (kostenlos von dem Unternehmen Adobe [*http://www.adobe.com*] vertriebenen) Programm Acrobat Reader geöffnet und ausgedruckt, nicht jedoch editiert oder in einer anderen Form verändert werden, so dass die Gefahr einer Urheberrechtsverletzung reduziert ist.

Internet für Anfragen an Lehrstühle

E-Mail:

Sie werden sicherlich die Erfahrung haben, dass Sie häufig nur wenige und relativ einfache Fragen an Professoren, Dozenten oder Assistenten zu stellen haben, so dass der Besuch der wöchentlichen Sprechstunde einen verhältnismäßig hohen Aufwand sowohl für Sie als auch die Lehrstuhlmitarbeiter darstellt. Auch ein Telefonanruf ist häufig ungünstig, da die Professoren und Assistenten, die zudem noch zumeist nur auf der Basis von Teilzeitverträgen tätig sind, nicht immer telefonisch erreichbar sind und auch eine Störung ihrer Arbeit naturgemäß nicht begrüßen. Falls Ihr Anliegen einfach ist, sind E-Mails das ideale Kommunikationsmittel, um einen Sachverhalt schnell und unbürokratisch zu klären. Verhält sich die Angelegenheit komplizierter, sollten Sie jedoch den Besuch der Sprechstunde der elektronischen Post vorziehen. Wichtige und komplexe Themen wie etwa die Besprechung einer Seminararbeit sollten im persönlichen Kontakt zwischen Lehrenden und Studierenden behandelt werden. Ein weiterer wichtiger Aspekt, der gegen die unkritische Verwendung von E-Mails als Kommunikationsmittel zwischen der Hochschule und Ihnen spricht, ist die Tatsache, dass gerade ältere Professoren zwar häufig eine E-Mail-Adresse haben, jedoch mit der Anwendung der neuen Medien noch nicht so vertraut sind wie ihre jüngeren Kollegen oder die Assistenten, und daher ihre Mailbox nur in unregelmäßigen und großen Zeitabständen überprüfen. Klären Sie daher im Vorfeld durch persönlichen Kontakt ab, ob gute Chancen bestehen, dass Ihre Mails adressatenseitig gelesen werden.

Hochschulweite Lern- und Lehrplattformen

In den vergangenen Jahren haben immer mehr Hochschulen sogenannte hochschulweite Lern- und Lehrplattformen eingerichtet, auf denen die vorgenannten Features integriert sind. Eine breite Verwendung findet das von der Universität Zürich entwickelte OLAT-(Online Learning And Training-) System (eine Liste weiterer Lernplattformen findet sich auf der Seite *http://de.wikipedia.org/wiki/Liste_von_Lernplattformen*). Auf diese Plattformen können die Lehrenden Vorlesungsunterlagen (z. B. Skripte, Foliensätze oder Übungsmaterialien und -aufgaben) hochladen, so dass den Studierenden ein ortsunabhängiger Zugriff ermöglicht wird. Überdies können auf den Plattformen auch Fragenforen eingerichtet werden, in denen die Studierenden in Interaktion mit dem jeweiligen Lehrenden sowie mit Kommilitonen treten können). Um eine solche Plattform zu nutzen, ist die Einrichtung eines Accounts erforderlich (den Zugang erhält man mit einer Studienberechtigung).

Teilweise machen die Professuren auf ihren Websites selbst den Studierenden Materialien und Informationen zugängig. Mitunter sind dort Video- oder Audiostreams einzelner Lehrveranstaltungen oder interaktive (Selbst-) Tests zur Vorbereitung auf Klausuren bzw. zur Kontrolle des eigenen Lernfortschritts verfügbar, wobei die in Abschnitt 2.2.1 bereitgestellten Hinweise beachtet werden sollten.

3.4.6.2 Kommunikation mit Kommilitonen

Soziale Netzwerke

Seit einigen Jahren setzen immer mehr Studierende Soziale Netzwerke wie Facebook oder Google plus sowie Mikro-Blogging-Systeme wie Twitter als Hilfsmittel zur Studienorganisation ein. Ähnlich wie im Falle einer offiziellen (öffentlichen) Hochschulplattform können in den Sozialen Netzwerken insbesondere Dokumente abgelegt und ausgetauscht werden. „Gepostet" werden kann praktisch alles, was digital übertrag- und abspeicherbar ist. Soziale Netzwerke können aber auch als Kommunikations- und Planungs- und Problemlösungsinstrumente genutzt werden (vgl. auch Moser/Holzwarth 2011). Es ist möglich, Fragen und Probleme in nichtöffentlichen Berei-

Facebook

Google plus

Twitter

chen zu diskutieren. Neben privaten Gruppen existieren in Sozialen Netzwerken auch zahlreiche studienrichtungsspezifische Gruppen, in denen aktuelle Informationen über Studiengänge ausgetauscht werden.

studiVZ

MyCampus

Ein wesentlicher Vorteil von allgemeinen, nicht speziell auf das Studium ausgerichteten Sozialen Netzwerken besteht darin, dass die Studierenden auf diesen ohnehin täglich aktiv sind und sie deshalb nicht extra ansteuern müssen, was die Nutzung komfortabler macht. Daher verwundert es nicht, dass derartige Soziale Netzwerke in den letzten Jahren alternative Foren wie studiVZ oder myCampus (letztere war die Internetplattform der Campuszentrale Kiel) weitgehend verdrängt haben. Da die Sozialen Netzwerke ihre Applikationen für fast alle mobilen Betriebssysteme anbieten und überdies über sog. „Push-Benachrichtigungen" verfügen, sind viele Nutzer auch unterwegs ständig erreichbar. Die Wahrscheinlichkeit, dass eine wichtige Information verpasst wird, ist gering.

Urheberrecht beachten

Vor dem Hochladen eines Dokuments auf ein Soziales Netzwerk sollten Sie prüfen, ob dieses nicht urheberrechtlich geschützt ist. Aber auch aus der Perspektive des Datenschutzes sind viele Soziale Netzwerke kritisch zu beurteilen. Jedenfalls sollten Sie in Sozialen Netzwerken nicht allzu viel von sich selbst preisgeben. Die Gefahr einer unzureichend geschützten Privatsphäre nehmen jedoch fast alle Mitglieder Sozialer Netzwerke aufgrund des hohen Komforts billigend in Kauf. Bisweilen sind sogar die Hochschulen selbst Mitglied in Sozialen Netzwerken (vgl. z. B. die Seite der Universität Halle-Wittenberg https://de-de.facebook.com/unihalle). In manchen Fällen scheint dies jedoch nicht mehr als ein cleverer Marketing-Trick einer um Studierende buhlenden Hochschule zu sein.

Potenzielle Störgröße und Zeitfresser

Schließlich ist zu bedenken, dass Soziale Netzwerke auch enorme Zeitfresser und Ablenkungsquellen darstellen können. Um diese Gefahr zu unterbinden, sollten Sie es vermeiden, wahllos möglichst viele Kontakte zu unterhalten. Vielmehr sollten Sie Ihr Netzwerk zielgerichtet aufbauen.

Skype, Doodle und Dropbox

Aber auch IP-Bildtelefonie-Systeme wie Skype, Terminabstimmungs-Systeme wie Doodle oder Webdienste, die eine Synchronisation von Dateien zwischen verschiedenen Rechnern ermöglichen (z. B. dropbox), können zum Zweck der Studienorganisation eingesetzt werden.

3.4.6.3 Suchen im „Netz der Netze"

Gefahr der Informationsüberflutung

Die ungeheure und ständig wachsende Datenvielfalt im World Wide Web birgt neben den Vorteilen dieses Mediums die Gefahr, buchstäblich „den Wald vor lauter Bäumen" nicht mehr zu sehen. Es geht dabei vor allem um die Frage, ob und in welcher Menge Sie Informationen zu einem bestimmten Thema erhalten. Was nützen Ihnen die im Netz enthaltenen Informationen, wenn Sie keinen Zugang zu ihnen erhalten oder aber vor dem vielzitierten „information overload" kapitulieren müssen? Damit Sie im Informationsdickicht den Durchblick behalten, ist eine gezielte Suche nach Informationen unerlässlich. Dabei können Sie auf folgende Hilfsmittel zurückgreifen, die im Folgenden kurz erläutert werden sollen:

Drei Such-Tools

- Suchmaschinen,
- Web-Kataloge und
- Meta-Suchmaschinen.

Außer den drei genannten „Such-Tools" gibt es noch den Bereich der Speziellen Suchmaschinen, der am für Sie als Studierende relevanten Beispiel der Bibliotheken und Buchkataloge im nachfolgenden Abschnitt erläutert werden soll.

a) Suchmaschinen

Suchmaschinen

Die Arbeitsweise: Suchmaschinen stellen die klassische Form des Suchdienstes dar. Sie „durchwühlen" automatisch 24 Stunden am Tag viele Seiten des Internet und speichern deren Überschriften sowie Teile der in den Seiten enthaltenen Begriffe auf einem leistungsstarken Server ab. Wenn Sie von Ihrem Computer aus einen Begriff eingeben, vergleicht die Suchmaschine diesen mit den auf den Server gespeicherten Informationen und liefert Ihnen eine Liste der mit Ihrer Eingabe übereinstimmenden Seiten.

Die Suchstrategie: Hier sollten Sie die gewünschten Informationen möglichst genau präzisieren, mehrere Begriffe miteinander verknüpfen und das Suchergebnis schrittweise eingrenzen. Seien Sie nicht frustriert, wenn die Suchmaschine zunächst zu viele Seiten anzeigt, sondern versuchen Sie, durch „und"- bzw. „oder"-Verbindungen den Heuhaufen klein zu halten, um die berüchtigte Nadel zu finden (vgl. Abschnitt 3.4.2).

Vorteile:

Bewertung

- Oft schnelle und einfache Ergebnisse,
- vielfältige Möglichkeiten der Eingrenzung und Spezifizierung der Suchanfrage und
- relativ umfassender Datenbestand.

Nachteile:

- Zu viele und unbrauchbare Treffer bei vielen (zu allgemeinen) Anfragen und
- manche Suchmaschinen erfordern eine spezielle Syntax, um Verknüpfungen herstellen zu können.

Beispiele für Suchmaschinen: http://www.google.de, http://www.bing.com, http://www.yahoo.de (bei Suchmaschinen hat Google derzeit eine absolute Vormachtstellung. Über 80 Prozent der Recherchen erfolgen derzeit über diese Suchmaschine (vgl. *http://www.webhits.de/deutsch/index.shtml?/deutsch/webstats.html).*

Web-Kataloge

b) Web-Kataloge

Die Arbeitsweise: Während bei Suchmaschinen sogenannte Searchbots (Zusammensetzung aus „Search" und „Robots") das Netz automatisch nach Material durchsuchen, führen bei Web-Katalogen Menschen diese Arbeit aus. Sie klicken sich durch Webseiten und ordnen die Seiten Schlagwörtern zu. Diese Schlagwörter werden dann innerhalb eines Web-Katalogs hierarchisch geordnet.

Die Suchstrategie: Ein Web-Katalog bietet auf seiner Start-Seite bereits eine Gliederung nach Rubriken an. Sie können nun im Katalog diesen Rubriken Schritt für Schritt folgen oder Schlagwörter eingeben und in den gefundenen Unterrubriken weitersuchen. Dort finden Sie dann alle Links zu Ihrem gesuchten Begriff.

Bewertung

Vorteile:

- Nahezu jeder Treffer ist auch relevant, unpassende Ergebnisse gibt es selten.
- Sie erhalten ein differenzierteres Bild und ersparen sich „Blindgänger".

Nachteile:

- Die Links sind nicht immer aktuell, es kommt vor, dass die angezeigten Seiten gar nicht mehr existieren.
- Die Qualität der Einträge variiert je nach Redakteur.
- Eine Suche nach speziellen Wörtern ist nur eingeschränkt sinnvoll, da diese häufig nicht „verschlagwortet" werden.

Beispiele: Der „Klassiker" unter den Webkatalogen ist sicherlich Yahoo (*www.yahoo.com* bzw. *www.yahoo.de*). Andere erwähnenswerte Web-Kataloge sind: *www.web.de, www.allesklar.de* oder *www.sharelook.de*.

Erwähnenswert ist auch, dass die meisten der genannten Suchmaschinen und Web-Kataloge nicht allein auf den deutschen Sprachraum beschränkt, sondern auch weltweit einsetzbar sind.

Meta-Suchmaschinen

c) Meta-Suchmaschinen

Die Arbeitsweise: Meta-Suchmaschinen führen keinen eigenen Datenbestand, sondern durchsuchen mehrere Suchmaschinen, aber auch Web-Kataloge und andere Datenbanken gleichzeitig. Während des Suchvorgangs können Sie die Ergebnisse bereits auf Ihrem Bildschirm verfolgen, so dass etwa folgender Aufbau vorstellbar ist: „Google: 73 Treffer, Bing: 17 Treffer ...". Am Ende des Suchvorgangs werden alle gefundenen Websites aufgelistet.

Die Suchstrategie: Aufgrund der Vielzahl der zugrunde liegenden Suchmaschinen können Sie am Ende einen „information overload" erleiden. Deshalb empfiehlt sich eine differenzierte Vorgehensweise. Sie sollten viele präzise Begriffe eingeben und diese entsprechend verknüpfen. Eventuell müssen Sie Ihre Ergebnisliste enorm eingrenzen oder aber eine der oben beschriebenen Suchmöglichkeiten nutzen.

Bewertung

Vorteile:

- Ein riesiger Datenbestand kann zeitsparend durchsucht werden.
- Sie müssen nicht mehr die Verknüpfungstechniken einzelner Suchmaschinen beherrschen.

Nachteile:

- Die Ergebnisse hängen von der Qualität der abgefragten Suchmaschinen, Web-Kataloge und sonstigen Datenbanken ab.
- Bei unspezifischen Anfragen liefern die Meta-Suchmaschinen oft zu viele oder unbrauchbare Treffer.

Beispiele für Meta-Suchmaschinen: *www.metager.de* (Meta-Suchmaschine des Regionalen Rechenzentrums in Hannover), *www.ask.com, www.metaspinner.de, www.search.com, www.metacrawler.com* oder *www.dogpile.com*.

In diesem Zusammenhang sind weitere Internet-Seiten zu empfehlen, die Ihnen zum Thema „Suchen und Finden im Internet" sicherlich weiterhelfen können:

www.suchfibel.de: Diese (deutschsprachige) Seite richtet sich eher an den interessierten Anfänger, der Schritt für Schritt in die Kunst des Suchens eingeführt wird.

www.suchmaschinen-online.de: Neben allgemeinen Informationen finden Sie auf dieser Seite Beschreibungen einiger wichtiger Suchoperatoren.

www.searchenginewatch.com: Diese Seite ist eher für den fortgeschrittenen „User" geeignet. Neben den obligatorischen Hinweisen zur erfolgreichen Suche werden hier auch Suchmaschinen getestet und evaluiert. Dazu gibt es umfangreiche Statistiken, anhand derer die Qualitäten der einzelnen Suchmaschinen beurteilt werden.

d) Wikipedia

Wikipedia

Wikipedia ist ein in zahlreichen Sprachen verfügbares freies Internet-Lexikon. In der deutschsprachigen Fassung sind derzeit über 1,5 Millionen Einträge verfügbar. Diese werden von kollektiv arbeitenden Internetnutzern auf freiwilliger, unentgeltlicher Basis abgefasst und fortlaufend überarbeitet. Über die Zeit hinweg hat das in Wikipedia Bestand, was von der Community der Internetnutzer akzeptiert wird. Die Einstellung der akademischen Welt gegenüber der Nutzung von Wikipedia durch Studierende hat sich in den letzten Jahren erheblich gewandelt. Während noch vor fünf Jahren die inhaltliche Richtigkeit vieler Wikipedia-Einträge in Frage gestellt wurde, hat sich zwischenzeitlich die Auffassung durchgesetzt, dass viele der arbeitsteilig erstellten und überprüften Einträge inhaltlich richtiger sind als viele mancher Hardcopy-Lexika. Dies belegen verschiedene Vergleichstests, die unter anderem in der renommierten Zeitschrift „Nature" veröffentlicht worden sind (vgl. *http://de.wikipedia.org/wiki/Wikipedia*). Gleichwohl bleibt festzuhalten, dass Wikipedia-Einträge im Rahmen der Anfertigung wissenschaftlicher Qualifikationsarbeiten natürlich nur für den allerersten Einstieg in ein Thema dienen können, weil in aller Regel die Themenstellung spezifischer ist als das, was in Wikipedia steht. Gestützt werden müssen die Ausarbeitungen vorrangig auf wissenschaftliche Publikationen, zu denen Wikipedia-Einträge nicht gehören.

3.4.6.4 Bibliotheken und Buchkataloge

OPAC

Das Internet hat erst im Laufe des letzten Jahrzehnts den Durchbruch zum Massenmedium geschafft. Eine Vielzahl des in den letzten Jahres veröffentlichten Wissens ist somit online verfügbar. Das dokumentierte Wissen der Menschheit aus früheren Perioden ist jedoch für die meisten wissenschaftlichen Qualifikationsarbeiten von Bedeutung. Dieses ist vielerorts in den Bibliotheken vorhanden. Diese bieten zunehmend Schnittstellen an, die den virtuellen Besucher über den Bestand an Publikationen informieren. Ein wichtiges Schlagwort ist in diesem Zusammenhang der Begriff OPAC (Online Public Access Catalogue (vgl. Abschnitt 3.4.2)). Fast alle Bibliotheken bieten heutzutage diese bequeme „Einstiegsstelle", die fast überall kryptisch anmutende Zugänge wie telnet ersetzt hat. Eine Übersicht über nationale und internationale OPACs finden Sie unter *http://www.bildungsserver.de/Bibliothekskataloge-OPACs-995.html.*

Beispiele

Wenn Sie einen umfassenden Überblick erhalten möchten, sollten Sie die Seiten des „bibliographischen Werkzeugkastens" am Universitätszentrum Nordrhein-Westfalen anwählen (*http://www.hbz-nrw.de/*). Hier finden Sie Links zu nahezu allen Bibliotheken weltweit, ebenso wie zu Buchhändlern, Katalogen oder weiteren Datenbanken.

Die nützliche, allumfassende Suchanfrage des Karlsruher Virtuellen Kataloges (*http://www.ubka.uni-karlsruhe.de/kvk.html*) greift neben deutschsprachigen und internationalen Bibliotheken auch auf die Kataloge großer Buchhändler zurück, wobei man für jede Suchanfrage auswählen kann, aus welchen Katalogen die interessierende Publikation gesucht werden soll. Die Suche kann außerdem nach Titel, Schlagwort, Autor, ISBN-Nummer, Jahr, Körperschaft und Verlag eingegrenzt werden.

Im Rahmen dieses Abschnitts wurden neben den Bibliotheken bereits die Buchhändler erwähnt, deren verfügbare Bestände ebenfalls online durchsucht werden können. Die wichtigsten Buchhändler sowie weitere für Sie relevante Internet-Adressen werden im folgenden Abschnitt vorgestellt.

3.4.6.5 Buchhändler und weitere interessante Informationsquellen

Buchhändler

Auch wenn Sie die meisten Publikationen, die Sie im Rahmen der Erstellung einer wissenschaftlichen Qualifikationsarbeit verwenden, über Bibliotheken beziehen, gibt es sicherlich auch Veröffentlichungen, die Sie länger in Ihrem Besitz haben möchten. Wenn Sie zudem noch das Bedürfnis haben, eigene Anmerkungen, Hervorhebungen oder ähnliches in die Publikationen einzutragen, sollten Sie als Alternative zum Leihen auch das Kaufen eines Buchs in Betracht ziehen. Neben dem örtlichen Buchhandel, der Ihnen in der Regel auch eine Vielzahl der gesuchten Bücher innerhalb weniger Tage liefern kann, gibt es einige Internet-Buchhändler, bei denen Sie schnell und bequem ein Buch auswählen und bestellen können. Dieses trifft insb. bei fremdsprachigen oder aus speziellen Fachgebieten stammenden Publikationen zu. Bewährte deutschsprachige Seiten sind: *www.ebook.de, www.buchhandel.de, www.bol.de* sowie insb. *www.amazon.de.*

Amazon und dessen Features

Amazon.de nutzt am stärksten die Interaktivität des Internet, indem der Besucher gelesene Bücher auch rezensieren und mit anderen Lesern in Kontakt treten kann. Daneben ist der Seitenaufbau einfach und übersichtlich, Bestellung und Auslieferung erfolgen problemlos, schnell und sicher. Ein besonderes Highlight ist die Tatsache, dass für jedes Buch die Platzierung nach Verkaufszahlen verzeichnet ist. Ernstzunehmende wissenschaftliche Publikationen sind aufgrund ihrer quantitativ geringen Zielgruppe jedoch zumeist auf hinteren Rängen zu finden und können es in dieser Hinsicht mit den Harry Potters dieser Welt nicht aufnehmen. Günstig ist auch die von Amazon angebotene Funktion „search inside" („Blick ins Buch"). Bei einem Teil der angebotenen Büchern können Sie direkt auf der Website suchen, ob ein bestimmter Begriff in dem jeweiligen Buch enthalten ist. Ist dies der Fall, dann können Sie die betreffende Seite des Buches am Bildschirm ansehen.

Als empfehlenswerte internationale Online-Buchhändler sind Amazon.com (*www.amazon.com*), die amerikanische „Mutter" von Amazon.de, sowie die Buchhandelskette Barnes & Noble (*www.barnesandnoble.com*) zu nennen.

Weitere Adressen

Wer brandaktuelle Informationen zu einem bestimmten Thema, einem Unternehmen oder einer Person benötigt, dem ist mit Google News (*http://news.google.de*) oder mit Paperball (*http://paperball.de/*) geholfen. Letzterer ist ein Ableger der Suchmaschine Fireball. Ausgewertet werden in den genannten Suchhilfen sowohl überregionale als auch provinzielle Zeitungen.

Wer sich auf einzelne Zeitungen oder Zeitschriften beschränken möchte, sollte diese direkt anwählen. Einige Zeitungen wie „Die Welt" (*http://www.welt.de/nachrichtenarchiv/*) bieten ihr Online-Archiv kostenlos an, andere wie die „Frankfurter Allgemeine Zeitung" (*www.faz.net*) verlangen für jede Auskunft ein gewisses Entgelt.

Auch Webseiten von Unternehmen können hilfreich sein. So können Sie über diese Seiten die Geschäftsberichte, Unternehmensbroschüren oder weitere Publikationen online und kostenlos bestellen. Diese Möglichkeiten finden Sie häufig unter der Rubrik „Investor Relations". Auch für die Suche nach Abschlussarbeitsthemen oder Praktikumsplätzen können diese Seiten sinnvoll genutzt werden. Außerdem finden Sie oft auch Telefonnummern und E-Mail-Adressen zu spezifischen Themen.

Eine Auswahl weiterer interessanter Informationsquellen soll diesen Abschnitt abschließen:

Statistisches Bundesamt	(*http://www.destatis.de*)
Bundesbank/ Europäische Zentralbank	(*http://www.bundesbank.de*)
Bundesregierung	(*http://www.bundesregierung.de*)
Bundestag	(*http://www.bundestag.de*)
Europäische Union	(*http://europa.eu/index_de.htm*)
OECD (Organisation für wirtschaftliche Zusammenarbeit und Entwicklung)	(*http://www.oecd.org*)
Untereinheit der Vereinten Nationen für Handel und Entwicklung	(*http://www.unctad.org*)
Welthandelsorganisation	(*http://www.wto.org*)

3.5 Erstellung einer Gliederung sowie eines konzeptionellen Bezugsrahmens

Unzählige Beispiele des täglichen Lebens zeigen, dass Planung und Ordnung das Ausmaß und die Sicherheit der Zielerreichung erhöhen (vgl. Abschnitt 5). Dies gilt nicht zuletzt auch für den wissenschaftlichen Bereich und dabei sowohl für den Prozess der Durchführung wissenschaftlicher Projekte (vgl. Abschnitt 3.3) als auch für das Ergebnis dieses Prozesses, das wissenschaftliche Werk selbst. Im Kontext des Schaffens von Geplantheit und Ordnung spielt der Gliederungsentwurf eine zentrale Rolle (vgl. auch Preißner 1994, S. 52 ff.).

Gliederung und Inhaltsverzeichnis

Im Zusammenhang mit wissenschaftlichen Arbeiten ist eine *Gliederung* ein auf sprachlichen und mathematischen Symbolen beruhendes Aussagensystem, das aufzeigt, wie ein Gesamtthema in Teilthemen unterteilt wird, in welches Verhältnis die über-, gleich- bzw. untergeordneten (Teil-)Themen zueinander gestellt werden und in welcher Reihenfolge und relativen Bedeutung diese Themen behandelt werden. Das letztliche Ziel eines Gliederungsentwurfs besteht darin, den Gedankengang der jeweiligen Arbeit sowie die Abfolge der Argumentationsblöcke deutlich zu machen (vgl. zu Gliederungsfragen und -strukturen auch Büting/Bitterlich/Pospiech 1996, S. 120 ff.). Die Gliederung einer Arbeit wird als Inhaltsverzeichnis dem Textkörper der Arbeit vorangestellt (vgl. Abschnitt 3.8.6). Im Falle einer gelungenen Gliederung kann sich der Leser bereits beim Durchsehen des Inhaltsverzeichnisses ein Bild vom Aufbau und Verlauf der Arbeit machen.

Schlüsselaktivität

Bitte berücksichtigen Sie, dass sich die sorgfältige Erstellung einer Gliederung auf jeden Fall lohnt: Wenn Sie diesen Arbeitsschritt gewissenhaft erledigt haben, wird Ihnen die inhaltliche Ausarbeitung Ihrer Arbeit kaum noch Probleme bereiten. Eine gelungene Gliederung wird Ihnen nämlich bei der nachfolgenden Formulierung der Manuskriptes helfen, neu hinzugekommene Erkenntnisbausteine den bereits bestehenden Teilen der Arbeit zuzuordnen. Die sorgfältige Erstellung der Gliederung ist auch deshalb bedeutsam, weil sie zeigt, ob und in welcher Weise Sie das Thema verstanden haben, wie Sie das Thema bearbeitet und ob Sie eine folgerichtige und geschlossene Gedankenführung entwickelt haben. Schließlich ist die Gliederung neben dem Exposé (vgl. Abschnitt 3.2.5) das erste, was Ihr Betreuer im Zusammenhang mit Ihrer Qualifikationsarbeit von Ihnen zu sehen bekommt – und das prägt unter Umständen sehr.

Im Wissenschaftsbereich analysierte Probleme sind im Regelfall facettenreich und argumentativ verschleift. Es besteht ein komplexes Geflecht aus Ursachen, Gestaltungen und Wirkungen. Um Transparenz in diese "undurchsichtige Masse" hineinzubringen, sollten Sie den Untersuchungsbereich Ihrer Arbeit in fassliche Komponenten zerlegen, die Sie zunächst in nacheinander ablaufenden Untersuchungsschritten, später dann integrativ diskutieren können.

Konzeptioneller Bezugsrahmen

Ein *konzeptioneller Bezugsrahmen* dient der Systematisierung, Ordnung und geistigen Durchdringung der in einem Untersuchungsbereich bestehenden Ursachen, Gestaltungen und Wirkungen. Überdies soll er die Kommunikation der Forschungsbemühungen und -ergebnisse erleichtern. Allgemein gesehen handelt es sich bei einem konzeptionellen Bezugsrahmen um eine grafische Wiedergabe bzw. Anordnung von mehreren theoretischen Konstrukten bzw. den sie umschreibenden Begriffen, die durch Kästchen repräsentiert werden und die irgendwann einmal Bestandteil von Modellen bzw. Theorien werden könnten. Darüber hinaus wird in einem konzeptionellen Bezugsrahmen mittels Linien signalisiert, zwischen welchen Konstrukten Zusammenhänge vermutet werden (vgl. Welge 1980, S. 61). Über die Art der und mögliche Erklärungen für Beziehungen informiert der konzeptionelle Bezugsrahmen hingegen nicht; dies bedarf der verbalargumentativen Darlegung des Verfassers der jeweiligen Schrift. Konzeptionelle Bezugsrahmen müssen also im Textteil wissenschaftlicher Arbeiten kommentiert bzw. diskutiert werden.

Im Wissenschaftsbetrieb hat es sich eingebürgert, untersuchungsspezifische konzeptionelle Bezugsrahmen aus übergeordneten, in der jeweiligen Disziplin allgemein anerkannten Bezugsrahmen abzuleiten. In Abbildung 3-1 ist als Beispiel ein konzeptioneller Bezugsrahmen abgedruckt, der die geistige Durchdringung des Problemkomplexes "Individuelle Selbstführung in Projektteams“ erleichtern soll (vgl. Haberstroh 2007, S. 94).

Zusammenhang mit Gliederung

Gliederung und konzeptioneller Bezugsrahmen sind unmittelbar aufeinander bezogen: Wenn Sie die von Ihnen untersuchten Variablen(bereiche) und die zwischen diesen bestehenden Beziehungen im Rahmen eines konzeptionellen Bezugsrahmens geordnet haben, können Sie diese Variablen(bereiche) sowie ihre Beziehungen im Hauptteil Ihrer Arbeit der Reihe nach diskutieren. Daher wird die Gliederung (des Hauptteils) Ihrer Arbeit "einen linearisierten Abdruck" Ihres konzeptionellen Bezugsrahmens darstellen.

3.5.1 Merkmale von Gliederungen

3.5.1.1 Gliederungslogik

Achten Sie darauf, dass Ihre Gliederung folgerichtig bzw. logisch schlüssig aufgebaut ist (zu Grundprinzipien der Logik, die für die Erstellung wissenschaftlicher Arbeiten bedeutsam sind vgl. Fischer/Prüser/Schmolz 1982, S. 17

ff.; Becker 1994, S. 32 f.). Diese allgemeine Forderung schlägt sich in mehreren konkreten Maßgaben nieder:

Beispiel eines konzeptionellen Bezugsrahmens ***Abbildung 3-1***

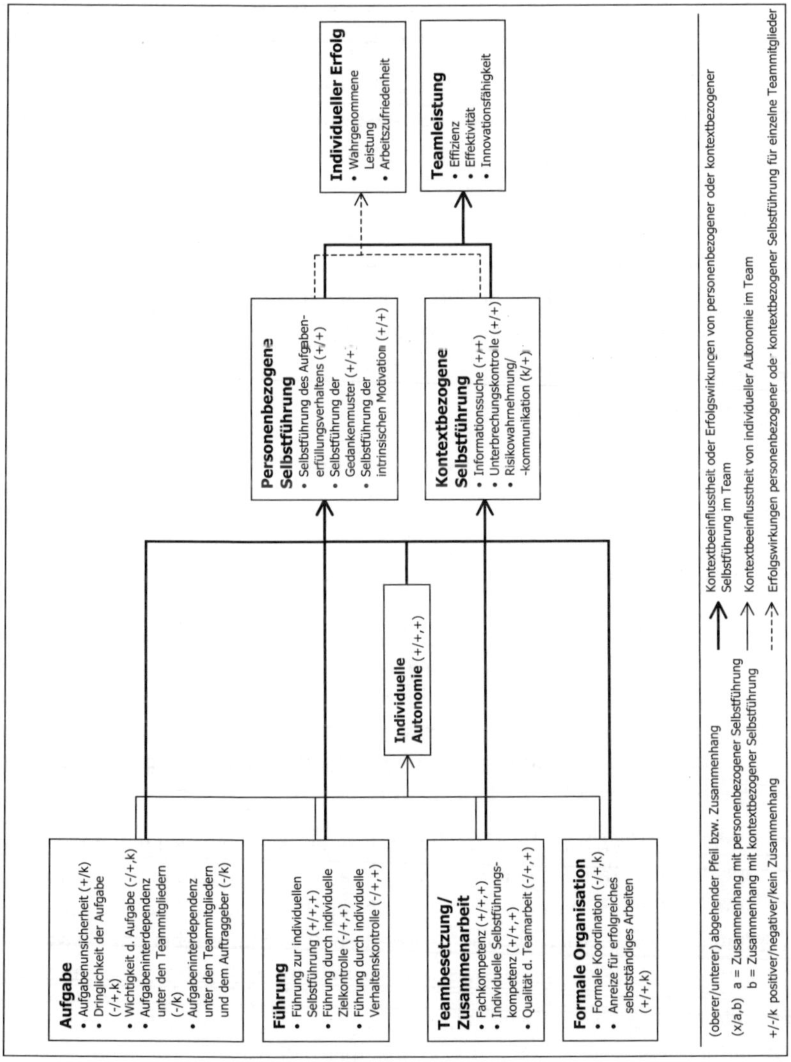

Maßgaben für die Erstellung

- Wirken Sie darauf hin, dass jeder Gliederungspunkt einen deutlichen, erkennbaren Bezug zum Gesamtthema der Arbeit aufweist.
- Streben Sie danach, dass sämtliche im Gesamtthema der Arbeit angesprochenen Themenbereiche in der Arbeit hinreichend detailliert behandelt werden und in der Gliederung repräsentiert sind.
- Stellen Sie sicher, dass sich die Überschriften einzelner Gliederungspunkte weder mit dem Gesamtthema der Arbeit noch mit Überschriften von nachgelagerten Punkten decken.
- Gewährleisten Sie, dass Gliederungspunkte, die in der Gliederung auf der gleichen Ebene stehen, auch in inhaltlicher Hinsicht auf der gleichen Analyseebene angelagert sind. Sie sollten logisch den gleichen Rang einnehmen.
- Achten Sie darauf, dass jede Untergliederung aus mindestens zwei gleichrangigen Punkten besteht. Nach einem Gliederungspunkt muss also mindestens ein weiterer gleichgeordneter Gliederungspunkt folgen.
- Stellen Sie sicher, dass zusammengehörende Problemkreise gemeinsam behandelt werden.
- Vermeiden Sie, dass sich im Text gliederungstechnisch nicht eingeordnete Textteile finden.

3.5.1.2 Mögliche Anordnungsformen von Gliederungspunkten

Auch bei einer Beachtung der vorgenannten gliederungslogischen Mindestanforderungen werden Ihnen bei der Erstellung Ihrer Gliederung noch Entscheidungsfreiräume offen stehen. Insbesondere bei Vorliegen formal gleichrangiger Gedanken bzw. Argumente werden Sie vor dem Problem der Bestimmung der Reihenfolge der Einbindung stehen (zu weiteren Prinzipien vgl. Fischer/Prüser/Schmolz 1982, S. 61 f.):

Abfolgeprinzipien

- *Deduktiv orientierte Abfolge*: Hier schreiten Sie vom Allgemeinen zum Speziellen voran. Sie gehen bspw. von einer übergeordneten Theorie aus und bearbeiten hernach den von Ihnen behandelten Fall schrittweise gemäß der in dieser Theorie vorgesehenen Merkmalsebenen. Diese Vorgehensweise wird im Wissenschaftsbetrieb am häufigsten angewandt.
- *Induktiv orientierte Abfolge*: Hier dringen Sie vom Speziellen zum Allgemeinen vor: Sie gehen bspw. von einem Praxisfall oder von in einer Stichprobe bestehenden Zusammenhängen aus und entwickeln hierauf basierend ein neues zur Verallgemeinerung vorgesehenes Denkmodell. Diese Vorgehensweise empfiehlt sich, wenn zu einem bestimmten Erkenntnisbereich bislang noch kaum übergeordnete Konzepte vorliegen.

- *Dialektisch orientierte Abfolge*: Hier strukturieren Sie Ihre Gliederung entlang der gemäß der von der Dialektik vorgesehenen Prozessfolge, nämlich These, Antithese und Synthese. Demnach werden Sie in den ersten Abschnitten Ihrer Arbeit eindeutig abgefasste, "behauptende" Aussagen formulieren. Hernach präsentieren Sie Aussagen, die den einleitenden gegenüberstehen. Dann werden die konträren Aussagen einander gegenübergestellt mit dem Ziel, eine allseits tragfähige, widersprüchliche Aspekte berücksichtigende Lösung zu finden.
- *Chronologisch orientierte Abfolge*: Hier werden die Ereignisse bspw. Aspekte in der Reihenfolge ihres Eintrittszeitpunkts behandelt.

Trotz des gleichrangigen Nebeneinanders dieser Abfolgeprinzipien hat sich in vielen wissenschaftlichen Disziplinen ein recht homogenes Abfolgemuster eingebürgert, das insb. in US-amerikanischen Fachzeitschriften in einer ausgeprägt gleichförmigen Weise umgesetzt wird:

Häufige Grundstruktur von Gliederungen

- Einführung in das Thema bzw. das Problem der Arbeit,
- Literaturanalyse,
- Entwicklung bzw. Kurzerläuterung eines theoretischen Ansatzes einschließlich der Ableitung von Hypothesen,
- Methode,
- Ergebnisse,
- Diskussion der Ergebnisse sowie der Grenzen der Untersuchung,
- Implikationen für die Praxis und weitere Forschung,
- Verzeichnis der zitierten Literatur und
- Anhang.

3.5.1.3 Gliederungstiefe

Beim Anblick einer feinen und tiefen, mit zahlreichen Zwischenüberschriften versehenen Gliederung gewinnen manche Betrachter den Eindruck, dass hier der Untersuchungsgegenstand äußerst akribisch bearbeitet worden ist. Auch argumentieren sie, dass eine feine und tiefe Gliederung die Orientierung im Manuskript erleichtere.

Bitte nicht zu fragmentiert!

Diesbezüglich ist jedoch zu bedenken, dass derartige filigrane Strukturen auch mit erheblichen Nachteilen verbunden sind: Eine sehr detaillierte Gliederung erschwert nicht nur das Durcharbeiten des Inhaltsverzeichnisses, sie zerlegt vielmehr den Textkörper in eine Sequenz von Mini-Abschnitten, die eine sinnvolle, zusammenhängende Elaboration von Gedanken bzw. Argumenten oft nicht mehr zulässt (vgl. auch Burchardt 1995, S. 109).

Diese Gegenläufigkeit der Argumente hat wohl dazu geführt, dass bisweilen leerformelartig betont wird, dass eine Arbeit so tief wie nötig, nicht so tief wie möglich zu gliedern sei. Pragmatischere Empfehlungen dürften in dem Hinweis bestehen, pro Textseite nicht mehr als einen Gliederungspunkt zu vergeben und umgekehrt die einzelnen Gliederungspunkte nicht über mehr als zehn Textseiten auszudehnen. Dies dürfte wiederum dazu führen, dass bei einer Abschlussarbeit von ca. 80 Seiten keine Gliederung aufgebaut wird, die mehr als vier Gliederungsebenen aufweist.

Strukturbildung mittels Layoutgestaltung

Wenn Sie den Eindruck haben, dass Ihnen vier Gliederungsebenen nicht ausreichen werden, dann bedenken Sie, dass sich weitergehende Strukturierungen auch durch bestimmte Varianten von Layout-Bestandteilen erzielen lassen. Hierfür kommen neben (eingerückten) Absätzen auch Kästen, Grauraster-Unterlegungen sowie ein Ausdruck von Absätzen mit geringerem Zeilenabstand in Betracht.

Einige "Künstler" stellen die Einhaltung der in Abschnitt 3.5.1.1 erwähnten, nicht immer leicht zu erfüllenden gliederungslogischen Mindestanforderungen dadurch sicher, dass sie eine minimalistische Gliederung erstellen, die lediglich aus drei Gliederungspunkten, nämlich "Einleitung", "Hauptteil" und "Schluss" besteht. Obwohl jede wissenschaftliche Arbeit diese drei Bestandteile aufweisen sollte, reicht diese Gliederungsdifferenzierung natürlich bei weitem nicht aus. Sie besteht nämlich ausschließlich aus Formalbegriffen und ist damit inhaltsleer bzw. nichtssagend.

Die vorgenannten Bemerkungen können jedoch nur als näherungsweise Anleitungen fungieren: Letztlich sollte stets das inhaltliche Gefüge des zu behandelnden Wissenskörpers die Struktur bestimmen.

Sprechen Sie auch in dieser Angelegenheit mit dem Betreuer Ihrer Arbeit und fragen Sie, welchen Differenzierungsgrad er bevorzugt.

Wenn Sie sich für eine stärker aufgefächerte Gliederung entschieden haben, dann vergessen Sie nicht, dem eigentlichen Inhaltsverzeichnis eine Inhaltsübersicht voranzustellen, die ausschließlich die Hauptgliederungspunkte enthält.

3.5.1.4 Gliederungsproportionalität

Heterogenität der Meinungen

Am Kriterium der Proportionalität scheiden sich ebenfalls die Geister. Teilweise wird gefordert, dass sämtliche Hauptgliederungspunkte und vereinzelt sogar, dass die höheren Untergliederungspunkte in einem ähnlichen

Textumfang behandelt werden. Lediglich bei der Einführung und der Zusammenfassung, die kürzer sein dürfen, werden Zugeständnisse gemacht.

Inhaltliche Argumente zählen!

Obwohl es fraglos zutrifft, dass eine Gliederung weder sachlich noch optisch schlecht proportioniert sein darf, muss einer auf absolute Symmetrie ausgerichteten Forderung hier energisch widersprochen werden. Letztlich muss doch der in den jeweiligen Themenbestandteilen vorhandene Diskussionsbedarf die Umfänglichkeit der Auseinandersetzung der Untersuchungsteile bestimmen. Und überdies ist zu bedenken, dass manche Teilaufgabenkomplexe nicht bedingungslos in Teile zerstückelt werden können.

Nichtsdestotrotz ist die Gliederung so aufzubauen, dass der inhaltliche Schwerpunkt der Arbeit bereits in der Gliederung bzw. dem Inhaltsverzeichnis deutlich erkennbar sein sollte.

Ungeachtet dessen zeigt die Erfahrung, dass in vielen Abschlussarbeiten der Einführungsteil zehn Seiten, die Literaturanalyse und der Theorieentwurfsteil 30 Seiten, der Methoden- und Ergebnisteil 20 Seiten und der Diskussions- und Implikationenteil wiederum 20 Seiten umfasst. In rein theoretischen Arbeiten verändern sich diese Verhältnisse etwas, weil der Methodenteil wegfällt und der Ergebnisteil in den Theorieentwurfsteil eingebettet ist.

3.5.1.5 Sprache in der Gliederung

„Knackigkeit"

Die Meinungen über den in der Gliederung einer wissenschaftlichen Qualifikationsarbeit zu bevorzugenden Sprachstil sind noch nicht konvergiert. Ein häufiger Streitpunkt betrifft bspw. die Fragen, ob Gliederungspunkte in Frageform formuliert sein dürfen und ob Gliederungspunkte bereits "knackige Kurzinformationen" über die in dem betreffenden Abschnitt bereitgestellten Lösungen bereitstellen dürfen. Nachfolgende Hinweise stellen daher Mindestanforderungen dar, die noch hinreichenden Gestaltungsspielraum eröffnen:

Leitgedanken

- Fassen Sie die Überschriften der Gliederungspunkte so knapp wie möglich.
- Benutzen Sie so wenig wie möglich Füllwörter.
- Lassen Sie in Überschriften (aber nur dort) Substantive dominieren.
- Formulieren Sie Ihre Abschnittüberschriften in einer prägnanten Weise.
- Stellen Sie die Informationsvermittlung in den Vordergrund.
- Vermeiden Sie aufreißerische, "feuilletonistische" Überschriften.

Wenn Sie bspw. einen Abschnitt über das wechselseitige Verhältnis von Einkommen und Bildungsniveau abfassen wollen, dann schreiben Sie in der Überschrift nicht „Über das wechselseitige Verhältnis von Einkommen und Bildungsniveau", sondern kurz „Einkommen und Bildungsniveau".

Hinweise über formale Aspekte der Gliederungserstellung – insb. über die Gliederungsnumerik – finden Sie im Abschnitt 3.8.6 dieses Buches.

3.5.2 Wege zum Entwurf einer Gliederung

Wie kommt man von gelesenen bzw. exzerpierten Schriften zu einer eigenen Gliederung? Diese Aufgabe ist schwierig, weil (1) die zahlreichen Ihnen zur Verfügung stehenden Schriften unterschiedlichste Dinge behandeln, weil (2) Sie beim Lesen der ersten Schriften noch nicht wissen, was die nachfolgenden Schriften inhaltlich bieten und weil (3) Sie manche Inhaltspunkte der Schriften wieder vergessen werden.

Pragmatische Methode

Wir wollen hier eine Methode vorstellen, die gerade im EDV-Zeitalter von manchen sicherlich belächelt werden wird, die sich aber als nützlich erwiesen hat. Der Einsatz dieser Methode sollte parallel zum Exzerpieren (vgl. Abschnitt 2.1.4.2) erfolgen.

- Nehmen Sie eine erste von Ihnen als würdig empfundene Literaturquelle zur Hand (nehmen wir an, es sei Engelhard/Dähn 1994, S. 247-266) und beginnen Sie, diese Schrift zu lesen. Immer dann, wenn in dieser Literaturquelle ein neuer Sachverhalt in erheblichem Umfang thematisiert wird, nehmen Sie ein leeres Blatt Papier und betiteln es mit dem Namen dieses Sachverhalts. Darunter schreiben Sie die Seitenzahlen, wo der betreffende Sachverhalt behandelt wird; bspw. -> Engelhard/Dähn 1994, S. 248-249. Lesen Sie in dieser Schrift dann weiter, bis Sie auf einen weiteren neuen erheblich behandelten Sachverhalt stoßen. Nehmen Sie ein weiteres Blatt zur Hand, betiteln Sie dieses entsprechend und schreiben Sie darunter -> Engelhard/Dähn 1994, S. 252-255. Fahren Sie mit dieser Strategie fort, bis Sie alle wichtigen Sachverhalte dieser Literaturquelle erfasst haben.
- Nehmen Sie die nächste Literaturquelle zur Hand und verfahren Sie analog. Wenn Sie in dieser Literaturquelle einen Sachverhalt entdecken, der bereits in der ersten Literaturquelle behandelt worden ist, dann nehmen Sie das bereits angelegte Blatt zur Hand und ergänzen dort die neue Quellenangabe etc.
- Fahren Sie mit dieser Strategie fort, bis Sie alle Literaturquellen durchgesehen haben.

- Prüfen Sie, welche der im Schrifttum thematisierten und von Ihnen zunächst als wesentlich erachteten Sachverhalte für Sie von zentraler, welche von untergeordneter Bedeutung sind und welche Sie ganz ignorieren können.
- Versuchen Sie nun, die zur Verfügung stehenden (übrig gebliebenen) Blätter gemäß der inhaltlichen Zusammenhänge der Überschriften der Blätter zu ordnen.
- Übertragen Sie die Überschriften der Blätter (in sprachlich modifizierter Form) in ein Dokument, das Ihren Gliederungsentwurf beinhaltet.
- Prüfen Sie, welche Ihnen wichtig erscheinenden Sachverhalte im Schrifttum überhaupt noch nicht oder viel zu wenig thematisiert worden sind. Nehmen Sie insb. diese Sachverhalte in Ihre Gliederung auf (sonst werden Sie im Rahmen Ihrer Arbeit zu keinem "Added Value" gelangen).

Sie können diesen Prozess auch unter Zuhilfenahme eines Computer gestalten. Prüfen Sie jedoch, ob Sie bei Verwendung eines Computer die Muße und Stimmung haben, der den Moment des Studiums zu einem Genuss werden lässt.

Bedenken Sie, dass es sich bei dem Erarbeiten einer Gliederung um einen sukzessiven Prozess handelt, dass die Gliederung Ihrer Arbeit also ständig fortgeschrieben werden sollte.

Von der Grob- zur Feingliederung

Sie werden somit von einer Grobgliederung zu einer Feingliederung voranschreiten. Für die *Grobgliederung* ist typisch, dass sie neben inhaltlichen Punkten auch einen Überblick über durchzuführende Arbeitsschritte vermittelt. Sie korrespondiert also mit der Zeitplanung (vgl. Abschnitt 5.3). Bei der Erstellung der *Feingliederung* kommt es insb. in der Schlussphase darauf an, die Konsistenz des Strukturgefüges sicherzustellen.

Halten Sie während der Erstellung Ihrer Gliederung so früh wie möglich, nicht erst zu Beginn der schriftlichen Ausarbeitung Rücksprache mit dem Betreuer Ihrer Arbeit. Nur so können Sie eine Konvergenz der Vorstellungen aller wichtigen Beteiligten sicherstellen.

Bedenken Sie, dass der Betreuer Ihrer Arbeit vermutlich mehrere Arbeiten gleichzeitig zu betreuen hat. Erläutern Sie ihm daher die Logik Ihrer Gliederung detailliert: Ihr Betreuer kann sich aus Zeitgründen mit der Gliederung Ihrer Arbeit weniger intensiv auseinandersetzen als Sie selbst. Hilfreich ist es auch, wenn Sie eine kommentierte Arbeitsgliederung erstellen, bei der Sie zwischen die Gliederungspunkte zwei oder drei Zeilen Text einfügen, welche die "nackte Gliederung" noch verständlicher machen, als sie ohnehin schon ist.

Fortwährende Weiterentwicklung

Gliederungen sind lebendige Dokumente und bedürfen eigentlich bei jedem Eintreten eines Lernprozesses – also auch nach der offiziellen Anmeldung einer wissenschaftlichen Arbeit – einer Modifikationsmöglichkeit. Trotzdem ist bekannt, dass einige Betreuer von Abschlussarbeiten es nicht gern sehen, wenn die Studierenden nach der Anmeldung der Arbeit ihre Gliederung abändern. Sprechen Sie dieses Spannungsverhältnis mit dem Betreuer Ihrer Arbeit durch, um seine spezifischen Wünsche kennenzulernen.

3.6 Durchführung einer eigenen empirischen Untersuchung

Inhalt empirischer Forschung

Unter empirischer Forschung versteht man den systematisch vollzogenen, methodisch gestützten Blick eines Wissenschaftlers in die Wirklichkeit, in dessen Rahmen versucht wird, reale Tatbestände systematisch zu erfassen, zu erklären bzw. zu verstehen. Im Gegensatz zur rein theoretischen ist die empirische Forschung eine erfahrungsorientierte Form des Erkenntnisgewinns (vgl. Atteslander et al. 1991, S. 14).

Insbesondere im Zusammenhang mit der Erstellung einer Abschlussarbeit stellt sich für Studierende die Frage, ob sie eine eigene empirische Untersuchung durchführen sollen oder ob sie ihr Aussagensystem ausschließlich durch das im Schrifttum dokumentierte Wissen sowie die eigene Vernunft und Kreativität abstützen sollen. Diese Grundsatzfrage ist mit zahlreichen Einzelaspekten verbunden, deren Beantwortung letztlich von vielerlei Faktoren wie der Art und Reife des betrachteten Untersuchungsfelds, den persönlichen Neigungen des Studierenden selbst oder des Typs der durchzuführenden empirischen Untersuchung (großzahlige Untersuchung oder auf wenige Fälle bezogene Fallstudienanalyse) abhängt.

Es versteht sich von selbst, dass das Diskussionsfeld "empirische Untersuchung" aufgrund der Komplexität der zahlreichen mit ihm verbundenen Einzelfragen hier nicht bis ins Detail behandelt werden kann. Im Schrifttum stehen zahlreiche Spezialpublikationen zur Verfügung, die im Hinblick auf diese Einzelfragen weiterhelfen können (z. B. Friedrichs 1981; Kromrey 1990; Atteslander et al. 1991; Schnell/Hill/Esser 1993; Lohse 1997, S. 126 ff.).

Drei Grundsatzfragen

Im Folgenden wollen wir uns auf *drei übergeordnete Fragen* konzentrieren, die sich für Studierende im Zusammenhang mit empirischen Untersuchungen stellen (zu Details der Planung und Durchführung empirischer Untersuchungen vgl. Trimmel 1994, S. 28 ff. und S. 83 ff.):

- Wann ist die Durchführung einer empirischen Untersuchung sinnvoll? Welche Vor- und Nachteile sind mit der Durchführung einer eigenen empirischen Untersuchung verbunden (vgl. Abschnitt 3.6.1)?
- Welche Form der empirischen Untersuchung ist zu bevorzugen (vgl. Abschnitt 3.6.2)?
- Welche übergeordneten Prinzipien sollten Sie unbedingt beachten, wenn Sie sich für die Durchführung einer eigenen empirischen Untersuchung entschlossen haben (vgl. Abschnitt 3.6.3)?

3.6.1 Zur Sinnhaftigkeit empirischer Untersuchungen

Notwendigkeitsfrage

Die *erstgenannte übergeordnete Frage* – die Sinnhaftigkeit eigener empirischer Untersuchungen – sollte immer vor dem Hintergrund des zu untersuchenden Themenbereichs beantwortet werden. Empirische Forschung sollte also niemals eine okkasionelle Forschung, sondern stets eine erkenntnisgebietkonforme Forschung sein. Sie empfiehlt sich insb. dann,

Testkriterien

- wenn zu dem jeweiligen Themenbereich bislang wenig empirisches Wissen verfügbar ist oder wenn die hinter diesem Wissen stehenden Untersuchungen konzeptionell oder methodisch fragwürdig sind,
- wenn das zu dem betreffenden Themenbereich vorliegende Wissensgebäude oder die dort vorhandenen bzw. darauf bezogenen Theorien spekulativ erscheinen und somit auf eine Gegenüberstellung mit der Realität drängen,
- wenn die thematisierte Untersuchungsfrage und die von ihr berührten Kriterien einen empirischen Zugang erlauben.

  Hierbei ist darauf hinzuweisen, dass implizite Phänomene wie diejenigen von Zielen, Philosophien oder kulturellen Orientierungen von Institutionen (Unternehmen) und Menschen sich tendenziell schlechter empirisch erfassen lassen als explizite Phänomene,
- wenn es möglich ist, auf empirischem Wege mehr herauszufinden als eine Bestätigung von ohnehin anzunehmenden Zusammenhängen.

  Bisweilen werden in empirischen Untersuchungen "großkalibrige methodische Geschütze" aufgefahren und trotzdem nur recht unerhebliche Erkenntnisse identifiziert oder sogar nur bestätigt. Auch ist es vielfach so, dass selbst methodisch komplex und solide hergeleitete empirische Ergebnisse konzeptionell wenig plausibel sind und daher auf ein geringes Niveau an Akzeptanz stoßen,

- wenn gute Chancen bestehen, dass die im Untersuchungsbereich tätigen Akteure die Durchführung einer Untersuchung tatkräftig unterstützen und nicht behindern.

  Diese Frage ist insb. bei jenen empirischen Untersuchungen kritisch zu reflektieren, die im Rahmen von Abschlussarbeiten durchgeführt werden sollen. Es finden sich nämlich viele Fälle, in denen kompetente Studierende mit großem Elan ein empirisches Projekt in Angriff genommen haben, dieses jedoch gescheitert ist, weil die angesprochenen Praktiker der institutionell schwach abgesicherten Forscherperson nicht das ihr gebührende hohe Maß an Vertrauen entgegengebracht haben,

- wenn Sie zum Zeitpunkt der Untersuchung bereits über erhebliches Vorwissen über den betreffenden Erkenntnisbereich haben.

  Praktiker bemerken nämlich sehr schnell, ob die empirisch arbeitende Person lediglich Erkenntnisse "aus ihnen heraussaugen will", oder ob sie gewillt und fähig ist, eine adäquate Gegenleistung zu bieten. Im erstgenannten Fall sind nur wenige Praktiker bereit, an empirischen Projekten mitzuwirken,

- wenn Sie eine Affinität, eine natürliche Neigung zu empirischer Forschung haben.

  Prüfen Sie deshalb, ob Sie entweder gern mit quantifizierten Informationen umgehen (großzahlig-quantitative Forschung) oder Freude daran haben, Ihre Wissenselemente in sozialen Kontakten mit Praktikern zu diskutieren (qualitativ-fallstudienartige Forschung),

- wenn Sie Ihre wissenschaftliche Arbeit an einem Lehrstuhl schreiben, der gegenüber empirischer Forschung positiv eingestellt ist.

  Im Wissenschaftsbereich gehen nämlich die Auffassungen über die Sinnhaftigkeit empirischer Forschungsbemühungen weit auseinander. Kritiker empirischer Forschungszugänge bemängeln vielfach die Ausschnitthaftigkeit derartiger Bemühungen sowie Unzulänglichkeiten bei der Konstruktoperationalisierung. Wenn Sie Ihre empirische Arbeit bei einem derartig eingestellten Lehrstuhl schreiben, dann riskieren Sie, diesbezüglich (übermäßig) kritisch beurteilt zu werden,

- wenn Sie später in einem Bereich tätig werden wollen, in dem in erheblichem Maße empirisch gearbeitet wird (z. B. im Wissenschaftsbereich oder in der Marktforschung),

- wenn hinreichend Zeit zur Durchführung derartiger Untersuchungen bestehen.

Die Erfahrung zeigt, dass im Eilschritt durchgeführte empirische Untersuchungen vielfach konzeptionell brüchig und/oder methodisch fragwürdig sind. Berücksichtigen Sie daher, dass Sie auch im Rahmen einer Abschlussarbeit zur Durchführung einer empirischen Untersuchung mindestens drei zusätzliche Monate Arbeitszeit benötigen und

- wenn Sie über hinreichende materielle Mittel sowie technisch-infrastrukturelle Ausrüstung verfügen. Eine solide durchgeführte empirische Forschung ist teuer: Es fallen im Regelfall in erheblichem Maße Reise-, Telefon-, Druck- und Portokosten an.

Vorteile empirischer Forschung

Wenn Sie sich (trotzdem) für die Durchführung einer empirischen Untersuchung entscheiden, können Sie mit folgenden *Vorteilen* rechnen: Sie werden über eigenes empirisches Material verfügen, das Anderen nicht vorliegt und auf dessen Basis Sie fundiert "etwas behaupten" können. In Falle einer konzeptionell wohl überlegten Anlage der empirischen Untersuchung ist also davon auszugehen, dass Ihre Arbeit tendenziell spannender ist als eine rein literarisch fundierte. Insbesondere werden Sie sich weniger als manch andere vorwerfen lassen müssen, dass Sie nicht viel mehr getan haben, als Sandhaufen (= im Schrifttum dokumentierte Wissenselemente) von rechts nach links bzw. umgekehrt umzuschaufeln. Schließlich zeigt die Erfahrung, dass Studierende mit empirischen Arbeiten im späteren Bewerbungsprozess in der Unternehmenspraxis Vorteile aufweisen, weil sie belegen können, dass sie sich der Praxis zugewandt haben.

Probleme empirischer Forschung

Auf der anderen Seite dürfen jedoch die *Nachteile* bzw. *in der Realität bestehenden Probleme* nicht übersehen werden, die vielen empirischen Arbeiten inhärent sind: So werden zumindest anspruchsvollere Lehrstühle von Ihnen verlangen, dass Sie neben der untersuchungsfeldspezifischen Sachkenntnis auch einen weiteren Kompetenzbereich aufweisen, nämlich ein hohes Maß an Methodenkenntnis. Auch ist zu bedenken, dass empirische Arbeiten – wie bereits erwähnt – vielfach (teilweise allerdings in unbotmäßiger Weise) unter methodischen Gesichtspunkten kritisiert werden. Weiterhin ist bekannt, dass zahlreiche im Kontext von Abschlussarbeiten durchgeführte empirische Untersuchungen theoretisch schwach sind. Viele sind dergestalt datengetrieben, dass es an einem hinreichenden Literaturstudium sowie sorgfältigen, auf die Entwicklung des Bezugsrahmens ausgerichteten Vorab-Überlegungen mangelt. Schließlich werden beim Entwurf vieler empirischer Studien Untersuchungselemente (Konstrukte, Variablen) vergessen und damit Fehler begangen, die sich im späteren Fortgang der Studien nicht mehr ausmerzen lassen.

3.6.2 Großzahlige oder einzelfallbezogene Empirie?

Formen empirischer Forschung

Die *zweite übergeordnete Frage* thematisiert, welche Art von empirischer Forschung zu bevorzugen ist (zum Folgenden vgl. hierzu Wolf 2000, S. 168 ff.). Im Rahmen dieser "Wie-Entscheidung" ist zu klären, ob die bevorstehende empirische Untersuchung auf dem Wege großzahliger standardisierter Erhebungen oder einer auf wenige Fälle bezogenen Fallstudienanalyse durchgeführt werden soll. Diese Frage wird im Kreis von Wissenschaftlern schon seit langem und derzeit besonders intensiv diskutiert; wohl auch deshalb, weil manche den Eindruck gewonnen haben, dass es in vielen Wissenschaftsbereichen mit Hilfe der lange Zeit bevorzugten großzahligen standardisierten Erhebungen nicht gelungen ist, einen gehaltvollen, der Praxis dienlichen "body of knowledge" zu erarbeiten. Die in der Diskussionsarena gegenüberstehenden Positionen sind klar verteilt. Dabei sind die Vorteile der einen Untersuchungsform die Nachteile der anderen (und umgekehrt).

Vorteile der Fallstudienforschung

Die *Vorteile* der *Fallstudienmethode* liegen darin, dass diese "hands-on experience method" ein Lernen aus herausragenden Einzelbeispielen ermöglicht und somit der urmenschlichen Neigung zum Vorbildlernen am besten entspricht. Ein derartiges Studium erfolgreicher Institutionen bzw. Personen würde ein Nachahmen zielführender Praktiken und somit ein "learning from success" in Aussicht stellen. Auch bietet diese Methode die Möglichkeit, nach Ursachen zu schauen, die im speziellen Einzelfall *tatsächlich* bestimmte Verhaltensmuster bewirkt haben. Eine präzise Identifikation von Kausalitätsmustern sei somit eher möglich als bei quantitativ-standardisierten Untersuchungen. Überdies bestünden bei einem Einsatz der Fallstudienmethode aufgrund der Erarbeitung qualitativer Eindrücke gute Aussichten, die komplexen Muster von handlungsleitenden Werten und Attitüden zu durchdringen und das von den Institutionen und Akteuren gezeigte Verhalten ganzheitlich zu verstehen. Kursorische oder sogar oberflächliche Analysen seien somit unwahrscheinlich. Des Weiteren seien Fallstudien zu empfehlen, weil sowohl die Forscher als auch die "Konsumenten des Wissens" in ihrem beruflichen Leben am ehesten solche Konzepte berücksichtigen würden, die direkt aus realen Lebenswelten entsprungen sind. Überdies fördert die Fallstudienmethode eher als die standardisierte Empirie die Fähigkeit zur Identifikation von Problemen und zur objektiven Einschätzung von Handlungssituationen, sie übt stärkere Lerneffekte hinsichtlich praktischen Wissens aus und sie bewirkt ein relativ gutes Training hinsichtlich Kommunikationsfähigkeiten (vgl. Wolf/Rosenberg 2012, S. 187 ff.).

Nachteile der Fallstudienforschung

Diesen Vorzügen der *Fallstudienmethode* stehen jedoch deutliche *Nachteile* gegenüber (welche die Vorteile der quantitativ-standardisierten Forschungsmethode sind). So ist es fraglich, ob sich ein Forscher – selbst bei

Durchführung intensiver Dokumentenanalysen und Interviews – den beanspruchten weitreichenden Einblick in den Einzelfall verschaffen kann, weil er letztlich doch nicht innerhalb des Untersuchungsobjekts agiert. Überdies ist zu bedenken, dass die "real-life-situation-method" immer eine Studie des besonderen Falls sein wird und dementsprechend große Probleme hinsichtlich der Generalisierung der erarbeiteten Befunde entstehen dürften. Zwar wird die Möglichkeit eines wissenschaftlichen Strebens nach verallgemeinerungsfähigen Aussagen mitunter in Frage gestellt; doch muss ein Anzweifeln dieser Möglichkeit als äußerst gefährlich bezeichnet werden, weil man sich dann fragen muss, was "Wissenschaft" neben einem einzelfallbezogenen "Story-Telling" denn überhaupt noch zu leisten vermag. Zwar garantiert eine großzahlige Befragung keine Repräsentativität, doch sind bei dieser Methode die Aussichten auf eine Identifikation eines proportionengerechten Teilbereichs der Wirklichkeit zweifellos größer. Diese Begrenzung der Fallstudienmethode muss hier doppelt unterstrichen werden, da sie zu oft ignoriert und ein spezieller Fall ungerechtfertigterweise als Standard für andere Fälle genommen wird. Auch muss man wissen, dass sich die Fallstudienmethode durch eine tendenziell schwache theoretische Fundierung auszeichnet. Zu bedenken ist schließlich das Argument, dass vorbildhafte Institutionen und Akteure, die in Rahmen von Fallstudienanalysen als Modell dienen, oft schneller als erwartet in eine Krise geraten und somit zu fragen ist, was ein früher aus ihnen heraus gewonnener "Idealbefund" noch wert ist.

Abwägen erforderlich

Die Präferenz zugunsten der einen oder anderen empirischen Forschungsmethode hängt insb. vom Reifegrad des jeweiligen Erkenntnisbereichs ab: Wenn der betreffende Erkenntnisbereich neu ist und bislang noch kaum Erkenntnisstrukturen (Zusammenhangsvermutungen) verfügbar sind, wird man eher in Richtung Fallstudienmethode tendieren, um erste Eindrücke über mögliche Beziehungen zwischen Konstrukten zu gewinnen. Sind derartige Erkenntnisstrukturen bereits vorhanden, kann verstärkt zu quantitativ-standardisierten Methoden gegriffen werden.

3.6.3 Übergeordnete Prinzipien für die Durchführung empirischer Untersuchungen

Im Folgenden werden einige Gestaltungsprinzipien vorgestellt, die Sie bei der Durchführung empirischer Untersuchungen einhalten sollten. Trotz aller Methodenheterogenität gelten diese Prinzipien für großzahlig-quantitative und qualitativ-fallstudienartige Untersuchungen gleichermaßen (zahlreiche detaillierte Hinweise finden sich insb. in Friedrichs 1981; Kromrey 1990; Atteslander et al. 1991; Schnell/Hill/Esser 1993).

Theoretische Fundierung

- Versuchen Sie, Ihre empirische Untersuchung stets theoriegeleitet durchzuführen. Streben Sie also eine Anbindung an die in Ihrer Disziplin diskutierten übergeordneten Aussagensysteme an. Setzen Sie das, was Sie im Rahmen Ihrer Untersuchung gefunden haben, mit diesen Theoriesystemen in Verbindung. Beispielsweise dadurch, dass Sie im Falle quantitativ-standardisierter Forschung überprüfbare Hypothesen generieren oder bei qualitativ-fallstudienartiger Forschung die im Feld gewonnenen Eindrücke aus dem Licht einer bzw. mehrerer Theorie(n) ausdeuten. Streben Sie bei beiden Forschungsvarianten auch eine Anbindung an die Befunde bereits abgeschlossener Fremduntersuchungen an.

Sorgfältige Konzeption und Operationalisierung

- Aufgrund der in empirischen Projekten nicht (bzw. nur sehr eingeschränkt) gegebenen Möglichkeit zu Nacherhebungen sollten Sie beim Entwurf Ihres Variablensystems (konzeptionellen Bezugsrahmens), der Variablenoperationalisierung und der Festlegung Ihres Informationsaufnahmesystems (Fragebogen, Interviewleitfaden etc.) eine besondere Sorgfalt walten lassen. Wenn Sie bei der empirischen Informationsbeschaffung die Eruierung wichtiger Tatbestände vergessen haben, wird es kaum möglich sein, diese Erkenntnislücken durch Nachbefragungen zu schließen.

- Arbeiten Sie im Rahmen Ihrer Untersuchung insb. jene Erkenntnisfelder empirisch auf, in denen eine Vielzahl offener Fragen bestehen. Verzichten Sie darauf, in Ihrem Forschungsdesign Variablen und Beziehungen dominieren zu lassen, über die kaum mehr diskutiert wird. Lassen Sie in Ihrer Arbeit innovative gegenüber repetitiven Elementen überwiegen.

Methodenpluralismus

- Streben Sie nach Möglichkeit einen Methodenpluralismus an. Versuchen Sie, Ihre Informationen auf der Basis unterschiedlicher empirischer Forschungsmethoden (Dokumentenanalyse, Beobachtung, unterschiedliche Arten der Befragung etc.) zu erheben. Wenn Sie auf dieser Basis konsonante Befunde identifizieren, werden Ihre Forschungsergebnisse glaubwürdiger. Wenn die unterschiedlichen Methoden zu unterschiedlichen Ergebnissen führen, können Sie diese Differenzen zum Ausgangspunkt problematisierender Fragen nehmen.

- Planen Sie das Timing Ihrer Informationsaufnahme im Feld sehr genau. Vielfach wird die Praxis in der Ferien- und der Weihnachtszeit kontaktiert und die so handelnden Studierenden wundern sich dann auch noch, warum die Antwortbereitschaft gering ist.

- Rechnen Sie für die Durchführung Ihrer empirischen Untersuchung hinreichend Zeit ein (vgl. Abschnitt 3.2.3.2). In der Regel zieht sich dieser Prozess länger hin als ursprünglich gedacht (bei einer sechsmonatigen Abschlussarbeit sind es leicht mehr als acht Wochen).

Methodenkonformität

- Verwenden Sie in Ihrer Untersuchung angemessene Datenauswertungsmethoden. Versuchen Sie, neben univariat-deskriptiven auch zusammenhangsorientierte Auswertungen durchzuführen. Es müssen jedoch nicht unbedingt hochkomplexe Methoden sein; es dürfen insb. keine Methoden sein, deren Anwendungsbereich und Inhalt Sie nicht genau verstehen und interpretieren können. Beginnen Sie nicht sofort mit hochkomplexen, multivariaten Datenauswertungsmethoden, sondern schreiten Sie von der Anwendung einfacher Methoden (eine Kreuztabelle ("Okkularanalyse") kann unter Umständen weit mehr aussagen als eine multiple Regressionsgleichung oder eine Faktorenanalyse) zur Nutzung komplexer Verfahren voran.
- Erläutern Sie in Ihrer Arbeit die von Ihnen angewandten empirischen Methoden so genau wie möglich. Nur so kann der Leser Ihre Befunde richtig nachvollziehen und deren Güte angemessen beurteilen. Bedenken Sie, dass ein Verschweigen von methodischen Vorgehensweisen Verdachtsmomente schöpfen lassen und negative Kritik einbringen kann.

Interpretation von Daten

- Beschreiben Sie die von Ihnen zusammengetragenen Daten nicht nur, sondern versuchen Sie, diese auch zu interpretieren. Trennen Sie diese Arbeitsschritte jedoch deutlich voneinander und beachten Sie bei der Präsentation der Ergebnisse diese vorgegebene Reihenfolge (erst beschreiben, dann interpretieren).
- Versuchen Sie, der Präsentation Ihrer Befunde so viel wie möglich Struktur zu geben. Auch diese Forderung gilt für beide Forschungsrichtungen gleichermaßen. Manche quantitativ forschende Personen reihen Detailbefund an Detailbefund und qualitativ Forschende betreiben häufig ein anekdotenhaftes "Story-Telling", bei dem der Leser weder Variablen noch Zusammenhänge erkennen kann.

Integration von Befunden

- Ziehen Sie am Ende Ihres empirischen Abschnitts die zahlreichen Fäden Ihrer Einzelbefunde zusammen; integrieren Sie Ihr Befundmaterial. Versuchen Sie also, nicht nur eine endlose Liste von Einzelergebnissen zu präsentieren, sondern am Schluss zu prüfen, in welcher Weise diese Befunde zu Befundkomplexen zusammengestellt werden können. Alles andere ermüdet den Leser lediglich.
- Halten Sie die von Ihnen gegenüber den Respondenten ggf. gemachten Vertraulichkeitszusagen unbedingt ein. Sonst schaden Sie sich selbst genauso wie der großen Zahl der nach Ihnen empirisch forschenden Kommilitonen.

Executive Summary

- Geben Sie den an der Untersuchung teilnehmenden Respondenten ein prägnantes, "knackiges" Feedback. Viele Praktiker wurden von forschenden Wissenschaftlern schwer enttäuscht, weil sie trotz vorheriger Zusicherungen keinerlei Rückmeldung über die Untersuchungsergebnisse erhalten haben. Es wundert also nicht, dass die Bereitschaft von Praktikern zur Teilnahme an empirischen Projekten und insb. Befragungen immer mehr zurückgeht. Verfassen Sie ein "Executive Summary", in dem Sie auf zwei bis vier Seiten hauptsächlich die zentralen Ergebnisse Ihrer Untersuchung, weniger die zu diesen führende Methode beschreiben.

- Bewahren Sie Ihr empirisches Urmaterial (ausgefüllte Fragebögen, Tonbänder, Interviewmitschriften etc.) auch nach Abschluss des Projekts noch einige Zeit (idealerweise fünf Jahre) auf. Sie werden das Projekt vielleicht irgendwann fortsetzen wollen; auch verlangt das Prüfungsrecht vieler Hochschulen eine derartige Vorgehensweise.

3.7 Inhaltliche Aspekte der Manuskripterstellung

Von der Gliederung zum Text

Während der Literatursichtung, der Erstellung des Exposés sowie der Anfertigung einer Gliederung haben Sie zahlreiche Überlegungen über den argumentativen Aufbau Ihrer wissenschaftlichen Arbeit angestellt und hierauf bezogene Entscheidungen getroffen. Im Rahmen der Manuskripterstellung geht es nunmehr darum, das so gewonnene argumentative Grundgerüst mit detaillierten Gedanken aufzufüllen und in ein inhaltlich anspruchsvolles, lesbares und gut verständliches Dokument zu überführen.

Im Nachfolgenden werden zunächst einige übergeordnete Tipps zum Timing und der Form der Manuskripterstellung bereitgestellt, bevor dann speziellere Hinweise zur Erstellung der Kernbestandteile einer wissenschaftlichen Arbeit (Einleitung, Hauptteil, Zusammenfassung und Ausblick) entfaltet werden. Daraufhin werden grundlegende Argumentationsformen, sprachliche und stilistische Fragen sowie Formen der Einbindung fremden Gedankenguts in das Manuskript diskutiert.

3.7.1 Zeitpunkt und übergeordnete Grundsätze der Manuskripterstellung

Hinreichende Zeit für Manuskripterstellung

Aufgrund der Notwendigkeit zur termingerechten Fertigstellung einer wissenschaftlichen Arbeit empfiehlt es sich, mit dem Aufschreiben des Manuskripts frühzeitig zu beginnen. Bei einer Sechs-Monats-Arbeit sollten Sie spätestens zwei Monate, bei einer Drei-Monats-Arbeit spätestens sieben Wochen vor dem vorgesehenen Abgabetermin die Schreibtätigkeit aufnehmen (vgl. Abschnitt 3.3). Wenn eine derartige Arbeit bspw. einen Umfang von 80 Seiten aufweist, dann müssen Sie arbeitstäglich ca. zwei bis drei Seiten schreiben – was für eine nicht routinierte Person relativ viel ist. Bedenken Sie bei derartigen Überlegungen, dass das Schreiben nicht an allen Tagen gleich gut klappt; Sie müssen also unproduktive Leertage einplanen. Berücksichtigen Sie außerdem, dass Sie auch noch einige Zeit für die inhaltliche, stilistische und layoutbezogene Überarbeitung der Schrift benötigen werden.

Einübung der Schreibtätigkeit

Überdies möchten wir Ihnen noch einmal dringend anraten, dass Sie bereits in früheren Phasen Ihres Studiums das Anfertigen wissenschaftlicher Texte einüben. Naturtalente im Schreiben finden sich nämlich äußerst selten. Wenn Sie über relativ wenig Routine im Anfertigen wissenschaftlicher Texte verfügen, dann sollten Sie noch mehr Zeit für das Ausformulieren Ihrer wissenschaftlichen Arbeit einplanen als zuvor angegeben.

Im Falle einer empirischen Arbeit verschärft sich der bestehende Zeitdruck insofern, als Sie erst relativ spät mit dem Ausformulieren der befundbezogenen Textbestandteile beginnen können. Um einen übermäßigen Zeitdruck auszuschließen, sollten Sie sorgfältig prüfen, welche Manuskriptteile Sie bereits vor Abschluss des empirischen Teils Ihrer Untersuchung anfertigen können. Erfahrungsgemäß kommt hierfür insb. das theorie- sowie das methodenbeschreibende Kapitel in Betracht.

Themenbezug sicherstellen

Achten Sie während der verschiedenen Phasen des Aufschreibens Ihres Manuskripts stets darauf, dass Sie das Thema der Arbeit nicht aus den Augen verlieren. Heften Sie sich ggf. ein riesengroßes Plakat über den Bildschirm Ihres Computers, auf dem ein Satz steht wie: "Gesamtthema nicht aus den Augen verlieren!" oder "Bezieht sich dieser Abschnitt in hinreichendem Maße auf das Gesamtthema der Arbeit?" Ein weiteres wichtiges Hilfsmittel zur Gewährleistung des Gesamtthemenbezugs besteht darin, dass man sich vor Beginn des Aufschreibeprozesses Gedanken über den Umfang der einzelnen Abschnitte der Schrift macht, die entsprechenden Seitenzahlen in die Gliederung einträgt und während der Texterstellung prüft, inwieweit diese Zielvorgaben eingehalten werden konnten. Stellen Sie bei der Vergabe von Soll-Seitenzahlen jene Abschnitte in den Vordergrund, die der Leser benötigt, um dem Argumentationsgang Ihrer Schrift folgen zu können und die ihre Überlegenheit im Vergleich zu bestehenden Schriften ausmacht.

Umschreiben und verdichten

Berücksichtigen Sie auch, dass es völlig normal ist, dass man Texte zunächst umfangreicher aufschreibt, um sie nach Fertigstellung des ersten Textentwurfes in einem mehrstufigen Prozess drastisch zu verändern insb. zu verdichten bzw. zu kürzen. Auch erfahrene Wissenschaftler überarbeiten Ihre Manuskripte mehrfach und stutzen sie hernach erheblich zurecht. Formulieren Sie daher alle Herleitungen, Theorieelemente und Erläuterungen zunächst relativ ausführlich und verdichten Sie diese Bestandteile dann, wenn Sie über einen ersten Gesamtüberblick über das entstandene Manuskript verfügen. Werfen Sie Textbestandteile, von deren Relevanz und Erheblichkeit Sie nicht so recht überzeugt sind, skrupellos aus dem Manuskript heraus. Derartige Entfernungen werden Ihnen natürlich insb. dann sehr weh tun, wenn Sie sie zuvor sehr mühevoll erstellt haben. Diesen Schmerz müssen Sie jedoch überwinden. Bewahren Sie die Dateien mit den aus dem Manuskript entfernten Textelementen auf. Sie können sie vielleicht in einem anderen Kontext verwenden, und das Wegstreichen ist dann etwas weniger frustrierend.

Klarheit und Begründetheit als Ziele

Schließlich soll bereits hier darauf hingewiesen werden, dass es bei allen Bestandteilen des Textkörpers darum geht, begründete (klare, verständliche, überzeugende, einleuchtende etc.) Aussagen zu treffen (vgl. hierzu insb. Abschnitt 3.7.3 über Argumentationsformen).

3.7.2 Kernbestandteile des Manuskripts

Im Nachfolgenden werden Mindestanforderungen definiert, die an die Kernbestandteile eines wissenschaftlichen Manuskripts (Einleitung, Hauptteil sowie Zusammenfassung und Ausblick) zu stellen sind (vgl. auch Theisen 1998, S. 117 ff.). Die Gütemerkmale der peripheren Manuskriptteile (Vorwort, Inhaltsverzeichnis, Literaturverzeichnis, Anhang etc.) werden in Abschnitt 3.8 behandelt.

3.7.2.1 Einleitung

Zweck der Einleitung

Die Einleitung einer wissenschaftlichen Arbeit erfüllt zwei übergeordnete Funktionen: Einerseits stellt sie (wie im übrigen auch die Zusammenfassung und der Ausblick) für unter Zeitdruck agierende Leser eine Kurzübersicht dar, anhand derer sie einen Eindruck von dem in der jeweiligen Arbeit behandelten Problem sowie den dort erarbeiteten Erkenntnissen gewinnen können. Andererseits bildet sie für detailliert lesende Personen einen Fahrplan bzw. einen Leitfaden, anhand dessen sich diese in dem umfänglichen Text zurechtfinden können (vgl. Standop 1994, S. 25 f.).

Berücksichtigen Sie, dass die Einleitung das Aushängeschild Ihrer Arbeit ist. Achten Sie daher sehr darauf, dass dieser Manuskriptteil besonders gehaltvoll, flüssig und elegant ausformuliert ist. Diese Forderungen lassen sich natürlich nicht immer leicht miteinander vereinbaren, insb. deshalb nicht, weil mit der Einleitung einer jener Manuskriptteile gegeben ist, die mit großer Wahrscheinlichkeit auch von *nicht fachkundigen* Lesern durchgesehen werden. Auch deshalb müssen Sie darauf achten, dass die Einleitung besonders gut verständlich formuliert ist.

Realistisch bleiben!

Weiterhin sollten Sie sich darüber im Klaren sein, dass Sie in der Einleitung ganz erheblich die Erwartungen prägen, mit denen Ihre Leserschaft an Ihre Arbeit herantritt. Schüren Sie mit Ihrer Einleitung also keine zu hohen oder sogar illusorischen Erwartungen; stellen Sie Ihr Licht aber auch nicht allzu sehr unter den Scheffel. Berücksichtigen Sie, dass die Leser frühzeitig erfahren wollen, was das Spannende Ihrer Arbeit ist. Denken Sie an das Journalistenwort, dass ein Autor bereits dann beinahe gewonnen hat, wenn es ihm gelungen ist, den Leser über die erste Zeile eines Textes hinwegzubringen. In ähnlicher Weise müssen auch Sie handeln: Sie müssen dem Leser über die ersten Seiten Ihrer Arbeit hinweghelfen. Prüfen Sie genau, was der Mehrwert Ihrer Untersuchung ist. Stellen Sie diesen "Added Value" deutlich heraus. Da Sie mit Ihrer Einleitung den Leser zur Lektüre Ihrer Arbeit motivieren wollen, sollten Sie die Einleitung nicht mit der phantasielos-langweiligen Überschrift "Einleitung" versehen. Geben Sie der Einleitung eine inhaltlich aussagekräftige Überschrift.

Weitläufigkeit vermeiden

Holen Sie im Rahmen Ihrer Einleitung nicht zu weit aus (Negativbeispiel: "Globalisierung, Komplexität und Dynamik sind die wichtigsten Herausforderungen unserer Zeit"). Vermeiden Sie es auch, ermüdende Aufzählungen, Definitionen, Formeln und technische Details in die Einleitung hineinzupacken. Und: Fassen Sie die Endversion Ihrer Einleitung erst nach Fertigstellung des Hauptteils ab, weil es Ihnen dann am ehesten möglich ist, die verschiedenen Manuskriptteile aufeinander abzustimmen.

Umfang der Einleitung

Die Einleitung sollte nicht mehr als 15 Prozent des Textumfanges ausmachen. Greifen Sie bei deren Anfertigung unmittelbar auf das Exposé Ihrer Arbeit (vgl. Abschnitt 3.2.5) zurück: Wenn Sie in der frühen Phase der Beschäftigung mit Ihrem Thema ein stringentes klares Exposé angefertigt haben, wird Ihnen das Schreiben der Einleitung relativ leicht fallen.

Bestandteile der Einleitung

Welche Bestandteile sollten nun aber in einer guten Einleitung auf jeden Fall enthalten sein?

- Erstens müssen Sie in der Einleitung natürlich die *Themenstellung* Ihrer wissenschaftlichen Arbeit angeben. Bemühen Sie sich dabei, die Themenstellung so präzise wie möglich zu beschreiben. Sagen Sie dem Leser ganz genau, um was es bei Ihrer Arbeit geht.
- Ordnen Sie die Themenstellung Ihrer Arbeit in einen *übergeordneten inhaltlichen Zusammenhang* ein. Zeigen Sie auf, welche anderen Sachfragen, welche Wertfragen, welche Theorien etc. von dem Thema Ihrer Arbeit berührt werden.

- Erläutern Sie dabei auch, wo genau die *Schwerpunkte* Ihrer Problembehandlung liegen. Umreißen Sie möglichst exakt jene Themenbereiche, mit denen Sie sich in Ihrer Arbeit besonders intensiv befassen werden. Zeigen Sie auf, wie diese Themenbereiche von bereits bestehenden, auf das gleiche Erkenntnisgebiet bezogenen Schriften *abzugrenzen* sind. Verorten Sie Ihre Arbeit möglichst exakt im Kontext des verfügbaren Wissens.

- Spezifizieren Sie in der Einleitung die *Ziele*, die Sie in und mit Ihrer Arbeit erreichen wollen. Bedenken Sie, dass eine klare, operable Zielformulierung Festlegungen hinsichtlich des Zielinhalts, des Zielausmaßes und des zeitlichen Bezugs erfordert (vgl. Heinen 1976, S. 82). Bedenken Sie, dass das Untersuchungsziel in aller Regel nicht mit dem Titel Ihrer Arbeit identisch ist. Der Titel wissenschaftlicher Arbeiten beschreibt üblicherweise nämlich nur einen Themenbereich, nicht jedoch einen erreichbaren bzw. verfehlbaren Zustand.

- Prüfen Sie in dieser Phase der Erstellung der Arbeit noch einmal ernsthaft, ob Ihre Schrift eine *klare Fragestellung* ausweist. Welche zentrale, genau spezifizierte Frage will ich mit meiner Arbeit beantworten? Diese Forschungsfrage muss eine inhaltliche Frage sein; Formalfragen wie "Was sind die Probleme des internationalen Managements?" oder "Welche pädagogischen Herausforderungen stellen sich heutzutage im Schulbetrieb?" sind viel zu ungenau und zu beschreibend formuliert, als dass sie Ihre späteren Handlungen steuern könnten.

- Versuchen Sie, aus dem übergeordneten Ziel und der übergeordneten Forschungsfrage eine Reihe dazu passender *Subziele* (Arbeitsziele) bzw. *nachgelagerter Forschungsfragen* abzuleiten. Die Ableitung derartiger Subziele und nachgelagerter Forschungsfragen ist wichtig, weil Sie den weiteren Verlauf Ihrer Auseinandersetzung mit dem Thema strukturieren können. Versuchen Sie, die verschiedenen Subziele bzw. nachgelagerten Forschungsfragen miteinander zu vergleichen und in eine Wichtigkeitsrangfolge zu bringen.

- Legen Sie in der Einleitung insb. auch dar, welche in dem betreffenden Themenbereich angesiedelten Untersuchungsfelder von Ihnen *ausgeblendet* werden. Begründen Sie, warum diese Untersuchungsfelder aus der Betrachtung ausgeschlossen wurden. Verdeutlichen Sie dem Leser, warum Sie die ausgegrenzten Fragen als Randprobleme Ihrer Arbeit begreifen. Bringen Sie ggf. deutlich zum Ausdruck, dass Sie einige der ausgegrenzten Untersuchungsfelder durchaus für interessante Fragestellungen halten, dass Sie sie aufgrund der besonderen Zielsetzung Ihrer Arbeit hier jedoch weglassen müssen.

- Zeigen Sie in der Einleitung, dass Sie die inhaltliche Verortung Ihrer Arbeit sowie die Bestimmung von Zielen und Forschungsfragen auf der Basis eines *sorgfältigen Quellen- bzw. Literaturstudiums* vorgenommen haben, in dessen Rahmen Sie insb. aktuelle Publikationen gesichtet haben. Charakterisieren Sie die in der wissenschaftlichen Literatur vorhandene Ausgangslage zu Ihrem Thema. Wenn Sie dies tun, dann wird Ihnen eine sachlich begründete Eingrenzung des Themas Ihrer Arbeit gelingen.

- Schildern Sie in der Einleitung die *Motivation*, die Sie zur Übernahme dieses Themas bewogen hat. Berücksichtigen Sie dabei, dass diese Motivationsfrage in unterschiedlichen Wissenschaftsdisziplinen ungleich behandelt wird. Während es in den Rechts- und Wirtschaftswissenschaften üblich ist, die Bedeutung der Themenstellung rein sachlich (z. B. mit Statistiken) zu begründen, neigen viele Sozialwissenschaftler dazu, auch im persönlichen Bereich liegende Beweggründe einzubringen. Loten Sie mit dem Betreuer Ihrer Arbeit aus, was in Ihrer Disziplin erwünscht ist.

- Benennen Sie in der Einleitung, auf welchen theoretischen und praktischen *Grundlagen, Vorarbeiten und Rahmenbedingungen* Ihre Arbeit aufbaut. Spezifizieren Sie die argumentative Umgebung, in die Sie Ihr Aussagensystem einbetten.

- Beschreiben, erläutern und visualisieren Sie den *Gang Ihrer Untersuchung.* Gestalten Sie diese Darlegung jedoch holzschnittartig; beschränken Sie sie auf die wichtigsten Untersuchungsschritte. Stellen Sie sicher, dass aus der Erläuterung der Bezug sämtlicher Untersuchungsschritte zu dem übergeordneten Untersuchungsziel bzw. der übergeordneten Forschungsfrage deutlich wird. Machen Sie dem Leser klar, dass jeder der angesprochenen Untersuchungsschritte notwendig ist, um die generelle Forschungsfrage problemerschöpfend beantworten zu können. Bedenken Sie, dass sich die Darlegung des Untersuchungsgangs keinesfalls in einer bloßen Wiederholung des Inhaltsverzeichnisses beschränken darf.

- *Definieren* Sie in der Einleitung lediglich die zentralen *Begriffe* der Arbeit. Mit diesen sollten Sie sich allerdings in kontroverser Weise beschäftigen. Es reicht nicht, wenn Sie einige Definitionen aneinanderreihen. Versuchen Sie, die herangezogenen Definitionen zu kritisieren und in begründeter Weise die für Sie zweckmäßigste auszuwählen. Folgen Sie nicht jenen Studierenden, die in der Einleitung – also bereits vorab – alle möglichen in der Arbeit irgendwann einmal auftretenden Begriffe definieren. Das ist ermüdend und überlastet die Informationsverarbeitungsfähigkeit des Lesers. Besser ist es, die nicht zentralen Begriffe an jener Stelle des Hauptteils kurz zu erläutern, an denen Sie zum ersten Mal verwendet werden. Definieren Sie lediglich jene Begriffe, die (im Kontext der jeweiligen wissenschaftlichen Fachgemeinschaft) wirklich erklärungsbedürftig sind. Achten Sie darauf, dass Sie die Begriffsdefinition unter Zuhilfenahme einschlägiger Fachliteratur vornehmen. Publikationen wie die Brockhaus-Enzyklopädie oder Gablers Wirtschaftslexikon reichen als Grundlagen für Ihre Begriffsarbeit nicht aus.

3.7.2.2 Hauptteil

Zweck des Hauptteils

Mit dem Hauptteil ist fraglos der wichtigste Bestandteil einer wissenschaftlichen Qualifikationsarbeit gegeben (vgl. Fischer/Prüser/Schmolz 1982, S. 61 f.). In dessen Rahmen wird das behandelte Thema inhaltlich aufgearbeitet und es werden die hierauf bezogenen Fragen beantwortet. Beachten Sie bei der Anfertigung des Hauptteils bitte die in den Abschnitten 3.7.3 und 3.7.4 bereitgestellten Hinweise über Argumentationsformen, Sprache sowie Stilfragen.

Praktische Gestaltungstipps

Bereits an dieser Stelle wollen wir jedoch einige Hinweise bereitstellen, welche die Qualität des Hauptteils einer wissenschaftlichen Arbeit steigern helfen:

- Fassen Sie den Hauptteil Ihrer Arbeit (wie im Übrigen auch die anderen Manuskriptteile) in einer *stringenten Weise* ab. Stellen Sie also sicher, dass die entfalteten Argumente in bündiger, logischer Weise aufeinander aufbauen. Die vorgetragene Gedankenfolge muss sich durch eine Zwangsläufigkeit auszeichnen. Der Leser muss an jeder Stelle des Manuskripts den Eindruck gewinnen, dass praktisch gar keine andere Möglichkeit besteht als mit dem fortzufahren, mit dem fortgefahren worden ist.
- Bemühen Sie sich darum, dass sich alle Bestandteile des Hauptteils *klar und eindeutig auf das Thema der Arbeit* beziehen. Gehen Sie sämtliche für den Hauptteil vorgesehenen Argumentationsblöcke sorgfältig durch und verfrachten Sie Zweifelsfälle in den Anhang oder sogar ganz aus der Schrift. Aus dem Hauptteil "verbannt" werden können insb. auch jene Passagen, deren einziger Zweck darin besteht, dem Leser im Hinblick auf einen Teilbereich einen tieferen Einblick zu verschaffen.
- Stellen Sie sicher, dass das eigentliche *Ziel* und die eigentliche *Fragestellung* der Arbeit eindeutig im Mittelpunkt der Abhandlung stehen. Prüfen Sie in diesem Zusammenhang die *Proportionalität* Ihrer für den Hauptteil vorgesehenen Textelemente: Dominieren jene Textelemente umfangmäßig, die den klarsten und engsten Bezug zu den Zielen und Forschungsfragen der Arbeit aufweisen? Berücksichtigen Sie, dass Proportionalität nicht unbedingt völlige Gleichgewichtung von Bestandteilen heißen muss (vgl. Abschnitt 3.5.1.4).

- Untersuchen Sie in diesem Zusammenhang auch, ob die in den einzelnen Elementen des Hauptteils realisierte *Erklärungs- bzw. Diskussionstiefe* ausgewogen ist. Sollten Passagen bestehen, in denen Sie relativ oberflächlich argumentieren, dann versuchen Sie, in diese spätestens bei der letzten Überarbeitung ein höheres Maß an Gehalt hineinzubekommen.

- Bemühen Sie sich um ein hohes Maß an *Kritikfähigkeit*. Werden die im Schrifttum vorgestellten Theorien, Konzepte und Ansätze lediglich beschrieben oder auch kontrovers diskutiert? Beziehen Sie zu diesen Theorien, Konzepten und Ansätzen einen eigenen Standpunkt. Streben Sie die Erarbeitung einer konstruktiven, weiterhelfenden Form von Kritik an. Suchen Sie nach einer inhaltlichen Weiterentwicklung der diskutierten Literaturelemente.

- Nehmen Sie sich die Bereitstellung wahrhaftig *innovativer Aussagen* zum Ziel. Fragen Sie immer wieder kritisch, ob die erarbeiteten Weiterentwicklungen grundlegend neuartig sind oder ob es sich lediglich um neue Kombinationen in einem bekannten Alternativenraum handelt. Liegt eine quantensprungartige oder eine graduelle Weiterentwicklung des Bestehenden vor? Sind die geleisteten Innovationen auf der Basis einer Theorie entwickelt worden oder lediglich das Ergebnis eines zufallsgetriebenen Suchprozesses? Sind die präsentierten Neuerungen durch den Verfasser entwickelt oder sind sie betreuerseitig in der Sprechstunde angeregt worden? Enthält die Arbeit für den betreuenden Dozenten überhaupt eine Spannungskomponente?

- Versuchen Sie, eine *Interdisziplinarität* in Ihrem Aussagensystem zu erreichen. Diese ist günstig, weil bekannt ist, dass Lösungssuchen, die aus den Perspektiven unterschiedlicher Disziplinen durchgeführt wurden, vielfach überlegene Problemlösungen hervorbringen. Greifen Sie also insb. auf benachbarte Fachdisziplinen und Erkenntnisgebiete zurück.

- Schreiben Sie idealerweise am Ende eines jeden, insb. jedoch am Schluss der umfangreichen Abschnitte(s) eine kurze *Zusammenfassung*. Beziehen Sie diese Zusammenfassungen auf die im Einleitungsteil spezifizierten Teilziele der Arbeit. Sie verbessern dadurch das Verständnis des Lesers für Ihren Argumentationsgang, bieten ihm "Verschnaufpausen" und ermöglichen ihm, im Falle eines verlorenen roten Fadens wieder in die Gedankenfolge einzusteigen. Stellen Sie durch sorgfältige Prüfungen sicher, dass die Zusammenfassung den wesentlichen Inhalt des zugehörigen Abschnitts wiedergibt.

- *Formulieren Sie die Übergänge* zwischen den einzelnen Elementen des Hauptteils sorgfältig. Der Leser ist Ihnen hierfür dankbar, weil er weniger als Sie mit der Ihrer Arbeit innewohnenden Logik vertraut ist. Weichen Sie also von der vielfach anzutreffenden Praxis ab, isolierte, zusammenhanglose Textfragmente aneinanderzureihen. Eine tragfähige Methode zur Formulierung von Übergängen besteht darin, dass man das Ergebnis des soeben abgeschlossenen Abschnitts rekapituliert oder dass man "zwischen den Abschnitten" einen Bezug zum Gesamtthema der Arbeit herstellt.

- Wenn Sie eine praxisnahe Arbeit schreiben (bspw. in Zusammenarbeit mit einem Unternehmen oder einer staatlichen Institution), dann wägen Sie sorgfältig ab, ob Sie den *Praxisteil im Anschluss an den Theorieteil* stellen oder ob Sie beide Teile integrativ verzahnt präsentieren. Für beide Vorgehensweisen sprechen gute Gründe. Für die serielle Vorgehensweise (erst Theorieteil, dann Praxisteil) spricht, dass Sie sich zunächst sorgfältig mit der Ideallösung auseinandersetzen können, ohne sofort pragmatische Abstriche machen zu müssen. Der parallele Ansatz (beide Teile integrativ verzahnt) bringt den Vorteil mit sich, dass er redundanzärmer ist und dass die Speicherfähigkeit des Lesers nicht so sehr belastet wird.

- Achten Sie im Falle einer Praxisarbeit darauf, dass sich der praxisbezogene Teil der Arbeit nicht in der Wiedergabe einiger allgemein bekannter Daten sowie der Umformulierung bzw. Zusammenfassung der Interseite des betreffenden Untersuchungsgegenstandes erschöpft. Aus akademischer Sicht macht der praxisbezogene Teil nämlich nur dann Sinn, wenn in ihm auf das Thema bezogene Erkenntnisse erarbeitet werden, die im Theorieteil noch nicht bekannt waren. Diese können bspw. in einer Relativierung bzw. Erweiterung theoriegeleitet entworfener Modelle bestehen.

- Prüfen Sie im Falle einer derartigen Arbeit überdies kritisch, ob es erforderlich ist, *für jede Zielgruppe* (Hochschule, Unternehmen) *eine besondere Manuskriptversion* zu erstellen. Dies ist vielfach deshalb erforderlich, weil die Unternehmensvertreter an pragmatischen, schnell umsetzbaren Lösungen, die Vertreter des akademischen Bereichs hingegen an dem Optimum nahekommenden "Totallösungen" interessiert sind. Wenn Sie an der Vereinbarkeit der Erwartungen zweifeln, dann fertigen Sie bitte zwei getrennte Textversionen an.

- Arbeiten Sie gerade im Hauptteil – da mit diesem der umfangreichste Teil der Arbeit gegeben ist – mit verschiedenen *Hervorhebungsmitteln* wie Schriftenvariation (z. B. Hervorhebung durch Kursivschrift), Einrückungen, Markierungen durch Spiegelstriche etc. (vgl. hierzu jedoch Abschnitt 3.7.4). Nutzen Sie vor allem die Absatzbildung als strukturbildendes Element.

3.7.2.3 Zusammenfassung und Ausblick

Zweck der Zusammenfassung und des Ausblicks

Bei der Anfertigung des Schlussabschnitts "Zusammenfassung und Ausblick" sollten Sie sich bewusst sein, dass die Wörter "Zusammenfassung" und "Ausblick" einen unterschiedlichen Bedeutungsinhalt haben. Die Zusammenfassung blickt auf das Gewesene zurück, der Ausblick nach vorn. Die Einhaltung dieser analytischen Trennung ist auch dann sinnvoll, wenn Sie den Schlussabschnitt ganzheitlich mit "Fazit" betiteln: Dieser umfasst zwar beides, die Wesensverschiedenheit der beiden Komponenten bleibt jedoch bestehen (vgl. Sesink 1994, S. 116 f.; Bänsch 1995, S. 60).

Die *Zusammenfassung* Ihrer Arbeit sollte zwei Komponenten enthalten: Erstens sollte Sie noch einmal die wesentlichen Stationen des Untersuchungsgangs rekapitulieren und insb. aufzeigen, in welcher Weise in der vorliegenden Arbeit argumentiert worden ist. Zweitens sollten die zentralen Untersuchungsergebnisse zusammengefasst werden.

Praktische Gestaltungstipps für die Zusammenfassung

Bei der Gestaltung der Zusammenfassung empfiehlt es sich, die folgenden Überlegungen zu berücksichtigen.

- Ein *Standardmaß* für den Umfang einer Zusammenfassung gibt es nicht. Einerseits hängt dieser vom Detaillierungsgrad der Ergebnisse ab; andererseits ist eine vernünftige Mitte zwischen langweilender Redundanz und Überlastung des semantischen Speichers des Lesers zu finden. Im Zusammenhang mit einer 80seitigen Abschlussarbeit erscheinen jedoch drei bis fünf Seiten angemessen. Klären Sie im Zweifelsfall mit dem betreuenden Dozenten ab, wie umfangreich die Zusammenfassung Ihrer Arbeit ausgelegt sein soll.
- *Verzichten* Sie in der Zusammenfassung darauf, bei der Präsentation der zentralen Ergebnisse sämtliche *"Wenns" und "Abers"* zu benennen. Da Sie diese bei der erstmaligen Befundpräsentation im Hauptteil diskutiert haben, können Sie die signifikanten Highlights nunmehr in einer etwas selbstbewussteren Weise darlegen. Prüfen Sie, ob es Sinn macht, Ihre zentralen Ergebnisse in der Zusammenfassung in einer thesenartigen Form darzulegen.
- Bedenken Sie, dass ein *Nicht-Ergebnis* bzw. ein nicht eindeutiges Ergebnis *auch ein Ergebnis* sein kann. Erwägen Sie also ernsthaft, derartige Nicht-Befunde in der Zusammenfassung zu erwähnen. Berücksichtigen Sie aber auch, dass ein derartiges Ergebnis nur wenige Leser „vom Hocker reißen" wird. Bei Nicht-Befunden ist es also besonders wichtig, sie in der richtigen Form zu präsentieren.
- Achten Sie darauf, dass die Zusammenfassung einen *klaren Bezug zum Hauptteil*, insb. aber *zur Einleitung* Ihrer Arbeit aufweist: Nur so wird es Ihnen möglich sein, den von Ihnen angelegten argumentativen Kreis zu

schließen. Nehmen Sie bei dieser "Rückbesinnung" Bezug auf das eingangs gesetzte Ziel und die Fragestellung Ihrer Arbeit.

- Stellen Sie in der Zusammenfassung erneut deutlich heraus, *was an Ihrer Arbeit neu* ist und in welcher Weise diese zu einer Steigerung des bisherigen Erkenntnisstands beiträgt.
- Versuchen Sie, aus den in der Zusammenfassung dargelegten Ergebnissen eine *Gesamtbewertung* abzuleiten. Sagen Sie, ob das Glas halb leer oder halb voll ist. Geben Sie eine nüchterne Beurteilung ab, ob Sie den Eindruck haben, dass das Ziel der Arbeit erreicht worden ist oder nicht.
- Arbeiten Sie in die Zusammenfassung einen *kritischen Rückblick auf die Erfahrungen* ein, die Sie im Verlauf der Anfertigung Ihrer Arbeit gemacht haben. Um der Arbeit keinen negativen Touch zu verleihen, sollte dieser Teil jedoch wesentlich kürzer ausfallen als die zuvor angesprochenen.
- Bekennen Sie sich in der Zusammenfassung zu *Ihrer eigenen Sicht der Dinge.* Natürlich muss sie – wann immer Sie sie aufzeigen – begründet sein.
- Prüfen Sie, ob es Sinn macht, eine nochmals verkürzte Version der Zusammenfassung (nicht des Ausblicks) anzufertigen, die Sie der Arbeit in der Form eines *Abstracts* (vgl. Abschnitt 3.8.4) voranstellen.

Praktische Gestaltungstipps für den Ausblick

Im abschließenden *Ausblick* beschäftigen Sie sich mit der Zukunft. Dabei sollten Sie

- die zentralen Ergebnisse Ihrer Arbeit in die Zukunft projizieren,
- bevorstehende Entwicklungen (Trends) skizzieren, die sich im Untersuchungsfeld unabhängig von Ihren und anderen Forschungsbemühungen abzeichnen,
- die Implikationen der erarbeiteten Ergebnisse für die Praxis und Forschung aufzeigen und
- basierend auf den im Hauptteil spezifizierten Grenzen der eigenen Untersuchung, den offenen und ungelösten Forschungsfragen konzeptionelle Ideen ("avenues of future research") entfalten, die zur Überwindung dieser Grenzen beitragen können.

3.7.3 Argumentieren in wissenschaftlichen Arbeiten

Kernkompetenz „Argumentieren"

Es ist ein Grundmerkmal pluraler Gesellschaften, dass deren Mitglieder zu gleichartigen Sachverhalten, Problemen etc. voneinander abweichende Auffassungen vertreten und auch ausdrücken dürfen. In diesem heterogenen Kontext verfolgt das mündliche wie auch das schriftliche Argumentieren das Ziel, Personen mit anderen Standpunkten zur Übernahme der eigenen Gedanken bzw. Positionen zu gewinnen. Wenngleich das Diskutieren auch nicht mit einem Krieg oder einem Gefecht gleichzusetzen ist, sollten Sie sich doch darum bemühen, das in Ihrer Arbeit transportierte Wort als Waffe zu benutzen (vgl. hierzu Meehan 1992, S. 18 ff.).

Bedenken Sie, dass das Argumentieren ein komplexer Prozess ist: Die Gesamtargumentation eines Redners/Autors muss sich aus einer Sequenz stimmiger Teilargumente zusammensetzen, die jeweils für sich überzeugend sein müssen (vgl. ähnlich Deininger 1993, S. 39). Ein umfangreiches argumentatives Gebäude wird nur dann nachhaltig auf eine positive Resonanz stoßen, wenn es auch im Detail zwingend angelegt ist. Versuchen Sie daher, jede einzelne Passage Ihres Manuskripts sorgfältig auszuformulieren (vgl. zu diesem Abschnitt auch Wilkinson 1991).

Schriftliche vs. mündliche Argumentation

Wer im Rahmen eines schriftlichen Dokuments argumentieren will, muss wissen, dass sich die schriftliche von der mündlichen Argumentation in mehrerlei Hinsicht signifikant unterscheidet. Eine wesentliche Differenz besteht darin, dass die mündliche Argumentation – bspw. im Rahmen einer Diskussion – weitaus stärker als die schriftliche von Spontaneität und dem situativen Zusammenspiel der beteiligten Akteure und Rahmenbedingungen geprägt ist. Letztere verläuft hingegen stärker geplant und sie ist noch mehr von Rationalität durchdrungen. Während ein Diskutant in einer mündlichen Auseinandersetzung aufgrund der begrenzten menschlichen Informationsverarbeitungskapazität mit rationalitätsverdrängenden bzw. -verschleiernden Argumentationstechniken wie der Scheinlogik, der Scheinkausalität, dem Zirkelschluss, der Vorwegnahme oder der Aufteilungstechnik (Aufsplitterung von gewichtigen Nachteilen in eine Menge kleinerer, jeweils beherrschbar erscheinender Nachteile) arbeiten kann (vgl. Niedenhoff/Schuh 1997, S. 51 ff.), sind diese in schriftlichen Argumentationskontexten kaum zielführend, weil der Adressat Zeit hat, den Gehalt einzelner Argumentationsbestandteile gründlich zu durchdenken. Im Rahmen einer schriftlichen Argumentation muss also das Merkmal der Rationalität noch stärker in den Vordergrund gestellt werden. Aber damit wird auch dem Sinn des Wortes "Argument" entsprochen, das den deutschen Worten "Beweis" bzw. "Bekräftigung" entspricht.

Was heißt „Argumentieren"?

Welche Komponenten birgt nun aber im Rahmen einer schriftlichen Abhandlung das Phänomen "erfolgreich Argumentieren" in sich? Es ist nichts anderes als *ein überschaubares, nachvollziehbares, einleuchtendes, überzeugendes, Gründe suchendes sowie ein zu einem stimmigen Denkgebäude führendes Formulieren von Gedanken*. Da die entfalteten Gedanken von anderen überblickt, nachvollzogen etc. werden müssen, ist es im Vorfeld des Argumentierens notwendig, sich mit der Zielgruppe, dem Adressatenkreis des entfalteten Denkgebäudes sorgfältig auseinander zu setzen.

Im Folgenden werden nun einige Hinweise zur Gestaltung eines überzeugenden Argumentationsgebäudes präsentiert, die teilweise schon im vorausgehenden Abschnitt kurz angesprochen worden sind (nützliche vertiefende Informationen zum Argumentieren in wissenschaftlichen Arbeiten finden sich in Büting/Bitterlich/Pospiech 1996, S. 162 ff.).

- *Rechtzeitige und präzise Definition von Begriffen*

Verständnisklärung

Die Definition vielfach verwendeter Wörter bildet die Grundlage einer jeglichen wissenschaftlichen Argumentation. Nur dann, wenn die an einem bestimmten Schriftstück (Ihrer wissenschaftlichen Arbeit) beteiligten Personen gleiche Vorstellungen über den Sinngehalt deutungsbedürftiger Wörter bzw. Begriffe haben, wird es möglich sein, die Schlüssigkeit, Zwangsläufigkeit und Konsistenz der von einem Diskutanten präsentierten Gedankenfolge zu beurteilen. Definieren Sie daher – wie in Abschnitt 3.7.2.1 angedeutet – die verwendeten Begriffe nicht erst, wenn Sie diese bereits wiederholt ohne nähere Erläuterung eingesetzt haben. Bemühen Sie sich überdies um eine möglichst präzise Definition der verwendeten Begriffe. Stellen Sie bei zentralen Begriffen unterschiedliche Verständnisarten einander gegenüber. Interpretieren Sie die von Ihnen genutzten Begriffe in einem Sinn, der mit dem in der jeweiligen Fachdisziplin üblichen Gebrauch kompatibel ist. Dies bedeutet jedoch nicht, dass Ihnen grundsätzlich die Möglichkeit verwehrt ist, die vorherrschenden Begriffsdefinitionen zu modifizieren. Ganz im Gegenteil, dies kann sogar sehr erwünscht sein. Gehen Sie bei eventuellen Abweichungen jedoch von den bestehenden Begriffsdeutungen aus.

- *Relevanz der Aussagen*

Bezugsklarheit

Im Zuge des Stellens und Beantwortens der Relevanzfrage wird geprüft, ob die Entfaltung einer bestimmten Gedankenfolge für die Bearbeitung des Themas der jeweiligen Arbeit notwendig ist oder nicht. Die Relevanzfrage gehört zu den schwierigsten im Zusammenhang mit einer wissenschaftlichen Arbeit zu beantwortenden Fragen. An vielen Stellen Ihrer Manuskriptanfertigung werden Sie gefordert sein, sich zwischen einer ausführlichen bzw. detaillierten und einer kurzen, prägnanten Problembehandlung zu entscheiden. Beantworten Sie die Relevanzfrage nicht nur aus Ihrer eigenen Perspektive, sondern auch aus derjenigen des Lesers heraus.

- *Stringenz der Aussagen*

Gedankliche Geradlinigkeit

Bemühen Sie sich um eine klare Gedankenführung. Prüfen Sie, ob die von Ihnen verfassten Absätze wirklich Sinneinheiten bilden. Achten Sie darauf, dass sämtliche Formulierungen (Beschreibungen, Erklärungen, Diskussionen) Ihres Manuskripts in einem eindeutigen gedanklichen Zusammenhang zueinander stehen. Prüfen Sie dabei auch, ob die Argumentation in sämtlichen Phasen die gleiche Bündigkeit der Aufeinanderfolge aufweist oder ob nicht ungeschlossene Lücken bzw. Sprünge bestehen. Suchen Sie immer wieder den roten Faden in Ihrer Schrift.

Streben Sie insb. eine Stimmigkeit sämtlicher in Ihrer Arbeit enthaltenen kausalen, funktionalen und logischen Verknüpfungen an. *Kausale Verknüpfungen* weisen auf Verursachungsfaktoren hin, die Realphänomene bzw. Ereignisse bewirkt haben. Fragen Sie sich während des Schreibens daher immer wieder, ob Sie die Ursachen für die dargelegten Phänomene und Ereignisse benennen können. Streben Sie mehr an als eine bloße Aneinanderreihung empirischer Phänomene; versuchen Sie, diese zu einer Folge von Ursachen und Wirkungen zu verketten. *Funktionale Verknüpfungen* sind im Untersuchungsfeld existent, wenn zwischen Phänomenen Zweck-Mittel-Beziehungen bestehen. Im Gegensatz zur Kausalität ist die funktionale Betrachtung in die Zukunft gerichtet, wobei die beabsichtigten Zwecke als Referenzpunkte dienen. *Logische Verknüpfungen* liegen vor, wenn die betrachteten Phänomene durch Vergleichsoperationen und Schlussfolgerungen miteinander verknüpft sind. Betrachten Sie zur Identifikation kausaler, funktionaler und logischer Beziehungen nicht nur das Hier und Jetzt; bemühen Sie sich auch um eine zeitraumbezogen-historizierende Betrachtung Ihres Untersuchungsgegenstands. Verzichten Sie jedoch auf eine zermürbende entwicklungsgeschichtliche Aufarbeitung des von ihnen thematisierten Objektbereichs; behandeln Sie die Vergangenheit nur so weit, wie sie für die Untersuchung des Aktuellen nützlich ist.

Prüfen Sie, ob in Ihrem Manuskript hinreichend häufig Worte bzw. Wortfolgen wie "weil", "da", "nämlich", "wenn – dann" oder "um – zu" auftreten, die Hinweise auf kausale, funktionale oder logische Beziehungen geben. Hüten Sie sich jedoch davor, derartige Wörter ex post an unpassender Stelle ins Manuskript nachzutragen; Wissenschaftler bemerken sehr schnell, wenn ein Text künstlich „getrimmt" bzw. "gewürzt" worden ist.

Drängen Sie insb. dort mit außergewöhnlicher Konsequenz auf eine stringente Gedankenfolge, wo normative Aussagen entfaltet werden. In diesem Bereich sind gute Begründungen besonders vonnöten, um nicht in die Welt der bloßen Meinung abzugleiten.

■ *Widerspruchsfreiheit/Konsistenz der Aussagen*

Innere Konsistenz

Widerspruchsfreiheit ist eines der allerobersten Gebote wissenschaftlicher Tätigkeit. Wissen gerät nämlich ins Wanken, wenn es einmal gelten soll und dann wieder nicht. Stellen Sie daher mittels umfangreicher Prüfprozesse sicher, dass nicht in einem vorderen Teil Ihrer Arbeit etwas ausgesagt wird, was mit einer späteren Aussage unvereinbar ist. In diesem Zusammenhang ist darauf hinzuweisen, dass Widerspruchsfreiheit nicht nur die Vielzahl kausaler, funktionaler und logischer Beziehungen einer wissenschaftlichen Arbeit, sondern auch die in ihr erfolgende Begriffsverwendung betrifft: Gleiche Begriffe sollten in einer Arbeit einheitlich verwendet werden. Es steht außer Frage, dass absolute Widerspruchsfreiheit in einer nahezu hundertseitigen Schrift äußerst schwierig zu erzielen ist und dass sie im übrigen auch von prominenten Wissenschaftlern nicht immer erreicht wird: So haben bspw. amerikanische Wissenschaftler nachgewiesen, dass sich selbst in Michael Porters millionenfach verkauften Schriften "Competitive Strategy" (1980) und "Competitive Advantage" (1985) Inkonsistenzen finden.

■ *Überschneidungsfreiheit von Aussagen*

Redundanzfreiheit

Überschneidungen liegen vor, wenn gleiche Sachverhalte an unterschiedlichen Stellen einer Schrift behandelt werden; noch mehr, wenn auch die erzielten Ergebnisse gleich sind. In diesem Fall besteht eine Redundanz, also eine keinen Mehrwert stiftende Überreichlichkeit bzw. Üppigkeit. Überschneidungsfreiheit ist das Komplement zur Widerspruchsfreiheit. Prüfen Sie deshalb während des Schreibens immer wieder, ob Sie denselben Sachverhalt nicht bereits an anderer Stelle angesprochen haben. Diese Prüfung fällt nicht immer leicht, weil im Schrifttum gleiche bzw. recht ähnliche Sachverhalte unterschiedlich betitelt werden und mancher Leser sich der inhaltlichen Deckungsgleichheit somit erst recht spät bewusst wird. Redundanz wäre allenfalls als Stilmittel sowie als pädagogisches Instrument der Verstärkung zu tolerieren: Eine wiederholte Auseinandersetzung mit einer bestimmten Erkenntnis soll deren Behalten verbessern. In einer wissenschaftlichen Qualifikationsarbeit, die sich an reife Leser richtet und die eine knappe Diskussionsfläche zur Verfügung hat, sollten redundante Passagen allerdings rar gesät sein.

■ *Begründung von Aussagen*

Begründetheit

Wissenschaftliche Fachdisziplinen bestehen aus zahlreichen Erkenntnisbausteinen, die ein unterschiedliches Ausmaß an Abgesichertheit aufweisen. Gesichertes Wissen steht vielfach unmittelbar neben Behauptungen und (schwach) fundierten Bewertungen. Im Kontext dieser ungleichen Erkenntnisbausteine muss es Ihnen natürlich stets darum gehen, so weit wie möglich auf sicheres und so wenig wie möglich auf vages Wissen zurückzugreifen. Die Absicherung bzw. Untermauerung von Aussagenelementen kann dabei in unterschiedlichster Weise erfolgen, wobei das Spektrum von Zahlen, Daten und Fakten über allgemein anerkannte Sachverhalte und Zusammenhänge, Erfahrungen, Traditionen und weithin geteilte Werte und Ziele, allgemein akzeptierte Lehrsätze und Theorien bis hin zu weithin bekannten Aussagen renommierter Fachvertreter reicht. Da Zitate jedoch Begründungen nicht zu ersetzen vermögen, sollten Sie Ihre Aussagen stets so anlegen, dass sie von dritter Seite inhaltlich geprüft werden können. Dies bedeutet, dass Sie insb. bei einer rein theoretischen Argumentation Ihr Gedankengeflecht "dicht weben" und bei einer empirisch abgestützten Argumentation Angaben zu den Merkmalen der ausgewerteten empirischen Untersuchungen bereitstellen.

Am solidesten hat dabei jenes Wissen zu gelten, das durch verschiedenartige Grundlagen – z. B. durch Zahlen sowie durch allgemein akzeptierte Argumentationsbestandteile – abgestützt ist. Weniger tragfähig sind dagegen einseitige Belege. Dies gilt z. B. für rein empirische Belege, da sie bei strenger Lesart immer nur für die jeweilige Stichprobe gültig sind. Noch verdächtiger erscheint ein häufiger Rückgriff auf die sogenannte "herrschende Meinung" – insb. dann, wenn nicht angegeben worden ist, wer sich hinter dieser anonymen Leitinstanz verbirgt.

Ihr Bemühen um eine Akzentuierung sicheren Wissens sollten Sie nicht dadurch unterhöhlen, dass Sie gehäuft zu abschwächenden Formulierungen wie "ich glaube", "ich habe den Eindruck", "meiner Meinung nach", "es ist zu vermuten" oder "es dürfte davon auszugehen sein" greifen. Bedienen Sie sich derartiger Formulierungen wirklich nur im absoluten Ausnahmefall, nämlich dann, wenn es Ihnen trotz intensiver Suche nicht gelungen ist, starke, tragfähige Erkenntnisbausteine ausfindig zu machen.

- *Wahl angemessener Argumentationsformen*

Formen der Ableitung von Schlussfolgerungen

Zuvor wurde bereits deutlich gemacht, dass Argumentieren nichts anderes bedeutet, als einzelne Aussagen zu einem tragfähigen Erklärungs- bzw. Begründungsnetz miteinander zu verbinden. Im Rahmen eines derartigen Erklärungs- bzw. Begründungsnetzes werden Sie zahlreiche Schlussfolgerungen ziehen. Da verschiedene *Formen der Schlussfolgerungen* genutzt werden können, werden Sie Auswahlentscheidungen zu treffen haben (vgl. Lumer 1990, S. 434 ff.):

Deduktion

- Bei Anwendung der *deduktiven Methode* gehen Sie vom Allgemeinen zum Besonderen vor. Sie wenden eine für eine größere Menge an Untersuchungseinheiten gültige Erkenntnis auf eine hierzu gehörende Untersuchungseinheit an.

Induktion

- Bei der *induktiven Methode* gehen Sie von einer für eine Untersuchungseinheit gültigen Erkenntnis aus und prüfen im Rahmen eines Verallgemeinerungsprozesses, ob diese auch für eine größere Menge an Untersuchungseinheiten gültig ist. Dieses Verallgemeinern hat stets spekulative und kühne Züge, da es eine induktive Logik nicht gibt. Die induktive Methode spielt insb. im Rahmen empirischer Forschung eine große Rolle, da diese stets auf eine endliche Gruppe untersuchter, beobachteter Einheiten begrenzt ist. Daher ist es bei empirisch gestützter Argumentation immer notwendig, eine dichte, lückenlose Kette erklärender Aussagen zusammenzustellen.

Analogiebildung

- Anders als bei der deduktiven Methode ist bei einer Nutzung der *Analogiemethode* die betrachtete Untersuchungseinheit nicht Teil der Untersuchungseinheit, für die die herangezogene Aussage entwickelt bzw. als gültig erklärt worden ist. Ein Analogieschluss liegt bspw. vor, wenn in der Medizin Forschungsergebnisse von Tieren auf den Menschen übertragen werden. Es versteht sich fast von selbst, dass die Analogiemethode aufgrund der Nichtdeckungsgleichheit der einander gegenübergestellten Untersuchungseinheiten argumentativ weniger tragfähig ist als die vorgenannten Methoden. Sie ist eigentlich nur verantwortbar, wenn die Frage der Übertragbarkeit sorgfältig und mit einem positiven Ergebnis diskutiert worden ist.

Transzendentale Methode

- Bei der auf Kants kopernikanischer Wende fußenden *transzendentalen Methode* (transzendentale Argumentation) wird eine argumentative Begründung von Begründungsregeln aufgebaut. Transzendentale Argumente verteidigen die Möglichkeit, bestimmte Voraussetzungen der Argumentation nicht weiter in Frage stellen zu wollen. Im Für und Wider transzendentaler Argumente und ihrer skeptischen Kritik geht es darum, eine in einer bestimmten Situation akzeptable argumentative Praxis auszuloten (vgl. Lumer 1990, S. 434).

Wahrscheinlichkeitsschlussmethode

- Die *Wahrscheinlichkeitsschlussmethode* ist eine Sonderform der induktiven Methode. Es wird der Grad der Wahrscheinlichkeit von Urteilen untersucht, die aufgrund der Daten einer unvollständigen Information gebildet werden. Als Wahrscheinlichkeitsschluss, wahrscheinlichen Schluss oder Wahrscheinlichkeitsurteil bezeichnet man einen mittelbaren Schluss, in dessen Schlusssatz kein gesichertes, sondern nur wahrscheinliches Wissen enthalten ist (vgl. Howson/Urbach 1993).

Tentative Methode

- Bei Anwendung der *Methode des Schlusses auf die beste Erklärung* (eliminative Induktion) wird jene Hypothese erklärt, welche die im vorhandenen Datensatz bestehende Verteilung am besten zu beschreiben vermag. Diese Methode stellt die wichtigste Alternative zu der Wahrscheinlichkeitsschlussmethode dar (vgl. Lipton 1991).

Grundmuster von Argumentationsformen

In Ergänzung dieser Arten von Schlussfolgerungen hat der Schweizer Unternehmensberater Knill einige *Grundmuster* von Argumentationsformen zusammengestellt und anhand der zu begründenden Aussage "Rauchen schadet der Gesundheit" verdeutlicht (vgl. Knill 2000). Diese Grundmuster sollen nachfolgend wiedergegeben werden:

1. *argumentum e contrario*: Abstützung aus dem Gegenteil heraus. Rauchen ist gesund. "Warum sterben dann so viele Raucher an Lungenkrankheiten?"

2. *argumentum fortiori*: Abstützung durch eine schon bewiesene Behauptung. "Durch viele Untersuchungsreihen ist bewiesen, dass Rauchen schädlich ist."

3. *argumentum a priori*: Abstützung durch logische Gründe. "Da sich beim Rauchen Teer in der Lunge absetzt und die Arterien verkalken, ist klar, dass Rauchen schädlich ist."

4. *argumentum a posteriori*: Abstützung durch Erfahrungsgründe. "Jeder Raucher merkt, dass er beim Sport nicht mehr so leistungsfähig ist und ihm öfter die Puste ausgeht."

5. *argumentum ad hominem*: Abstützung, die sich auf die ungeprüften Behauptungen des Kontrahenten bezieht. "Sie haben vorhin eine neue Studie erwähnt, die das Rauchen noch gefährlicher einstuft als bisher angenommen. Wenn das so ist, kann ich nur sagen: Man muss etwas gegen den Nikotinmissbrauch tun."

6. *argumentum ad oculos*: Abstützung durch Berufung auf den Augenschein. "Man muss sich nur die Krankenhäuser und Statistiken anschauen, um zu der Überzeugung zu gelangen: Rauchen ist schädlich. "

7. *argumentum e consentu gentium*: Abstützung durch Berufung auf allgemein Gültiges. "Jedes Kind lernt bereits in der Schule, dass Rauchen schädlich ist."

8. *argumentum ad traditionem*: Abstützung durch Althergebrachtes. "Es ist doch nicht erst seit heute bekannt, dass Rauchen schädlich ist."

9. *argumentum a tuto*: Abstützung, die sich auf die Unschädlichkeit der Annahme stützt. "Es kann auf jeden Fall nicht schaden, mit dem Rauchen aufzuhören. Zumindest spart man Geld."

- *Hoher Gehalt von Aussagen*

Inhaltliche Gewichtigkeit

Achten Sie darauf, dass die von Ihnen erarbeiten Aussagen nicht nur sauber abgeleitet, sondern auch gehaltvoll sind. Bemühen Sie sich darum, dass am Ende Ihrer Ausführungen nicht nur eine triviale oder lapidare Aussage steht. Ein Beispiel für eine derartige, völlig unbefriedigende Aussage wäre bspw., dass Sie am Schluss einer sich über Abschnitte hinziehenden Diskussion zu dem Ergebnis kommen, dass "Führung ein vielschichtiger, dynamischer und interaktiver Prozess" ist. Bezogen auf dieses Beispiel müssten Sie schon benennen können, (1) welche Einflussfaktoren die Vielschichtigkeit von Führung ausmachen, (2) aufgrund welcher veränderter Rahmenbedingungen sich das Phänomen "Führung" gewandelt hat und (3) in welcher Weise die zwischen Führungshandlungen und den sie umgebenden Rahmenbedingungen bestehenden Interaktionsmuster aussehen. Bezogen auf (1) sollten Sie nicht in einer Aufzählung führungsrelevanter Einflussfaktoren verharren; Sie sollten vielmehr genau spezifizieren, welcher Art die Beziehungen zwischen den einzelnen Einflussfaktoren und dem Phänomen Führung sind (z. B. fachlich und motivational reife Mitarbeiter können und sollten delegierend geführt werden). Spezifizieren Sie also den materiellen Inhalt Ihrer Aussagen so weit wie möglich.

- *Dialogische Darlegungsform*

Gedankliche Pluralität

Das Ideal der Wissenschaft verlangt, Fragestellungen nüchtern und so weit wie möglich interessenungebunden zu analysieren. Folgen auch Sie diesem Ideal der Unvoreingenommenheit. Bemühen Sie sich darum, die Vielzahl der nahezu bei allen Fragestellungen bestehenden Standpunkte in Ihre Argumentation einfließen zu lassen. Bauen Sie kontroverse Denkfiguren auf. Stellen Sie konträre Meinungen einander gegenüber und wägen Sie ab. Ein derartiges dialogisches Vorgehen ist auch deshalb opportun, weil es zumindest bei auf der Werteebene angelagerten Fragen nicht möglich ist, in eindeutiger Weise eine überlegene und eine unterlegene Alternative zu benennen. Diskutieren und debattieren Sie in Ihrer Arbeit also so viel wie möglich.

- *Abgabe von Prognosen*

Zukunftsorientierung

Verlängern Sie Ihr Denken in die Zukunft hinein. Beschreiben und erörtern Sie nicht nur das Gewesene und Gegenwärtige. Diese lebensweltlichen Ebenen können ohnehin nicht (kaum) mehr geändert werden. Versuchen Sie, wahrscheinliche zukünftige Entwicklungen aufzuzeigen und mögliche Folgen alternativer Handlungsmuster zu durchleuchten. Durchdenken Sie deren Chancen und Risiken sowie Möglichkeiten zur Abschwächung negativer und Verstärkung positiver Effekte. Prognostizieren Sie und leiten Sie ab.

- *Ausweis fremden Gedankenguts*

Urheberschutz

Wenn wir uns an dieser Stelle mit der Heranziehung fremden Gedankenguts beschäftigen, dann nicht mit dem Ziel, Zitierrichtlinien zu besprechen (diese werden in Abschnitt 3.7.5 behandelt), sondern der Frage nachzugehen, bis zu welcher Grenze es sinnvoll ist, Gedanken zitatemäßig abzusichern. Keine Frage: Zitiert werden müssen alle erheblichen Gedanken, die Sie von dritter Seite übernommen haben. Dies bedeutet umgekehrt jedoch, dass Sie sich hüten sollten, alle Trivialitäten und dem Gemeingut angehörenden Erkenntnisse zitatemäßig abzudecken. Wenn Sie bspw. in der Einleitung Ihrer Arbeit schreiben würden, dass psychologische und soziale Einflussgrößen das menschliche Verhalten bestimmen, dann erscheint es wenig zweckmäßig, nach "psychologische" die erste, nach "soziale" die zweite und nach "Einflussgrößen" die dritte Fußnote mit entsprechenden Quellenverweisen zu setzen. Erstens würden Sie hierdurch den Argumentationsfluss erheblich stören und zweitens müssen Sie davon ausgehen, dass der vorrangige Leser Ihrer Arbeit eine Person ist, die zumindest über Grundkenntnisse Ihrer Fachdisziplin verfügt. Sehr nachteilig, da eine Suche nach guten Gründen unterlassend, ist es auch, wenn Sie dem vielfach anzutreffenden Muster folgen, eine Fülle von Zitaten als Substitut für eine nicht vorhandene eigene zwingende Argumentation einzubauen.

- *Kritische Distanz gegenüber Aussagen*

Hinterfragung von Aussagen

Gehen Sie mit fremden Gedanken genauso kritisch um wie mit Ihren eigenen (und umgekehrt) und diskutieren Sie die Inhalte fremder und eigener Gedanken stets kontrovers. Bedenken Sie insb., dass ein in gedruckter Form veröffentlichter Satz inhaltlich genauso fehlerhaft sein kann wie ein ausschließlich mündlich artikulierter. Eine kritische Distanz ist auch deshalb angezeigt, weil nahezu bei allen Fragestellungen bzw. Problemen Lösungsbereiche bestehen, bei denen es eine absolute Wahrheit nicht gibt, sondern unterschiedliche Wahrheiten nebeneinander koexistieren, die von verschiedenartigen Denkkosmen, Wertesystemen bzw. Zielbündeln (mehr oder weniger) stringent abgeleitet worden sind. Gerade dieses Merkmal der Relativität des Wissens verpflichtet Sie, in Ihrer Arbeit eine eigene Position zu beziehen. Sie sind gefordert, unter klarer Benennung Ihrer Ausgangsannahmen ein stringentes Lösungssystem zu entfalten, hinter dem Sie stehen.

- *Neutralität des Sprachspiels*

Sachlichkeit

Bemühen Sie sich trotz aller Unterschiedlichkeit der Standpunkte, Ihre Problemlösung bzw. Ihren Standpunkt in einer sachlich geprägten Sprache vorzubringen. Verzichten Sie darauf, in einer hochnäsigen Weise über Meinungen oder das Werk anderer Personen zu befinden, die sich im Zusammenhang mit ihren Arbeiten wahrscheinlich ebenfalls sehr viel gedacht haben. Bedenken Sie, dass sich derartige Wertungen auch unbewusst einschleichen können: Oft werden wissenschaftliche Arbeiten von dritten Autoren unbeabsichtigt als "fortschrittlich", "innovativ" oder "schön" bezeichnet, ohne dass der schreibende Autor die Position innehat, dies abschließend beurteilen zu können. Fassen Sie auch bei einem Bestehen geringster Zweifel am vollständigen Wahrheitsgehalt Ihrer Aussagen die entsprechenden Sätze eher im Konjunktiv als im Indikativ ab und verzichten Sie auf apodiktische Behauptungen (vgl. hierzu auch Abschnitt 3.7.4).

- *Sorgfältige Unterscheidung zwischen deskriptiven und präskriptiv-normativen Aussagen*

Sein vs. Sollen

"Sein" und "Sollen" sind unterschiedliche Ebenen unserer Lebenswelt. Die Seins-Ebene beinhaltet all das, was vorhanden ist, einschließlich der Ursachen bzw. Erklärungen, die zu diesem Vorhandenen geführt haben bzw. dieses verstehen helfen. Die Sollens-Ebene umfasst hingegen das Erwünschte, das sich ereignen sollte, damit ein bestimmter Zustand herbeigeführt werden kann. Sie beinhaltet also anzustrebende Ziele und Handlungsempfehlungen. Da nicht alle Fachgelehrten der Ansicht sind, dass Wissenschaftler neben deskriptiven Aussagen auch in erheblichem Umfang präskriptiv-normative Aussagen zu entfalten haben, sollten Sie *erstens* mit dem Betreuer Ihrer Arbeit absprechen, inwieweit es seinem Verständnis nach wünschenswert ist, neben beschreibenden, erklärenden und prognostischen auch normativ-gestaltungsbezogene Aussagen abzugeben.

Wenn beabsichtigt ist, beide Ebenen zu behandeln, dann empfiehlt es sich *zweitens*, beide Ebenen klar auseinanderzuhalten. Arbeiten Sie die beiden Ebenen dergestalt nacheinander ab, dass Sie von der Deskription und Erklärung herkommen und zur Präskription übergehen. Formulieren Sie *drittens* die auf diesen Ebenen angelagerten Sätze bewusst. Überlegen Sie, ob Sie "Die Personalforschung stellt Informationen über Mitarbeiterwünsche bereit" oder "Die Personalforschung sollte Informationen über Mitarbeiterwünsche bereitstellen" zu schreiben haben. Benennen Sie *viertens* die Ziele klar, die eine bestimmte Handlung empfehlenswert erscheinen lassen. Und achten Sie *fünftens* darauf, dass auch Ihre Sollens-Aussagen so weit wie möglich sachlich begründet werden.

- *Zielgruppenbezogenheit der Aussagen*

Adressaten-orientierung

Ihre wissenschaftliche Arbeit fertigen Sie im Kontext einer Hochschulausbildung an mit dem Ziel, einen akademischen Grad zu erlangen. Der vorrangige Adressatenkreis Ihrer Schrift ist also das Lehr- und Prüfungspersonal Ihrer Hochschule, es sind nicht irgendwelche Praktiker oder anderweitige Personen. Berücksichtigen Sie dies beim Abfassen Ihrer Schrift. Versuchen Sie, sich in die Gedankenwelt des primären Lesers hineinzuversetzen. Machen Sie sich Gedanken darüber, was dieser aller Wahrscheinlichkeit nach in welchem Umfang bereits weiß. Denken Sie sorgfältig darüber nach, wodurch Sie ihn für Ihre Arbeit begeistern können.

Unterstützung durch dritte Personen

Wenn Sie die vorgenannten Empfehlungen berücksichtigen, wird es Ihnen sicherlich möglich sein, eine problemzentrierte, argumentativ vielschichtige, innovative, interessante und auf einem hohen Reflexionsniveau stehende wissenschaftliche Arbeit anzufertigen. Wenn Sie selbst Zweifel daran haben, ob es Ihnen gelungen ist, in hinreichendem Maße diesen fraglos nicht ganz leicht zu erfüllenden und integrierenden Kriterien zu entsprechen, dann sollten Sie versuchen, frühzeitig eine vorläufige Fassung Ihrer Arbeit von einer angemessen kritischen Person durchsehen zu lassen. Da sich die Mehrzahl der Betreuer wissenschaftlicher Arbeiten aus guten Gründen zur Durchsicht von Leseproben nicht bereiterklärt, wird dies im Regelfall eine außerhalb Ihrer Hochschule stehende Person sein.

3.7.4 Sprache und Stil

Sprache und Stil sind Ausdrucksformen der menschlichen Persönlichkeit. Demzufolge hat es grundsätzlich als positiv zu gelten, wenn ein Redner bzw. Autor sich nicht hinter unpersönlich formulierten Sätzen verschanzt, sondern in der eigenen Sprache und unter Zuhilfenahme eigener Stilelemente kommuniziert. Derartige individuelle Kommunikationsformen stehen nun allerdings in einem gewissen Spannungsverhältnis mit dem Selbstverständnis von Wissenschaft, die sich als rationale Angelegenheit und als Medium zur Entwicklung intersubjektiv überprüfbarer und akzeptierter Erkenntnisse versteht. Dementsprechend dominieren in wissenschaftlichen Schriften eine sachlich-nüchterne, exakte, klare, einfache Sprache und eine gewisse stilistische Schlichtheit (vgl. Burchardt 1995, S. 112 ff.).

Streben nach Nüchternheit

Sprachliche Nüchternheit und Klarheit sind hier auch deshalb angemessen, weil eines der höchsten Ziele wissenschaftlicher Schriften darin besteht, verstanden werden zu können. Dieses Verstehen muss rasch möglich sein und es muss überdies die Chance bestehen, einen Bestandteil einer wissenschaftlichen Schrift für sich allein nachvollziehen zu können. Dies darf freilich nicht bedeuten, dass Monotonie und Farblosigkeit Ziele wissenschaftlicher Schriften sein sollten. Der Abwechslungsreichtum und die Farbe einer wissenschaftlichen Schrift sollten jedoch immer vorrangig aus deren Inhalt und nicht aus deren Form herrühren.

Alte oder neue Rechtschreibung?

Wenn nachfolgend einige aus diesen grundsätzlichen Überlegungen abgeleitete Empfehlungen vorgestellt werden, dann ist vorab darauf hinzuweisen, dass es zunächst einmal darauf ankommt, die Rechtschreib- und Zeichensetzungsregeln der deutschen Sprache zu beachten. Wird gegen sie wiederholt verstoßen, dann vermögen auch die besten stilistischen Fähigkeiten dies nicht zu kompensieren. Da Hinweise über die Rechtschreib- und Zeichensetzungsregeln von offizieller Stelle bereitgestellt worden sind (insb. durch die Duden-Redaktion, *http://www.duden.de*), muss auf sie hier nicht näher eingegangen werden. Bitte beachten Sie, dass die neuen Rechtschreibregelungen bereits zum 1. August 2006 verbindlich geworden sind. Da Sie Ihre Abschlussarbeit bei einer Hochschule einreichen, die ein Teilsystem des öffentlichen Dienstes ist, müssen Sie die Rechtschreibung Ihrer Arbeit an diese Regeln anpassen.

Verständlichkeit

Eine Grundregel sollten Sie jedoch über sämtliche andere, nachfolgend zusammengestellte Regeln (zu sprachlichen und stilistischen Fragen vgl. auch Alley 1995; Bänsch 1995; Seutter 1997; Zopfi/Zopfi 1995; Schneider 1999) stellen: *Schreiben Sie stets so, dass Sie das Geschriebene selbst verstehen können*: Was Sie selbst nicht verstanden haben, wird der Leser Ihres Werkes nämlich mit allergrößter Wahrscheinlichkeit auch nicht verstehen können. Vor einiger Zeit musste sich eine sozial- und wirtschaftswissenschaftliche Fakultät einer deutschen Universität mit einer Habilitationsschrift befassen, deren Einleitung wie folgt lautete:

"Dieses Politik und Ökonomie schon gegen den theoretischen und praktischen Zeitgeistökonomismus des Fortschrittsglaubenskomplexes in den westlichen industriellen Wohlstandsgesellschaften der siebziger Jahre des letzten Jahrhunderts kritisch koppelnde Frage- und Antwortdoppel im unmittelbaren Ausgang von denjenigen davon allerdings ebenfalls affizierten geistig-sozialen und politischen Bewegungen, die primär dort lokalisiert universale Werte der Demokratie gegen ihre institutionelle Restringierung mit Parolen, Konzepten, Experimenten, Provokationen wie besonders der "Demokratie als Lebensform" zuspitzten, bietet auch herausgestückt aus seinem weiterreichenden literarischen Kontext gerade in meiner Ausrichtung auf politische Subjekte und ihre politische Subjektivität eine spannende Widersprüchlichkeit."

Meinen Sie, dass der Verfasser der erwähnten Habilitationsschrift diese Formulierung verstanden hat? Wir sind uns dessen nicht so sicher.

Zur Vermeidung eines derartigen gedanklichen Wirrwarrs empfiehlt sich die Einhaltung der nachfolgenden Hinweise (vgl. auch Deininger 1993, S. 44 ff.):

- *Schreiben Sie kompakte, klar strukturierte Sätze*

Klarer Satzbau

Das Ziel der Verständlichkeit verlangt, dass Sie lange und verschachtelte Sätze auflösen. Die Erfahrung zeigt nämlich, dass sich im Falle langer, komplex gebauter Sätze häufiger inhaltliche Ungenauigkeiten einschleichen als bei kurzen, einfach strukturierten Sätzen. Daneben drängt auch das leseökonomische Streben der Adressaten Ihrer Arbeit in diese Richtung. Wenn der Leser bereits beim Erfassen der von Ihnen verfassten Wörter viel Energie verliert, dann wird er unzufrieden und gibt sich mit der inhaltlichen Aussage Ihres Textes nicht mehr ab. Schreiben Sie daher im Zweifelsfall eher zu karg als zu schwülstig, eher konventionell als außergewöhnlich. Wolf Schneider, der Autor des vorgenannten sehr empfehlenswerten Buchs "Deutsch für Profis" hat Recht, wenn er betont, dass man Erfahrung gesammelt haben muss, wenn man kurze, einfache Sätze schreiben will und wenn er erkennt, dass in langen Sätzen die Unwissenheit des Autors leichter verborgen bleibt. Vermeiden Sie insb. umständliche Partizipial-Konstruktionen wie "Die im Rahmen unternehmerischer Erfolgsanalysen von mehrdimensionalen Organisationsstrukturen festgestellten Gewinnnachteile waren erheblich." Schreiben Sie doch einfach "Unternehmen mit einer Matrixstruktur erzielten einen relativ geringen Gewinn."

- *Formulieren Sie treffsicher*

Treffsicherheit

Drücken Sie sich so weit wie möglich genau, klar und bestimmt aus. Untersuchen Sie jeden formulierten Satz und jeden verwendeten Begriff, ob er Spielräume für unterschiedliche (Fehl-)Interpretationen zulässt. Bestehen derartige Mehrdeutigkeiten, dann suchen Sie nach Begriffs- bzw. Formulierungsalternativen, die derartige Spielräume nicht eröffnen und genau das zum Ausdruck bringen, was Sie sagen wollen. Prüfen Sie bei jedem von Ihnen verwendeten Terminus, ob es sich bei ihm um einen Oberbegriff handelt, der unterschiedliche Unterbegriffe zusammenfasst. Trifft dies zu, dann untersuchen Sie, ob die Präzision der Aussage gesteigert werden kann, wenn an seiner Stelle einer der Unterbegriffe eingesetzt wird. Beispiel Rohversion: "Systeme sind komplex" wird überführt in: "Unternehmen sind komplex."

Eine derartige Präzisierung von Begriffen und Formulierungen muss nicht bereits beim ersten Entwurf eines Textes geschehen. Oft ist es sogar besser, den zu fassenden Gedankengang in einer unreinen Form grob festzuhalten und hernach – mit einigem zeitlichen Abstand – nach sprachlichen Verbesserungsmöglichkeiten zu suchen. Eine nützliche Methode zur zielführenden Prüfung der Treffsicherheit besteht in einem lauten Vorlesen der jeweiligen Formulierung. Aber auch eine Zuhilfenahme von Wörterbüchern mit sinnverwandten Begriffen (Duden-Synonymwörterbücher, Textor) bietet sich an. Trotz dieser Hilfsmittel stellt das treffsichere Formulieren eine schwierige Aufgabe dar. Dies ist vor allem darin begründet, dass sich der Erfüllungsgrad dieses Qualitätsdimension nicht anhand einfacher Indikatoren messen lässt.

■ *Vermeiden Sie umgangssprachliche Formulierungen*

Bitte keine Umgangssprache!

Eine wissenschaftliche Arbeit soll weder am Stammtisch diskutiert noch in der Bild-Zeitung abgedruckt, sondern in Fachkreisen gelesen, besprochen und gewürdigt werden. Allein dies spricht schon dafür, auf umgangssprachliche Formulierungen zu verzichten. Noch wichtiger ist jedoch der Grund, dass umgangssprachliche Formulierungen in aller Regel weniger eindeutig sind als fachspezifische. Verzichten Sie daher auf die Verwendung von umgangssprachlichen Formulierungen wie "es gibt", "kriegen" oder "tun". So klärt bspw. die Formulierung "es gibt" nicht, warum das existierende Objekt vorhanden ist. Richten Sie Ihre Wortwahl also auf die Fachsprache Ihrer Disziplin aus.

■ *Vermeiden Sie eine saloppe Sprache und einen Boulevard-Stil*

Vermeidung von salopper Sprache oder Boulevard-stil

Saloppheit ist ein Bestandteil der schnelllebigen, nicht allzu intensiv geplanten und überlegten Kommunikation; im Bereich des geschriebenen Wortes findet sie sich am häufigsten im Bereich des Journalismus. Im Rahmen Ihrer wissenschaftlichen Arbeit sollten Sie auf jeden Fall die Verwendung einer saloppen Sprache bzw. salopper Begriffe vermeiden, weil Sie sonst in den Verdacht geraten, dass Sie es mit Ihren Äußerungen nicht allzu ernst meinen. Ihnen würde vielleicht auch eine gewisse Burschikosität, mangelnde Feinfühligkeit oder unzureichende Differenzierung zugeschrieben.

■ *Vermeiden Sie die häufige Verwendung von Floskeln*

Vermeidung von Floskeln

Floskeln sind vorgefertigte Formulierungen, die in der jeweiligen Sprache weit verbreitet und überdies recht oberflächlich angelegt sind. Formulierungen wie "den Finger in die entscheidende Wunde legen" oder "auf (bzw. unter) den Nägeln brennen" gehören zu derartigen abgedroschenen Redewendungen. Verzichten Sie auf einen häufigen Gebrauch derartiger Floskeln, weil diese standardisiert und somit alles andere als kreativ sind. Kreativität ist jedoch das, was Sie unter anderem mit Ihrer Schrift beweisen sollen. Bevorzugen Sie daher persönlich kreierte Formulierungen.

■ *Vermeiden Sie Formulierungen, die auf Allgemeinplätze hinweisen*

Verzicht auf Nullaussagen

In Abschnitt 3.7.3 wurde gefordert, auf gehaltlose sowie solche Aussagen zu verzichten, deren Inhalt jedermann bekannt ist. Setzen Sie diese Handlungsanweisung auch auf der sprachstilistischen Ebene um. Satzteile wie "wie allgemein bekannt ...", "es ist offensichtlich ..." oder "es versteht sich von selbst, dass ..." weisen ja explizit darauf hin, dass das, was hernach folgen wird, (so gut wie) keinen Innovationsgehalt besitzt. Entfernen Sie daher derartige Satzteile weitgehend aus Ihrer Schrift.

■ *Gehen Sie sparsam mit Spiegelstrichaufzählungen um*

Wenig Spiegelstriche!

Aufgrund der gebotenen Informationsfülle mussten wir im Verlauf unserer Ausbildung lernen, viele Informationen in kürzester Zeit zu dokumentieren. Als wichtiges Hilfsmittel haben wir uns dabei angewöhnt, mit sogenannten Spiegelstrichaufzählungen zu arbeiten. In Abschnitt 2.3.3 haben wir diese als nützliches Mittel zur Anfertigung von Mitschriften empfohlen. Im Rahmen Ihrer wissenschaftlichen Arbeit sollten Sie jedoch zurückhaltend zu derartigen Spiegelstrichaufzählungen greifen. Diese zerschlagen nämlich den Textkörper Ihrer Arbeit in einzelne Bruchstücke und tragen somit zu einer Desintegration Ihrer Gedankenfolge bei. Bitte werten Sie die Tatsache, dass in dem vorliegenden Buch an zahlreichen Stellen Spiegelstriche eingesetzt werden, nicht als Legitimation für deren intensive Verwendung in wissenschaftlichen Arbeiten. Im Gegensatz zu wissenschaftlichen Arbeiten ist das vorliegende Buch nämlich ein pragmatisches Anleitungsbuch. In wissenschaftlichen Arbeiten empfiehlt sich die Anwendung von Spiegelstrichen nur im Hinblick auf jene Erkenntniselemente, die in der Arbeit an nebensächlicher Stelle behandelt werden oder bei Themenkomplexen, deren Inhalte (wie im Fall des vorliegenden Buchs) relativ problemlos in Teilkomplexe dekomponierbar sind. Achten Sie bei Verwendung von Spiegelstrichen immer auf eine korrekte Zeichensetzung: Aufzählungen werden stets mit Komma, der letzte Aufzählungspunkt mit einem Punkt beendet. Nach dem vorletzten Punkt steht an Stelle des Kommas ein "und" oder "sowie".

■ *Verwenden Sie Begriffe einheitlich und durchgängig*

Begriffliche Stetigkeit

Da es bei wissenschaftlichen Texten vor allem um die Möglichkeit zur schnellen und eindeutigen Erfassung geht, sollten Sie auf den Einsatz kreativ-dichterischer Stilelemente wie das häufige Wechseln inhaltsgleicher Termini verzichten. Gewöhnen Sie es sich an, Gleiches gleich zu benennen. Der einheitlichen Begriffsverwendung dient auch, dass Sie Fachbegriffe, die dem allgemeinen Schatz der deutschen Sprache noch nicht angehören (z. B. Datenbank oder Quelltext), bei ihrem erstmaligen Auftreten kurz erläutern.

■ *Setzen Sie Fremdwörter sorgfältig ein*

Vermeidung von Fremdwörtern

Viele Anfänger versuchen, akademische Potenz vorzutäuschen, indem sie eine Flut von Fremdwörtern in ihre Schriften einstreuen. Fremdwörterbücher und Wörterbücher mit bedeutungsgleichen Begriffen lassen eine Verfolgung dieser Strategie zu einer Leichtigkeit werden. Nehmen Sie von diesem Ansatz jedoch so weit wie möglich Abstand. Prüfen Sie stets, ob sich der gemeinte Sachverhalt auch durch ein deutsches Wort zum Ausdruck bringen lässt. Untersuchen Sie dabei, ob die Verwendung des entsprechenden deutschen Begriffs umständlicher ist. Wenn ein deutschsprachiges Äquivalent verfügbar und genauso komfortabel einsetzbar ist, dann sollten Sie zu diesem greifen, weil Ihre Botschaft dann noch besser verstanden wird. Ist dies nicht der Fall, dann greifen Sie zum fremdsprachigen Fachbegriff. Eines sollten Sie auf jeden Fall sicherstellen: Verwenden Sie Fremdwörter nur dann, wenn Ihnen deren Inhalt völlig klar ist.

- *Vermeiden Sie einen englischsprachigen Fachjargon*

Fachjargon

Insbesondere die Mächtigkeit des U.S.-amerikanischen Wissenschaftssystems hat dazu geführt, dass in nahezu sämtlichen Disziplinen ein (teilweise übler) englischer Fachjargon um sich gegriffen hat. Wissenschaftler sprechen von Expatriates, Tools, Compilers, Subsidiaries oder Clients. Vermeiden Sie derartige Begriffe so weit wie möglich und sprechen Sie von Entsandten, Werkzeugen, Übersetzern, Auslandsgesellschaften oder Kunden. Hält die deutsche Sprache keine komfortablen bzw. keine treffenden Äquivalente bereit, dann greifen Sie auf den fremdsprachigen Originalbegriff (z. B. "downloaden") zurück und erläutern diesen beim erstmaligen Gebrauch kurz (z. B. "Daten aus dem Internet abrufen und auf einem lokalen Trägermedium abspeichen"). Dies gilt auch für Fachbegriffe, die im Wissenschaftsbereich (fast) durchweg in der englischen Originalversion (z. B. der von dem Organisationssoziologen Karl Weick geprägte Begriff "Enactment") benutzt werden. Diese sollten Sie nicht eigenständig ins Deutsche übertragen, weil dies häufig zu sinnverfremdenden Übersetzungen führt.

- *Vermeiden Sie häufige Substantivierungen*

Keine statische Sprache!

In wissenschaftlichen Texten besteht häufiger als in anderweitigen die Tendenz, in großer Zahl Substantivierungen einzusetzen. So präsentierte Gedankenfolgen lassen sich nicht gut nachvollziehen. Ein weiterer Nachteil besteht darin, dass das entstandene Sprachgebilde überaus schwer und statisch erscheint. Prüfen Sie also bei jedem Substantiv, ob Sie es nicht durch ein oder mehrere Verb(en) ersetzen können (vgl. Abschnitt 2.1.3.2).

- *Vermeiden Sie schier endlose Wortkombinationen*

Kurze Wörter bitte!

Dieser Mangel rührt aus dem Vorherigen her. Sehr lange Wortkombinationen sind nicht nur unschön, sondern auch schwer verständlich. Sie sollten sie deshalb ausmerzen; bspw. dadurch, dass Sie sie in eine Kombination aus Hauptwort und Verb überführen (z. B. Interessenberücksichtigung wird zu Interessen berücksichtigen). Ist dies nicht möglich, so sollten Sie versuchen, sehr lange Wortkombinationen in Teilwörter zu zerlegen, die durch Trennstriche verbunden sind. Der Einsatz von Trennstrichen ist insb. bei Worten erforderlich, die aus einem fremd- und einem deutschsprachigen Teil zusammengesetzt sind (z. B. Ticket-Schalter).

- *Löschen Sie nichtssagende Füllwörter*

  Keine Füllwörter

  Beim Ausformulieren von Texten schleichen sich vielfach sogenannte Füllwörter ein, die keinen oder nur einen äußerst geringen Informationsgehalt aufweisen: dabei, freilich, quasi, gewissermaßen, an und für sich, nun etc. (weitere Beispiele finden sich in Bänsch 1995, S. 21 ff.). Setzen Sie derartige Füllwörter mit großer Zurückhaltung ein und zwar nur dann, wenn diese eine Botschaft zu vermitteln vermögen. Dies kann bspw. im Aufzeigen eines Gegensatzes (z. B. gleichwohl, jedoch, hingegen) oder einer Kausalitätsstruktur (z. B. deshalb, daher, dadurch) bestehen.

- *Illustrieren Sie Ihre Darstellung durch aussagekräftige Beispiele*

  Griff ins reale Leben

  Ein weithin geäußerter, manchmal sogar gerechtfertigter Vorwurf lautet, dass sich im Wissenschaftsbetrieb viele Personen tummeln, die ausschließlich mit abstrakten Konstrukten jonglieren und daher die schwierigen Verhältnisse der Realität nicht (mehr) kennen. Zeigen Sie dem Leser, dass Sie zu dieser Personengruppe nicht gehören. Setzen Sie in reichlichem Maße Beispiele ein, um Ihre abstrakten Gedanken plastischer zu machen. "Put flesh on the bones!" Beispiele weisen vor allem den großen Vorteil auf, dass mit ihnen das Verständnis für Zusammenhänge verbessert werden kann. Berücksichtigen Sie jedoch, dass Beispiele immer nur einen illustrativ-didaktischen Wert haben und niemals einen auf Vollständigkeit abzielenden Beleg ersetzen können.

- *Vermeiden Sie Passivformulierungen*

  Aktive Sprache

  Bei der Anfertigung Ihrer wissenschaftlichen Arbeit muss es Ihnen in erster Linie darum gehen, dem Leser neue Erkenntnisse zu vermitteln. Sie sind in der gebenden und der Leser in der empfangenden Rolle. Zu dieser Grundkonstellation passt es nicht gut, wenn Sie weite Teile Ihres Textes im Passiv formulieren. Gegen Passivformulierungen spricht überdies, dass eine so geartete Sprache tendenziell umständlicher und statischer ist und dass vielfach auch nicht klar wird, wer genau ein bestimmtes Ereignis zu verantworten hat. Wir kennen diese verschleiernde Art aus manchen Bereichen der (öffentlichen) Verwaltung, wo wir mit Formulierungen wie "Sie werden dringend gebeten ..." konfrontiert werden und nicht wissen, von wem diese Bitte ausgeht. Weichen Sie von diesem Muster ab und geben Sie genau an, wer was getan hat.

- *Verzichten Sie weitgehend auf Abkürzungen*

Abkürzungen

Es steht außer Frage, dass auch bei der Erstellung wissenschaftlicher Arbeiten ökonomische Prinzipien eingehalten werden sollten. Früher, in Zeiten der mechanischen Schreibmaschine, schien es erforderlich, ökonomische Überlegungen auch im Bereich der Texteingabe vorne anzustellen – insb. dadurch, dass autorenseitig für zahlreiche der häufig verwendeten Wörter Abkürzungen gebildet wurden. Im Computerzeitalter ist die Notwendigkeit zur individuellen Erweiterung des durch die offiziellen Rechtschreibregeln vorgegebenen Spektrums an Abkürzungen (vgl. Dudenredaktion 2009) in den Hintergrund getreten. Bedenken Sie, dass der Leser im Falle vielfältiger neuer Abkürzungen "im Hinterkopf" eine Zuordnungstabelle bereithalten muss, die seine Kapazität zur Aufnahme inhaltlicher Informationen mindert. Bilden Sie also lediglich für die allerhäufigsten der von Ihnen genutzten Begriffe individuelle Abkürzungen und beschränken Sie sich sonst auf die üblicherweise verwendeten Abkürzungen wie z. B., usw., bzw., etc., d. h., u. a., vgl., et al., Abb. oder Tab. (vgl. Abschnitt 3.8.7). Im Computerzeitalter sollten Sie derartige Abkürzungen unter Zuhilfenahme der Suchfunktionen Ihres Textverarbeitungsprogramms nach Abschluss des eigentlichen Textformulierungsprozesses prüfen, um ein Höchstmaß an Einheitlichkeit zu erzielen.

- *Klären Sie den Streitfall der Bevorzugung männlicher Wortformen ab*

Geschlechterbezogene Diskriminierung

Seit mehreren Jahrzehnten wird im akademischen Bereich eine kontroverse Diskussion geführt, ob es diskriminierend ist, wenn in wissenschaftlichen Texten männliche Wortformen dominieren (der Manager, der Psychologe, der Leser). Während eine Partei hierin eine Verabsolutierung des männlichen Geschlechts erkennt und darauf hinweist, dass die Sprache es durchaus gestattet, sich geschlechtsneutral auszudrücken, betont die andere die vielfach entstehende sprachliche Umständlichkeit, die fraglos nicht von der Hand zu weisen ist. Wenn Sie in Ihren Text vielfach Passagen wie "er/sie", "er oder sie" oder "ManagerIn" einfügen, dann geht dies zu Lasten der sprachlichen Kompaktheit und Ästhetik. Im vorliegenden Buch haben wir uns nach reiflicher Überlegung dazu entschlossen, auf ein permanentes Anhängen der weiblichen Wortvariante zu verzichten.

Unabhängig davon, wie Sie sich im Rahmen Ihrer Arbeit entscheiden wollen, sollten Sie vorab mit dem Betreuer Ihrer Arbeit abklären, welche Variante er bevorzugt. Wenn Sie auf ein fortwährendes Anhängen der weiblichen Wortergänzung verzichten wollen, dann empfiehlt es sich, beim erstmaligen Auftreten eines derartigen Falls eine erklärende Bemerkung einzufügen. Sie können dann bspw. formulieren: Wenn in dieser Schrift vermehrt die männliche Form personenbezogener Begriffe verwendet wird, dann ist dies ausschließlich sprachökonomisch begründet; die weibliche Form ist im Ausarbeitungsprozess stets mitgedacht worden. Des Weiteren gibt es in vielen Fällen die Möglichkeit, geschlechtsneutrale Begriffsvarianten zu wählen (z. B. Studierende).

- *Klären Sie den Streitfall der Ich- bzw. Wir-Form ab*

  Vermeidung des „Man-Stils“

  Ein weiterer Streitfall betrifft die Frage, ob es günstig ist, eine wissenschaftliche Arbeit in der Ich- bzw. Wir-Form abzufassen. Die Gegner dieser Handhabung vermuten eine gewisse Egozentrik des betreffenden Autors. Sie empfehlen daher Umformulierungen – bspw. dergestalt, dass Konstruktionen wie "... nach den Erkenntnissen des Verf." oder "man sollte daher ..." präferiert werden. Anders als die Mitglieder dieser Gruppe stehen wir der Ich- bzw. Wir-Form aus mehreren Gründen toleranter gegenüber: Erstens wird bei einer Nutzung dieser Form deutlich klar, von wem die getroffene Aussage stammt; auf jeden Fall eher, als wenn die nichtssagende "Man-Form" gewählt wird. Zweitens ist zu fragen, ob eine häufige Wiederholung von Wortsequenzen wie "der Autor" oder "der Verfasser" die Entwicklung einer vitalen Sprache gestattet. Und schließlich trägt die Verwendung der Wir-Form (nicht jedoch der Ich-Form) dazu bei, dass der Leser in den Diskussionsprozess stärker eingebunden wird. Dies bedeutet, dass die Wir-Form eher zu tolerieren ist als die Ich-Form. Wenn Sie Letztere doch einsetzen wollen, dann sollten Sie auf Überheblichkeit signalisierende Formulierungen wie "Ich teile nicht die Ansicht, dass ..." verzichten.

- *Denken Sie auch im Kontext von Sprach- und Stilfragen an Ihre Zielgruppe*

  Zielgruppenbezug

  Auch bei Ihren Entscheidungen über Sprache und Stil sollten Sie schließlich bedenken, dass mit der Zielgruppenbezogenheit ein wichtiger Erfolgsfaktor gegeben ist. Da Ihre Arbeit auch von fachbereichsfremden Personen gelesen wird, sollten Sie eine Person vor Augen haben, welche die Merkmale Ihres betreuenden Dozenten sowie des Zweitgutachters der Arbeit verbindet.

Betrachten Sie die in der Mehrzahl dieser Empfehlungen angelegte Aufforderung zur sprachlichen Reduktion nicht als Tragödie, sondern als Herausforderung. Wenn Sie nämlich Bauhausmöbel betrachten oder einen Porsche 911 an sich vorbeifahren sehen, dann werden Sie ein Gespür für Anselm von Feuerbachs Wort bekommen, dass Stil letztlich in einem richtigen Weglassen des Unwesentlichen besteht.

„Geschliffen“ wird am Schluss

Die Berücksichtigung der dargelegten sprach- und stilbezogenen Empfehlungen wird Ihnen dann relativ leicht fallen, wenn Sie das inhaltliche Nachdenken und das sprachstilistische Schleifen zeitlich etwas voneinander trennen (was im Zeitalter des Computers viel leichter möglich ist als früher).

Denken Sie zunächst über den Inhalt des von Ihnen zu lösenden Problems gründlich nach und geben Sie parallel dazu die Ergebnisse dieses Nachdenkens in einer unreinen Form in Ihren Computer ein. Versuchen Sie im Anschluss an diese kreative Phase, Ihre Denkresultate zu einem sprachlich kompakten und ebenmäßigen Gebilde zu formen. Überarbeiten Sie diesen Text in inhaltlicher und stilistischer Sicht mehrfach (jeweils mit einer zeitlichen Verzögerung) und schleifen Sie ihn so lange, bis er Ihren Sollvorstellungen entspricht.

Mutter- oder Fremdsprache

Einen eigentlich am Anfang aller Sprach- und Stilfragen stehenden Sachverhalt haben wir bislang überhaupt noch nicht angesprochen, obwohl er an modernen Hochschulen von stark zunehmender Relevanz ist: die Frage, ob Sie Ihre wissenschaftliche Arbeit in Ihrer Mutter- oder in einer Fremdsprache abfassen sollen. Da Ihnen viele Hochschulen zwischenzeitlich die Möglichkeit zur Ausformulierung der Arbeit in einer fremden Sprache einräumen, und weil sich eine in einer fremden Sprache abgefasste wissenschaftliche Arbeit während des späteren Bewerbungsprozesses positiv auswirken kann, scheint dies eine sehr attraktive Alternative zu sein. Bedenken Sie jedoch, dass die Anfertigung einer fremdsprachigen wissenschaftlichen Arbeit nur dann sinnvoll ist, wenn Sie die betreffende Sprache zumindest nahezu perfekt beherrschen. Auch sollten Sie in diesem Falle nicht vergessen, bei der zuständigen Prüfungsbehörde eine deutschsprachige Zusammenfassung der Arbeit einzureichen.

3.7.5 Zitieren in wissenschaftlichen Arbeiten

Inhaltliche Aspekte des Zitierens

Auf den ersten Blick scheinen Fragen des Zitierens eher im Bereich der formalen als jenem der inhaltlichen Aspekte der Erstellung wissenschaftlicher Arbeiten zu liegen. Da die Art und Weise des Zitierens jedoch erheblich von inhaltlichen Fragen beeinflusst wird, wollen wir diesen Gestaltungsblock an dieser Stelle und nicht im nachfolgenden Abschnitt 3.8 behandeln.

Zitierpflicht

Wissenschaftliches Arbeiten fügt sich aus rezeptiven und kreativen Teilen zusammen; es geht letztlich darum, von anderen Personen erarbeitete Erkenntnisse wahrzunehmen und zu reflektieren sowie auf dieser Grundlage innovative Gedanken zu entwickeln bzw. umzusetzen. Damit Außenstehende beurteilen können, ob auf der Basis des Bestehenden ein Erkenntnisfortschritt erzielt worden ist, ist es erforderlich, das fremde Gedankengut deutlich als solches kenntlich zu machen. Das Ziel der Objektivität verlangt, dass jedes Textelement für den Leser überprüfbar ist (von der Zitierpflicht ausgenommen sind Journalisten; dies geht jedoch zu Lasten ihres Standings als Experten und mindert überdies die Nützlichkeit ihrer Informationen im Zusammenhang mit wissenschaftlichen Qualifikationsarbeiten).

Hinweise über die Handhabung des Zitierapparates nehmen in zahlreichen Büchern eine ganz erhebliche Bedeutung ein (vgl. Bänsch 1995, S. 42 ff.; Burchardt 1995, S. 117 ff.; Theisen 1998, S. 124 ff.). Auch in der vorliegenden Schrift sollen sie differenziert behandelt werden, ohne allerdings gegenüber den anderen Abschnitten zu dominieren.

Wenn Sie den vorliegenden Abschnitt durcharbeiten, dann werden Sie erkennen, dass hier relativ häufig alternative Handhabungsformen vorgestellt und vergleichsweise selten eindeutige Empfehlungen abgegeben werden. Dies liegt vor allem daran, dass es sich bei Zitierstilen letztlich um nebeneinander existierende Konventionen handelt, die in vielen Fällen gleichwertig sind.

Einheitlichkeit

Für welchen der nachfolgenden Zitierstile Sie sich auch entscheiden werden; Sie sollten auf jeden Fall sicherstellen, dass der gewählte Zitierstil über die ganze Arbeit hinweg durchgehalten wird.

Grundsatz

Im Zusammenhang mit der Verwendung fremden Gedankenguts gilt der Grundsatz, dass sämtliches aus den Schriften und den Medien anderer Personen übernommene fremde Gedankengut als solches kenntlich zu machen ist. Das Ausgeben fremden Gedankenguts als eigenes verbietet sich aus mehrerlei Gründen. Erstens stellt es einen Diebstahl dar und zweitens wird der Betreuer Ihrer Arbeit einem derartigen Verhalten aufgrund der in Ihrer Arbeit enthaltenen Stilbrüche schnell auf die Schliche kommen.

Geben Sie also stets die Quelle an, aus der Sie das jeweilige Gedankengut entnommen haben. Hierzu ist es erforderlich, dass Sie bei der Erstellung Ihrer wissenschaftlichen Arbeit eine außergewöhnliche Sorgfalt zeigen. Stellen Sie sicher, dass die Quelle eines fremden Gedankenguts spezifizierenden Angaben peinlich genau vermerkt werden. Dies gelingt Ihnen am besten, wenn Sie das Zitieren nicht als "Problem", sondern als Sport, Spiel oder Herausforderung begreifen. Bedenken Sie, dass das Hin- und Herspringen zwischen ausgewiesenen fremden und eigenen Gedanken überaus kreativitätsfördernd wirkt.

Trotz dieser Empfehlung ist darauf hinzuweisen, dass sich genaue Regeln über die Häufigkeit von Zitaten in wissenschaftlichen Arbeiten nicht formulieren lassen. Das Ausmaß erforderlicher Zitate hängt insb. von dem in dem jeweiligen Erkenntnisbereich bestehenden Wissensbestand ab. Je besser ein Erkenntnisbereich entwickelt ist, desto mehr muss im Regelfall zitiert werden.

3.7.5.1 Zitierfähige und nicht zitierfähige Quellen

Zitierfähigkeit

Was sollte nun aber zitiert werden, was ist *zitierfähig*? Durch Quellenvermerke zu versehen sind alle entlehnten abstrakten Gedankenfolgen sowie Erklärungen von Zusammenhängen; dabei nicht nur ganze Sätze, sondern auch Satzteile sowie – falls prägnant und originell – einzelne Worte. Ebenso muss die Übernahme von Gesetzestexten, Verordnungen, Richtlinien oder Bestandteilen von Statistiken als solche kenntlich gemacht werden. Dabei ist es unerheblich, ob die jeweilige Information in schriftlicher oder mündlicher Form übermittelt worden ist, ob sie aus Primär- oder Sekundärmaterialien stammt und ob sie veröffentlicht worden ist oder nicht (vgl. auch Burchardt 1995, S. 94 ff.).

"*Nicht zitierfähig*" bedeutet nicht, dass Sie selbst entscheiden können, ob Sie die betreffende Information mit einem Zitat versehen sollen oder nicht; es bedeutet vielmehr, dass Sie die Quelle dieser Information nicht angeben sollten. In diese Kategorie fallen Informationen, die dem Bereich des Allgemeinwissens angehören oder in gewöhnlichen Konversationslexika dokumentiert sind. Nicht mit Zitaten versehen werden sollten auch Definitionen, die in der jeweiligen Fachdisziplin breit eingeführt sind. So ist es bspw. im Rahmen einer wirtschaftswissenschaftlichen Arbeit nicht erforderlich, den Begriff "Gewinn" zu definieren – es sei denn, die Arbeit konzentriert sich auf diesen Aspekt des Wirtschaftens. Außerhalb der Zitierfähigkeit stehen aber auch die sogenannte Trivialliteratur (z. B. Illustrierte), Vorlesungsskripte sowie Seminar- und Abschlussarbeiten, da in diesen vielfach anderswo entwickelte Gedanken zusammengestellt worden sind. Wenn Sie aus derartigen Dokumenten Informationen aufnehmen, müssen Sie nach den diesen Dokumenten zugrundeliegenden Originalquellen suchen, die Sie dann zitieren.

Strittig ist schließlich die Zitierfähigkeit bzw. -pflicht bei Informationen, die im Rahmen von Gesprächen oder Diskussionen gewonnen wurden. Da deren Inhalt nicht immer eindeutig nachvollziehbar ist, wird teilweise die Auffassung vertreten, dass derartige Informationen nicht zitiert werden müssen, es sei denn, man will sich von dem Gesagten distanzieren.

3.7.5.2 Arten von Zitaten

Mit dem *wörtlichen Zitat* (das auch als direktes Zitat bezeichnet wird) und dem *nichtwörtlichen Zitat* (dieses wird auch als indirektes Zitat, als sinngemäßes Zitat oder als Paraphrasieren bezeichnet) sind die zwei grundsätzlichen Varianten der Übernahme fremder Gedanken in wissenschaftlichen Arbeiten gegeben (vgl. Preißner 1994, S. 99 ff.; Sesink 1994, S. 108 ff.).

Wörtliches Zitat

- Beim wörtlichen Zitat wird die den fremden Gedanke umschreibende Wortfolge ohne Veränderung wiedergegeben. Texte werden also im exakten Wortlaut und Abbildungen bzw. Tabellen in ihrer genauen Gestalt übernommen. Wörtliche Zitate sollten nicht zu häufig verwendet werden, da sie den Fluss der Formulierungen eher unterbrechen als glätten. Ziehen Sie also so weit wie möglich nichtwörtliche Zitate vor. Der Einbau wörtlicher Zitate empfiehlt sich freilich insb. dann,

- wenn es sich um eine besonders prägnante, brillante Formulierung eines Autors handelt, deren Inhalt Sie trotz aller Formulierungsbemühungen nicht in ähnlich vollkommener Weise wiedergeben können (z. B. eine kompakte Definition),
- wenn Sie in Ihrer Arbeit eine Passage einer Schrift detailliert diskutieren wollen und dies nur dann gelingen kann, wenn der Leser Ihrer Arbeit mit Details des Originaltexts vertraut gemacht wird.

Nichtwörtliches Zitat

- Wenn Sie nicht-wörtlich, sinngemäß zitieren, übernehmen Sie den Gedanken eines Autors, nicht die von ihm geschaffene Wort- bzw. Zeichenfolge. Achten Sie darauf, dass Sie beim sinngemäßen Zitieren den Originaltext nicht lediglich dergestalt umformulieren, dass sein Umfang gleich oder sogar größer wird, sondern bemühen Sie sich, in dem Umformulierungsprozess eine Verkürzung der ursprünglichen Passage sowie eine Steigerung ihrer Prägnanz herbeizuführen. Formulieren Sie den zitierten fremden Gedanken allerdings so um, dass ersichtlich bleibt, wessen Argumente Sie hier verwenden.

3.7.5.3 Hinweise für das Zitieren

Nachfolgend werden einige Hinweise bereitgestellt, die Ihnen helfen sollen, inhaltlich angemessen sowie regelkonform zu zitieren (vgl. hierzu auch Preißner 1994, S. 89 ff.; Standop 1994, S. 35 ff.; Trimmel 1994, S. 156 ff.). Diese Inhalte beziehen sich auf die Gestaltung der Angaben im Textkörper Ihrer Arbeit; Hinweise, welche die Gestaltung des dazugehörenden Literaturverzeichnisses betreffen, werden in Abschnitt 3.8.9 bereitgestellt.

Zunächst werden Tipps behandelt, die sowohl das wörtliche als auch das nichtwörtliche Zitieren betreffen. Hernach werden wir dann Hinweise vorstellen, die sich entweder auf das direkte oder auf das indirekte Zitieren beziehen.

a) Generelle Hinweise für das Zitieren

Generelle Hinweise für das Zitieren

Unabhängig von der gewählten Zitierform sollten Sie die folgenden Hinweise beachten:

- Zitieren Sie ausschließlich Quellen, die Sie wirklich gelesen und verstanden haben. Sobald Sie mittels Zitaten auf eine fremde Schrift zurückgreifen, wird es der Leser nämlich als legitim erachten zu prüfen, ob Sie die in dieser Schrift enthaltenen Gedanken inhaltsrichtig verarbeitet haben.
- Stellen Sie die Quellenangaben dergestalt bereit, dass das jeweilige Zitat nachprüfbar ist. Die Quellenangaben müssen also so genau abgefasst sein, dass dem Leser ohne Zusatzaufwand deutlich wird, wo die herangezogene Aussage nachzulesen ist. Ihre Quellenangaben müssen ausreichen, damit der Leser ohne unangemessenen Rechercheaufwand die zitierte Quelle zur Beschaffung ordern kann. Geben Sie in den Quellenangaben also zumindest den (die) Namen des (der) Autors (Autoren), das Jahr der Veröffentlichung sowie die Seitenzahl an, auf der der bezogene Gedanke abgedruckt ist.
- Stellen Sie sicher, dass sämtliche in Ihren Zitaten angesprochenen Quellen im Literaturverzeichnis Ihrer Schrift ausgewiesen sind (zu dessen Gestaltung vgl. Abschnitt 3.8.9).
- Greifen Sie stets auf Originalquellen zurück. Wenn ein bestimmter Sachverhalt in mehreren Literaturstellen behandelt wird, prüfen Sie, in welcher dieser Schriften dieser Sachverhalt ursprünglich behandelt worden ist. Stellen Sie diese Schrift dann in den Mittelpunkt Ihrer Zitiertätigkeit.
- Vermeiden Sie die Verwendung von Sekundärzitaten. Unterlassen Sie es also bspw. zu schreiben, dass Sie in Meier 1999, S. 122, gelesen haben, dass Cohen, March und Olsen 1972, S. 1 ff., das sogenannte "Garbage Can Decision Model" entwickelt haben. Wenn Sie so verfahren würden, würden Sie nämlich ein erhebliches Risiko eingehen: Sie müssten sich darauf verlassen, dass Meier die Entwicklung des Garbage Can Decision Models richtig wiedergegeben hat. Prüfen Sie also den Wahrheitsgehalt zitierter Aussagen anhand der Originalquelle und zitieren Sie direkt aus dieser. Eine Ausnahme von dieser Regel ist möglich, wenn die Originalquelle trotz intensivster Bemühungen nicht beschafft werden kann. In diesem Fall würden Sie den Quellenverweis dann bspw. wie folgt gestalten: (vgl. Cohen/March/Olsen 1972, zit. nach Meier 1999, S. 122).
- Wenn von einer Publikation unterschiedliche Auflagen vorliegen, dann greifen Sie grundsätzlich auf die neueste Auflage zurück. Im Regelfall ist nämlich davon auszugehen, dass die neueste Auflage eine Verbesserung gegenüber der älteren darstellt. Die Notwendigkeit zum Rückgriff auf neueste Textversionen gilt insb. für Gesetzestexte (hier ist es besonders wichtig, immer die jeweilige Fassung des Gesetzes zu spezifizieren). Von dieser Regel sollten Sie eine Ausnahme machen, wenn der Sie interessierende Sachverhalt in der neueren Auflage nicht mehr detailliert behan-

delt wird oder wenn Sie die Entwicklungsgeschichte des Aufkommens dieses Sachverhalts thematisieren wollen.

- Wenn Sie eine Literaturstelle zitieren wollen (bzw. müssen), die Ihnen nicht vollständig klar ist bzw. die Interpretationsspielräume eröffnet, dann ergänzen Sie diese durch erläuternde eigene Kommentare (zur Form derartiger Kommentare vgl. Abschnitt 3.7.5.3).
- Prüfen Sie bei jedem Zitat, ob Sie den übernommenen Gedanken nicht aus einem übergeordneten Zusammenhang gerissen und daher inhaltlich verändert haben. Ist dies der Fall, dann erweitern Sie das Zitat so lange, bis die vermutete Absicht des Verfassers der zitierten Quelle wieder hergestellt ist.
- Berücksichtigen Sie, dass jede wissenschaftliche Qualifikationsarbeit mit einer Erklärung versehen werden muss, die bezeugt, dass keine anderen als die angegebenen Hilfsmittel verwendet worden sind und dass jede wörtliche oder sinngemäße Übernahme fremder Gedanken als solche kenntlich gemacht worden ist (vgl. Abschnitt 3.8.12).
- Beachten Sie beim Zitieren stets die formalen zitiertechnischen Regeln:

Formale zitiertechnische Regeln

  - Geben Sie den (die) Familiennamen des Autors (der Autoren), das Erscheinungsjahr der Schrift sowie die Seitenzahl an. Ist der Autor namentlich nicht bekannt, dann leiten Sie den Quellenverweis mit "o. V." ein. Diese Abkürzung steht für "ohne Verfasser". Wurde eine Schrift von mehr als drei Autoren verfasst, dann geben Sie lediglich den Familiennamen des erstgenannten Autors mit dem Zusatz "et al."(= und andere) ein. Ist das Erscheinungsjahr nicht bekannt, dann fügen Sie "o. J." (ohne Jahr) ein. Achten Sie darauf, dass bei allen Zitaten die Zahl(en) der Seite(n) angegeben wird (werden), auf welcher(n) in der Quelle der übernommene Gedanke abgedruckt ist. Wenn Sie darauf verzichten würden, würden die Gutachter Ihrer Arbeit Ihre Zitate nur unter Inkaufnahme eines unvertretbar hohen Aufwands prüfen können. Unterlassen Sie daher auch das Einstreuen nichtssagender Zusätze wie "passim" (= verstreut). Falls der übernommene Gedanke im Original auf zwei aufeinanderfolgenden Seiten behandelt wird, dann fügen Sie zur Zahl der ersten Seite den Zusatz "f."; zieht er sich über mehrere Seiten hin, dann schreiben Sie statt dessen "ff.". Kürzen Sie das Wort "Seite" durch "S." und nicht durch "p." ab; auch dann nicht, wenn die zitierte Quelle in englischer Sprache erschienen ist.
  - Wenn die von Ihnen zitierte Schrift im Rahmen eines Herausgeberwerkes oder einer Zeitschrift veröffentlicht worden ist, geben Sie im Quellenverweis bitte die bibliographischen Angaben der Schrift und

nicht diejenigen des(r) sie umgebenden Herausgeberwerkes bzw. Zeitschrift an. Letztere sollten Sie nur dann angeben, wenn Sie wirklich das gesamte Herausgeberwerk oder die gesamte Zeitschrift zitieren wollen. Wenn Sie ganze Herausgeberwerke zitieren wollen, dann fügen Sie zwischen den (die) Familiennamen des(r) Herausgeber(s) und dem Veröffentlichungsjahr den Zusatz (Hrsg.) ein.

- Wenn Sie an gleicher Stelle, innerhalb eines Sinnzusammenhangs mehrere Quellen zitieren wollen, dann können Sie die Quellenverweise entweder – wie herkömmlicherweise getan – chronologisch aufsteigend oder – wie neuerdings häufiger zu beobachten – chronologisch absteigend ordnen. Für die letztgenannte Vorgehensweise spricht, dass dann zuerst die aktuelle Literatur in Erscheinung tritt.

- Aufgrund der im akademischen Bereich herrschenden Vielfalt macht es keinen Sinn, hier das Gesamtspektrum der in Verweiszeilen genutzten Syntaxen (z. B. Mayer, Müller & Schulze 1992, S. 14; Mayer/Müller/Schulze (1992), S. 14; Mayer, Müller, Schulze (1992) 14; Mayer, Müller und Schulze 1992, S. 14; Mayer/Müller/Schulze 1992: 14; mit oder ohne Hinzufügung von Vornamen; Verfassernamen in Großbuchstaben oder nicht; sogenannte Kapitälchen etc.) wiederzugeben. Wichtig ist, dass Sie sich für *eine* dieser, idealerweise aus den spezifischen Zitierrichtlinien des Sie betreuenden Lehrstuhls entnommenen Ordnungsformen entscheiden und diese Zitierrichtlinie dann konsequent zur Anwendung bringen.

- Im Zeitalter der Schreibmaschine wurden Bezug nehmende Platzhalter wie "a.a.O." (= "am angegebenen Ort") oder "ebd." (= "ebenda") eingeführt. In der Ära des Computers können Sie auf derartige Schreibarbeit sparende Platzhalter verzichten. Nachteilig erscheint insb. "a.a.O.", weil der Leser unter Umständen in Ihrer Schrift seitenweise zurückblättern bzw. -suchen muss, bis er die entsprechende Quellenangabe findet.

- Wenn Sie von einem Autor mehrere im gleichen Jahr publizierte Schriften zitieren wollen, dann müssen Sie im Quellenverweis und im Literaturverzeichnis kleine lateinische Buchstaben an die Jahreszahl der Veröffentlichung anhängen (z. B. Wolf 1997a; Wolf 1997b). Es versteht sich von selbst, dass die Zuordnung derartiger Anhängsel im Quellenverweis und im Literaturverzeichnis identisch sein muss.

- Strittig ist es, ein signifikantes Wort des Titels der zitierten Quelle als Kurztitel herauszugreifen und diesen anstatt der Jahreszahl in den Quellenverweis aufzunehmen. Wenn Sie so verfahren wollen, dann müssen Sie an der betreffenden Stelle des Literaturverzeichnisses dieses Wort hervorheben – bspw. durch Kursivdruck oder indem Sie es voranstellen. Diskussionswürdig erscheint die insb. im Bereich der Informatik gepflegte Vorgehensweise, die zitierten Quellen mit einer achtstelligen alphanumerischen Bezeichnung zu versehen und diese als Kurztitel zu verwenden (aus "Macharzina/Wolf 1994" würde dann "MaWo1994"). Diese Vorgehensweise ist nachteilig, weil eine Art Sekundärsprache entwickelt wird, mit der sich die Leser der Schrift ballastartig beschäftigen müssen.

- Zitieren Sie Quellen aus dem Internet (was mittlerweile akzeptiert wird), dann geben Sie neben dem Verfassernamen unbedingt auch die URL (uniform resource locator) der entsprechenden Internetseite an.

  Da Internet-Dokumente aufwandsarm geändert bzw. wieder aus dem Internet entfernt werden können, ergibt sich das Problem der Überprüfung auf sie bezogener Zitate. Sie sollten daher darauf verzichten, die zentralen Aussagen Ihrer Arbeit auf Internet-Quellen zu stützen. Überdies sollten Sie einen Ausdruck der zitierten Internet-Seiten aufbewahren, um ggf. den Beweis richtiger Zitation erbringen zu können.

Ort von Quellenverweisen ...

- Im Zusammenhang mit dem Zitieren haben Sie die Grundsatzentscheidung zu treffen, ob Sie Ihre Quellenverweise im Text oder in Fußnoten darlegen wollen.

... im Text

  - *Quellenverweise im Text*

    Bei Anwendung dieser Methode verzichten Sie auf das Setzen von Fußnoten. Statt dessen fügen Sie den jeweiligen Quellenverweis direkt nach dem übernommenen Gedanken in Klammern in den Text ein. Diese Methode wird aufgrund ihrer erhöhten Kompaktheit auch als Kurzverweis bzw. Kurzbeleg und wegen ihres Ortes häufiger Verwendung als Harvard-Methode bezeichnet. Die Methode des Kurzverweises ist vor allem in den sozialwissenschaftlichen Disziplinen weit verbreitet. In den Wirtschaftswissenschaften wird sie vor allem im angelsächsischen Einzugsbereich genutzt. Der Vorteil dieser Methode liegt in ihrer Einfachheit und Arbeitsökonomik. Sie kann auch mit simplen Textverarbeitungssystemen realisiert werden und es entstehen keinerlei Seitenumbruchprobleme. Ihr wesentlicher Nachteil besteht darin, dass ergänzende Kommentare in derartigen Kurzverweisen kaum untergebracht werden können, weil sonst der eigentliche Manuskripttext zu sehr fragmentiert würde. Es hat sich eingebürgert, bei Anwendung der Kurzverweis-Methode auf die Angabe von Autorenvornamen zu verzichten.

... in Fußnoten

Quellenverweise in Fußnoten

Im Rahmen von wissenschaftlichen Arbeiten können Fußnoten hauptsächlich *zwei Verwendungszwecken* dienen. Einerseits können in ihnen – wie bereits angedeutet – Quellenverweise untergebracht werden, andererseits können Sie aber auch genutzt werden, um dem Leser zusätzliche Hinweise auf weiterführende Problemstellungen zu geben.

Fußnoten für Quellenverweiszwecke

Der in einer Fußnote platzierte Quellenverweis wird auch als "Vollbeleg" bezeichnet, weil in der Fußnote detaillierter verwiesen werden kann als im Text selbst. In deutschsprachigen wirtschaftswissenschaftlichen Veröffentlichungen stellt der Vollbeleg die klassische Zitierform dar. Wenn Sie sich für diese Variante entscheiden, dann sollten Sie sicherstellen, dass die Fußnoten nicht zur schier grenzenlosen Aufzählung weiterführender oder sogar nebensächlicher Publikationen verwendet werden.

Fußnoten für zusätzliche Hinweise

Zusätzliche Hinweise können und sollten in den Fußnotenbereich verlagert werden, um den Gang der eigentlichen Argumentation nicht unnötig zu stören. In die Fußnote verlagert werden können bspw. Hinweise auf andere Abschnitte der Arbeit, Begründungen der angewandten Argumentation, Hinweise auf die Entstehungsgeschichte einer bestimmten Disziplin oder Fragestellung sowie Hinweise auf Meinungen, die der im vorliegenden Manuskript entfalteten zuwiderlaufen. Hüten Sie sich jedoch davor, im Fußnotenbereich ausschweifende Erläuterungen zu Spezialfragen Ihrer wissenschaftlichen Arbeit durchzuführen. Gehen Sie vielmehr mit hinweistransportierenden Fußnoten äußerst sparsam um: Sie empfehlen sich nur dann, wenn die weiterführende Diskussion wichtig ist und trotzdem nicht allzu gut in den Textkörper Ihrer Arbeit integriert werden kann. Führen Sie also keine „Schlachten" in Fußnoten. Es stellt eine absolute Unsitte dar, wenn sich auf einer Seite nur wenige Zeilen Text finden und der Rest mit (einer) Fußnote(n) gefüllt ist. Allgemein ist eine Übermenge an hinweistragenden Fußnoten zu vermeiden, weil sie viel Platz verschlingen und den Lesefluss erheblich stören.

Modus der Fußnotenerstellung

Wenn Sie sich zur Verwendung der Fußnotenmethode entschieden haben, dann sollten Sie folgende "Gestaltungsregeln" beachten. Markieren Sie die Referenzstelle der jeweiligen Fußnote im

Text mit einer hochgestellten, in einem deutlich kleineren Schriftgrad gedruckten Verweiszahl (ohne Klammer). Diese Verweiszahl ist entweder beim entsprechenden Schlüsselbegriff oder am Satzende zu positionieren. Falls sich das Zitat auf den gesamten Satz bezieht, dann ist die Verweiszahl nach, andernfalls vor dem Satzzeichen zu platzieren. Fügen Sie den zugehörigen Fußnotentext auf der gleichen Seite ein. Trennen Sie diesen Fußnotentext vom übrigen Text durch eine horizontale Linie. Nummerieren Sie die Fußnoten entweder fortlaufend über die gesamte Arbeit hinweg oder seitenweise (jeweils mit "1" beginnend). Auch in der Fußnote sollten Sie der Verweiszahl keine Klammer beifügen. Rücken Sie die Fußnotentexte deutlich nach rechts ein, so dass die Zählung der Fußnoten deutlich sichtbar wird. Drucken Sie den Fußnotentext ebenfalls in einem etwas kleineren Schriftgrad und mit einem verminderten Zeilenabstand. Wenn Sie in einer Fußnote auf mehrere Quellen verweisen, dann trennen Sie die einzelnen Verweise mit einem Strichpunkt. Achten Sie darauf, dass Ihre Fußnoten relativ kurz sind; nur in absoluten Ausnahmefällen sollten sie sich über Seitengrenzen hinwegziehen. Ebenso sollte es die Ausnahme sein, dass in Fußnoten selbst wiederum Zitate eingefügt werden.

Teilweise wird auch zu der Lösung gegriffen, auf der jeweiligen Textseite lediglich die Quellenverweise zu vermerken und alle zusätzlichen Hinweise am Manuskriptende zusammenzufassen. Diese Lösung bringt jedoch das Problem mit sich, dass parallel zueinander zwei verschiedene Zählformen eingesetzt werden müssen.

b) Spezifische Hinweise für das wörtliche Zitieren

Hinweise für das wörtliche Zitieren

Wie oben erwähnt, sollten Sie wörtliche Zitate sparsam und gezielt einsetzen. Unangebracht ist insb. eine Aneinanderreihung mehrerer wörtlicher Zitate ohne sinnvermittelnde Überbrückungen. Sind längere wörtliche Zitate unvermeidbar, dann sollten Sie diese durch ein Einrücken, die Verwendung eines geringeren Zeilenabstands oder einer kleineren Schriftart kenntlich machen (vgl. Theisen 1998, S. 132 ff.).

Umgekehrt kann es aber auch gefährlich sein, wenn man zu sehr um die Arbeit mit wörtlichen Zitaten in voller Länge bemüht ist. In diese Falle ist Papst Benedikt XVI im Jahre 2006 getappt. Er wollte in einer Rede zum Ausdruck bringen, dass es nicht zu tolerieren ist, wenn versucht wird, den Glauben mit Gewalt zu verteidigen. Er hat dazu aus einem Dialog aus dem 14. Jahrhundert den folgenden, von Kaiser Manuel II. Palaeologos gesprochenen Satz übernommen: „*Zeig mir doch, was Mohammed Neues gebracht hat und da wirst du nur Schlechtes und Inhumanes finden wie dies, dass er vorgeschrie-*

ben hat, den Glauben, den er predigte, durch das Schwert zu verbreiten.". Der Papst hätte hier wohl besser ein nichtwörtliches Zitat verwendet und darauf hingewiesen, dass Kaiser Manuel II. Palaeologos schon im 14. Jahrhundert die Auffassung vertreten hat, dass es nicht gut ist, den Glauben mit dem Schwert zu verteidigen. Dann hätten sich jedenfalls nicht so viele Vertreter der islamischen Welt durch den oben kursiv gesetzten Satzteil gekränkt gefühlt.

Vor jedem Einbau eines wörtlichen Zitats sollten Sie sicherstellen, dass dieses in Ihrer Arbeit nicht als Fremdkörper in Erscheinung tritt. Falls Sie sich für die wörtliche Übernahme entscheiden, dann sollten Sie darauf achten, dass die Textpassage mit akribischer Genauigkeit übernommen wird. Dies gilt auch für Hervorhebungen im zitierten Text, die ebenfalls mit übernommen werden müssen. Zu übernehmen sind sogar die im zitierten Text enthaltenen Fehler, die Sie jedoch mit Hinweiszeichen (!), (?), (sic!) oder (sic?) kommentieren können. Achten Sie darauf, dass Sie das wörtliche Zitat mit Anführungszeichen beginnen sowie enden lassen. Überdies müssen Sie bei wörtlichen Zitaten darauf verzichten, den Quellenverweis mit "vgl." einzuleiten. Er beginnt direkt mit dem Familiennamen des (ersten) Autors.

Die gängigen Zitierregeln gestatten es Ihnen, Teile eines von Ihnen wörtlich übernommenen Gedankengangs auszulassen. Dabei müssen Sie jedoch sicherstellen, dass die Auslassung den Sinn des zitierten Textes nicht verfälscht und Sie müssen die Auslassung überdies als solche kennzeichnen. Wird lediglich ein Wort ausgelassen, dann wird dies direkt an der betreffenden Stelle mit ".." vermerkt; wird auf mehrere Wörter verzichtet, dann fügen Sie bitte "..." ein. Eine Auslassung liegt auch vor, wenn Sie eine im Original bestehende Hervorhebung nicht mit übernehmen. Auch dies müssen Sie vermerken, bspw. durch Hinweise wie "im Original kursiv" oder "im Original hervorgehoben".

In analoger Weise wird mit Einfügungen verfahren. Sie werden innerhalb von runden oder eckigen Klammern präsentiert und überdies durch einen klärenden Hinweis ("Anm. des Verf.", "Anm. durch J. W.", "Erg. des Verf." oder einfach "J. W.") ergänzt. Wenn sich durch eine Auslassung oder Einfügung die Grammatik des zitierten Textes verändert, dann müssen Sie auch dies explizit erwähnen.

Wenn ein wörtliches Zitat selbst ein wörtliches Zitat enthält, dann setzen Sie das eingefügte Zitat in einfache Anführungsstriche ('...').

Im Zusammenhang mit fremdsprachigen Zitaten eröffnet sich das Problem, ob diese ins Deutsche übersetzt werden sollen oder nicht (vgl. Standop 1994, S. 41). Die hierauf bezogenen Auffassungen gehen auseinander. Ein vernünftiger Kompromiss dürfte darin bestehen, ein fremdsprachiges Zitat dann in der Originalsprache zu belassen, wenn davon ausgegangen werden kann, dass der durchschnittliche Leser diese Sprache hinreichend beherrscht. Wenn Sie jedoch eine selbst erarbeitete Übersetzung eines fremdsprachigen Zitats in Ihre Arbeit übernehmen, dann wird von Ihnen erwartet, dass Sie Ihre Übersetzertätigkeit in der Arbeit explizit kenntlich machen (z. B. durch den Zusatz "Übersetzung des Verf."). In diesem Fall empfiehlt es sich, die Originalversion des Zitats in eine Fußnote aufzunehmen.

c) Spezifische Hinweise für das nichtwörtliche Zitieren

Hinweise für das nicht-wörtliche Zitieren

Die Abgrenzung zwischen wörtlichen und nichtwörtlichen Zitaten ist fließend. Wenn Sie ein nichtwörtliches Zitat formulieren, in dessen Rahmen eine besondere Formulierungsleistung (z. B. eine geniale oder zuvor nicht existierende Mehrwortkombination) eingebettet ist, dann liegt bei strenger Lesart bereits ein wörtliches Zitat vor.

Bei nichtwörtlichen Zitaten wird darauf verzichtet, diese in Anführungszeichen zu setzen. Hier wird lediglich an der Verweiszahl bzw. der Quellenangabe ersichtlich, dass es sich um den Gedankengang einer anderen Person handelt. Daher ist es bei nichtwörtlichen Zitaten mitunter schwierig, den Anfang des übernommenen Gedankens klar zu identifizieren. Um Klarheit zu verschaffen, sollten Sie die betreffenden nichtwörtlichen Zitate mit einleitenden Bemerkungen versehen (z. B. "Egelhoff (1991) merkt in diesem Zusammenhang an, dass ...").

Bei nichtwörtlichen Zitaten wird die Quellenangabe mit "vgl." oder "siehe" bzw. ähnlichen, die Art des Bezugs etwas näher spezifizierenden Angaben wie "in Anlehnung an ..." oder "nach" eröffnet.

3.7.6 Umfang der Arbeit

Seitenbegrenzung beachten

Im Hinblick auf den Umfang Ihrer Abschlussarbeit wird Ihnen hochschulseitig im Regelfall eine Richtgröße vorgegeben, die üblicherweise bei 50 bis 80 Seiten für den reinen Textkorpus liegt. Inhaltsverzeichnis, Abbildungs- bzw. Tabellenverzeichnis, Literaturverzeichnis und diverse Anhänge sind bei dieser Richtgröße nicht mitgerechnet.

Diese Umfangsbegrenzung ist unter anderem darin begründet, dass Studierende lernen sollen, ein komplexes Thema in einem überschaubaren Rahmen abzuhandeln. Auch sind Studierende in dem für die Anfertigung der Arbeit zur Verfügung stehenden engen Zeitbudget üblicherweise nicht in der Lage, eine wesentlich umfangreichere Schrift solide zu erstellen. Ebenso spricht für eine Umfangsbegrenzung, dass die Gutachter Ihrer Arbeit zahlreiche Arbeiten zu bewerten haben.

Halten Sie sich daher an den vorgegebenen Richtumfang. Bedenken Sie, dass eine erhebliche Überschreitung dieser Vorgabe negativ wahrgenommen wird und dass dies insb. dann der Fall ist, wenn sich die erhöhte Umfänglichkeit nicht in einer deutlich verbesserten geistigen Durchdringung des Stoffes der Arbeit niedergeschlagen hat. Goethe hat ja schon erkannt: "Getretener Quark macht breit, nicht stark".

Verzicht auf Tricksereien

Hüten Sie sich auch davor, durch windige Tricks (geringerer Zeilenabstand, kleinerer Schriftgrad, zu geringe Ränder) die Seitenzahl Ihrer Arbeit künstlich nach unten zu pressen. Der Gutachter Ihrer Arbeit merkt dies sofort. Im Übrigen gehen die vorgenannten formalen Verdichtungen zu Lasten der Lesbarkeit der Arbeit und man muss skeptisch sein, ob sich dies in einer höheren Gesamtbeurteilung niederschlägt.

Versuchen Sie statt dessen, am Ende der Ihnen zur Verfügung stehenden Bearbeitungszeit noch eine Woche "freizuschaufeln", die Sie für eine abermalige, auf eine Verkürzung abzielende Überarbeitung des Manuskripts einplanen (zum Kürzen von Texten vgl. Vollmer/Hoberg 1988, S. 105 ff.; Rost 1997, S. 257 f.).

3.8 Formale Aspekte der Manuskripterstellung

Der erste Eindruck

In sozialen Interaktionsprozessen spielen Vorurteile sowie ein Arbeiten mit oberflächlichen Indikatoren eine nicht zu vernachlässigende Rolle. So halten sich bspw. hartnäckig Gerüchte, dass manche Personalleiter bei der Personalauswahl zunächst einmal auf den Pflegezustand der von den Bewerbern getragenen Schuhe achten. Die Existenz derartiger Prozesse sollten Sie auch bei der Erstellung Ihrer wissenschaftlichen Arbeit nicht ganz außer Acht lassen: Der erste Eindruck, den die Gutachter von Ihrer Arbeit erhalten, ist ein formaler. Betrachten Sie die formale Gestaltung Ihrer Arbeit deshalb nicht als ein zu vernachlässigendes "Peanut". Stellen Sie eine Berücksichtigung der nachfolgenden Hinweise sicher und gewährleisten Sie, dass die von Ihnen zu Beginn der Anfertigung der Arbeit gewählte Form während des gesamten Ausarbeitungsprozesses durchgehalten wird (zu formalen Aspekten der Erstellung wissenschaftlicher Arbeiten vgl. auch Kalliwoda 1997, S. 151 ff.).

3.8.1 Layout, Satzspiegel und Schriftbild

3.8.1.1 Übergeordnete Hinweise

... Es gibt nichts, was es nicht gibt ...

Nachfolgend finden Sie einige Hinweise, die Ihnen vielleicht besonders trivial erscheinen mögen. Unsere langjährige Erfahrung zeigt uns jedoch, dass all diese Tipps wiederholt missachtet worden sind und somit einer Erwähnung bedürfen.

- Verwenden Sie weißes, zumindest altweißes Papier und nicht – wie schon geschehen – hellblaues oder hellgrünes Papier. Schreiben Sie Ihre Arbeit maschinen-schriftlich auf DIN-A-4-Blätter. Beschriften Sie die Blätter lediglich einseitig rechts, um dem Leser auf der Blattrückseite die Möglichkeit zu handschriftlichen Bemerkungen zu geben. Bedrucken Sie die Blätter im Hochformat.
- Greifen Sie auf eines der gängigen Textverarbeitungsprogramme (Word für Windows, Wordperfect, Komforttext, Tex etc.) zurück, deren Bedienung Sie bereits im Zusammenhang mit der Erstellung von Haus- und Seminararbeiten eingeübt haben. Erlernen Sie am besten die Nutzung des von Ihnen verwendeten Textverarbeitungsprogramms zusammen mit einem darin bereits erfahrenen Kommilitonen.
- Arbeiten Sie idealerweise mit einer sogenannten Druckformatvorlage, bei der die zu berücksichtigenden Standardformalia bereits fixiert sind. Manche Lehrstühle bzw. Professuren stellen auf ihrer Homepage die von ihnen präferierte Druckformatvorlage zur Verfügung.
- Vergessen Sie nicht, die von Ihnen in den Computer eingegebenen Textelemente und Daten regelmäßig auf unterschiedlichen Datenträgern zu sichern. Deponieren Sie diese Datenträger an verschiedenen Orten, um einen Informationsverlust weitgehend ausschließen zu können.
- Achten Sie beim Endausdruck Ihrer Arbeit auf ein sauberes, schlagschattenfreies Druckbild.

3.8.1.2 Satzspiegel und Schriftbild

Satzspiegel

Die Lesbarkeit einer wissenschaftlichen Arbeit wird entscheidend durch den gewählten Satzspiegel (die Größe, das Format und die Positionierung des gedruckten Textes auf dem Blatt) sowie das Schriftbild bestimmt (zu ergänzenden Hinweisen vgl. Sesink 1994, S. 120 ff. und S. 169 ff.; Kammer 1997, S. 32 ff. und S. 67 ff.).

- Lassen Sie, sofern der Sie betreuende Lehrstuhl nichts anderes vorgibt, auf der linken Seite des Blattes vier cm, auf den anderen drei Seiten jeweils 2,5 cm Rand, so dass sich ein Satzspiegel von ca. 24,5 cm Länge und 14,5 cm Breite ergibt. Eine größere Breite des Satzspiegels ist ungünstig, weil die Zeilen Ihrer Arbeit dann wesentlich schlechter lesbar sind.

- Arbeiten Sie mit einem einspaltigen Satz (also auf jeder Seite eine Textkolonne).

- Bei der Wahl des Schrifttyps haben Sie eigentlich freie Wahl. Bedenken Sie jedoch, dass Wissenschaft eine rationale Angelegenheit ist und es inkonsistent wirkt, wenn Sie in Ihrer Arbeit einen "blumigen" Schrifttyp verwenden. Bewährt haben sich die Schrifttypen "Times Roman" bzw. "Times New Roman"; auch deshalb, weil es sich hierbei um sogenannte Serifenschriften handelt (Schriften, bei denen die einzelnen Buchstaben oben und unten einander angenähert sind, die Schrift somit etwas an die Schreibschrift angepasst und dadurch besonders lesefreundlich ist). Dieser Vorzug von Serifenschriften gegenüber Nicht-Serifenschriften wird Ihnen klar, wenn Sie die Schrifttypen Times (New) Roman und Arial (keine Serifenschrift) miteinander vergleichen.

- Als Richtgröße hinsichtlich der Schriftgröße hat sich die Größe "12 Punkt" bewährt. Prüfen Sie jedoch, ob dieser Schriftgrad gut mit dem von Ihnen gewählten Schrifttyp korrespondiert (bspw. wirkt Arial bei gleicher Schriftgröße wesentlich größer als Times New Roman). Für die Überschriften empfiehlt sich der Schriftgrad 14 (die Überschriften heben Sie überdies durch Fettdruck hervor).

- Wählen Sie einen ausreichenden Zeilenabstand. Je geringer nämlich der Zeilenabstand ist, desto anstrengender wird das Lesen des Textes. Günstig erscheint ein 1-1/2zeiliger Abstand. Dessen Anwendung führt dazu, dass eine Manuskriptseite ca. 35 Textzeilen aufweist.

- Nahezu sämtliche wissenschaftliche Qualifikationsarbeiten werden heute im Blocksatz ausgedruckt. Dies ist jedoch nicht in allen Fällen vorteilhaft. Wenn Sie nämlich bei Verwendung einer Nicht-Proportionalschrift zum Blocksatz greifen, dann wird Ihr Manuskript mit großer Wahrscheinlichkeit eine Vielzahl unschöner Zwischenräume zwischen den Worten enthalten. Aber auch bei Verwendung einer Proportionalschrift müssen Sie im Falle des Blocksatzes vorsichtig sein: Achten Sie hier besonders auf eine sorgfältige Worttrennung, um ebenfalls stark ungleiche Wortzwischenräume zu vermeiden.

- Nicht unbedingt erforderlich, aber doch gedankenstützend ist es, wenn Sie in der Kopfzeile Ihrer Seiten die Überschrift des jeweiligen Hauptabschnitts eingezogen haben.
- Berücksichtigen Sie, dass in wissenschaftlichen Arbeiten die Absatzbildung stets durch leere Zeilendurchschüsse und nicht allein durch das Weiterschreiben gleich auf der nächsten Zeile markiert wird.
- Stellen Sie sicher, dass die Überschriften Ihrer Abschnitte in deutlicher Weise sowohl vom vorhergehenden als auch vom nachfolgenden Text getrennt sind. Der Abstand zum vorausgehenden Abschnitt sollte größer sein als derjenige zum nachfolgenden.
- Achten Sie überdies darauf, dass einige Ihrer Überschriften nicht isoliert am Seitenende stehen. Vollziehen Sie einen sogenannten Zwangsumbruch, um diese falsch positionierten Überschriften auf die nächste Seite zum dazugehörenden Abschnitt zu verlagern.
- Lassen Sie Ihre Hauptabschnitte stets auf einer neuen Seite beginnen.
- Verhindern Sie, dass am oberen Ende einer Seite eine einzelne letzte Zeile eines Abschnitts bzw. am unteren Ende einer Seite eine einzelne erste Zeile eines Abschnitts platziert ist. Unterbinden Sie auch dies mittels der Einfügung von Zwangsumbrüchen.

Hier noch ein übergeordneter Tipp: Sobald Sie ein paar Seiten Ihrer Arbeit im angestrebten Layout entworfen haben, dann bitten Sie einen ästhetisch begabten Kommilitonen, diese Kostprobe zu begutachten. Belasten Sie allerdings nicht den Betreuer Ihrer Arbeit mit derartigen Designfragen.

3.8.1.3 Hervorhebungen

Sparsamer Umgang

Hervorhebungen dienen dazu, den Strukturierungsgrad Ihrer Schrift zu steigern. Hervorhebungen können prinzipiell mittels Fettdruck, Kursivdruck oder Unterstreichungen erfolgen. Um Ihr Manuskript nicht zu unruhig wirken zu lassen, empfiehlt es sich, mit Hervorhebungen sparsam umzugehen und darauf zu verzichten, im Textkörper unterschiedliche Hervorhebungsarten zu verwenden. (Werfen Sie einen Blick in die Bücher des Tübinger Mohr-Siebeck-Verlags und Sie werden erkennen, was "publikatorische Noblesse" bedeutet.)

Eine wohltuende schlichte Eleganz erreichen Sie, wenn Sie die Überschriften – wie oben erwähnt – mit Fettdruck und die zu akzentuierenden Textpassagen mit Kursivdruck hervorheben. Im Textkörper ist der Kursivdruck dem Fettdruck überlegen, weil er weit weniger dominant in Erscheinung tritt und bei einem gezielten Suchen doch ins Auge sticht. Unterstreichungen stellen eher Relikte aus vergangenen Schreibmaschinenzeiten dar und sind zu unterlassen.

3.8.1.4 Seitenpaginierung

Zwei Systeme

Im Bereich der Paginierung wissenschaftlicher Arbeiten konkurrieren zwei Systeme:

- Beim *ersten System* werden die vor dem eigentlichen Textkörper stehenden Seiten mit römischen Seitenzahlen versehen. Die Seiten des Textkörpers erhalten dann arabische Seitenzahlen, wobei die erste Textseite die Seitenzahl "1" erhält. Diese arabische Seitenzählung wird auch im Bereich des Literaturverzeichnisses und der Anhänge fortgesetzt.
- Das *zweite System* unterscheidet sich vom Vorgenannten darin, dass bei den im Anschluss an den eigentlichen Textkörper abgedruckten Passagen (Literaturverzeichnis und Anhang) darauf verzichtet wird, die arabische Paginierung fortzusetzen. Stattdessen wird dort die einleitende römische Paginierung wieder aufgenommen.

Beide Systeme sind gleichwertig und stimmen darin überein, dass das Titelblatt keine sichtbare Seitenzahl erhält, jedoch als "Seite 1" mitgezählt wird.

3.8.1.5 Inhaltscheck

Bestandteile der Arbeit

Stellen Sie durch einen expliziten Prüfprozess sicher, dass Sie keinen der nachfolgenden Bestandteile einer wissenschaftlichen Arbeit vergessen haben:

- Titelblatt,
- ggf. Vorwort,
- Inhaltsverzeichnis,
- ggf. Abbildungs- und Tabellenverzeichnis,
- ggf. Abkürzungs- und Symbolverzeichnis,
- Textkörper,
- ggf. Anhang,
- Verzeichnis der zitierten Literatur und
- Eidesstattliche Erklärung.

3.8.2 Abbildungen und Tabellen

Zweck von Abbildungen und Tabellen

Abbildungen und Tabellen dienen dem Zweck, Information in verdichteter Form bereitzustellen, die Verständlichkeit der verbal vorgetragenen Argumentation zu steigern und diese noch zwingender zu machen. Abbildungen und Tabellen sind vor allem bei der Behandlung komplexer Sachverhalte zu empfehlen (vgl. Friedrich 1997, S. 35 ff. und S. 56 ff.).

Abbildungen und Tabellen dürfen freilich niemals als Selbstzweck oder als Streckungsmaterial zum Auffüllen leerer Textseiten begriffen werden. Eine wissenschaftliche Arbeit ist kein Bilderbuch. Sie sollten ausschließlich dann eingesetzt werden, wenn sie einen deutlichen Bezug zu den verbal vorgetragenen Gedanken aufweisen. Besonders angebracht sind sie dann, wenn eine verbalargumentative Behandlung droht, unübersichtlich zu werden.

Standardsoftware

Grafik- bzw. Tabellenkalkulationsprogramme wie Powerpoint, Harvard Graphics oder Corel Draw bzw. Excel oder Lotus 1-2-3 machen es Ihnen heute relativ leicht, Abbildungen und Tabellen aufwandsarm zu erstellen. Diese Programme bieten Ihnen zwar einige ästhetisch abgesicherte Standardformate von Abbildungen und Tabellen an, doch entlastet Sie dieses Angebot nicht von der Pflicht, sich selbst um eine ansprechende äußere Form Ihrer Abbildungen und Tabellen zu bemühen.

Tipps für die Gestaltung von Abbildungen und Tabellen

Bei der Erstellung von Abbildungen und Tabellen sollten Sie die nachfolgenden Gestaltungshinweise berücksichtigen (vgl. auch Trimmel 1994, S. 135 ff.):

- Abbildungen und Tabellen, auf die im Verlauf der Argumentation intensiv zurückgegriffen wird, sollten nicht im Anhang, sondern im Textteil des Manuskripts platziert werden. Sie sind genau dort einzufügen, wo der in ihnen behandelte Sachverhalt diskutiert wird. Nur so können sie die beabsichtigte Unterstützungsleistung voll erbringen und nur so entlasten sie den Leser von einem mühevollen Hin- und Herblättern zwischen Text- und Anhangsteil. Im Anhang können jene Abbildungen und Tabellen zusammengestellt werden, die wichtige Hintergrundinformationen enthalten und so der Abrundung der im Text vorgetragenen Argumentation dienen. Allerdings ist bei diesen für den Anhang vorgesehenen Abbildungen und Tabellen sorgfältig zu prüfen, ob sie überhaupt der Arbeit beigefügt werden sollen. Nur wenn ein klarer Zusammenhang zum Textteil ersichtlich ist, ist eine Aufnahme in den Anhang gerechtfertigt.
- Achten Sie darauf, dass Ihre Abbildungen und Tabellen in hinreichendem Maße beschriftet sind. Viel zu häufig werden in wissenschaftlichen Arbeiten bspw. Matrizen benutzt, bei denen die Achsen nicht hinrei-

chend beschriftet sind. Wenn Sie unsicher sind, folgen Sie der entsprechenden DIN-Norm.

- Ergänzen Sie Ihre Abbildungen und Tabellen falls erforderlich durch erläuternde Hinweise. Prüfen Sie, ob Ihre Abbildungen und Tabellen selbsterklärend sind. Es empfiehlt sich, die erläuternden Hinweise direkt bei der jeweiligen Abbildung bzw. Tabelle zu platzieren, weil die Nachvollziehbarkeit dann am besten gewährleistet ist. Im Text selbst sollten Sie sich auf die Interpretation der in der jeweiligen Abbildung bzw. Tabelle enthaltenen Informationen konzentrieren.

- Fügen Sie die Abbildungs- bzw. Tabellenbezeichnung entweder durchgängig oberhalb oder durchgängig unterhalb der Abbildung bzw. Tabelle in jenem Schriftgrad ein, den Sie auch im Text verwendet haben. Bemühen Sie sich um eine aussagekräftige und kompakte Bezeichnung Ihrer Abbildungen und Tabellen. Vor der eigentlichen Abbildungs- bzw. Tabellenbezeichnung fügen Sie das Kürzel "Abb." bzw. "Tab." sowie die laufende Nummer der Abbildung bzw. Tabelle ein, so dass sich bspw. die folgende Formulierung ergibt: „Abb. 1: Konzeptioneller Bezugsrahmen". Nummerieren Sie Ihre Abbildungen und Tabellen je besonders durch. Die Nummerierung der Abbildungen und Tabellen kann auch hauptabschnittweise erfolgen (z. B. Abbildung 3-4). Vergessen Sie nicht, Ihrer Arbeit ein Abbildungs- und Tabellenverzeichnis beizufügen (vgl. Abschnitt 3.8.7).

- Wenn Sie Abbildungen und Tabellen aus fremden Quellen übernehmen, dann müssen Sie diese mit Quellenverweisen versehen. Der Quellenverweis sollte direkt unterhalb des Körpers der jeweiligen Abbildung bzw. Tabelle platziert werden. Verwenden Sie hierzu bitte den Kurzverweis (vgl. Abschnitt 3.7.5.3) Beispiel: (Quelle: Wolf 2000, S. 419). Wenn Sie in Ihrer Arbeit sämtliche fremdbezogenen Abbildungen bzw. Tabellen zitiert haben – wovon auszugehen ist –, dann erübrigt es sich eigentlich, die selbst erstellten Abbildungen und Tabellen mit dem vielfach geforderten Zusatz (Quelle: eigene Darstellung) zu versehen.

- Achten Sie auf Übereinstimmung der im Text einerseits und in den Abbildungen bzw. Tabellen andererseits bereitgestellten Informationen.

- Verzichten Sie so weit wie möglich auf Abbildungen bzw. Tabellen, die sich über mehrere Seiten hinwegziehen oder sogar auf ausklappbaren Blättern abgedruckt sind. Diese sollten nur in absoluten Ausnahmefällen und dann in den Anhang eingefügt werden. Bei sehr komplexen Abbildungen bzw. Tabellen darf der normale Satzspiegel *geringfügig* überschritten werden. Dies ist jedenfalls besser, als derartige Abbildungen und Tabellen bis zur Unleserlichkeit zu verkleinern.

- Achten Sie schließlich – wie erwähnt – auf eine gute Proportionierung und Ebenmäßigkeit Ihrer Abbildungen und Tabellen. Verzichten Sie insb. darauf, innerhalb der Abbildungen und Tabellen einen größeren Schriftgrad als im Text zu verwenden. Das wirkt nämlich derb. Auch Farbabbildungen tendieren oft in diese Richtung.
- Idealerweise sollten Sie Ihre Abbildungen und Tabellen neu erstellen. Begnügen Sie sich nicht damit, diese einzuscannen und in Ihre Arbeit hineinzukopieren. Wenn Sie Ihre Abbildungen und Tabellen neu zeichnen, dann dürften diese besser leserlich sein und zum anderen erhält Ihre Arbeit dadurch ein individuelles, aber einheitliches Erscheinungsbild.

3.8.3 Titelblatt

Für den Aufbau des Titel- bzw. Deckblatts liegen zwar keine auf eine völlige Standardisierung hinauslaufenden Gestaltungsregeln vor, doch besteht Einigkeit darüber, dass dieses die nachfolgenden Angaben enthalten sollte (vgl. Sesink 1994, S. 100 f.; Standop 1994, S. 23 f.; Gerhards 1995, S. 24 ff.):

Mindestanforderungen Titelblatt

- Name der Hochschule sowie der die Arbeit als Prüfungsleistung annehmenden Fakultät,
- Titel und ggf. Untertitel der Arbeit,
- Angaben über das "Wesen" der Arbeit (z. B. Master-Arbeit, Freie Wissenschaftliche Arbeit, Seminararbeit),
- Vorname und Name des Verfassers sowie dessen Adresse und Matrikelnummer (unter Umständen eingeleitet durch "vorgelegt von"),
- bei Abschlussarbeiten den akademischen Grad, der mit der Arbeit erworben werden soll, eingeleitet durch "zur Erlangung des Grades eines(r) ...",
- bei Seminararbeiten den Namen der Spezialisierungsrichtung, das Rahmenthema des Seminars sowie die Bezeichnung des Semesters, in dem dieses Seminar durchgeführt wird,
- Namen des Erstgutachters der Arbeit sowie seiner Einheit (Institut, Lehrstuhl bzw. Professur) sowie
- Monat der Einreichung der Arbeit.

Grafische Gestaltung

Der Titel der Arbeit sollte gegenüber allen anderen Bestandteilen dominieren. Dieser Bestandteil des Titelblattes sollte daher durch einen größeren Schriftgrad und durch Fettdruck hervorgehoben werden.

Drucken Sie das Titelblatt ohne Seitenzahl aus. Vor ihm sollten Sie ein leeres Blatt einfügen, das bei der Seitenpaginierung im Gegensatz zum Titelblatt *nicht* mitgezählt wird.

Abbildung 3-2 enthält ein Muster eines Titelblattes, aus dem eine angemessene Aufteilung ersichtlich wird.

***Abbildung* 3-2** *Titelblatt einer Abschlussarbeit (Beispiel Master-Arbeit)*

Wirtschafts- und Sozialwissenschaftliche Fakultät der
Christian-Albrechts-Universität zu Kiel

Master-Arbeit
zur Erlangung des Grades „Master of Science in Business Administration"

Private und staatliche Hochschulen im
kriteriengeleiteten Vergleich

Professor Dr. Dr. h.c. Sönke Albers

Carlotta Wolf
Deichweg 7
24217 Kalifornien

Matrikelnummer 318666
4. Fachsemester
Ausgabetermin: 14.03.2011
Abgabetermin: 16.05.2011

3.8.4 Kurzzusammenfassung/Abstract

Sinn von Abstracts

Die im Wissenschaftsbereich erzeugte und zu verarbeitende Informationsmenge hat in den vergangenen Jahren insb. durch die Verfügbarkeit internetbasierter Informations- und Kommunikationstechnologien stark zugenommen. Potenzielle Leser müssen schnell entscheiden können, ob ein bestimmtes Schriftstück für sie wichtig ist oder nicht. Um ihnen die Möglichkeit zu einer effizienten Entscheidung über die Lesewürdigkeit Ihrer Arbeit zu geben, empfiehlt es sich daher, zwischen Deckblatt und Inhaltsverzeichnis eine Kurzzusammenfassung (Abstract) einzufügen.

Gestaltungsregeln

Bei der Anfertigung der Kurzzusammenfassung sollten Sie folgende Regeln beachten:

- "Destillieren" Sie Ihre Kurzzusammenfassung nach Fertigstellung des Manuskripts aus der dessen Ende befindlichen Zusammenfassung Ihrer Arbeit (vgl. Abschnitt 3.7.2.3).
- Ihre Kurzzusammenfassung sollte höchstens 100 Wörter umfassen.
- Formulieren Sie Ihre Kurzzusammenfassung prägnant.
- In der Kurzzusammenfassung sollten Angaben über das Ziel und die Forschungsfrage Ihrer Arbeit, über den herangezogenen theoretischen Ansatz sowie die Ergebnisse Ihrer Untersuchung dominieren. Methodische Besonderheiten können, sofern sie nicht originärer Gegenstand der Arbeit sind, an dieser Stelle ausgeblendet werden.
- Schreiben Sie Ihre Kurzzusammenfassung ehrlich, aber doch so, dass Sie einen potenziellen Leser zur Lektüre Ihrer Arbeit motivieren kann.
- Ergänzen Sie die Kurzzusammenfassung um einige die Arbeit charakterisierende Schlagworte, so dass eine Aufnahme in Bibliothekskataloge erleichtert wird.
- Wenn Ihre Fachdisziplin stark internationalisiert ist (was heute der Regelfall sein dürfte), dann fügen Sie neben der deutschsprachigen auch eine englischsprachige Kurzzusammenfassung bei (dann jeweils maximal 100 Worte).

Wenn Sie eine Kurzzusammenfassung erstellen, dann sollten Sie vor dieser wiederum ein leeres Blatt einfügen, das bei der Seitenpaginierung jedoch mitgezählt wird.

3.8.5 Vorwort

Typische Inhalte

Prinzipiell ist es zulässig, dass Sie Ihrer Arbeit ein Vorwort voranstellen (vgl. Gerhards 1995, S. 41 ff.). Dieses kann z. B. dazu dienen,

- Verwandten, Freunden oder anderen Personen für die während der Erstellung der Arbeit zu Teil gewordene Unterstützung zu danken,
- Informationen über Ihr persönliches Verhältnis zum Thema darzulegen,
- (nicht) überwundene Schwierigkeiten bei der Bearbeitung zu schildern oder
- ein Ihnen geeignet erscheinendes "geflügeltes Wort" zu präsentieren.

Bezug zum Thema der Arbeit sicherstellen!

Wenn Sie das Vorwort für den letztgenannten Zweck einsetzen wollen, dann wählen Sie die voranzustellende Phrase sehr sorgfältig aus. Wenn Sie auch nur den leisesten Verdacht schöpfen, dass der beabsichtigte Spruch von der Themenstellung der Arbeit wegführt oder Spielräume für negative Assoziationen eröffnet, dann verzichten Sie lieber auf eine derartige Passage. Ein noch so starker Wunsch, sich in der Arbeit weltmännisch bzw. belesen zu geben, stellt für sich genommen noch keine hinreichende Legitimation zur Übernahme eines geflügelten Wortes dar.

Wenn Sie Ihre Arbeit veröffentlichen wollen, dann können Sie ein derartiges Vorwort schließlich auch noch nach der Begutachtung der Arbeit einfügen.

3.8.6 Inhaltsverzeichnis

Wegweiser-Funktion

Das Inhaltsverzeichnis gehört zu den wichtigsten Bestandteilen Ihrer Arbeit, da jeder reife Leser über dieses den Zugang zu ihrer Arbeit suchen wird. Durch das Inhaltsverzeichnis erhält er einen ersten Einblick in die Gedanken- und Argumentationsfolge Ihrer Arbeit. Die Gestaltung des Inhaltsverzeichnisses sollte also mit großer Sorgfalt erfolgen. Überdies ist es natürlich der Fahrplan, der das zielstrebige Auffinden von Abschnitten möglich machen soll (vgl. Poenicke 1988, S. 28 ff.).

Das Inhaltsverzeichnis ist der materialisierte Abdruck der zeitlich früher erstellten bzw. überarbeiteten Gliederung (vgl. Abschnitt 3.5.1). Ist diese gut gelungen, dann können bei der Erstellung des Inhaltsverzeichnisses fast nur noch formale Fehler unterlaufen. Um diese zu unterbinden, sollten Sie die nachfolgenden Empfehlungen beachten (vgl. auch Burchardt 1995, S. 104 ff.; Gerhards 1995, S. 55 ff.):

Gestaltungsempfehlungen

- Halten Sie das von Ihnen gewählte Gliederungssystem konsequent durch. Im Vordergrund der sich eröffnenden Alternativen stehen das dezimalnumerische sowie das alphanumerische System (vgl. Standop 1994, S. 27 ff.).

Dezimalnumerisches System

- Beim *dezimalnumerischen (dekadischen) System* wird die hierarchische Struktur durch Ziffernkombinationen zum Ausdruck gebracht. Beispiel:

  2. Informationsverarbeitungsansatz als theoretisches Grundgerüst zur Untersuchung des Zusammenhangs von Strategie und Struktur
     2.1 Theoriegeleitete Vorgehensweise – Erfolgsfaktor wissenschaftlichen Erkenntnisstrebens
     2.2 Evolution und Relevanz des Informationsverarbeitungsdenkens im Bereich der Management- und Organisationswissenschaft
     2.3 Begriff und Stellenwert des Faktors "Information"
     2.4 Übergeordnete Argumentationslogik und Varianten des Informationsverarbeitungsansatzes
     2.5 Informationsverarbeitung und organisatorische Gestaltung
        2.5.1 Einflussfaktoren des Informationsverarbeitungsbedarfs von Unternehmen
        2.5.2 Organisationsformen und Informationsverarbeitungskapazitäten von Unternehmen

  etc.

  Berücksichtigen Sie, dass nach der jeweils letzten Ziffer eines Gliederungspunktes kein Punkt gesetzt wird (Ausnahme: Hauptabschnitte mit einstelliger Ordnungszahl). Die Sinnhaftigkeit dieser Vorgehensweise wird Ihnen bewusst, wenn Sie die Gliederungspunkte samt dem Zählsystem laut vorlesen.

Alphanumerisches System

- Beim *alphanumerischen System* werden Kombinationen aus lateinischen und griechischen Buchstaben sowie arabischen und römischen Ziffern verwendet. Hier stehen zahlreiche Kombinationsmöglichkeiten zur Verfügung. Beispiel:

  B. Informationsverarbeitungsansatz als theoretisches Grundgerüst zur Untersuchung des Zusammenhangs von Strategie und Struktur
     I. Theoriegeleitete Vorgehensweise – Erfolgsfaktor wissenschaftlichen Erkenntnisstrebens
     II. Evolution und Relevanz des Informationsverarbeitungsdenkens im Bereich der Management- und Organisationswissenschaft
     III. Begriff und Stellenwert des Faktors "Information"
     IV. Übergeordnete Argumentationslogik und Varianten des Informationsverarbeitungsansatzes

V. Informationsverarbeitung und organisatorische Gestaltung
    1. Einflussfaktoren des Informationsverarbeitungsbedarfs von Unternehmen
    2. Organisationsformen und Informationsverarbeitungskapazitäten von Unternehmen

etc.

- Es besteht zwar keine absolute Notwendigkeit zur Einrückung rangniedrigerer Abschnitte (Unterpunkte), doch empfiehlt sich eine solche, weil sie die Übersichtlichkeit Ihres Inhaltsverzeichnisses steigert. Mangelt es jedoch an Platz, dann sollte auf Einrückungen verzichtet werden. Das Inhaltsverzeichnis der vorliegenden Buches zeigt, dass hier eine Kompromisslösung realisiert worden ist.
- Formulieren Sie die Überschriften sämtlicher Abschnitte informativ und trotzdem knapp (hierauf wurde bereits in Abschnitt 3.5.1.5 eingegangen).
- Achten Sie darauf, dass (1) die im Text und Inhaltsverzeichnis abgedruckten Überschriften exakt übereinstimmen und dass (2) im Inhaltsverzeichnis die Angabe der Seitenzahlen stimmt.
- Versehen Sie alle verzeichneten Abschnitte bzw. Überschriften mit rechtsbündig gedruckten Seitenzahlen.
- Prüfen Sie die Richtigkeit der verzeichneten Seitenzahlen.
- Nehmen Sie sämtliche Verzeichnisse (insb. Inhalts-, Abbildungs- und Tabellenverzeichnis, Abkürzungsverzeichnis, Literaturverzeichnis) sowie die Bestandteile des Anhangs ins Inhaltsverzeichnis auf.
- Prüfen Sie bei der Erstellung des Inhaltsverzeichnisses noch einmal die Logik Ihrer Gliederung.
- Achten Sie auf einen übersichtlichen Ausdruck Ihres Inhaltsverzeichnisses, der insb. durch richtig platzierte Zeilendurchschüsse sichergestellt werden kann.
- Nutzen Sie die Funktion des von Ihnen verwendeten Textverarbeitungsprogramms, das Inhaltsverzeichnis automatisch erstellen zu lassen. Dies hat die beiden Vorteile, dass Sie Änderungen von Überschriften und Kapitelnummerierungen leicht aktualisieren können und das Inhaltsverzeichnis mit den Überschriften im Text übereinstimmt.

3.8.7 Abbildungs- bzw. Tabellenverzeichnis

Der Leser Ihrer Arbeit will nicht nur schnell und bequem auf bestimmte Textpassagen zugreifen, sondern genauso zügig und komfortabel auf die bereitgestellten Abbildungen und Tabellen. Fertigen Sie daher ein Abbildungsverzeichnis bzw. ein Tabellenverzeichnis an, die im Anschluss an das Inhaltsverzeichnis in Ihre Schrift eingereiht werden. Beachten Sie bei der Gestaltung dieser Verzeichnisse folgende Hinweise (vgl. auch Gerhards 1995, S. 110 ff.):

Praktische Tipps

- Legen Sie das Abbildungs- und das Inhaltsverzeichnis getrennt voneinander an.
- Lassen Sie die Nummern und Bezeichnungen der Abbildungen bzw. Tabellen jeweils nach Seitenzahlen geordnet erscheinen.
- Ordnen Sie allen verzeichneten Abbildungs- bzw. Tabellenüberschriften am rechten Satzspiegelrand gedruckte Seitenzahlen zu.

3.8.8 Abkürzungsverzeichnis

In Abschnitt 3.7.4 wurden Sie in begründeter Weise gebeten, auf Abkürzungen weitgehend zu verzichten. Wenn Sie in Ihrer Arbeit trotzdem *eine größere Zahl* (mehr als zehn) selbst entworfener Abkürzungen verwenden, dann müssen Sie diese in einem dem Abbildungs- und Tabellenverzeichnis folgenden Abkürzungsverzeichnis erläutern (vgl. Burchardt 1995, S. 131 ff.).

Beachten Sie bei der Anlage dieses Verzeichnisses die nachfolgenden Hinweise:

Praktische Tipps

- Entfernen Sie reine Bequemlichkeitsabkürzungen (z. B. "Orga", "Info") aus Ihrer Arbeit, indem Sie die dahinter stehenden Begriffe (im Beispiel "Organisation" bzw. "Information") ausschreiben.
- Stellen Sie im Abkürzungsverzeichnis die verwendeten, übrig gebliebenen Abkürzungen und die dahinter stehenden Abkürzungsinhalte in tabellarischer Form einander gegenüber.
- Entfernen Sie unter Zuhilfenahme des Dudens (Dudenredaktion 2009) Abkürzungen des allgemeinen Sprachgebrauchs aus Ihrem Abkürzungsverzeichnis.
- Vergewissern Sie sich, dass Sie keine der eingefügten Abkürzungen vergessen haben, ins Abbildungsverzeichnis aufzunehmen.

- Erläutern Sie die von Ihnen eingeführten Abkürzungen trotz des Eintrags ins Abkürzungsverzeichnis bei deren erstmaligem Gebrauch.
- Missbrauchen Sie Ihr Abkürzungsverzeichnis nicht als Glossar, in dem Sie umfänglichere Begriffserläuterungen vornehmen (zum Glossar vgl. Abschnitt 3.8.10).

Wenn Sie eine Arbeit anfertigen, in der zahlreiche mathematische Symbole auftreten, dann sollten Sie in analoger Form ein Variablenverzeichnis anlegen.

3.8.9 Literaturverzeichnis

Vollständigkeit

Die übergeordnete Aufgabe des bisweilen auch als Bibliographie bezeichneten Literaturverzeichnisses besteht darin, dem Leser Hinweise für den Zugang zu den in Ihrer Arbeit zitierten Schriften zu verschaffen (vgl. Poenicke 1988, S. 16 ff.). Hieraus leitet sich ab, dass das Literaturverzeichnis stets mit den in der jeweiligen Arbeit eingefügten Zitaten zu korrespondieren hat. Dies bedeutet, dass Sie im Literaturverzeichnis ausschließlich Schriften aufführen dürfen, die Sie im Text der Arbeit zitiert haben.

Zu den üblicherweise in Literaturverzeichnissen aufgenommenen Schriften zählen selbstständige Bücher bzw. Schriften, Beiträge in Sammelwerken, Aufsätze in Zeitschriften und Zeitungen, Dissertationen und Habilitationsschriften, Arbeitspapiere, Gesetzestexte sowie Internetdokumente.

Ein Blick in wissenschaftliche Schriften und insb. Qualifikationsarbeiten zeigt, dass sich im Bereich von Literaturverzeichnissen eine ganz besonders stark ausgeprägte formale Heterogenität findet. Es versteht sich von selbst, dass diese Bandbreite hier nur sehr ausschnitthaft behandelt werden kann (zur formalen Vielfalt von Literaturverzeichnissen vgl. Standop 1994, S. 68 ff.). Ebenso wird es nicht möglich sein, die Fülle der auf Literaturverzeichnisse abzielenden formellen Hinweise vollständig wiederzugeben. Wir werden uns auf die wichtigsten zu konzentrieren haben.

Die nachfolgenden Hinweise (zu ergänzenden Hinweisen vgl. Trimmel 1994, S. 167 ff.; Gerhards 1995, S. 63 ff.) werden nach dem folgenden Muster gegliedert. Zunächst werden Hinweise erstellt, welche die Eintragungsform einzelner Schriften ins Literaturverzeichnis betreffen. Später werden dann Hinweise präsentiert, die sich auf die Reihenfolge der Einträge im Literaturverzeichnis beziehen.

3.8.9.1 Hinweise für den Eintrag von zitierten Schriften in das Literaturverzeichnis

Allgemeine Hinweise

In diesem Abschnitt werden zunächst *generelle* und im Anschluss daran *auf die einzelnen Publikationstypen bezogene* Gestaltungshinweise präsentiert.

- Trotz der erheblichen Vielfalt von Eintragungsstilen ist es möglich, *allgemeine Grundanforderungen* für das Zitieren zu spezifizieren, die in Abhängigkeit von dem in das Literaturverzeichnis aufzunehmenden Schrifttyp (Bücher, Zeitschriftenartikel, Herausgeberwerke, Beiträge in Herausgeberwerken) variieren. Auf Feinheiten des Literatureintrags (z. B. ob die einzelnen Elemente einzelner Einträge mit Doppelpunkt, Punkt oder Gedankenstrich getrennt werden) können wir hier nicht eingehen. Schlagen Sie derartige Feinheiten in den Zitierrichtlinien der Sie betreuenden wissenschaftlichen Einheit nach.

- *Bücher* und anderweitige von einem Autor(enteam) verfasste, nicht durch ein(en) Herausgeber(team) koordinierte Schriften (Monographien) werden in der folgenden Weise in die Literaturliste aufgenommen: Familienname(n) des(r) Verfasser(s), Vorname(n) (ggf. abgekürzt), Titel der Schrift – wenn vorhanden: Untertitel der Schrift, Erscheinungsort Erscheinungsjahr.

  Beispiel:

  Wolf, J., Strategie und Struktur 1955-1995 – Ein Kapitel der Geschichte deutscher nationaler und internationaler Unternehmen, Wiesbaden 2000.

  Insbesondere in den Sozialwissenschaften ist es üblich, neben dem Erscheinungsort auch den Verlagsnamen anzugeben. Dieser wird dann nach dem Erscheinungsort eingefügt.

- Bei *Zeitschriftenartikeln* gilt die folgende Eintragsform: Familienname(n) des(r) Verfasser(s), Vorname(n) (ggf. abgekürzt), Titel des Artikels – wenn vorhanden: Untertitel des Artikels, in: Zeitschriftenname, Jahrgangsnummer, Erscheinungsjahr, Heftnummer, Anfangsseite des Artikels, Endseite des Artikels.

  Beispiel:

  Pausenberger, E., Unternehmens- und Personalentwicklung durch Entsendung, in: Personalführung, 20. Jg., 1987, Heft 11/12, S. 852-856.

- *Herausgeberwerke (Sammelbände)* werden in der folgenden Weise aufgenommen: Familienname(n) des(r) Herausgeber(s), Vorname(n) (ggf. abgekürzt) (Hrsg.), Titel des Herausgeberwerkes – wenn vorhanden: Untertitel des Herausgeberwerkes, Erscheinungsort Erscheinungsjahr.

Beispiel:

Frese, E. (Hrsg.), Handwörterbuch der Organisation, 3. Aufl., Stuttgart 1992.

- Für *Beiträge in Herausgeberwerken (Sammelbänden)* empfiehlt sich: Familienname(n) des(r) Verfasser(s), Vorname(n) (ggf. abgekürzt), Titel des Beitrags – wenn vorhanden: Untertitel des Beitrags, in: Familienname(n) des(r) Herausgeber(s), Vorname(n) (Hrsg.), Titel des Herausgeberwerkes – wenn vorhanden: Untertitel des Herausgeberwerkes, Erscheinungsort Erscheinungsjahr, Anfangsseite des Beitrags – Endseite des Beitrags.

  Beispiel:

  Engelhard, J., Dähn, M., Theorien der Internationalen Unternehmenstätigkeit – Darstellung, Kritik und zukünftige Anforderungen, in: Macharzina, K., Oesterle, M.-J. (Hrsg.), Handbuch Internationales Management – Grundlagen, Instrumente, Perspektiven, 2. Aufl., Wiesbaden 2002, S. 23-44.

- Bei *Internetquellen* gilt: Familienname(n) des(r) Verfasser(s) bzw. Herausgeber(s), Vorname(n) (ggf. abgekürzt), Titel der Internetseite – wenn vorhanden: Untertitel der Internetseite, http-Adresse (URL [Uniform Resource Locator]), Zugriffsdatum.

  Beispiel:

  Kutschker, M., Re-engineering of Business Processes in Multinational Corporations, http://www.gsia.cmu.edu/bosch/kut.html, Zugriff am 28.09.2010.

- Streben Sie stets eine genaue Übernahme der bibliographischen Angaben der berücksichtigten Schrift an. Bei Monographien sollten Sie die bibliographischen Angaben von jener Seite übernehmen, auf der die Einheitstitelaufnahme für die Deutsche Bibliothek vermerkt ist (dies ist in der Regel die Seite nach dem inneren Titelblatt). Auf dem Buchumschlag finden sich nämlich teilweise eine abweichende, verkürzte, marktgängigere Version des Buchtitels.

- Bei bis zu drei Verfassern bzw. Herausgebern sollten Sie sämtliche Namen vermerken, sonst nur den Namen der erstgenannten Person mit dem Zusatz "et al".

- Wenn der Name des Verfassers bzw. Herausgebers einer Schrift trotz sorgfältigster Recherchen nicht auffindbar ist, schreiben Sie statt dessen "O. V." (ohne Verfasser).

- Bei Veröffentlichungen von Institutionen ist es wichtig, dass Sie den Namen der herausgebenden Institution so genau wie möglich angeben. Falls weder ein Verfasser noch eine Institution als Urheber angegeben ist, beginnen Sie den Eintrag mit dem Titel der Arbeit (d. h. kein "O. V." oder ähnliches). Die alphabetische Einordnung erfolgt nach dem ersten Buchstaben des Titels.

- Lassen Sie im Literaturverzeichnis (wie auch in den anderen Teilen Ihrer Schrift) Titel und akademische Grade von Autoren bzw. Herausgebern weg.
- Schreiben Sie die Vornamen dann aus, wenn Ihr betreuender Dozent dies erwartet.
- Die am Anfang eines Eintrags stehenden Verfasser- bzw. Herausgebernamen können, müssen aber nicht durch einen Fett- bzw. Kursivdruck, durch sogenannte Kapitälchen oder durch eine Ausrückung nach links hervorgehoben werden. (Eine derartige Hervorhebung verfolgt das Ziel, die Übersichtlichkeit des Literaturverzeichnisses zu steigern.)
- Machen Sie sogenannte "graue Literatur" durch einen Zusatz als solche kenntlich; bspw. durch Wortfolgen wie "unveröff. Magister-Arbeit", "unveröff. Arbeitspapier", "unveröff. Forschungsbericht" oder "unveröff. Manuskript".
- Wenn Sie mit der Groß- und Kleinschreibung in englischsprachigen Überschriften („Capitalization") nicht vertraut sind, dann schreiben Sie bei Titeln englischsprachiger Schriften nur das erste Wort groß.
- Schließen Sie jeden Eintrag einer Literaturstelle mit einem Punkt ab.
- Nutzen Sie im Literaturverzeichnis die Trennfunktion Ihres Textverarbeitungssystems besonders sorgfältig, um ein akzeptables Schriftbild ohne zu große Wortzwischenräume zu erzielen.
- Falls Sie Nicht-Printmedien herangezogen haben, dann wenden Sie die vorgenannten Hinweise analog an.

Schrifttypspezifische Hinweise ...

Neben diesen allgemeinen sind die nachfolgenden *schrifttypspezifischen Gestaltungshinweise* zu beachten.

... für Bücher

- Bei *Buchpublikationen* sowie anderweitigen Monographien gelten die folgenden zusätzlichen Hinweise:
  - Geben Sie die Zahl der Auflage an, falls Sie die zweite oder höhere Auflage einer Schrift verwendet haben.
  - Erwähnen Sie nicht, welcher Art die Auflage ist (überarbeitet, verändert, verbessert, nur unwesentlich verbessert etc.).
  - Geben Sie die Zahl der Auflage vor dem Erscheinungsort an.
  - Berücksichtigen Sie, dass bei Verlagspublikation der (die) Verlagsort(e) gleich dem(r) Erscheinungsort(e) ist (sind).

- Wenn die Schrift bis zu drei Erscheinungsorte aufweist, dann zählen Sie diese Orte einzeln auf und trennen sie durch Gedankenstriche.
- Wenn mehr als drei Erscheinungsorte bestehen, dann nennen Sie ausschließlich den ersten Ort und versehen diese Angabe mit dem Zusatz "et al.".
- Wenn es nicht möglich ist, einen Erscheinungsort anzugeben, dann vermerken Sie "o. O." (ohne Ort).
- Tragen Sie immer das Erscheinungsjahr der betreffenden Auflage ein.
- Fehlen auf der Schrift Angaben zum Erscheinungsjahr, dann schreiben Sie "o. J." (ohne Jahr).
- Bei Übersetzungen fremdsprachiger Werke sollten Sie zusätzliche Angaben zu der jeweiligen Originalausgabe aufnehmen.
- Lassen Sie die Namen der Herausgeber von Serien, innerhalb derer die zitierte Schrift erschienen ist, ebenso weg wie anderweitige Zusätze (z. B. Festschrift für ...).

... für Zeitschriftenartikel

- Für *Zeitschriftenartikel* gelten die nachfolgenden Regeln:
  - Verwenden Sie bei fremdsprachigen Zeitschriften genauso wie bei deutschsprachigen durchgängig den Begriff "Jahrgang" (bzw. dessen Abkürzung "Jg."), bei englischsprachigen Zeitschriften also *nicht* "Volume" oder "Vol.".
  - Ist es nicht möglich, die Jahrgangsnummer der Zeitschrift anzugeben, dann arbeiten Sie mit dem Vermerk "o. Jg." (ohne Jahrgang).
  - Sind bei Zeitschriften die Seitenzahlen jahrgangsweise durchgehend nummeriert (durchgehend paginiert), dann brauchen Sie die Heftnummer nicht zu vermerken. Verfahren Sie dabei einheitlich.
  - Wenn Sie mehrere Artikel einer Zeitschrift verwenden, dann können Sie den Namen dieser Zeitschrift durch eine in der jeweiligen Fachgemeinschaft (Scientific Community) gemeinhin genutzte, offizielle Abkürzung ersetzen. Nehmen Sie diese Abkürzung in das Abkürzungsverzeichnis auf.
  - Behandeln Sie in Jahrbüchern erschienene Aufsätze wie Aufsätze, die in Zeitschriften oder Zeitungen erschienen sind.
  - In Loseblattsammlungen erschienene Schriften sollten Sie nach folgendem Muster aufnehmen:

Beispiel:

Stickel-Wolf, C., Kommunikation will gelernt sein – Besprechungen effizient leiten, in: Dr. Josef Raabe Verlags-GmbH (Hrsg.), Handbuch Sozialmanagement – Soziale Unternehmen erfolgreich führen, Loseblattsammlung, 13. Ergänzungslieferung C 1.5, Stuttgart 1998, S. 1-40.

... für Zeitungsartikel

- Bei *Zeitungsartikeln* (Monats-, Wochen- und Tageszeitungen) empfiehlt sich Folgendes:
  - Geben Sie neben der Jahrgangsnummer und der Nummer der Zeitungsausgabe auch das Datum des Erscheinens dieser Ausgabe an.

... für wissenschaftliche Qualifikationsarbeiten

- Bei *Dissertationen und Habilitationsschriften* gilt:
  - Wenn die von Ihnen berücksichtigte Dissertation oder Habilitationsschrift nicht in einem Verlag erschienen ist, dann vermerken Sie dies im Literaturverzeichnis durch den Zusatz "Dissertation" ("Diss.") bzw. "Habilitationsschrift" ("Habil."). Geben Sie auch den Namen der Hochschule an, die diese wissenschaftliche Qualifikationsarbeit angenommen hat. Vergessen Sie das Einreichungsjahr nicht.

    Beispiel:

    Macharzina, K., Interaktion und Organisation, Diss., Ludwig-Maximilians-Universität München, München 1970.

... für Internetdokumente

- Auf *Internetdokumente* bezieht sich schließlich der folgende Hinweis:
  - Fügen Sie eine Kopie der zitierten Internetseite als Anhang der Arbeit bei. Alternativ können Sie die betreffenden Dokumente auf einer CD-ROM speichern und diese gemeinsam mit der Arbeit einreichen.

3.8.9.2 Hinweise für die Bestimmung der Reihenfolge von zitierten Schriften im Literaturverzeichnis

Ordnung im Literaturverzeichnis

In der abfolgeorientierten Dimension gelten folgende Regeln:

- Ordnen Sie die Einträge Ihrer Literaturliste unabhängig von der Art der Quelle. Ausschlaggebend ist der Familienname des ersten Verfassers bzw. Herausgebers.
- Reihen Sie die Schriften, die ein Verfasser bzw. Herausgeber allein erstellt hat, vor jenen ein, die er zusammen mit anderen Autoren erstellt hat.
- Wenn Sie mehrere Schriften eines Verfassers bzw. Herausgebers berücksichtigt haben, dann führen Sie diese in chronologischer Folge (im Regelfall die frühesten Schriften zuerst) auf.

- Haben Sie mehrere von einem Verfasser bzw. Herausgeber im gleichen Jahr veröffentlichte Schriften berücksichtigt, dann müssen Sie diese mit angehängten kleinen Buchstaben (z. B. 1997a, 1997b etc.) kenntlich bzw. eindeutig unterscheidbar machen. Reihen Sie diese Schriften in der Abfolge dieses Zusatzes in das Literaturverzeichnis ein.
- Kürzel bzw. Platzhalter wie "ders." (derselbe) oder "dies." (dieselbe(n)) (ebenfalls für derselbe oder dieselbe(n)) sind im Computer-Zeitalter nicht mehr erforderlich. Lassen Sie diese weg.
- Reihen Sie verfasser- bzw. herausgeberlose Schriften ("O. V.") unter dem Buchstaben "O" ein (teilweise wird auch empfohlen, diese Schriften am Ende des Literaturverzeichnisses einzureihen).
- Unterlassen Sie es, die in der Literaturliste aufgeführten Schriften durchzunummerieren.
- Optional: Wenn Sie zahlreiche Schriften eines Verfassers bzw. Herausgebers berücksichtigt haben, dann fällt es mitunter schwer, einzelne seiner Schriften in Ihrem Literaturverzeichnis aufzufinden. Zur Erleichterung können Sie das Jahr des Erscheinens der Schriften relativ weit vorne in den Literaturangabe platzieren, idealerweise direkt hinter dem Verfasser- bzw. Herausgebernamen.

  Beispiel:

  Wolf, J. (1997), From "Starworks" to Networks and Heterarchies? – Theoretical Rationale and Empirical Evidence of HRM Organization in Large Multinational Corporations, in: Management International Review, 37. Jg., 1997, Special Issue I, S. 145-169.

  Wenn Sie sich für diese Lösung entscheiden, dann müssen Sie diese Zusätze jedoch bei allen Einträgen Ihres Literaturverzeichnisses einfügen.

3.8.10 Anhang

Da in vielen wissenschaftlichen Arbeiten der Anhang wesensfremd verwendet wird, ist zunächst einmal allgemein zu spezifizieren, was in den Anhang gehört und was nicht (vgl. auch Becker 1994, S. 51 f.).

Anhang nicht überfrachten!

In den Anhang Ihrer Arbeit sollten all jene Dokumente eingestellt werden, die das Verständnis der Arbeit steigern helfen, jedoch bei einem Einfügen in den Text das Lesen des eigentlichen Manuskripts stören würden. Hüten Sie sich jedoch davor, den Anhang als "Müllhalde" für anderweitig nicht untergebrachte Textelemente zu verwenden. Insbesondere sollten Sie es unterlassen, bei einem Überschreiten des für den Textkörper vorgesehenen oberen

Seitenlimits die Diskussion Ihrer Arbeit im Anhang fortzusetzen (vgl. Friedrich 1997, S. 44 ff.).

Um beim Einstellen bzw. Nichteinstellen bestimmter Dokumente in den Anhang die richtigen Entscheidungen treffen zu können, sollten Sie sich bewusst machen, dass die Aufnahme eines Dokuments letztlich nur dann Sinn macht, wenn es im Textkörper Ihrer Arbeit mindestens ein Mal erwähnt worden ist.

Das Spektrum der prinzipiell für eine Einstellung in den Anhang in Betracht kommenden Dokumente ist weit:

Was gehört in den Anhang?

- In *wirtschafts-, sozial- und rechtswissenschaftlichen* Arbeiten können es umfangreichere Fallstudien und Beispiele sowie Auszüge aus Gesetzestexten sein.
- Im Bereich der *Ingenieurwissenschaften und Informatik* kommen Platinenlayouts, Fotografien, Programmlistings bzw. Programmdokumentationen, Quellcodes von Software, die während der Arbeit entwickelt worden ist, Installationsanweisungen ("readme.txt"), Auszüge aus Bedienungsanleitungen, Kurzversionen eines Benutzerhandbuchs oder Testdokumentationen in Betracht.
- Bei *mathematisch ausgerichteten Arbeiten* ist an die Erläuterung verwendeter Formelzeichen, an vertiefende Formeln oder an längere mathematische Herleitungen zu denken.
- Bei *empirisch ausgerichteten Arbeiten* bieten sich Fragebögen, Variablenerläuterungen, Rohdaten von Erhebungen sowie statistischen Auswertungen an.
- Schließlich wird bei *allen Typen von Arbeiten* immer häufiger eine Diskette oder CD in den Anhang eingefügt, auf der eine EDV-Datei der Arbeit (ASCI-Version, RTF-(Rich-Text-Format-)Version oder Winword-Version) der Arbeit abgespeichert ist.

Den konkreten Umfang sowie die Inhalte des Anhangs sollten Sie mit dem Betreuer Ihrer Arbeit absprechen.

Rücksprache mit dem Betreuer

Wenn der Anhang Ihrer Arbeit mehrere Teile aufweist, dann müssen Sie diese Teile ordnen und nummerieren. Lassen Sie jeden Teil des Anhangs auf einem neuen Blatt beginnen. Überdies sollten Sie in diesem Fall ein Anhangsverzeichnis erstellen.

Fügen Sie zwischen dem Literaturverzeichnis und dem Anhang ein leeres Trennblatt ein.

Glossar

In den Bereich des Anhangs fällt auch das *Glossar*. Bei diesem handelt es sich um eine tabellarische Übersicht, in der die zentralen Begriffe der jeweiligen

Arbeit erläutert werden. Die Anfertigung eines Glossars ist keine allgemeine Pflicht; sie trägt jedoch insb. dann zur Steigerung der Lesefreundlichkeit bei, wenn die jeweilige Arbeit auf ein Spezialgebiet ausgerichtet ist und daher mit vielen ungewöhnlichen Begriffen arbeitet.

Wenn Sie sich für die Anfertigung eines Glossars entscheiden, dann stellen Sie die Einhaltung folgender Maßgaben sicher (vgl. Friedrich 1997, S. 45):

- Beschränken Sie Ihre Erläuterungen auf fachwissenschaftliche sowie ungebräuchliche Begriffe.
- Erläutern Sie die ausgewählten Begriffe in knapper Form. Fünf Druckzeilen sollten jeweils nicht überschritten werden.
- Ordnen Sie die erläuterten Begriff alphabetisch aufsteigend.
- Geben Sie jeweils die Zahlen der Seiten an, auf denen die erklärten Begriffe im Text behandelt werden.

Stichwortverzeichnis

Diese Hinweise führen in den Bereich des *Stichwortverzeichnisses* über. Die Aufgabe eines Stichwortverzeichnisses besteht darin, dem Leser das Auffinden eines bestimmten Stichworts bzw. Sachverhalts im Text zu erleichtern. Begriffserläuterungen werden im Stichwortverzeichnis dagegen nicht geleistet. Stichwortverzeichnisse sind im Rahmen von wissenschaftlichen Qualifikationsarbeiten eher unüblich, da man davon ausgeht, dass diese von den Gutachtern komplett gelesen werden.

Aus den Zielen leiten sich die Prinzipien zur Anfertigung von Stichwortverzeichnissen ab:

- Nehmen Sie ausschließlich erhebliche, fachspezifische Begriffe ins Stichwortverzeichnis auf.
- Geben Sie die Zahlen der Seiten an, auf denen das jeweilige Stichwort im Text in größerem Umfang behandelt wird.
- Wenn Sie ein bestimmtes Stichwort aufgenommen haben, dann stellen Sie sicher, dass alle erheblichen Fundstellen erwähnt worden sind (dies fällt dann nicht ganz leicht, wenn Sie im Text mit Synonymen gearbeitet haben).
- Ordnen Sie bei jedem Stichwort die Seitenzahlen aufsteigend und trennen Sie diese Seitenzahlen jeweils durch ein Komma.
- Ordnen Sie die Stichwörter alphabetisch aufsteigend.
- Bilden Sie in den Stichwörtern ggf. Hierarchien und verweisen Sie – falls sinnvoll – auf andere Stichworte.

3.8.11 Sperrvermerke bzw. Anonymisierungen

Grundsatz der Öffentlichkeit

Abgeschlossene wissenschaftliche Qualifikationsarbeiten sind üblicherweise öffentlich zugänglich. An vielen Hochschulen werden sie sogar in die Bestände der Bibliotheken eingestellt.

Diese Gepflogenheit kann dann zu einem Problem werden, wenn Sie bei der Erstellung Ihrer Arbeit mit Dritten (z. B. Unternehmen bzw. Probanden) zusammengearbeitet, über diese in Ihrer Arbeit berichtet und dabei vertrauliche bzw. persönliche Aspekte berührt haben.

In diesem Falle ist es erforderlich, dass Sie Ihre Arbeit entweder mit einem Sperrvermerk versehen lassen oder die äußere Form Ihrer Berichterstattung über das behandelte Forschungsobjekt so verfremden, dass Außenstehende nicht mehr erkennen bzw. erschließen können, welche Personen bzw. Unternehmen erforscht worden sind.

Inhalt Sperrvermerk

Ein *Sperrvermerk* verpflichtet die Hochschule bzw. die Ihre Arbeit begutachtenden Personen, Außenstehenden den Einblick in Ihre Schrift zu verwehren. Wenn Sie sich mit dem Gedanken der Anbringung eines Sperrvermerks tragen, dann sprechen Sie diese Möglichkeit mit dem Betreuer Ihrer Arbeit durch. Diskutierten Sie die Frage eines Sperrvermerks frühzeitig, weil es Ihnen bei Zusicherung eines derartigen Vermerks leichter fallen dürfte, auskunftswillige Personen bzw. Unternehmen zu finden.

Wenn Sie zur Alternative der *Verfremdung bzw. Anonymisierung* tendieren, dann müssen Sie sicherstellen, dass die inhaltliche Aussagekraft Ihrer Untersuchung durch diese Veränderungen nicht herabgesetzt wird.

3.8.12 Eidesstattliche Erklärung

Ihre wissenschaftliche Arbeit werden Sie bei einer Prüfungsbehörde einreichen, um auf deren Basis Ihre wissenschaftliche Befähigung beurteilen zu lassen und um schließlich einen akademischen Grad zu erlangen. Dies kann nur dann in valider Form geschehen, wenn sichergestellt ist, dass Sie Ihre Arbeit "spielregelgerecht" angefertigt haben. Um dies zu gewährleisten, haben Sie am Ende Ihrer Arbeit eine entsprechende Eidesstattliche Erklärung abzugeben. Diese sollte in etwa den folgenden Wortlaut aufweisen:

Standardwortlaut

Ich versichere hiermit (an Eides statt, ehrenwörtlich), dass ich die vorliegende ......arbeit mit dem Titel

„.."

selbstständig verfasst und hierzu keine anderen als die angegebenen Hilfsmittel verwendet habe. Alle Stellen der Arbeit, die wörtlich oder sinngemäß aus fremden

Quellen entnommen wurden, sind als solche kenntlich gemacht. Die Arbeit wurde bisher in gleicher oder ähnlicher Form in keinem anderen Studiengang als Prüfungsleistung vorgelegt oder an anderer Stelle veröffentlicht.

Ich bin mir bewusst, dass eine falsche Erklärung rechtliche Folgen haben wird.

Ort, Datum, Unterschrift

Da es sich bei der Eidesstattlichen Erklärung um ein offizielles Dokument handelt, sollten Sie hierbei die von Ihrer Hochschule entwickelte Formulierung wörtlich übernehmen.

3.8.13 Die letzte Durchsicht der Arbeit

Rechtzeitiger Beginn

Wenn Sie sämtliche der vorgenannten Bestandteile Ihrer Arbeit erstellt haben, dann sollten Sie sich hinreichend Zeit für die letzte Durchsicht der Schrift nehmen. Da unter Umständen Korrekturen erforderlich werden, sollten Sie mit der letzten Durchsicht spätestens ein bis zwei Wochen vor Abgabetermin beginnen. Hüten Sie sich jedoch davor, in dieser Phase der Erstellung der Schrift nochmals in ein grundlegendes Umformulieren des Manuskripts oder sogar in konzeptionelle Veränderungen einzusteigen. Sie würden in diesem Fall aller Voraussicht nach in Stress geraten und wären wohl kaum in der Lage, eine Verbesserung Ihrer Arbeit zu bewirken.

Im Zusammenhang mit der letzten Durchsicht haben Sie zu klären, *was* geprüft werden soll (Fokus der Prüfung) und *wer* die Prüfung durchführen soll.

Fokus der Endprüfung

Im Hinblick auf den *Fokus der Endprüfung* sollten Sie die Prüfaktivitäten vor allem auf jene Teile der Arbeit lenken, die mit größter Wahrscheinlichkeit wiederholt und sehr intensiv gelesen werden. Dies sind neben dem Abstract und Inhaltsverzeichnis vor allem die Einleitung und Zusammenfassung. In den Mittelpunkt zu stellen sind die Rechtschreibung, Zeichensetzung, Grammatik und Silbentrennung Ihres Manuskripts. Natürlich werden Sie derartige Prüfungen bereits intensiv während des Schreibens der Arbeit durchgeführt haben, doch können Sie sich in der Endphase noch stärker darauf konzentrieren. Greifen Sie bei dieser Prüfung auf die entsprechenden Leistungsmodule von Textverarbeitungsprogrammen wie Word für Windows zurück, die mittlerweile in der Lage sind, neben simplen Wortprüfungen auch einfachere Grammatikprüfungen durchzuführen (zu Details vgl. Sesink 1994, S. 154 ff.). Prüfen Sie vor allem auch Ihren Gebrauch von Fremdwörtern und greifen Sie im Zweifelsfall zur deutschsprachigen Alternative. Kontrollwürdig sind überdies die eingezogenen Abbildungen und

Tabellen. Vergewissern Sie sich schließlich, dass Ihr Dokumentensatz sämtliche Blätter enthält.

Prüfende Person

Als *prüfende Person* kommen natürlich zunächst Sie selbst in Betracht. Da es vielen Personen schwer fällt, eigene Formulierungsschwächen sowie Tippfehler zu identifizieren, empfiehlt es sich, an der abschließenden Prüfung eine andere Person teilhaben zu lassen. Dabei ist es durchaus vorteilhaft, wenn diese Prüfung von einer Person übernommen wird, die Ihre Arbeit in dieser Phase zum ersten Mal zu lesen bekommt. Diese Person kann durchaus eine fachfremde sein, da Sie in dieser späten Phase Ihres Ausarbeitungsprozesses ohnehin keine inhaltlichen Änderungen mehr vornehmen können.

3.8.14 Drucken und Binden der Arbeit

Abschlussarbeiten sind grundsätzlich in mehrfacher Ausfertigung und in gebundener Form abzugeben.

Diesbezüglich haben Sie zunächst zu entscheiden, ob Sie die erforderliche Anzahl von Ausfertigungen *selbst ausdrucken* oder durch einen *professionellen Kopierdienst* anfertigen lassen. Bei dieser Entscheidung sollten Sie neben kostenbezogenen und ästhetischen auch Zuverlässigkeitsüberlegungen einfließen lassen.

Kein Kitsch, bitte!

Im Zusammenhang mit dem Binden sollten Sie bedenken, dass Hochschulen bzw. Professoren Ihre Arbeit als Wissensträger und nicht als Standbuch begreifen. Von aufwendigen Bindetechniken oder Stilelementen (z. B. Goldschnitt, Prägung) sollten Sie also absehen. Ausreichend ist ein Binden mit einem weichen Pappdeckel-Buchrücken. Über die Farbe des Pappdeckels entscheiden Sie selbst; der vordere und der hintere sollten allerdings die gleiche Farbe aufweisen. Prüfen Sie, ob Ihre Arbeit so umfänglich ist, dass ein separates Binden des Anhangteils sinnvoll ist. Vergessen Sie nicht, zwischen Deckblatt und Manuskript ein leeres Blatt einzufügen.

3.9 Abgabe der Arbeit

Vier W's

Die Abgabe wissenschaftlicher Arbeiten wird durch *vier W's* bestimmt, deren Antworten Sie durch Nachfragen beim betreuenden Dozenten bzw. beim Prüfungsamt in Erfahrung bringen können.

- *Was* muss geliefert werden? Hier müssen Sie zunächst die Anzahl der zu liefernden Exemplare Ihrer Arbeit abklären. Meistens sind es drei

Exemplare; die Anzahl ist üblicherweise in der Prüfungsordnung definiert. Überdies müssen Sie klären, ob neben der Papierversion auch eine EDV-Datei zu liefern ist und in welchen Datenformaten diese zu erstellen ist. Manche Hochschulen bzw. Lehrstühle verlangen von den Studierenden schließlich die zusätzliche Abgabe einer losen Blattsammlung, die als Kopiervorlage dienen kann.

- *Wo* bzw. an wen muss geliefert werden? An manchen Hochschulen ist es üblich, dass ein Exemplar beim Prüfungsamt und die anderen direkt bei den Gutachtern der Arbeit abgegeben werden. Entsprechende Informationen finden Sie ebenfalls in der Prüfungsordnung; ggf. weiß das Prüfungsamt mehr.

- *Wann* muss geliefert werden? Der Zeitpunkt der Abgabe wurde bei der Anmeldung der Arbeit festgelegt; er ist im Anmeldeformular vermerkt, von dem Sie eine Durchschrift besitzen. Bedenken Sie, dass ein auch noch so kurzes Überziehen der Bearbeitungsfrist eine Benotung mit der Note "5" nach sich zieht. Erkundigen Sie sich über die Öffnungszeiten des Prüfungsamtes des Sekretariats des Prüfers.

- *Wer* soll liefern? Unabhängig davon, an wen Sie liefern müssen, sollten Sie sich die Zeit nehmen, die Arbeit selbst abzugeben, oder zumindest eine absolut vertrauenswürdige Person mit der Abgabe beauftragen.

3.10 Beurteilung von schriftlichen wissenschaftlichen Arbeiten

3.10.1 Generelle Hinweise

Zeitraum für die Gutachtenerstellung

Wenn Sie Ihre wissenschaftliche Arbeit abgegeben haben, dann wollen Sie natürlich so bald wie möglich über deren Beurteilung informiert werden. Dieser Wunsch dürfte insb. dann stark ausgeprägt sein, wenn die wissenschaftliche Arbeit (z. B. Bachelor-Arbeit oder Magister-Arbeit) den Abschluss des Studiums bildet und im Falle ihrer positiven Beurteilung der angestrebte akademische Grad verliehen werden kann. Die Mehrzahl der Prüfungsordnungen setzt den Gutachtern eine Frist (im Regelfall sind es zwei bis drei Monate), innerhalb derer sie ihre Gutachten zu erstellen haben. Diese Frist wird von fast allen Gutachtern eingehalten.

Sollte sich die Erstellung des Ihre Arbeit betreffenden Gutachtens doch etwas länger hinziehen, dann verzichten Sie darauf, den Gutachter zur Erfüllung seiner Pflichten anzuhalten. Erstens wird diese Mahnpflicht vom Prüfungsamt übernommen, zweitens wird der Gutachter aller Wahrscheinlichkeit nach gute Gründe (z. B. es werden gleichzeitig sehr viele Arbeiten eingereicht, der Einreichungszeitpunkt liegt in der Nähe von Prüfungsterminen etc.) für die Verzögerung haben und drittens ist es taktisch vielleicht unklug, ihm gegenüber fordernd aufzutreten. Stehen für Sie nach der Erstellung der wissenschaftlichen Arbeit unmittelbar weiterführende berufliche Schritte an (für deren Realisierung die Arbeit begutachtet sein muss), dann können Sie dies dem Gutachter in der Endphase der Erstellung Ihrer Arbeit mitteilen.

Ein oder zwei Gutachter?

Im Zusammenhang mit Abschlussarbeiten sehen nicht alle Prüfungsordnungen von Hochschulen vor, dass zwei Gutachten erstellt werden. Ist lediglich ein Gutachten erforderlich, dann stellt die dort gefundene Beurteilung Ihre Abschlussarbeitsnote dar. Wenn zwei Gutachten zu erstellen sind (wie es im Zusammenhang mit Dissertationen und Habilitationen üblich ist), dann wird im Regelfall das arithmetische Mittel gebildet, das dann die Abschlussarbeitsnote darstellt. Wenn die in den beiden Gutachten gefundenen Beurteilungen weit voneinander abweichen (z. B. mehr als zwei ganze Notenstufen), dann wird im Regelfall ein drittes Gutachten eingefordert.

Gemäß der Prüfungsordnungen der meisten Hochschulen gelten Abschlussarbeiten als bestanden, wenn sie mindestens mit der Note "ausreichend (4,0)" beurteilt worden sind.

Studierenden steht das Recht zu, in die über ihre Arbeiten erstellten Gutachten einzusehen. Machen Sie, falls Sie es für nötig halten, von diesem Recht Gebrauch und fragen Sie ggf. bei dem Betreuer Ihrer Arbeit nach, ob er Ihnen in einem Sprechstundentermin die Begutachtung kommentieren kann.

3.10.2 Beurteilungskriterien

Kriteriengeleitetes Vorgehen

Aus der Eignungsdiagnostik und vielen anderen Bereichen, in denen Beurteilungen vorgenommen werden, ist bekannt, dass sich eine hohe Beurteilungsgüte (Validität, Reliabilität, Objektivität) dann am besten sicherstellen lässt, wenn der Beurteilungsprozess durch Kriterien fundiert wird. Dementsprechend sollten auch die Gutachter wissenschaftlicher Arbeiten bei ihrer Beurteilung Kriterien verwenden. Ein Blick in die Homepages von Lehrstühlen und Professoren zeigt, dass dieser Forderung vielfach entsprochen wird.

Weniger ist man sich allerdings einig, auf welchen Kriterien die Beurteilung wissenschaftlicher Arbeiten ruhen sollte. Diese Ungewissheit betrifft nicht ausschließlich die Beurteilung studentischer Arbeiten, sondern genauso die Beurteilung von Dissertationen, Habilitationsschriften oder Forschungsberichten, die für die Veröffentlichung in Fachzeitschriften eingereicht werden.

Im Zusammenhang mit studentischen Arbeiten gestaltet sich die Ableitung eines Satzes beurteilungsrelevanter Kriterien als schwierig, weil die in Prüfungsordnungen üblicherweise festgelegte Messlatte zur Erstellung wissenschaftlicher Arbeiten (z. B. "die gestellte Aufgabe ist nach bekannten Verfahren und wissenschaftlichen Gesichtspunkten selbstständig zu bearbeiten und die Ergebnisse sind klar darzustellen") keinesfalls eindeutig, sondern in vielerlei Weise auslegbar ist.

Wenn im Folgenden ein Katalog von Beurteilungskriterien vorgestellt wird, dann ist bereits an dieser Stelle darauf hinzuweisen, dass mit diesem lediglich *eine* von verschiedenen Alternativen gegeben ist. Auch ist zu betonen, dass dieser Katalog trotz aller Umfänglichkeit keinesfalls als vollständig gelten kann. Er könnte sicherlich noch um weitere Punkte erweitert werden – wobei dann jedoch zu fragen wäre, ob eine noch längere Kriterienliste überhaupt noch handhabbar ist.

Beispiele für Kriterien ...

Als übergeordnete *Beurteilungsfelder* bieten sich die Bereiche "Themenstellung", "Gliederung und Aufbau", "Themenbearbeitung", "Leserfreundlichkeit", "Formalia", "Grad der Selbstständigkeit bei der Themenbearbeitung" sowie "Gesamteindruck" an. Zu jedem dieser Bereiche werden nachfolgend Unterkriterien gebildet, die in Frageform präsentiert werden.

... Themenstellung

- *Themenstellung*
  - Lediglich bei selbstgewählten Themen relevant:
    - Handelt es sich um eine aktuelle Fragestellung?
    - Wie relevant ist das Thema der Arbeit für die jeweilige Disziplin?
  - Ist das zu bearbeitende Thema außergewöhnlich komplex?
  - Ist der Themenbereich im Schrifttum schon gut vorstrukturiert?
  - Ist die zu behandelnde Forschungsfrage bereits exakt definiert?
  - Ist zum Thema ein erheblicher Wissenskörper bzw. Literaturbestand vorhanden?
  - Ist die Bearbeitung des Themas mit einem erheblichen Aufwand verbunden?

... Gliederung und Aufbau

- *Gliederung und Aufbau*
  - Ist das Thema der Arbeit klar bestimmt und gegenüber anderen Themen abgegrenzt worden?
  - Wurde die Zielsetzung der Arbeit sauber hergeleitet?

  - Wurde das Ausmaß der angestrebten Zielerreichung angemessen formuliert (Ziel weder zu hoch noch zu niedrig)?
  - Wurde die allgemeine Zielsetzung in operationale (beantwortbare) Forschungsfragen "übersetzt"?
  - Ist die Gliederungsstruktur auf die Untersuchungsziele bezogen und in sich stimmig?
  - Wird die Aufeinanderfolge der einzelnen Abschnitte begründet?
  - Bezieht sich die Problembearbeitung auf die gestellten Ziele?
  - Ist der Textumfang angemessen auf die einzelnen Inhalts- bzw. Gliederungspunkte verteilt?
  - Stehen theorie-, empirie- und praxisbezogene Aussagen in einem ausgewogenen Verhältnis?
  - Kommt der Verfasser zielstrebig zum Wesentlichen der Arbeit?
  - Sind die in der Arbeit genutzten zentralen Begriffe definiert und in der Arbeit einheitlich verwendet worden?

- *Themenbearbeitung*

... Themenbearbeitung

  - Wurden die erarbeiteten Lösungen auf der Basis eines theoretischen Fundamentes erarbeitet? Wurden übergeordnete, in der jeweiligen Disziplin erarbeitete Theorien (Wolf 2013) herangezogen?
  - Wurde interdisziplinär gearbeitet?
  - Folgen die erarbeiteten Ergebnisse schlüssig aus den herangezogenen Theorien, Prämissen und Informationen sowie der aufgebauten Argumentationskette?
  - Wird der Stand der Forschung in hinreichendem Maße berücksichtigt?
  - Wurde bei der Problemlösung systematisch vorgegangen? Sind die herangezogenen Informationen in eine systematische Ordnung gebracht worden?
  - Ist die Verarbeitungstiefe erheblich? Werden Informationen und Sachverhalte lediglich referiert bzw. beschrieben oder auch in einen übergeordneten Kontext gestellt, interpretiert, weitergedacht, modifiziert, widerlegt und kritisiert?
  - Sind die erarbeiteten Lösungen gehaltvoll?

- Wurden eigenständige Lösungen erarbeitet? Finden sich in der Arbeit kreative Elemente? Wurden bestehende Konzepte in innovativer Weise auf den Objektbereich übertragen?
- Ist der Argumentationsgang prägnant? Wurde das Wichtige aus der Masse des Unwichtigen herausgehoben?
- Steht die inhaltliche Argumentation gegenüber Fakten im Vordergrund?
- Wurde das verfügbare Schrifttum (insb. Fachliteratur) hinreichend berücksichtigt? Wurden aktuelle und fremdsprachige Schriften in hinreichendem Maße berücksichtigt?
- Wurden die in der jeweiligen Disziplin verfügbaren Verfahren und Methoden richtig und zielführend angewandt?
- Passen das zugrundegelegte Forschungsdesign sowie die angewandten Forschungsmethoden zum Ziel der Arbeit?
- Führt die Arbeit zu einem Erkenntnisgewinn?
- Werden die Teilergebnisse zu einem Gesamtergebnis zusammengeführt?
- Wurden die gesetzten Ziele erreicht bzw. – wenn nicht – wurde die Zielverfehlung begründet?
- Werden in der Diskussion geeignete Schlussfolgerungen aus den Ergebnissen abgeleitet?
- Waren eigenständige empirische Erhebungen erforderlich?
- Bei empirischen Arbeiten:
  - Wird das methodische Vorgehen mit den zuvor erarbeiteten theoretischen und konzeptionellen Überlegungen verknüpft (Bündigkeit der Verknüpfung von Theorie und Empirie)?
  - Wird das methodische Vorgehen klar und in hinreichendem Umfang dargestellt?
  - Weist die methodische Umsetzung eine hohe Schwierigkeit und Qualität auf?

... Lesefreundlichkeit

- *Lesefreundlichkeit*
  - Wird der Leser durch das Manuskript geführt?
  - Werden die erarbeiteten Ergebnisse anschaulich dargestellt?

  - Werden komplexe Sachverhalte unter Zuhilfenahme von Abbildungen und Tabellen erläutert?
  - Finden sich Zwischenresümees und sind insb. die Abschnittübergänge harmonisch gestaltet?
- *Formalia*

  ... Formalia

  - Wurde der vorgesehene Umfang der Arbeit eingehalten?
  - Wird die Arbeit in einer Sprache präsentiert, die den Regeln der deutschen Rechtschreibung (insb. auch Zeichensetzung und Grammatik) entspricht?
  - Ist die Sprache verständlich, eindeutig, klar und flüssig?
  - Wird die Sprache dem Anspruchsniveau einer wissenschaftlichen Qualifikationsarbeit gerecht?
  - Wurden auch komplexe Sachverhalte verständlich dargelegt?
  - Wurden die gängigen Formatierungsregeln eingehalten?
  - Wurde fehlerfrei und einheitlich zitiert? Ist das Literaturverzeichnis fehlerfrei und einheitlich angelegt? Stimmen die Quellenangaben mit dem Literaturverzeichnis überein?
  - Enthält die Arbeit die notwendigen Verzeichnisse (Inhalts-, Abbildungs-, Tabellen- und Abkürzungsverzeichnis)?
  - Sind Tabellen- bzw. Abbildungsüberschriften vollständig und aussagekräftig?
- *Grad der Selbstständigkeit bei der Themenbearbeitung*

  ... Grad der Selbstständigkeit

  - Wurde die Themenstellung selbstständig entwickelt oder war sie vorgegeben?
  - Wurde die Arbeit relativ selbstständig angefertigt oder war der Betreuungsaufwand hoch?
  - Bei Arbeiten ohne festen Abgabetermin:
    - Wurde die vorgesehene Bearbeitungszeit eingehalten oder war eine Verlängerung erforderlich?
- *Gesamteindruck*

  ... Gesamteindruck

  - Weist die Arbeit herausragende positive oder negative Aspekte auf, die durch die vorangegangenen Kriterien nicht ausreichend gewürdigt worden sind?

Konzentration auf Highlights

Berücksichtigen Sie, dass es erfahrenen Gutachtern nicht darum geht, in ihren Gutachten eine möglichst große Menge an Kriterien explizit anzusprechen. Sie werden sich vielmehr auf die positiven und negativen *Highlights* der zu beurteilenden Arbeit konzentrieren. Es ist somit unangebracht zu erwarten, dass in einem Gutachten alle der vorgenannten Beschreibungsebenen bzw. Kriterien behandelt werden. Ein sorgfältig arbeitender Gutachter wird diese zwar berücksichtigen, im Gutachten jedoch ausschließlich auf die *erheblichen* Stärken und Schwächen der zu würdigenden Arbeit zu sprechen kommen.

Tabellarische Gutachten

Dies ist auch ein Grund dafür, warum den in unserer schnelllebigen Zeit so modern gewordenen tabellarischen, mit standardisierten Gewichtungen arbeitenden Gutachten mit einiger Skepsis zu begegnen ist. Bei ihnen begibt sich der Gutachter nämlich in ein Korsett hinein, das ihm eine individuelle Berücksichtigung bzw. Behandlung des Einzelfalls verbietet. Derartige tabellarisch-standardisierte Gutachten sind auch deshalb fragwürdig, weil die Gewichtung der Bewertungskriterien stets von der Art der Abschlussarbeit (z. B. Literaturarbeit oder empirische Arbeit) abhängt.

Daneben sind noch weitere Merkmale für ein gehaltvolles Gutachten typisch. Ein erstes besteht darin, dass es über eine reine Inhaltsbeschreibung deutlich hinausgeht, dass würdigende Passagen gegenüber beschreibenden merklich überwiegen. Schließlich zeichnet sich ein gelungenes Gutachten dadurch aus, dass neben den Nachteilen auch die Vorzüge der Arbeit erwähnt werden. Gerade uns durch den abendländischen Kulturkreis geprägten Personen fällt dies nicht immer leicht.

3.10.3 Beispielgutachten

Im Folgenden wird das Beispiel eines zu einer Abschlussarbeit vorgelegten Gutachtens präsentiert.

GUTACHTEN

zur Master-Arbeit

Entwicklung und Konzepte des Zeitwettbewerbs –
Eine Analyse der Entstehung, Chancen und Risiken
zeitbasierter Wettbewerbsstrategien

von

Alfa Romeo

Neben dem Terminus "Komplexität" gehören diejenigen der "Dynamik" und "Turbulenz" zu den Dauerbrennern betriebswirtschaftlicher Sprachspiele. Viele von denjenigen, die diese Begriffe gehäuft verwenden, gehen davon aus, dass sich in unserer Lebenswelt und insb. in den betriebswirtschaftlich relevanten Handlungsfeldern eine fortwährende Beschleunigung äußerer Einflüsse vollziehen würde, in deren Verlauf die Bedeutung des Hier und Jetzt immer mehr auf ein kurzes Zeitintervall zusammenschmelzen würde. Bezogen auf die Unternehmen bedeutet dies, dass sie sich immer weniger auf ihrem gegenwärtigen Erfolg oder sogar den Lorbeeren der Vergangenheit ausruhen können, sondern versuchen müssen, die extern vorgegebene Rhythmussteigerung zumindest kritisch zu reflektieren, wenn nicht sogar in taktgleich strukturierte Strategie- und Maßnahmenbündel umzusetzen.

Obwohl das Phänomen der Dynamisierung des Wettbewerbs in vielerlei Publikationen des Marketing-, des Beschaffungs-, des finanzwirtschaftlichen, ja selbst des bisweilen als konservativ eintaxierten Personalmanagements nachweisbar ist, hat sich in den vergangenen Jahren eine neue Spezialistengruppe gefunden, die ihr Erkenntnisinteresse – ohne Einschränkung auf irgendwelche durch Funktionsbereiche vorgegebene Grenzziehungen – auf jene wirtschaftlichen Gestaltungsfragen ausgerichtet hat, die mit jedweden Erscheinungsformen des Phänomens der Zeitlichkeit verbunden sind. Beschleunigung und Timing sind die zentralen Untersuchungsfelder dieser Wissenschaftler, die in den vergangenen Jahren eine beträchtliche Aufmerksamkeit auf sich gezogen haben und deren Denkstrukturen in der Master-Arbeit Romeos thematisiert werden.

Um den Untersuchungsschwerpunkt sowie den konzeptionellen Aufbau der vorliegenden Arbeit angemessen würdigen zu können, bedarf es des Hinweises, dass mit dieser eine von zwei Master-Arbeiten gegeben ist, die zwar beiderseits auf den Problemkomplex "Zeitwettbewerb" bzw. "Time Based Competition" ausgerichtet sind, sich hinsichtlich des Analysegegenstands jedoch deutlich voneinander unterscheiden. Während die Arbeit Romeos auf die Entstehung, auf konzeptionelle Grundlinien sowie auf eine allgemeine Beurteilung des Zeitwettbewerbs ausgerichtet ist, befasst sich das thematisch komplementäre Werk Lancias mit Gestaltungsfragen, die im Zuge der Verfolgung einer zeitbasierten Wettbewerbsstrategie zu lösen sind. Die Konsequenzen dieser Arbeitsteilung für die Ausgestaltung bzw. Erscheinungsform der beiden Arbeiten liegen auf der Hand: Während in Romeos Abhandlung theoretische Bezüge stärker in den Vordergrund treten, wird Lancias Bericht insb. durch Praxisbeispiele vorbildlicher Zeitwettbewerber geprägt. Deutlich wird die konzeptionelle Ausrichtung der hier zu beurteilenden Arbeit bereits in der Gliederungsstruktur: Zunächst erfolgt eine auf alternativen philosophischen Konzepten beruhende Würdigung des Phänomens "Zeit", in deren Anschluss die Frage aufgeworfen wird, inwieweit zeitbezogene Fragen bereits in älteren Denkmodellen der Betriebswirtschaftslehre nachweisbar sind. Im nachfolgenden Hauptteil der Arbeit findet sich eine Diskussion übergeordneter Strategiealternativen des zeitorientierten Wettbewerbs, die zweckmäßigerweise in die zwei Themenbereiche "Zeitwettbewerb im Zusammenhang mit dem innovativen Aktivitätenzyklus" sowie "Zeitwettbewerb im Zusammenhang mit dem operativen Aktivitätenzyklus" aufgespalten werden. Während Zeitstrategien des innovativen Aktivitätenzyklus' die Beschleunigungs- und Timingfragen in der Phase der Entwicklung neuer Produkte und Dienstleistungen thematisieren, haben jene des operativen Aktivitätenzyklus' die Zeitkonformität im Prozess der Leistungserstellung zum Ziel. Dieses sich über beinahe 80 Seiten erstreckende Hauptkapitel wird durch ein integratives Abschlussmodul ergänzt, bei dem es insb. um zukünftige Entwicklungsformen des Zeitwettbewerbs geht.

Wenn bisweilen die Vermutung geäußert wird, dass sich die Güte einer Master-Arbeit bereits auf den ersten zehn Seiten offenbaren würde, dann ist mit der vorliegenden Arbeit einer der zahlreichen Fälle gegeben, die diese Vermutung zu bestätigen vermögen. Durch ihre überaus spannende und facettenreiche Einführung gelingt es der Verfasserin nämlich von Anfang an, den Leser auf die bevorstehende Diskussion einzustimmen. Zu gefallen wissen in diesem Bereich der Ausarbeitung insb. die Seiten 4 ff., die der Diskussion unterschiedlicher Verständnisse des Phänomens Zeit in alternativen philosophischen Konzeptionen gewidmet sind. Aber auch die daraufhin vollzogene Analyse von Zeitvorteilen sowie die Erörterung der hernach aufgeworfenen Frage des Stellenwerts des Faktors "Zeit" in älteren Konzeptionen der Betriebswirtschaftslehre werden vielschichtig und kompetent gemeistert. Gleichwohl fragt man sich im Zusammenhang mit dem letztgenannten Aspekt, ob es sich bei den von der Verfasserin aufgezeigten betriebswirtschaftlichen "Zeit-Konzepten" um die letztendlich wichtigsten handelt. Von zumindest gleichwertiger Relevanz erscheint etwa die schon lange währende ablauforganisationstheoretische bzw. prozessorientierte Diskussion, in der die Zeit – gleichsam ex definitione – zum zentralen Analysefokus überhaupt erhoben wird. Auch wäre ein Exkurs in die Denkwelt Joseph Schumpeters nützlich gewesen, wenngleich damit die ohnehin wenig prägnante Grenze zwischen Volks- und Betriebswirtschaftslehre überschritten worden wäre. Kritikwürdig erscheinen überdies die Ausführungen zum internationalen Produktlebenszykluskonzept, das auf den Seiten 37 ff. unter der etwas irreführenden Überschrift "Produktzyklustheorie" behandelt wird. Im Mittelpunkt der Einwände steht dabei weniger die von der Verfasserin vollzogene Stützung auf Sekundärzitate; die Zweifel haben vielmehr auf den wenig kritischen Umgang mit dem Vernon'schen Grundmodell abzuheben, dessen Gültigkeit ja gerade in den letzten Jahren aufgrund der weltweit und in zahlreichen Branchen festzustellenden Tendenz zur parallelen Markteinführung angezweifelt worden ist.

Deutlich überkompensiert werden diese Mängel jedoch durch die zahlreichen der Arbeit inhärenten Stärken, auf die hier nur auszugsweise verwiesen werden kann: So gelingt es der Verfasserin in geradezu vorbildlicher Weise, ihre Argumentation mit relativ neuen und zudem hochrelevanten Konzepten wie denjenigen von v. Braun (1991), von Spanner et al. (1993) oder von Backhaus und Gruner (1994) inhaltlich anzureichern. Die Integration dieser relativ neuen Konzepte muss insb. deshalb als geglückt bezeichnet werden, weil sie dergestalt vollzogen wird, dass der Argumentationsrahmen an keiner Stelle aus dem Gleichgewicht gerät oder sogar auseinander bricht. Zu würdigen ist überdies, dass die Verfasserin auf eine repetitive Nacherzählung "betriebswirtschaftlicher Hausmannskost", wie dies in Master-Arbeiten leider sehr häufig üblich ist, weitgehend verzichtet. Statt dessen setzt sie sich differenziert mit Konzepten und Gestaltungsmustern auseinander, die erst vor einigen Jahren in die betriebswirtschaftliche Diskussionsarena eingetreten sind.

"Simultaneous Engineering", "First Mover Advantages", "Preannouncing" oder "Verlangsamungskartelle" sind die spannenden und drängenden Themen, denen die Analyse gilt.

Keine Frage also, die Arbeit scheint sehr gut gelungen zu sein. Ja, möchte man sagen, wenn da nicht ein überaus lästiger Mangel wäre, der dem Leser von der ersten bis zur letzten Seite die Freude an der sonst so erfrischenden Lektüre vergällt: Es ist der Umgang der Verfasserin mit den Interpunktionsregeln der deutschen Sprache. Alfa Romeos Maxime scheint zu heißen: Kommas dort setzen, wo keine hingehören und dort weglassen, wo sie dem Leser wertvolle Strukturhilfe leisten könnten. Die gravierende Interpunktionsschwäche der Verfasserin ist um so bedauerlicher, als der Leser viele Sätze zweimal durcharbeiten und einen zu großen Anteil seines kognitiven

Potentials für die Umschiffung formeller Fallstricke bzw. Irrwege einsetzen muss.

Die Arbeit wird mit der Note

1,7 (gut)

bewertet.

Hamburg, 22. Oktober 2013

(Prof. Dr. F. I. A. Teilen)

3.10.4 Disputation bzw. mündliche Prüfung

Inhalt der Disputation

An einigen Hochschulen müssen die Verfasser von Abschlussarbeiten ihre Eigenständigkeit während der Bearbeitungszeit durch das Bestehen einer mündlichen Prüfung belegen. Diese wird teilweise Disputation genannt. Bei der Disputation muss der Verfasser die erstellte Arbeit sowie deren Inhalte gegenüber den Opponenten "verteidigen". Die Disputation ist wichtig; an manchen Hochschulen wird die Gesamtnote der Abschlussarbeitsbeurteilung über das ungewichtete arithmetische Mittel der Noten der schriftlichen Leistung sowie der Disputationsleistung gebildet.

Zeitliche Aspekte

An derartigen Disputationen nehmen neben dem Prüfungskandidaten üblicherweise der oder die Prüfer sowie ein Protokollant teil. Sie finden im Regelfall binnen eines Semesters nach Abgabe der Arbeit statt – oft zu Beginn und am Ende des Semesters. Die Disputation wird üblicherweise durch einen 15 bis 30 Minuten andauernden Vortrag eröffnet, in dem der Kandidat kurz (1) die Problemstellung der Arbeit rekapituliert, (2) einen Überblick über die relevante Literatur gibt, (3) das Lösungskonzept erläutert und (4) die wichtigsten Ergebnisse der Arbeit zusammenfasst. Im Anschluss an den Vortrag findet eine häufig 30 bis 45minütige Aussprache statt.

Während des Vortrags sollten Sie die üblichen auf Präsentationen abzielenden Hinweise beachten (vgl. Abschnitt 4.1) (z. B. möglichst frei reden, deutlich und nicht zu komplex reden, einige (wenige) gut lesbare Medien einsetzen etc.). Bereiten Sie sich auf den Vortrag gut vor und halten Sie ihn vor Bekannten "probe". Darüber hinaus sollten Sie die in Abschnitt 4.2.6.2 (Verhalten in mündlichen Prüfungen) bereitgestellten Tipps beachten.

3.10.5 Rückgabe des Themas sowie Wiederholung der Arbeit

Im Hinblick auf Abschlussarbeiten ist festzuhalten, dass es die Prüfungsordnungen vieler Hochschulen gestatten, ein Abschlussarbeitsthema nach dessen offizieller Zuteilung einmal zurückzugeben. Bedenken Sie jedoch, dass Sie hierdurch einen Prüfungsanspruch verlieren. Nach Rückgabe eines Themas können Sie Ihre Abschlussarbeit nur noch einmal wiederholen.

Wenn eine Abschlussarbeit nicht mit mindestens "ausreichend (4,0)" bewertet worden ist, ist sie gemäß der üblichen Prüfungsordnungen nicht bestanden und muss wiederholt werden. Allerdings ist auch diesem Fall fast immer nur eine einmalige Wiederholung möglich.

3.11 Veröffentlichung der Arbeit

Wenn Ihre wissenschaftliche Arbeit sehr hoch bewertet worden ist, dann sollten Sie mit Ihrem Betreuer besprechen, ob eine Veröffentlichung der Arbeit sinnvoll ist.

4 Tipps für die Wissenspräsentation

4.1 Wissenschaftliche Arbeiten mündlich präsentieren

4.1.1 Bedeutung gelungener Vorträge und Präsentationen

Trotz des allgemeinen Trends zur Massenuniversität ist es auch heute noch üblich, dass Studierende den Inhalt ihrer Seminararbeiten im Rahmen eines Seminars mündlich vortragen bzw. präsentieren.

Vortrag vs. Präsentation

Während der klassische Vortrag monologisch angelegt ist und Medien (Folien, Dias, Powerpoint-Slides) nur gelegentlich eingesetzt werden, zeichnet sich die Präsentation durch eine dialogische Grundstruktur aus. Wird sie von Seminarteilnehmern eingesetzt, dann wird diesen die Gelegenheit zum Stellen von Verständnis- und Diskussionsfragen eröffnet (vgl. Abschnitt 3.1.1). Überdies ist für die Präsentation typisch, dass die Ausführungen durch Visualisierungen unter Medieneinsatz unterstützt werden. Eine Präsentation sollte auch stets das Publikum miteinbeziehen und die Diskussion der vorgestellten Inhalte anregen.

Mittels einer Seminarpräsentation erbringt der Studierende einerseits den Nachweis, dass er die gefundene Problemlösung aktiv erarbeitet hat. Andererseits vermittelt er mit seiner Präsentation bestimmte Wissensinhalte an die übrigen Seminarteilnehmer und übt sich darüber hinaus im Halten von Vorträgen.

Schlüsselqualifikation

Es steht außer Frage, dass die Präsentation bestimmter Themen vor Publikum eine schwierige und anspruchsvolle Aufgabe ist, die auch außerhalb der Universität (im Beruf, auf Tagungen etc.) von beträchtlicher Bedeutung ist. Das Beherrschen von Präsentationstechniken sowie das Sprechen vor Gruppen sind sowohl im Studium als auch im späteren Berufsleben Schlüsselqualifikationen von großer Wichtigkeit. Das zielführende Präsentieren ist insofern äußerst schwierig, als es hierfür keinen generell überlegenen Lösungsansatz gibt. Nichtsdestotrotz lassen sich Indikatoren bestimmen, die gute und weniger gelungene Präsentationen voneinander unterscheiden lassen.

Generell kann eine Präsentation dann als geglückt gelten, wenn es dem Referenten gelungen ist, bei den Zuhörern Interesse für das vorgetragene Thema zu wecken und wenn die Zuhörer für sich einen Gewinn an Wissen und Verständnis erzielen.

Learning by doing

Die Kunst der Präsentation ist eine Fähigkeit, die sich nicht von heute auf morgen erlernen lässt. Sie kann und muss in einem langfristigen Prozess schrittweise eingeübt werden, ähnlich wie das Spielen eines Instruments oder das Trainieren einer Sportart. Erwarten Sie deshalb nicht, dass Ihnen bereits im ersten Seminar ein "perfekter Vortrag" gelingt. Streben Sie statt dessen an, bis zum Abschluss Ihres Studiums Ihre Präsentationsfähigkeiten von Referat zu Referat systematisch zu verbessern.

Im Folgenden möchten wir Ihnen einige Hinweise unterbreiten, wie Sie Ihre Präsentationen systematisch vorbereiten und aufbauen. Diese Vorschläge beziehen sich auf „das Wie“ Ihrer Präsentation; Hinweise für die inhaltliche Aufbereitung Ihrer der Präsentation zugrunde liegenden wissenschaftlichen Arbeit finden Sie an anderer Stelle dieses Buchs (vgl. Abschnitt 3). Im Einzelnen werden wir Sie nachfolgend mit einigen Erfolgsfaktoren einer verständlichen Präsentation, mit Methoden des Medieneinsatzes, der Wirkung körpersprachlicher Signale sowie praktischen Empfehlungen für den Umgang mit Lampenfieber vertraut machen.

4.1.2 Vorbereitung Ihrer Präsentation

Sie müssen demnächst ein Referat halten? Die meisten Studierenden geraten genauso wie viele Schüler und Berufstätige durch ein solches Vorhaben in Unruhe. Sie verschieben den Beginn der Vorbereitung von Woche zu Woche, von Tag zu Tag, kommen dann irgendwann in Zeitnot, schreiben schließlich unter Druck etwas zusammen, mit dem sie dann nicht so recht zufrieden sind. In der Zeit der Präsentation leiden sie dann unter starkem Lampenfieber und nehmen sich schließlich vor, beim nächsten Referat bzw. Vortrag alles anders zu machen.

Systematisches Vorgehen

Ist das bei Ihnen auch so? Oder haben Sie sich eine systematische Vorgehensweise zurechtgelegt, anhand derer Sie vorgehen und gelassen Ihr Referat vorbereiten können?

Ein guter Präsentationsstil zeichnet sich vor allem dadurch aus, dass der Vortragende präzise und kurz redet. Dies erfordert aber zunächst ein präzises Vordenken dessen, was präsentiert werden soll. Nicht umsonst gilt das

Motto: "Wer gut reden will, muss erst nachdenken". Denn: Reden heißt zuallererst, Gedanken festlegen. Dies sollten Sie bereits von der ersten Minute der Vorbereitung Ihrer Präsentation bedenken.

Drei Aspekte:

Im Vorfeld Ihrer Präsentation müssen Sie drei Aspekte klären:

- Ziel

- *Was möchte ich mit meiner Seminarpräsentation eigentlich erreichen?* (Zielsetzung)
  - Möchte ich informieren?
  - Möchte ich einen Überblick verschaffen?
  - Möchte ich schulen?
  - Möchte ich beraten?
  - Möchte ich Entscheidungen vorantreiben?
  - Möchte ich motivieren?
  - Möchte ich einen guten Eindruck hinterlassen?
  - Muss ich meine Pflicht tun?
  - Welche Kenntnisse sollen die Zuhörer erwerben?
  - Was sollen die Zuhörer konkret neu wissen oder tun können?

  Am Anfang der Vorbereitung einer Präsentation steht also zunächst einmal das Festlegen der Zielsetzung, denn der weitere Verlauf Ihrer Vorbereitungsbemühungen wird von der hierauf bezogenen Antwort erheblich beeinflusst.

- Zuhörer

- *Wer sind meine Zuhörer?* (Zuhöreranalyse)

  Wenn Sie die Ziele festgelegt haben, dann bestimmen Sie als nächstes die Zielgruppe Ihrer Präsentation.

  Führen Sie sich immer wieder vor Augen, dass eine Präsentation nur dann erfolgversprechend sein kann, wenn Sie zuhörerorientiert sprechen. Das bedeutet, dass Sie die Inhalte Ihrer Präsentation auf Ihr Publikum abstimmen müssen. Richtet sich die Präsentation nicht nach den Interessen der Zuhörer, ist voraussehbar, dass sich Ihre Zuhörer langweilen und ermüden, weil sie nichts verstehen, sich erschlagen fühlen, weil sie die Informationsmenge nicht verarbeiten können, sich ärgern, weil sie etwas anderes erwartet haben. Deshalb: Nutzen Sie die Termine vor Ihrer Präsentation dazu, sich einen Eindruck über Erwartungen, Vorkenntnisse und Motivation Ihres Publikums zu bilden. Hierüber können Sie auch mit der Seminarleitung reden.

- Situation

- *Mit welcher Präsentationssituation muss ich rechnen?* (Situationsanalyse)

  Im Vorfeld Ihrer Seminarpräsentation bemühen Sie sich um die Klärung folgender Fragen:

  - Wie viel Zeit steht mir für meine Präsentation zur Verfügung?
  - Wie groß ist der Raum?
  - Wie soll die Sitzordnung sein?
  - Wo stehe ich als Redner?
  - Muss der Raum vorbereitet werden?
  - Wie ist die Medienausstattung im Raum?
  - Besteht die Möglichkeit, mich vorher mit dem Raum und den Medien vertraut zu machen?
  - Brauche ich jemanden, der mich bei der Bedienung der Geräte oder beim Verteilen von Informationen unterstützt?
  - Sollen die Zuhörer überhaupt sitzen? Oder wandere ich besser mit der gesamten Zuhörerschaft von Plakat zu Plakat? Dies ist z. B. bei Kurzpräsentationen in kleinen Gruppen möglich.

4.1.3 Erfolgsfaktoren einer verständlichen Präsentation

Hauptziel

Präsentationen sollen Informationen vermitteln, die dem Publikum unbekannt sind. Wichtigstes Beurteilungskriterium ist deshalb, ob der vorgetragene Inhalt für die Zuhörerschaft verständlich ist. Verständlichkeit ist dann gegeben, wenn die Zuhörer die wesentlichen Inhalte der Präsentation richtig wiedergeben können. Jeder Satz, den die Zuhörer nicht auf Anhieb begreifen, muss *in diesem Zusammenhang* als unverständlich gelten. Sie müssen sich aber auch bewusst sein, dass ein nicht verstandener Satz häufig zur Folge hat, dass auch der nächste Satz oder sogar die folgenden Sätze nicht begriffen werden. Warum? Weil die Zuhörer noch überlegen. Damit geht ihnen der "rote Faden" für eine gewisse Zeit verloren.

Unverständliches Sprechen verleitet dazu, weniger aufzupassen und sich anderen Dingen zu widmen. Weiterhin ärgern sich die Zuhörer oft über denjenigen, der so missverständlich spricht und sie werden damit noch mehr vom Inhalt abgelenkt. Helfen Sie mit, die Konzentration und Stimmung Ihrer Zuhörerschaft beim Präsentieren zu verbessern. Sorgen Sie dafür, dass sie gerne zuhören! Dies bringt Ihnen einen weiteren Vorteil: Ihre

Zuhörerschaft wird sich leichter auf die Diskussion und ein Gespräch einlassen können. Sie haben dadurch wiederum mehr Erfolg!

Die vier Verständlichmacher:

Der Hamburger Kommunikationspsychologe Schulz von Thun hat untersucht, was es mit der Verständlichkeit auf sich hat. Ausschlaggebend sind vier Dimensionen, die unter der Bezeichnung *"die vier Verständlichmacher"* bekannt geworden sind: Einfachheit, Struktur, Prägnanz und Anregung (vgl. Schulz von Thun 1989, S. 140 ff.).

- Einfachheit

Einfachheit

Wenn im allgemeinen Sprachgebrauch von Verständlichkeit gesprochen wird, ist vor allem "Einfachheit" gemeint. Einfachheit ist der wichtigste Verständlichmacher und bezieht sich auf die Wortwahl, den Satzbau und die sprachliche Formulierung. Geläufige und anschauliche Wörter sind zu kurzen und einfachen Sätzen zusammengefügt. Fremdwörter und Fachausdrücke werden erklärt. Einfachheit meint also nicht, dass der Inhalt der Präsentation trivial ist; gemeint ist nur, dass die sprachliche Präsentation des Inhalts konsumentenfreundlich ist. Bedenken Sie, dass eine Rede keine Schreibe ist. Ein zur schriftlichen Veröffentlichung vorgesehenes Manuskript muss also umformuliert werden, wenn es mündlich präsentiert werden soll.

- Struktur

Struktur

Ihr Publikum soll den Inhalt der Präsentation begreifen. Dies können Sie unterstützen, indem Sie den Inhalt gut gliedern und ordnen. Eine gute Gliederung bzw. Ordnung besteht aus drei Aspekten:

- *Gedankenfolge*

  Sie muss aus der Sicht der Anwesenden folgerichtig, plausibel und systematisch sein. Die Zuhörerschaft soll ohne Mühe folgen und das Gehörte unmittelbar nachvollziehen können. Bei längeren Darstellungen soll der "rote Faden" stets sichtbar bleiben. Überlegen Sie deshalb vor jeder Präsentation, welche Reihenfolge der Gedankendarlegung Ihren Zuhörern hilfreich ist.

- *Modularität des Aufbaus*

  Die Inhalte sollen nicht "am Stück" präsentiert, sondern in Abschnitte gegliedert sein. Damit ist gemeint, dass unterschiedliche Gedanken für das Publikum als kleine Einheiten oder Bausteine in der Präsentation erkennbar sein sollen. So wird die Gedankenfolge übersichtlich und nachvollziehbar. Konkret heißt das, dass Sie Überschriften, Zwischenüberschriften, Nummerierungen als sprachliche Hilfen zur Gliederung einsetzen sollten.

- *Hervorhebungen*

  Nicht alle Inhalte einer Rede sind gleich wichtig. Damit aber das Wesentliche nicht in der Fülle der dargebotenen Informationen untergeht, soll es hervorgehoben werden. Wichtiges hervorheben können Sie durch:

  - Sprache (erstens, zweitens, der wichtigste Vorteil etc.),
  - Pausen (vor oder nach einem bestimmten Inhaltsteil),
  - Gestik (den Inhalt durch geeignete Körperbewegungen unterstreichen),
  - Betonungen (z. B. Tempowechsel beim Reden),
  - Variationen der Lautstärke (Wechsel zwischen laut und leise) und
  - Visualisierungen (z. B. auf Folie oder auf Flipchart).

- Kürze und Prägnanz

Kürze und Prägnanz

Mit Kürze und Prägnanz ist kein Telegrammstil gemeint. Die entscheidende Frage ist hier, ob die Rede aus Zuhörersicht auf das Wesentliche beschränkt ist. Bei zu umfangreicher Darstellung und zu umständlicher Formulierung verlieren die Anwesenden die zentrale Information aus dem Auge. Der Detaillierungsgrad der Informationen richtet sich dabei immer nach der Zuhörerschaft. Ist deren Kenntnisstand gering, muss um so mehr erläutert und erklärt werden. "Optimale Kürze und Prägnanz" heißt also, so kurz zu formulieren, wie es der Zuhörerschaft zugemutet werden kann.

- Anregung

Anregung

Dieses Merkmal entscheidet oft darüber, ob das Publikum mit der Präsentation überhaupt erreicht wird und in welcher Stimmungslage das Publikum die Präsentation verfolgt. Was nützt es, wenn die Merkmale Einfachheit, Struktur und Prägnanz berücksichtigt werden, die Zuhörer aber nicht angeregt werden, beim Thema zu bleiben? Nach kurzer Zeit werden Einzelne gedanklich abschweifen oder den Vortragenden durch Fragen oder Gespräche mit dem Nachbarn stören.

Gute Anregungen bauen eine positive Beziehung zum Zuhörer auf und motivieren ihn, weiter zuzuhören. Wie Erfahrungen zeigen, wird der vierte Verständlichmacher sehr oft vernachlässigt. Die Zuhörer ärgern sich leicht, weil sie sich bei uninteressanten Ausführungen nicht ernst genommen fühlen. Dies hat seinen Grund darin, dass der Vortragende keine positive Beziehung zu seinen Zuhörern aufbaut, wenn er nicht anregend spricht.

Sie sehen: Beim Merkmal "Anregung" geht es mehr um die Möglichkeit der Motivation und des Lernens als um die Verständlichkeit im engeren Sinne.

Durch eine geeignete Anregung können Sie eine Grundlage schaffen, damit die ersten drei Verständlichmacher bei Ihren Zuhörern wirksam werden.

Die Merkmale der Verständlichkeit auf einen Blick:

Praktische Tipps

1. *Sprechen Sie einfach!*
   - Geläufige Wörter benutzen,
   - unbekannte Fremdwörter erklären,
   - kurze Sätze bilden,
   - einfachen Satzbau bilden,
   - aktive und positive Sätze bevorzugen,
   - einfache Darstellung in kleinen Informationsschritten und
   - konkret und anschaulich sprechen.
2. *Strukturieren Sie den Inhalt!*
   - Folgerichtige und logische Gedankenfolge für die Zuhörer,
   - gute inhaltliche und optische Gliederung,
   - sprachliche Hervorhebung dessen, was wesentlich ist,
   - Inhalt konkret und anschaulich darstellen,
   - den "roten Faden" für die Zuhörer sichtbar werden lassen,
   - Einfaches/Allgemeines vor Kompliziertem/Unbekanntem und
   - Interessantes/Wichtiges vor Langweiligem/Unwichtigem.
3. *Sprechen Sie prägnant!*
   - Auf die wesentlichen Inhalte beschränken,
   - kurz, knapp und treffsicher formulieren und
   - auf das Ziel, den Schwerpunkt konzentriert.
4. *Reden Sie anregend!*
   - *Interessant, abwechslungsreich und lebendig sprechen!*
     - Wechsel zwischen Frage und Antwort,
     - Pro und Contra darlegen,
     - Wechsel von Vergangenheit, Gegenwart und Zukunft,
     - Sicht des Autors und der Zuhörer einbringen,

   - Einsetzen von Gestik, Mimik, Nähe, Stimme und Haltung,
   - Humor zeigen,
   - vereinzelt Zitate verwenden und
   - Medien einsetzen.
- *Persönlich sprechen!*
   - Sprechen Sie die Zuhörer mit "Sie" oder "wir" direkt an,
   - stellen Sie sich zurück, vermeiden Sie weitgehend "ich",
   - teilen Sie Ihre eigenen Erfahrungen oder die der Zuhörer mit und
   - vermeiden Sie das Wort "man", da es eine unpersönliche Art des Sprechens bedingt (vgl. Stickel-Wolf 1998c, S. 8).

4.1.4 Die Gliederung der Präsentation: Der "rote Faden"

Drei Präsentationsteile

Für die Gliederung der Präsentation hat sich eine dreiteilige Grobgliederung in Einstieg, Hauptteil und Schluss bewährt (vgl. Abbildung 4-1):

Abbildung 4-1 *Grobgliederung für eine Präsentation (Prozentsätze exemplarisch)*

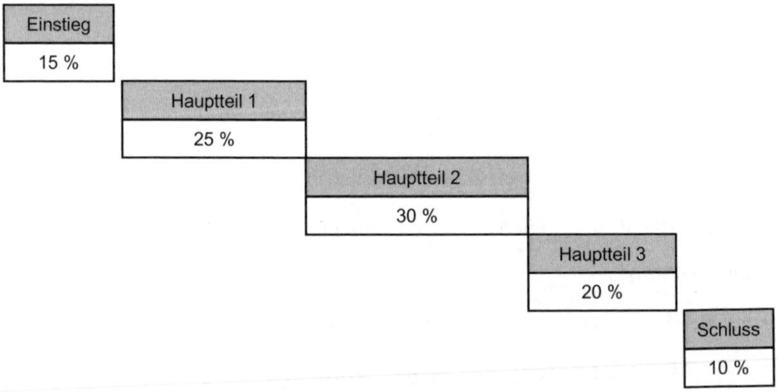

4.1.4.1 Einstieg

Funktionen des Einstiegs

Ein gelungener Start erfüllt drei Funktionen:

- *Kontakt herstellen*

  Machen Sie sich Gedanken darüber, wie Sie die "Bühne" betreten und Kontakt zum Publikum aufbauen wollen. Sie können dies durch ein rechtzeitiges Einfinden im Raum und eventuell durch ein persönliches Begrüßen erreichen. Bevor Sie das Publikum begrüßen, können Sie mit einem Zitat oder mit einem Bericht über ein aktuelles Ereignis einsteigen. Danach begrüßen Sie die Anwesenden.

- *Interesse wecken*

  Die Funktion der Einleitung besteht auch darin, das Publikum einzustimmen, seine Aufmerksamkeit und sein Interesse zu wecken. Dies können Sie erreichen, indem Sie

  - eine einfache Eröffnungsfrage stellen,
  - aktuelle Ereignisse ansprechen,
  - aus der Sicht der Gegenposition beginnen,
  - verdeckte oder umgedrehte Visualisierungen bereithalten,
  - eine kurze Partnerarbeit als Überraschung vorsehen. Beispiel: "Überlegen Sie sich kritische Fragen zu xy. Schreiben Sie diese auf ein Blatt Papier. Sie können am Ende meiner Präsentation prüfen, welche Ihrer Fragen noch nicht beantwortet sind."

- *Orientierung geben*

  Im letzten Teil Ihrer Einleitung geben Sie dann einen Überblick über das, worüber Sie sprechen werden.

  Zu Beginn Ihrer Präsentation können Sie einige Leitfragen aufwerfen, deren Beantwortung Sie im Folgenden ankündigen. Ideal ist es, wenn es Ihnen gelingt, einen Bezug Ihres Themas zu dem bisher im Seminar erarbeiteten Wissen herzustellen. Damit diese Fragen im Verlauf Ihrer Präsentation als "Roter Faden" gegenwärtig bleiben, können Sie diese auf Folie oder auf einem Flipchart darbieten. Während Ihrer Präsentation sollten die Inhalte in Bezug zu den aufgeworfenen Leitfragen bzw. Themen gestellt werden.

  Der "Fahrplan" sollte die Hauptthemen und den zeitlichen Ablauf enthalten. Es bietet sich an, diesen zu visualisieren, z. B. durch ein Vermerken auf einem Flipchart-Blatt, das die ganze Präsentation über für die Teilnehmer sichtbar bleibt (vgl. Will 1997, S. 26).

Zur Orientierung gehört auch die Klärung der Frage, ob Zwischenfragen erwünscht sind oder das Publikum Fragen notieren und erst am Ende Ihrer Präsentation vorbringen soll. Keine dieser Alternativen kann als generell überlegen bezeichnet werden. Allerdings sollte Klarheit darüber bestehen, welche Handhabung von Ihnen bevorzugt wird. Angemessen ist, dass während des Vortrags Verständnisfragen gestellt werden dürfen.

4.1.4.2 Hauptteil

Nicht zu detailliert!

Mit etwa 75 Prozent der gesamten Redezeit liegt hier der Schwerpunkt Ihrer Präsentation. Der Hauptteil besteht aus drei, höchstens fünf Unterteilen. Jeder dieser Unterteile sollte durch einen kurzen Einstieg und einen kurzen Schluss mit Überleitung zum folgenden Teil versehen sein.

Bedenken Sie: Fast alle Referenten wissen eher zu viel als zu wenig! Für eine erfolgreiche Präsentation gilt es, aus dem Stoffgebiet stark begrenzte Teilthemen mit wenigen Schwerpunkten auszuwählen. Zur Eingrenzung der Informationen ist die Beantwortung folgender Fragen hilfreich:

- Welche Botschaft (*"message"*) möchte ich vermitteln?
- Welches sind die drei (max. fünf) wichtigsten Kernaussagen?
- Auf welche Details kann ich entsprechend verzichten?

Zur Erarbeitung des inhaltlichen Präsentationskonzepts helfen Themensammlungen. Sie erleichtern die Strukturierung des Inhalts, die Konzentration auf das Wesentliche sowie die Erlangung von Übersichtlichkeit. Als Beispiel für die *"Prioritätsmethode"* dient nachstehende Tabelle 4-1:

Tabelle 4-1 *Themensammlung nach der Prioritätsmethode*

Muss	Soll	Kann
▪ ________	▪ ________	▪ ________
▪ ________	▪ ________	▪ ________
▪ ________	▪ ________	▪ ________
▪ ________	▪ ________	▪ ________
▪ ________	▪ ________	▪ ________

- Jede Präsentation ist auf bestimmte Informationen angewiesen, ohne die die Zuhörer die Zusammenhänge nicht verstehen können. Diese Informationen müssen überbracht werden *(Muss-Informationen)*.
- Ein weiterer Teil von Informationen ist nicht unbedingt notwendig. Diese Informationen erhöhen jedoch das Verständnis des Zuhörers wesentlich. Dies sind einleitende Worte, Hintergrundinformationen, Skizzen, Bilder, Beispiele, Vergleiche *(Soll-Informationen)*.
- Schließlich existiert bei jedem Thema ein Informationsbereich, der den Zuhörern aufgrund ihrer Interessenlage mitgeteilt werden kann. Diese zusätzlichen Informationen versetzen die Zuhörer in die Lage, den Sachverhalt noch besser zu verstehen und zu behalten. Dies können ergänzende Bilder, Beispiele und Vergleiche sein *(Kann-Informationen)*.

Muss-, Soll- und Kann-Informationen

Redestrategien: Informationen und Argumente richtig reihen

Seit jeher befassen sich Rhetorikbücher mit dem formalen Aufbau von Vorträgen bzw. Präsentationen. Entstanden sind dabei verschiedene Strategien zur Strukturierung von Fachvorträgen und Präsentationen.

Dreischritt

Der Kern der meisten Fachvorträge bzw. -präsentationen ist der *Dreischritt*:

Ausgangslage – Vorgangsweise – Ergebnis

oder:

Problem – bisherige Lösung – neuer Ansatz

Durch Aufbrechen dieser Elemente kann die Struktur zum Fünfsatz erweitert werden. Hierbei dienen die in Abbildung 4-2 (vgl. Hierhold 1990, S. 63) dargestellten vier Ausformungen.

4.1.4.3 Schluss

"Der erste Eindruck ist entscheidend und der letzte bleibt." Dementsprechend gilt es, den Abschluss gut zu gestalten, damit er positiv im Gedächtnis der Zuhörer verbleibt.

Praktische Tipps

Wie können Sie den Schlussteil Ihrer Präsentation gestalten?

- Geben Sie eine kurze Zusammenfassung Ihrer Präsentation.

Abbildung 4-2 *Möglichkeit des Aufbaus eines Fachvortrags*

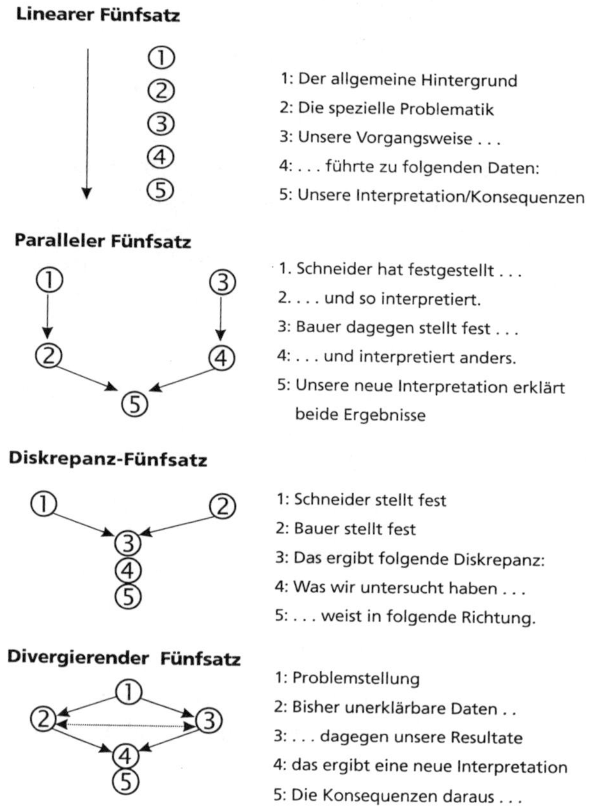

- Denken Sie an Goethe, der gesagt hat: "Lasst den Anfang mit dem Ende sich in eins zusammenziehen". Damit die Präsentation eine "runde" Sache wird, empfiehlt es sich, den Eingangsgedanken aufzugreifen und diesen mit den Abschlussworten zu verbinden.
- Geben Sie Ausblicke oder Perspektiven, die zum Weiterdenken anregen.
- Verweisen Sie auf weiterführende Informationen zum Thema, wie bspw. Adressen, Literaturhinweise etc.
- Wenn Sie vor einer kleinen Gruppe sprechen und einmal anders als gewohnt abschließen möchten, bitten Sie am Ende der Präsentation um ein Meinungsbild. Sie bitten alle Zuhörer um eine kurze abschließende Stel-

lungnahme zum Thema. Dazu lassen Sie den Zuhörern etwas Zeit zum Überlegen und fragen dann die Statements zwanglos reihum ab.

Diskussionsvorbereitung

Wenn Sie eine *Diskussionsrunde* im Anschluss an die Präsentation durchführen möchten, sollten Sie diese wie die eigentliche Präsentation vorbereiten. Zur Vorbereitung ist die Beantwortung nachstehender Fragen hilfreich:

- Wie viel Zeit soll die Diskussion beanspruchen?
- Wer könnte zu Ihrer Entlastung ggf. die Diskussionsleitung übernehmen?
- Welche Eröffnungsfrage bietet sich an?
- Welche Fragen werden die Zuhörer aller Voraussicht nach stellen?
- Welche Argumente könnten vorgebracht werden?

Zur Strukturierung der Diskussion sollten nachstehende Aspekte beachtet werden:

- Das Ziel festlegen,
- den Zeitrahmen vorgeben,
- weitere Informationen zum Thema liefern,
- Wortmeldungen koordinieren,
- Missverständnisse klären,
- verbale Angriffe versachlichen,
- Diskussionsergebnisse zusammenfassen und
- die Diskussion abschließen.

Die letzten Worte

Last but not least: Überlegen Sie sich, welche Kernpunkte die Zusammenfassung am Schluss enthalten soll und legen Sie fest, mit welchen Worten Sie die Präsentation beenden möchten. Bedanken Sie sich bei den Teilnehmern für ihr Kommen und ihre Aufmerksamkeit (vgl. Seifert/Pattay 1989, S. 55 f.).

Mit der in Tabelle 4-2 wiedergegebenen Tabelle können Sie Ihre Präsentation nach Ihren Bedürfnissen strukturieren.

Tabelle 4-2 *Struktur für die Präsentationsplanung*

Thema:	Teilnehmerkreis:	
Inhalte	Zeit	Einsatz von Medien
Einstieg		
Hauptteil		
Schluss		

4.1.5 Hinweise zur Gestaltung des Präsentationsmanuskripts

Karteikarten und Medien

Es ist bekannt, dass das Ablesen beim Präsentieren einem lebendigen und interessanten Vortrag entgegenwirkt und dazu führt, dass die Zuhörerschaft ermüdet. Das Gegenteil des Ablesens ist das auswendige Vortragen, ähnlich eines Schauspielers, der seinen Text bis ins Detail einstudiert hat. Für eine Präsentation würde dies jedoch zu viel Zeit in Anspruch nehmen. Was ist der goldene Mittelweg? Einerseits ist das Benutzen von Karteikarten mit den wichtigsten Stichworten sinnvoll. Andererseits können Sie vorbereitete Medien wie Folien, Flipcharts und Pinwände als Ihre Gedankenstütze(n) einsetzen, indem Sie sich beim Präsentieren von Medium zu Medium "hangeln".

Mit Stichwortkarten können Sie schnell die nächste Information in Form eines Stichworts aufnehmen. Mit diesem Stichwort gestalten Sie die nächsten Sätze aus der Situation heraus. Dies setzt jedoch voraus, dass diese Karten gut und übersichtlich angelegt sind. Dies erreichen Sie, wenn Sie zunächst den vollständigen Inhalt Ihres Vortrags ausführlich aufgeschrieben, mehrmals durchgearbeitet, laut vorgetragen und dabei immer mehr verfeinert haben. Aus dem ausführlichen Text ziehen Sie nun Stichwörter heraus, die

Sie brauchen, um den Inhalt frei zu formulieren. Vermeiden Sie es, ganze Abschnitte wörtlich auszuarbeiten, dies verleitet zum Ablesen. Stichwörter sollen bedeutungsvolle Wegweiser sein.

Gestaltung von Karteikarten

Beachten Sie bei der Gestaltung der Karten folgende Grundsätze (vgl. Tabelle 4-3):

- Verwenden Sie Karteikarten mit Format DIN A 6,
- beschreiben Sie die Karteikarten nur einseitig,
- nummerieren Sie die Karten durch,
- schreiben Sie Ihre Stichworte groß (Stift medium),
- benutzen Sie gezielt verschiedene Farben und
- notieren Sie auf den Karten ggf. auch einen vorgesehenen Medieneinsatz.

DIN-A-6-Karten bieten rechts noch ausreichend Platz, um entsprechende "Regieanweisungen" zu notieren, bspw.

- nach vorne gehen (oder das Symbol –),
- Pause (Abkürzung P),
- mit einer Folie erklären (Abkürzung F) und
- am Flipchart erklären.

Tabelle 4-3

Gestaltung von Stichwortkarten

Hauptstichwort (blau) Nebenstichwort (grün) Nebenstichwort (grün)	Folie xy Flipchart (Zeit 10.15 Uhr)

4.1.6 Medien wirksam einsetzen

Nutzen von Visualisierungen

Ein Bild ersetzt tausend Worte. Dieses Sprichwort besagt, dass das Auge ein zentrales Sinnesorgan für die Informationsaufnahme ist. Die meisten Informationen – nämlich ca. 83 Prozent – werden über das Auge aufgenommen (Vollmer/Hoberg 1988). Das Behalten und Erinnern von Informationen wird durch Visualisierungen erleichtert. Als Visualisierung bezeichnet man die bildhafte Darstellung von Zahlen, Fakten, Daten und Meinungen. Sie ermöglicht es, den Redeaufwand zu verkürzen, Gesprochenes zu ergänzen, Informationen leichter fassbar zu machen, Wesentliches zu verdeutlichen, die Aufmerksamkeit der Zuhörer zu wecken und zu konzentrieren, den Zuhörern Orientierung zu geben, das Behalten zu fördern.

Als Vortragender erreichen Sie durch eine "anschauliche" Sprache und eine zusätzliche Visualisierung mit Medien eine erhöhte Aufmerksamkeit Ihres Publikums. Jedoch sei an dieser Stelle an eine Aussage von Albert Einstein erinnert: "Stell die Dinge so einfach wie möglich dar, aber nicht einfältiger."

Bausteine der Visualisierung dienen dem Aufbau einer bildhaften Darstellung. Zu ihr zählen die Träger der Information und die Gestaltungselemente. Die in der Praxis am häufigsten verwendeten Informationsträger sind Präsentationen direkt vom Computer aus (insb. Powerpoint-Präsentationen) mittels Beamern, Transparentfolie auf einem Tageslicht- bzw. Overhead-Projektor, weiße Papierbögen auf einem Flipchart und Packpapier auf einer Pinwand. Gestaltungselemente sind in allen Fällen Texte, freie Grafiken, Symbole und Diagramme, Listen, Tabellen, Aufbau- und Ablaufdiagramme etc. (vgl. Seifert/Pattay 1989, S. 16).

Technische Hilfsmittel

Technische Hilfsmittel wie Dia, Video, computerunterstützte Präsentationsmedien (z. B. Powerpoint) werden im Nachfolgenden nur kurz behandelt (vgl. Abschnitt 4.1.7.4), da eine Einführung in die Möglichkeiten und Grenzen dieser Medien nur "vor Ort" sinnvoll ist. Theoretische Hinweise über Kameraführung, Einstellungen und Ton etc. können die praktischen Übungen nicht ersetzen und für den "Ernstfall" eher irritieren als helfen.

Hinweise zum Medieneinsatz:

- Eingesetzte Medien müssen jeweils zur Präsentationssituation passen.
- Achten Sie stets darauf, dass Sie als Vortragender durch den Medieneinsatz nicht an den Rand gedrängt werden.
- Kombinieren Sie verschiedene Medien, veranstalten Sie jedoch keinen Medienzirkus!

4.1.7 Tageslicht- und Powerpoint-Projektionen

Begriff und Funktion

Ein Tageslicht- bzw. Overhead-Projektor ist ein Gerät zur Projektion von DIN-A-4-Klarsichtfolien an die Wand eines Raumes. Ein Powerpoint-Projektor wirft den Inhalt einer Computerdatei direkt an die Wand. Diese Geräte eignen sich besonders für Präsentationen vor vielen Teilnehmern (bis ca. 200 Personen). Überdies eignen sie sich für Erklärungen und Beispiele.

Vorteile

Vorteile dieser Geräte bzw. Techniken sind:

- Die Folien bzw. Slides sind schnell, leicht und preiswert herzustellen,
- ihr Einsatz bzw. ihre Handhabung sind nicht zeitaufwendig,
- die Folien und Slides sind duplizierbar, bspw. für Teilnehmerunterlagen,
- ein Blickkontakt zu den Zuhörern ist möglich,
- die gleichzeitige Benutzung anderweitiger Medien ist möglich und
- der Raum braucht nicht verdunkelt zu werden.

Die Nachteile sind darin zu sehen, dass zum einen die einzelnen Darstellungen nur für die Dauer der Projektion sichtbar sind und zum anderen auf einer Folie bzw. einem Slide nur relativ wenig Information aufgelistet werden kann, da der Text relativ groß geschrieben werden muss.

4.1.7.1 Tipps zur Arbeit mit Projektoren

Allgemeine Tipps

- Prüfen Sie den Neigungswinkel der Projektionsfläche. Neigen Sie diese (falls möglich) so weit nach vorn, bis das Bild scharf abgebildet wird.
- Prüfen Sie bei Nutzung eines Tageslicht-Projektors vor der Präsentation, ob die Glasplatte oder die Linse verschmutzt sind.
- Vergewissern Sie sich, dass die Glühbirnen im Projektor funktionieren.
- Prüfen Sie, ob die Gesamtfläche des projizierten Bildes groß genug ist. Setzen Sie sich dazu auf den entferntesten Platz.
- Testen Sie, ob Sie den Zuhörern im Blickfeld stehen.
- Bleiben Sie bei der Arbeit mit dem Projektor stehen.
- Benutzen Sie einen Zeigestab oder einen Laser-Pointer. Legen Sie diesen vorher zurecht.
- Legen Sie diese Hilfsmittel aus der Hand, wenn Sie sie nicht benötigen.
- Sprechen Sie nicht, wenn Sie die Folien bzw. Slides wechseln.

- Benutzen Sie das Wechseln der Folien und Slides, um eine Pause einzulegen.
- Bei Nutzung eines Tageslicht-Projektors: Schalten Sie das Gerät ab, sobald Sie die Visualisierung nicht mehr benötigen.

4.1.7.2 So gestalten Sie gute Folien bzw. Slides!

Tipps zur Foliengestaltung

- Bedenken Sie den Grundsatz: Arbeiten Sie mit wenigen Folien bzw. Slides. "Weniger ist oft mehr!"
- Schriftgröße: Beachten Sie die in Abbildung 4-3 dargelegten Muster.
- Schrift: Benutzen Sie Groß- und Kleinbuchstaben und ein einfaches Schriftbild.
- Themen: Behandeln Sie auf jeder Folie bzw. jedem Slide nur ein Thema.
- Gestaltung: Gestalten Sie die Folien bzw. Slides einfach, klar und übersichtlich. Lassen Sie an den Rändern genügend Raum.
- Wörter: Schreiben Sie auf jede Folie bzw. jedes Slide nicht mehr als 20-25 Wörter.
- Zeilen: Schreiben Sie auf jede Folie bzw. jedes Slide nicht mehr als sechs bis neun Zeilen und nicht mehr als fünf bis sieben Wörter pro Zeile.
- Farben: Benutzen Sie nur wenige Farben (maximal zwei bis vier). Wenn Sie Farben verwenden, dann bevorzugen Sie kontrastreiche Farben (blau, schwarz, grün, rot).

Overhead-Folien können mit Hilfe eines Kopierers von einer Vorlage hergestellt oder selbst erstellt werden.

Legen Sie sich eine Foliensammlung an. Sammeln Sie frühzeitig verwertbare Grafiken, Illustrationen oder originelle Zeichnungen.

Bei der Gestaltung von Folien bzw. Slides sind die sieben häufigsten Fehler: Zu viel Information, zu kleine Schrift, zu dünne Linien, nur kopiert, keine Bilder, keine Farben, zu viele Folien bzw. Slides. Im Durchschnitt sollte über jede Folie bzw. jedes Slide mindestens vier Minuten gesprochen werden.

Schriftgrößen für Overheadfolien bei unterschiedlichen Distanzen — ***Abbildung 4-3***

Abstand von der Leinwand	Schriftgröße auf der Folie mindestens	
bis zu 10 m	5 mm	Schrift
11 bis 15 m	10 mm	Schrift
16 bis 20 m	15 mm	Schrift
21 bis 25 m	20 mm	Schrift

4.1.7.3 Handhabung von Folien bzw. Slides

Vier Strategien der Eröffnung neuer Folienteile

Bedenken Sie, dass zu ergänzende Darstellungen hohen Anreizcharakter haben. Dies können Sie dadurch erreichen, dass Sie den Folieninhalt nicht auf einen Blick zeigen. Die nachfolgenden Hinweise beziehen sich auf die Nutzung eines Tageslicht-Projektors und sind leicht auf die Durchführung einer Powerpoint-Präsentation übertragbar.

- *Aufdeck-Technik*

  Hier wird die Darstellung mit einem Blatt Papier abgedeckt und schrittweise enthüllt. Diese Technik erlaubt eine gute Dosierung der Informationen und eine entsprechende Lenkung der Aufmerksamkeit. Es ist jedoch zu berücksichtigen, dass diese Technik aus Sicht des Präsentators attraktiver erscheint als aus Sicht der Zuhörer. Die Zuhörer können leicht den Eindruck bekommen, man hielte sie für unmündig. Sollte dies der Fall sein, empfiehlt es sich, die Aufmerksamkeit mittels Zeigestab zu lenken.

- *Aufklapp-Technik*

  Auch diese Technik arbeitet nach dem Prinzip des schrittweisen Informationsangebots. Durch das Hinzufügen neuer Informations-Elemente entsteht aber ein anderer – "sympathischerer" – Eindruck für die Zuhörer. Es werden mehrere Bildfelder der Reihe nach in einer vorab geplanten Folge freigegeben.

- *Überleg-(Aufbau-, Overlay-)Technik*

  Diese Technik ist besonders anschaulich und gut geeignet, einen komplizierten Zusammenhang zu erläutern. Durch Übereinanderlegen mehrerer Folien wird das Schaubild schrittweise aufgebaut. Dabei können bis zu acht Folien (Stärke 0,08 mm) übereinandergelagert werden, bevor es zu einem nennenswerten Helligkeitsverlust kommen kann. Um bei der Überlagerung ein einwandfreies Bild zu bekommen, empfiehlt es sich, mit mechanischen Hilfen, wie z. B. Arbeitsrahmen, zu arbeiten. Oder man markiert alle Folien an zwei gleichen Stellen (z. B. linke obere und rechte untere Ecke) mit einer gleichen Markierung. Dies ermöglicht eine schnelle Einpassung bei der Präsentation.

- *Ergänzungs-Technik*

  Hier werden vorbereitete "Teilfertig-Folien" aufgelegt, auf denen im Moment des Auflegens noch nicht alles steht. Während Ihrer Präsentation setzen Sie mit farbigem Folienstift letzte Akzente. Oder Sie ergänzen Leerräume mit Zahlen oder Worten (vgl. Will 1997, S. 58 ff.).

Diese vier Strategien werden durch moderne Softwarepakete (z. B. Powerpoint) technisch unterstützt.

4.1.7.4 Powerpoint-Präsentationen

Powerpoint ist ein von Microsoft angebotenes, zur Office-Familie gehörendes Softwarepaket, mit dem Sie ohne größere Vorkenntnisse in einer effizienten und effektiven Weise Präsentationsunterlagen anfertigen können. Die erstellten Präsentationsunterlagen können auf Folien ausgedruckt oder direkt vom Computer aus via Projektor an die Wand projiziert werden. Auf einfache Weise lassen sich beeindruckende Effekte erzeugen, die unter Umständen dazu führen, dass Ihr Publikum Ihrer Präsentation aufmerksam folgt.

Vorteile von Powerpoint

Trotz einer mittlerweile sehr großen Zahl an Gestaltungsvarianten ist es doch möglich, einige der spezifischen Vorteile dieses Softwarepakets herauszustellen:

- Die Eingabe von Präsentationsinhalten ist kinderleicht; sie folgt in etwa dem Standard des Textverarbeitungsprogramms „Word“, das sich mittlerweile als Standard etabliert hat.
- Der in das Programm integrierte Programmassistent erlaubt auch grafisch-gestalterisch unbegabten Personen, Präsentationsunterlagen mit einer gewissen Grundästhetik anzufertigen (diese Schaubilder weisen freilich einen 08/15-Charakter auf).
- Es ist möglich, eine Fülle vorgefertigter Objekte (gerade Linien, Figuren, Zeichnungen) einzugeben und diese zu verändern (durch Farben, Füllungen, Objektschatten, Größenveränderungen, Drehungen etc.).
- Die Masterfolien-Funktion gestattet es, in einem Präsentationsunterlagen-Satz immer wiederkehrende Bestandteile als Standardelemente zu definieren. Dies reduziert den Ersteingabe- und Änderungsaufwand erheblich. Zum Beispiel können mit einem Mausklick Standardhintergründe ausgetauscht und die Größe der Überschriften aller Präsentationsseiten geändert werden.
- Die Bildschirmpräsentation kann durch Spezialeffekte (z. B. sukzessives Aufdecken von Inhalten, Animationen, Einspielen von Tönen, spezielle Formen des Überganges zwischen Präsentationsseiten) unterstützt werden.
- Im Format von Tabellenkalkulationsprogrammen (z. B. Excel) abgespeicherte Datenreihen können problemlos eingefügt bzw. aufbereitet werden.
- Mit der Funktion Bildschirmpräsentation ist es möglich, eine Vorschau der später an die Wand zu werfenden Präsentation anzusehen.
- Handouts der Präsentationsunterlagen können auf einfache Weise ausgedruckt werden.
- Neue Präsentationsseiten können nachträglich jederzeit hinzugefügt werden.

Die Anwenderfreundlichkeit und der starke Preisverfall bei Computer-Hard- und Sofware sowie Projektoren hat zu einer äußerst starken Verbreitung dieses Softwarepakets geführt.

Typische Fehler bei der Powerpoint-Nutzung

Es bedarf freilich des Hinweises, dass auch bei einer Powerpoint-Nutzung die zu Beginn dieses Teilabschnitts erwähnten Hinweise für eine gute Foliengestaltung voll gültig bleiben. Viel zu oft finden sich in Powerpoint-Präsentationen nämlich

- zu dicht beschriebene Präsentationsseiten,

- zu bunt bzw. hinsichtlich Schriftstil zu heterogen gestaltete Präsentationsseiten sowie
- multimedial überfrachtete Präsentationsseiten.

Hinzu kommt, dass manche Anwender aufgrund der einfachen Handhabung dazu tendieren, innerhalb ihrer Präsentation viel zu viele Seiten einzubinden. Auch scheinen sie mehr Zeit in die Gestaltung des Layouts als in die Vorbereitung der zu überbringenden inhaltlichen Botschaft hineinzustecken. Erfahrene Redner kommen sogar zu dem Schluss, dass die Kunst der freien Rede dadurch gemordet wurde.

4.1.8 Flipchart und Pinnwand

Anwendungsbedingungen

"Folienvorträge" sind so bekannt, dass sie die Aufmerksamkeit der Zuhörer damit nicht immer gezielt wecken. Flipcharts und Pinnwände bieten da einige Abwechslung und sind als Dauermedien ein Blickfang fürs Auge. Mit einer lesbaren Schrift, guter Blattaufteilung und grafischer Gestaltung können damit beachtliche Effekte erzielt werden. Zudem lassen sich auf einem Flipchart oder auch einer Tafel Gedanken aus der Rede heraus schrittweise visuell entwickeln, was bei bestimmten Themen vorteilhaft sein kann. Wiederum erfordert dies jedoch ein hohes Maß an Sicherheit des Redners und empfiehlt sich daher eher für geübte bzw. fortgeschrittene Redner.

Das Flipchart ist ein transportabler Blattständer (ca. 70 x 100 cm) mit fester Schreibunterlage im Format A 1. Das Papier wird mit speziellen Filzstiften beschriftet. Das Flipchart ermöglicht es, dass die Informationen für längere Zeit sichtbar bleiben. Derartige Informationen sind die Gliederung, der Zeitplan, Grundsatzthesen der Präsentation, darin vorkommende zentrale Begriffe oder Formeln. Des Weiteren können Sie das Flipchart für die Darstellung Ihrer Präsentationsinhalte, für das Mitvisualisieren von Themen oder für Fragen einsetzen, die während der Präsentation auftreten. Auch das Flipchart hat zudem die Vorteile, dass vorbereitete Charts wiederverwendet werden können, dass bereits behandelte Themenkomplexe jederzeit verfügbar sind und dass es relativ wenig Platz benötigt. Als Nachteile des Flipcharts sind zu beachten, dass das relativ kleine Format in Großveranstaltungen nur bedingt einsetzbar ist und dass die Informationen auf einem Chart nur mit einem Spezialfotogerät als Kopie zu duplizieren sind.

Insgesamt lässt sich feststellen, dass Flipcharts am besten für Diskussionen in kleinen Gruppen und spontane Darstellungsentwürfe geeignet sind.

4.1.8.1 Übergeordnete Tipps zum richtigen Flipchart- und Pinnwand-Einsatz

Praktische Tipps

- Stellen Sie das Flipchart so auf, dass es von allen einsehbar ist.
- Überprüfen Sie, ob die ausziehbaren Füße festgestellt sind.
- Sorgen Sie dafür, dass genügend leeres Papier eingelegt ist.
- Prüfen Sie, ob das Papier fest in der Halterung sitzt.
- Legen Sie genügend gut schreibende Filzstifte bereit.
- Denken Sie an einen (ausziehbaren) Zeigestab bzw. Laserpointer.
- Klappen Sie vorbereitete Blätter zurück und blättern Sie diese erst dann auf, wenn sie benötigt werden.
- Wenden Sie beim Erklären am Flipchart den Zuhörern nicht den Rücken zu.
- Sprechen Sie beim Anschreiben nicht. Die Aufmerksamkeit der Zuhörer ist auf den Schreibvorgang gerichtet.
- Informieren Sie, bevor Sie schreiben oder danach.

Die Pinnwand ist eine Weichfaserplatte, auf der Packpapierbögen festgesteckt werden (ca. 125 x 150 cm). Sie ist entweder fest an der Wand montiert oder aber in einem Metallrahmen eingesetzt und somit transportabel. Insbesondere in der Kleingruppenarbeit eignet sie sich sowohl zur Präsentation vorbereiteter Darstellungen als auch zur begleitenden Entwicklung (vgl. Seifert/Pattay 1989, S. 17).

4.1.8.2 Hinweise zur Beschriftung von Flipchart und Pinnwänden

- Verwenden Sie dicke Filzstifte mit Schreibkanten für Plakatschrift.
- Damit Sie eine gleichlaufende und dicke Strichbreite erzielen, müssen Sie den Filzstift richtig halten, indem Sie mit der Schreibkante schreiben und den Stift beim Schreiben nicht drehen.
- Schreiben Sie groß. Für Flipcharts gilt eine minimale Schriftgröße von fünf cm. Pinnwände benötigen eine noch größere Schrift. Testen Sie Ihre Schrift jeweils aus der Entfernung. Wenn Sie davor stehen, wirkt sie überdimensioniert.
- Verwenden Sie kurze Ober- und Unterlängen gemäß Abbildung 4-4.

Abbildung 4-4 *Verhältnis von Ober- und Unterlängen bei Flipchartschrift*

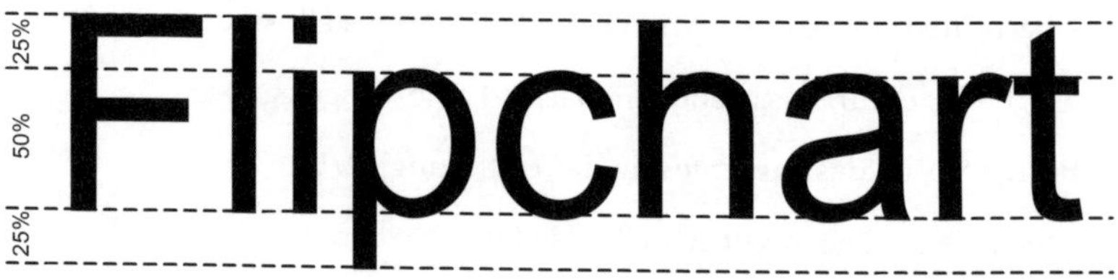

- Schreiben Sie Überschriften, Raster, Tabellen mit einem großen Stift und den Text mit einem kleinen Stift.
- Beachten Sie Lesegewohnheiten von

  links

  oben

  nach

  rechts

  unten.
- Schreiben Sie in Druckschrift, sie liest sich besser als Schreibschrift. BEI SCHRIFT MIT GROSS- UND KLEINBUCHSTABEN KANN SICH DAS AUGE BESSER ORIENTIEREN: SIE KÖNNEN DAS AN DIESEM SATZ SELBER TESTEN (Er ist nicht gut leserlich!)
- Benutzen Sie zur Vorbereitung von Zeichnungen einen Overhead-Projektor als Zeichenhilfe: Wenn Sie nicht freihändig zeichnen wollen oder können, legen Sie eine Bildvorlage als Folie auf den Projektor und projizieren diese auf das Flipchart oder die Pinnwand. Mit einem Plakatstift kann das Bild nachgezeichnet werden.
- Beim Einsatz von Pinnwänden als Informationsträger bietet sich für die freie Grafik die Verwendung von Moderationsmaterialien an (Rechtecke, Kreise, Ovale etc.).
- Komplizierte Aufschriebe, wie Tabellen, Skizzen etc. können Sie mit Bleistift dünn vorzeichnen.

4.1.8.3 Präsentieren mal anders: "Vernissage"

Führung von Pinnwand zu Pinnwand

Eine interessante Alternative zum traditionellen Vortrag bietet die Präsentation als eine "Pinnwand-Vernissage". Der Inhalt der Präsentation wird auf Pinnwänden komprimiert und grafisch ansprechend dargestellt. In kleinen Gruppen führt der Referent die Zuhörer von Pinnwand zu Pinnwand, kommentiert die zentralen Aussagen und steuert das Gespräch, wenn Fragen gestellt werden. Bei Bedarf erfolgt eine kurze Frage- und Diskussionsrunde. An die Stelle des traditionellen Vortrags tritt die Vorstellung der einzelnen Pinnwände und eine geführte Kommentierung. Insbesondere für eine mit Präsentationen übersättigte Zuhörerschaft kann dies eine abwechslungsreiche Präsentationsvariante sein (vgl. Will 1997, S. 54). Besprechen Sie sich vor Einsatz dieser Methode jedoch in jedem Fall mit Ihrer Seminarleitung (vgl. Abschnitt 3.1.5).

4.1.9 Was sagt mein Körper, wenn ich präsentiere?

Bedeutung nichtsprachlicher Kommunikation

Beim Sprechen wird der Inhalt nicht nur über Worte mitgeteilt, sondern auch über sogenannte nichtsprachliche Signale. Oft sind diese uns nicht einmal bewusst. Aber wir drücken uns damit aus. Durch diesen Ausdruck werden insb. psychische Zustände sichtbar. Wir nehmen sie wahr durch bestimmte Verhaltensweisen desjenigen, der zu uns spricht. Diese Ausdrucksweisen lassen sich in den stimmlichen Ausdruck (z. B. tief, laut, langsam, begeistert, zornig) und den körperlichen Ausdruck (z. B. unsicher, verbissen, gelangweilt, nervös) unterteilen.

Ihre Zuhörerschaft beachtet neben dem *"Was"* der Aussage auch das *"Wie"* derselben. Außer dem Inhalt Ihrer Präsentation interessieren sich Ihre Zuhörer nämlich auch dafür, wie Sie das, was Sie sagen, meinen. Sonst könnten Ihre Zuhörer ja gleich eine geschriebene Vorlage lesen.

Authentizität

Bei Ihrer Präsentation sollten Sie nicht in überzogenem Maße schauspielern, sondern Ihre Gedanken in authentischer Weise darbieten. Als oberstes Gebot gilt immer: natürlich bleiben! Übertreiben Sie also nicht, Sie würden hierdurch lediglich theatralisch, unecht und deswegen vielleicht sogar unglaubwürdig wirken! Achten Sie jedoch bewusst auf Stimme, Blickkontakt, Gestik und Raumnutzung. Obwohl Sie nicht überzogen schauspielern sollen, kann man als Redner von Schauspielern einiges lernen, insb. dialektfrei, variantenreich, pausenbewusst und wirkungsvoll zu sprechen.

4.1.9.1 Der Anfang beim Vortragen

Die Präsentation beginnt schon vorher!

Wie bei den meisten Vorhaben, so ist auch beim Präsentieren der Anfang besonders wichtig. Bereits hier machen sich Ihre Zuhörer ein erstes Bild von Ihnen. Die Präsentation beginnt bereits dann, wenn Sie vorne stehen, bevor Sie den ersten Satz sprechen, nämlich in dem Augenblick, in dem Sie noch herumlaufen, auf Ihrem Platz sitzen oder sich gerade erheben. Wie können Sie eine gute Figur machen auf dem Weg zum Rednerpult?

Ihre Kleidung haben Sie schon vorher überprüft. Stehen Sie ruhig auf und schieben Sie Ihren Stuhl an den Tisch. Nehmen Sie Ihre Unterlagen so auf, dass Ihnen nichts herunterfallen kann. Schon vorher, aber auch jetzt, sollten Sie tief durchatmen. Wenn Sie am Rednerpult angekommen sind, legen Sie Ihre Unterlagen und eventuell Ihre Uhr zurecht. Danach nehmen Sie Blickkontakt zum Publikum auf und warten einige Sekunden, wobei Sie wieder gut durchatmen. Ihre Präsentation kann nun beginnen.

4.1.9.2 Achten Sie auf Ihre Stimme!

Stimme, Sprechtempo und Sprechrhythmus

Obwohl Sie beim Fachvortrag bzw. bei der Fachpräsentation keine extrem ausgefeilte und geschulte Stimme benötigen, ist es dennoch zu empfehlen, einmal den eigenen stimmlichen Ausdruck mittels Tonband- bzw. Videoaufzeichnungen oder durch eine Ihnen nahestehende Person überprüfen zu lassen. Ein schnelles Sprechtempo, ein monotoner Sprechrhythmus, eine unnatürliche Betonung sowie eine unverständliche Aussprache wirken sich nämlich auch hier negativ aus. Für einen angenehmen stimmlichen Ausdruck empfiehlt es sich, wenn Sie

Maxime

- eher ruhig als hastig,
- eher tief als hoch,
- eher betonend als monoton,
- eher rhythmisch-fließend als abgehackt,
- eher natürlich dialektgefärbt als künstlich hochdeutsch,
- weder zu leise noch zu laut und
- weder zu langsam noch zu schnell (vgl. Harriefeld 1993, S. 28)

sprechen. Auch Sprechen lässt sich lernen. Ein "Sprach-Grundgesetz" sollten Sie beachten: Je dunkler, desto vertrauenserweckender und anziehender ist eine Stimme. Beginnen Sie Ihre Stimme zu trainieren, indem Sie folgende Übung durchführen: Stehen Sie entspannt mit beiden Füßen auf dem Boden. Knie und Hüften sind locker, Rücken gerade. Sie öffnen Ihren Mund während des Sprechens weit. Zur Stimmbildung und sprachlichen Einstimmung eignen sich sehr gut Reime und Zungenbrecher.

4.1.9.3 Blickkontakt

Überprüfen Sie zunächst einmal, welche Art von Blickkontakt Sie bevorzugen. Sind Sie in Ihrem Blickkontakt ein ...

Sechs „Archetypen“

"Heiliger"	Blick gegen den Himmel gerichtet
"Schwammerlsucher"	Blick starr auf den Boden gerichtet
"Manuskriptverehrer"	Blick fest auf die Unterlagen fixiert
"Mediengefangener"	Blick nur auf Folien, Laptop oder Flipchart
"rechts- oder linkslastig"	immer nur eine Raumhälfte im Blick
"Hypnotiseur"	nur auf einen Zuhörer fixiert (vgl. Will 1997, S. 36)
„Fernseher“	Blick zum Fenster hinaus.

Ein geringer Blickkontakt kann den Eindruck von Kälte, Unsicherheit oder Gleichgültigkeit erwecken. Dagegen wird bei intensivem Blickkontakt der Redner als freundlich, natürlich und selbstbewusst wahrgenommen. Aus der Sicht Ihrer Zuhörerschaft hat der Blickkontakt insofern eine weitreichende Bedeutung, als Informationen durch Sprechen mit Blickkontakt besser aufgenommen und länger gespeichert werden können. Versuchen Sie also, immer wieder in die Runde zu schauen und abwechselnd Blickkontakt zu einzelnen Zuhörern herzustellen. Dies gelingt Ihnen insb. dann gut, wenn Sie nicht von Ihrem Manuskript ablesen und möglichst frei formulieren – bspw. mit Hilfe von Stichwortkarten und vorbereiteten Visualisierungen.

4.1.9.4 Körpersprache

Drei Bereiche der Körpersprache

Die Körpersprache lässt sich in die drei Bereiche „Gestik“, „Mimik“ und „Haltung“ unterteilen (vgl. Abbildung 4-5):

Die meisten Zuhörer setzen sich so, dass Sie den Vortragenden sehen können. Der Zuhörer erhält über Mimik, Gestik und Körperhaltung weitere Informationen. Vor allem bemerkt er auf diese Weise, ob der Redner überzeugt ist von dem, was er mitteilt. Ebenso kann der Redner unbewusst durch seine Körpersprache etwas anderes ausdrücken, als er gerade sprachlich mitteilt (z. B. Stirn runzeln bei den Worten "unsere Ergebnisse sind sehr gut").

Abbildung 4-5 *Die drei Bereiche von Körpersprache*

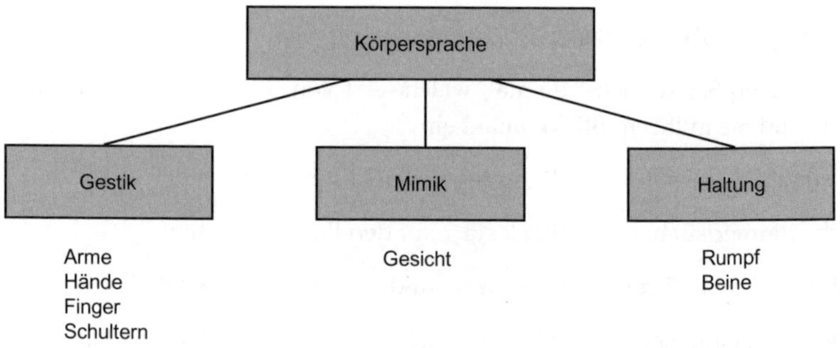

Gestik

Neben Ihrer sprachlichen Ausdrucksform kann insb. Ihre Gestik die Überzeugungskraft Ihrer Ausführungen erhöhen. Sie bestimmt nämlich den Gedankengang mit, sie unterstreicht das persönliche Engagement und verstärkt die Aussage.

Machen Sie Gesten, wenn diese automatisch Ihre Worte unterstreichen. Gesten gehen dem Wort zeitlich immer etwas voraus. Versuchen Sie deshalb, keine künstlichen Gesten aufzuführen. Setzen Sie Gesten sparsam ein, wenn Ihnen nicht nach Gesten zumute ist. Bejahende Gesten sind meist Arm- und Handbewegungen zum Körper hin und nach oben, umgekehrt verneinen Bewegungen nach unten und vom Redner weg. Beschreibende und unterstreichende Gesten werden eher in der Horizontalen ausgeführt.

Mimik

Zur Herstellung einer guten Atmosphäre ist es ebenso hilfreich, wenn Sie Ihre Mimik gezielt einsetzen. Das entspannte und freundliche Gesicht gibt dem Zuhörer mehr Sicherheit als ein unfreundlicher und zu ernster Gesichtsausdruck. Wenn Sie mit einem sehr konzentrierten und ernsten Gesichtsausdruck vortragen, wirkt das auf den Zuhörer unfreundlich. Versuchen Sie deshalb, vor Ihrer Präsentation bewusst für Entspannung zu sorgen, damit Sie unverkrampft ein freundliches und entspanntes Gesicht "aufsetzen" können. Sie werden nebenbei bemerken, dass dieser Gesichtsausdruck und seine freundliche Ausstrahlung auch Ihnen selbst guttut.

Vorteilhaft ist ...

Ihre Körpersprache können Sie günstig einsetzen, indem Sie

- mit beiden Beinen fest auf dem Boden stehen,
- eine aufrechte und lockere, nach vorne offene Haltung einnehmen,
- einen ruhigen Blickkontakt ins Publikum halten,

- ein entspanntes und freundliches Gesicht "aufsetzen",
- eine genügend laute Stimme artikulieren,
- die Hände vor die Körpermitte legen und
- Gesten einsetzen.

Nachteilig ist ...

Dagegen ist es weniger vorteilhaft, wenn Sie

- ständig hin- und hergehen,
- sich mit beiden Händen am Pult festklammern,
- auf den Zehen wippen (sich größer machen),
- Ihre Hände in die Hosentaschen stecken,
- eine steife Haltung einnehmen,
- mit einem Gegenstand spielen (Stift, Ring, Brille, Kreide),
- häufig in Ihrem Manuskript blättern und wühlen und
- fahrige Bewegungen mit den Armen machen (vgl. Ruhleder 1994, S. 13 ff.; Hierhold 1990, S. 254 ff.).

4.1.9.5 Gestaltung der "Bühne"

Medienarrangement

Platzieren Sie bereits im Vorfeld Ihrer Präsentation Ihre Medien (insb. Tageslicht-Projektor, Manuskripttisch, Rednerpult, Flipchart, Pinwand, Stühle der Zuhörer) so, dass Ihnen genügend Bewegungsspielraum zur Verfügung steht. Ein geschicktes Medienarrangement bietet Ihnen die Möglichkeit, nicht immer an derselben Stelle festzukleben. Durch den geplanten Medienwechsel zwischen Projektor, Flipchart und eventuell Pinwand belebt sich Ihre Körpersprache ganz von selbst, weil Sie das Hin- und Hergehen (Vorsicht: nicht hektisch wirken, gehen Sie langsam und bedacht!) zwischen den Medien zur Bewegung zwingt.

4.1.10 Umgang mit Lampenfieber

Symptome

Vielleicht sagen Sie sich vor Ihrer Präsentation, dass das schon irgendwie klappen wird, wenn Sie bloß erst mal richtig "drin" sind. Als viel schlimmer erscheint Ihnen vielleicht das Anfangen, das "Reinkommen". Wahrscheinlich meinen Sie damit das Lampenfieber, das sich an verkrampfter Haltung, feuchten Händen, Herzklopfen, zitternden Gliedmaßen, trockenen Lippen bis hin zu Schwächeanfällen bemerkbar macht. Vielleicht haben Sie beim

Durchlesen der letzten Zeilen auch Ihre besondere Art wahrgenommen, Lampenfieber zu fühlen.

4.1.10.1 Ursachen und Wirkungen von Lampenfieber

Ursachen

Jeder Mensch hat Lampenfieber, wenn er exponiert in die Öffentlichkeit zu treten hat. Lampenfieber kann verschiedene Ursachen haben – bspw. Angst, zu versagen, Angst vor dem Steckenbleiben, Angst vor negativer Kritik, Angst vor unbekannten Situationen, Angst vor Autoritätspersonen, Mangel an Übung, Angst vor vielen Augen.

Das zu wissen, hilft Ihnen allein nicht viel weiter. Sie wollen Ihrem Lampenfieber so gut wie möglich entgegentreten. Das Verdrängen und der Versuch des Unterdrückens von Lampenfieber ist gefährlich. Dadurch wird diese "natürliche Angst" nicht reduziert und schon gar nicht ganz beseitigt. Sie staut sich auf und kommt an anderer Stelle wieder zum Vorschein oder steigert sich derart, dass die betreffende Person nicht mehr in der Lage ist, vorzutragen.

Wirkung

Es geht nicht darum, das Lampenfieber völlig zu verdrängen. Im Gegenteil: Ein gesundes Lampenfieber sorgt dafür, dass Sie leistungsfähiger werden (vgl. Ruhleder 1994, S. 26 ff.).

Situationen, auf die man sich gedanklich einstellen kann, sind meistens weniger fremd und daher auch besser in den Griff zu bekommen. Wenn der Mensch bei bestimmten Ereignissen, die auf ihn zukommen, nicht weiß, was passieren wird, kann die Angst vor dieser unbekannten Situation dem Körper ein feindliches Signal geben und den Stressmechanismus auslösen. Frederic Vester, der bekannte Autor des Buchs "Phänomen Stress" (1988), formuliert diesbezüglich: unbekannt = feindlich = Stress.

Reflexion der Situation

Es hat daher eine angstvermindernde Wirkung, sich die belastende Situation genau vorzustellen. Dabei wird der Dreischritt unbekannt = feindlich = Stress gestört, da die angstmachenden Momente antizipiert werden. In diesem Zusammenhang sind nachstehende Überlegungen sinnvoll:

- Wo findet die Präsentation statt?
- Welche Personen werden anwesend sein?
- Was weiß ich von diesen?
- Wie werden Sie mich anschauen?
- Welche Fragen werden Sie vermutlich stellen?
- Was habe ich für Argumente?

- In welchen Punkten soll ich nachgeben bzw. hart bleiben?
- Welche Entspannungsübungen helfen mir, mich auf diese Situation vorzubereiten?

Lassen Sie Ihre Präsentation mehrmals vor Ihrem geistigen Auge – wie auf einem Video – ablaufen. Die Präsentation läuft in Ihrer Vorstellung positiv ab (mentales Training). Machen Sie eine realistische Generalprobe, vor einem Spiegel oder – besser noch – vor einer anderen Person, der Sie Ihre Präsentation vollständig darbieten.

4.1.10.2 Allgemeine Empfehlungen für den Umgang mit Lampenfieber

Praktische Verhaltenstipps

Es gibt keine Patentrezepte zur Bekämpfung von Lampenfieber, jedoch einige Anregungen, um die Redeangst zu lindern. Neben diesen gilt natürlich: üben, üben, üben ...

- Stehen Sie zu Ihrem Lampenfieber! Es nützt Ihnen sogar. Fehler wirken – wenn diese nicht permanent auftreten – aus der Sicht der Zuhörer positiv, da sie eine emotionale Brücke zu den Zuhörern bauen. Allzu perfekte Vorträge bzw. Präsentationen wirken steril, distanziert und kühl. Die Zuhörer achten mehr und mehr darauf, ob und wann der Redner den ersten Fehler macht.
- Lassen Sie sich Zeit zur Vorbereitung. Eine gute Vorbereitung ist mehr als der halbe Erfolg.
- Machen Sie vor Ihrem Auftritt einen Spaziergang. Versuchen Sie, sich zu entspannen.
- Setzen Sie sich innerlich mit Ihren Zuhörern auseinander.
- Sprechen Sie sich selber Mut zu: "Ich habe den Hörern etwas Wichtiges mitzuteilen und ich kann es interessant vortragen!"
- Lernen Sie die ersten Sätze auswendig oder üben Sie sich in der Loci-Technik (vgl. Abschnitt 4.2.2.2), die Ihnen insb. am Anfang des Vortrags eine wertvolle Hilfe darstellt. Üben Sie Gestik und Mimik vor dem Spiegel.
- Bereiten Sie visualisierte Plakate als Gedankenstütze vor.
- Bedienen Sie sich Ihrer natürlichen Druckventile: tiefe Atmung, bewusste Gestik, laute Stimme.
- Suchen Sie sich unter den Zuhörern ein freundliches Gesicht.

- Sprechen Sie zu Beginn Ihrer Präsentation bewusst langsam, jedoch nicht schleppend oder stockend. Sprechen Sie außerdem nicht zu laut. Damit erzielen Sie eine entspannende Wirkung auf sich selbst.

4.1.10.3 Autosuggestive Hilfen für den Umgang mit Lampenfieber

Positiver Selbstdialog

Autosuggestive Übungen können das Lampenfieber lindern. Diese bestehen insb. in Texten, die Sie – auf sich selbst konzentriert – ruhig, jedoch nachdrücklich sprechen sollten, bevor Sie mit Ihrer Präsentation beginnen. Üben Sie diese Texte bereits vorbereitend:

- Ich habe in meinem Leben schon etwas geleistet, warum soll ich das Reden nicht auch lernen!
- Auch andere Menschen haben solche Ängste und diese nach einiger Zeit verloren. Übung macht den Meister!
- Wenn ich jetzt nicht völlig gelassen bin, kommt das auch daher, dass ich meine Sache und meine Hörer ernst nehme!
- Ein gesundes Lampenfieber ist ganz natürlich und normal!
- Aber ich will die Dinge auch nicht zu ernst nehmen!
- Die Hörer wissen gar nicht, was ich sagen will und wie ich es sagen will!
- Ich brauche jetzt nicht sofort eine Meisterleistung zu zeigen!
- Ich bin ganz ruhig und entspannt! (vgl. Harriefeld 1993, S. 32 ff.)

4.1.11 Interaktionsstrategien für kritische Situationen

4.1.11.1 Wie verhalte ich mich bei "Pannen"?

Steckenbleiben

Steckenbleiben

Generell ist es wünschenswert, dass Sie sich beim Sprechen in einem kontinuierlichen Wortfluss befinden. Jedoch ist niemand gegen das Steckenbleiben gefeit; es kann immer wieder vorkommen. Wesentlicher ist somit die Frage, wie damit umgegangen werden soll. Je nach Situation ist bei einem Steckenbleiben mal die eine und mal die andere Formulierung angebracht:

- Zusammenfassung: "Fassen wir kurz zusammen ..."
- Wiederholung: "Weil es so wichtig ist, sage ich es gerne noch einmal ..."
- Problematisieren: "Ich will es anders sagen ..."
- Etwas "Ausfüllendes" sagen: "Ach, was ich noch sagen wollte: Sie brauchen nicht mitzuschreiben. Sie bekommen noch Unterlagen."

  "Im Raum ist es sehr warm, ich würde gerne mal das Fenster öffnen, wenn Sie damit einverstanden sind?"
- Etwas "Ausfüllendes" tun: Stift ergreifen und "etwas" notieren!

  Ohne Hast auf die Uhr schauen!

  Einen Schluck Wasser trinken!
- Menschlich bleiben: "Oh, jetzt habe ich den Faden verloren!"

  "Jetzt bin ich rausgekommen!"

Ausbleiben des treffenden Ausdrucks

Ausbleiben treffenden Ausdrucks

Entschuldigen Sie sich nicht! Versuchen Sie mit Gesprächsbrücken Zeit zu gewinnen:

"Das Wort liegt mir auf der Zunge ..."

"Sie wissen schon, was ich meine ..."

Wenn trotz allem Nachdenken der richtige Einfall ausbleibt, bekennen Sie Ihre Schwäche. Tun Sie dies selbstsicher und selbstverständlich.

Verunglückte Formulierung

Verunglückte Formulierung

Sie bemerken im Satz, dass ein Bezug nicht stimmt oder Sie sich versprochen haben. Kleine Fehler dieser Art sollten Sie einfach übergehen. Sprechen Sie so weiter, als hätten Sie den Satz richtig gesprochen. Ist der Fall gravierender, können Sie folgende Bemerkung machen:

"Lassen Sie es mich besser, präziser sagen ..."

"Lassen Sie mich den Satz neu beginnen ..."

Überfragt werden

Überfragt werden

Geben Sie zu, wenn Sie in einem bestimmten Punkt überfragt sind. Geben Sie die Antwort dann später. Versuchen Sie, Experten während der Präsentation anzusprechen oder einzubeziehen.

4.1.11.2 Wie gehe ich mit Reaktionen aus dem Publikum um?

Zwischenrufe

In irgendeiner Form wird wohl jeder auf einen Zwischenruf reagieren und sei es nur dadurch, dass man ihn ignoriert. Es gibt zustimmende und ablehnende Zwischenrufe. Bei einem sachlichen Zwischenruf kann es sein, dass einem Zuhörer bspw. aufgefallen ist, dass Sie einen bedeutsamen Aspekt nicht angesprochen haben. Ein Einwand kann durchaus von allgemeinem Nutzen sein. Sie können souverän damit umgehen, wenn Sie sich sagen: Wer Einwände macht, denkt mit!

Sachliche Zwischenrufe

- *Strategien bei sachlichen Zwischenrufen:*

  Kurz beantworten

  Diese Strategie bietet sich an,

  - wenn Begriffsunklarheiten bestehen,
  - wenn die Frage in den Gedankengang passt,
  - wenn genügend Zeit vorhanden ist oder
  - wenn Sie sich sicher fühlen.

  Reagieren Sie mit Sätzen wie: "Gut, dass Sie diesen Punkt ansprechen ..." oder "Ich bin Ihnen dankbar für diese Frage und möchte hierzu Folgendes sagen ...".

  Verschieben

  Diese Strategie ist opportun,

  - wenn die Frage nicht in den Gedankengang passt,
  - wenn der Redefluss gestört wird,
  - wenn daraus eine längere Diskussion entstehen könnte oder
  - wenn Sie später ohnehin darauf zu sprechen kommen.

  Antworten Sie in diesem Fall mit: "Danke, das ist ein guter Einwand, ich werde später darauf zurückkommen."

  Rückfragen

  Diese Strategie bietet sich an,

  - wenn es die Zeit erlaubt,
  - wenn Sie die Frage nicht verstanden haben und
  - wenn Sie Zeit zum Überlegen brauchen.

Sagen Sie dann: "Ich habe nicht genau verstanden, können Sie Ihre Bemerkung (Frage) wiederholen?"

Neutralisieren

Zu dieser Strategie sollten Sie greifen,

- wenn mehrere Fragen hintereinander gestellt werden oder
- wenn Sie keine längere Diskussion entstehen lassen möchten.

Hier formulieren Sie: "Mit diesem Einwand habe ich gerechnet, aber es ist für die anderen Zuhörer interessanter, wenn ich mit meiner Präsentation fortfahre." oder "Diese Kritik ist nicht neu, sie wurde bereits in der Literatur behandelt, auf die ich hier verweisen will."

Ja-aber-Taktik

Diese Strategie ist geeignet,

- wenn ein Ausweichen der Frage Sie als inkompetent erscheinen ließe,
- wenn Sie gute Gegenargumente haben oder
- wenn Sie die fragende Person nicht verunsichern wollen.

Sie sagen dann: "Sie mögen Recht haben mit dieser Bemerkung, aber lassen Sie es mich einmal anders ausdrücken ..." oder "Da stimme ich Ihnen zu, doch haben Sie folgendes bedacht ...?".

- *Strategien bei persönlichen Zwischenrufen:*

Persönliche Zwischenrufe

Persönliche Zwischenrufe haben in der Regel nichts mit dem Thema zu tun und möchten den Vortragenden aus dem Konzept bringen. Derartige Zwischenrufer sollten Sie nicht durch Blickkontakt zum Weitersprechen ermuntern!

- Die Strategie des *Überhörens* bietet sich an, wenn die Kommentare nur vereinzelt auftreten (nicht häufiger als dreimal).
- Die Strategie des *Gegenfragen-Stellens* kann mit Formulierungen wie "Könnten Sie Ihren Einwand nochmals wiederholen?" realisiert werden.
- Die Strategie des *Absicht-Aufdeckens* gelingt mit Aussagen wie "Ich darf Sie doch um mehr Sachlichkeit bitten.", "Ich bitte Sie, sich an die Spielregeln zu halten.", "Ich glaube kaum, dass Ihr Beitrag im Sinne der Zuhörer ist." oder "Wir sollten die Zuhörer fragen, was sie von Ihrer Äußerung halten." (vgl. Ruhleder 1994, S. 21 ff.; Hierhold 1990, S. 292 ff.).

4.1.11.3 Unruhe in der Zuhörerschaft

Wenn die Zuhörer unruhig werden, reagieren die meisten Redner dergestalt darauf, dass Sie lauter sprechen. Diese Alternative führt meist dazu, dass der Redner im Zeitablauf immer lauter werden muss, da sich die Zuhörer in ihrer Unterhaltung nicht stören lassen. Überdies fühlen sich die Teilnehmer gemaßregelt und die Beziehung zu den Zuhören kann dadurch beeinträchtigt werden.

Redepausen als Hilfsmittel

Ein wirksames Mittel besteht darin, leise zu sprechen oder eine Redepause einzulegen. Wenn Sie plötzlich leise sprechen bzw. schweigen, werden die meisten Zuhörer aufmerksam. Die so erzielte Aufmerksamkeit ist jedoch meist nicht von langer Dauer. Sie müssen sich fragen, warum die Zuhörer unruhig geworden sind. Gründe für Unruhe können bspw. sein:

Ursachenanalyse

- Sie sind schwer zu verstehen,
- Sie reden am Thema vorbei,
- die Zuhörer interessiert das Thema nicht,
- die Zuhörer werden gestört, bspw. durch Lärm von draußen oder
- die Temperatur im Raum ist zu hoch.

Ich-Botschaften

Wenn die Unruhe für Sie zum Problem wird, dann haben Sie die Möglichkeit, die Zuhörer in der Form einer Ich-Botschaft (z. B. „Ich empfinde den Geräuschpegel im Raum als zu laut.“) höflich und freundlich nach den Ursachen der Verhaltensänderung zu fragen. Sie erfahren dann bestimmt, was der Grund ist und können entsprechend reagieren. Gelingt es nicht, den Grund für die Unruhe zu beseitigen, sprechen Sie weiter und versuchen, "über die Runden" zu kommen.

Zuhörer lachen

Wenn einige Zuhörer lachen, beziehen Sie es in der Regel nicht auf sich selbst. Wenn es Sie stört, fragen Sie einfach nach: "Habe ich etwas Komisches gesagt?" Meist können Sie der Antwort entnehmen, dass es nichts mit Ihnen zu tun hat. Hängt das Lachen mit dem zusammen, was Sie gesagt haben, dann lachen Sie mit. Dies ist die natürlichste Lösung für derartige Störungen.

Nur wenige Hochschulen unterstützen die Studierenden gezielt beim Erlernen eines eigenen Rede- und Präsentationsstils. Dies ist bedauerlich. Deshalb kann es hilfreich sein, wenn ein Kommilitone oder die Seminarleitung auf den Stil der Präsentation achtet und eine entsprechende Rückmeldung gibt. Zu denken ist auch an den Besuch einer Fortbildungsveranstaltung, die auf das Thema "Rhetorik" ausgerichtet ist. Derartige Kurse werden zu akzeptablen Preisen von Volkshochschulen, kirchlichen Trägern der Erwachsenenbildung und vereinzelt auch von Hochschulen angeboten.

4.2 Prüfungen vorbereiten und bestehen

4.2.1 Prüfungsvorbereitung als zielführende Investition

Mit dem Hochschulstudium werden zahlreiche Einzelziele verfolgt, die sich in zwei Zielbündel einteilen lassen. Einerseits wird mit dem Studium ein "Lernen für das Leben" angestrebt, andererseits wird studiert, um die das Studium abschließenden bzw. das Studium begleitenden Prüfungen zu bestehen. Das zweite Zielbündel ist von der Überlegung getragen, dass alles nichts nützt, wenn das Studium urkundenlos abgeschlossen wird. Es ist nun halt mal so, dass man ohne ein Zertifikat in dieser Welt "nichts" ist und wenig werden kann.

Prüfungsvorbereitung als Black Box

Angesichts dieser Überlegungen ist es geradezu tragisch, dass Studierende im Verlauf des Hochschulunterrichts so gut wie gar nicht über Strategien und Maßnahmen des prüfungsergebnisbezogenen Lernens instruiert werden. Statt dessen konzentrieren die Hochschulen nahezu sämtliche Qualifizierungsmaßnahmen auf den Lernstoff selbst. Viele Designer hochschulbezogener Curricula gehen offenbar davon aus, dass sich Studierende auf autodidaktischem Wege und unter Rückgriff auf ein schier unendliches eigenes Motivationspotential ihre Strategien und Maßnahmen zur Prüfungsvorbereitung "zurechtzimmern" werden. Die hieraus resultierende einseitige Konzentration auf den Lernstoff ist insofern ein schwerer Fehler, weil Wissen über einen konkreten themenbezogenen Sachverhalt viel schneller veraltet als Metakompetenzen, wie sie unter anderem mit der Fähigkeit zum zielführenden Aneignen von Wissen gegeben sind.

Nutzung von Metakompetenzen

Im vorliegenden Abschnitt werden prüfungsvorbereitende Techniken bzw. Maßnahmen vorgestellt, die dieses Defizit überwinden helfen sollen. Diese Techniken bzw. Maßnahmen sind sowohl für abschließende Blockprüfungen als auch für studienbegleitende Klausuren geeignet. Der Entwurf der Techniken bzw. Maßnahmen ist dabei von der Überlegung geleitet, dass Prüfungserfolg von

- der Schwierigkeit der gestellten Aufgaben,
- der Kompetenz des Prüfungskandidaten im jeweiligen Erkenntnisbereich,

- dem Ausmaß seiner Routine sowie
- seinem Stress- und Angstniveau

bestimmt ist. Da Prüfungskandidaten einen vergleichsweise geringen Einfluss auf den Schwierigkeitsgrad der gestellten Aufgaben ausüben können und weil Routine sich erst im Laufe der Zeit einstellen kann, werden die anderen beiden Einflussgrößen in den Mittelpunkt der Betrachtung gestellt. Es werden Techniken und Maßnahmen diskutiert, die eine zügige Aneignung von Lernstoff sowie einen akzeptablen Umgang mit Stress und Angst ermöglichen. Diese Techniken bzw. Maßnahmen werden durch solche flankiert, die auf die Planung der Prüfungsvorbereitung bezogen sind (vgl. auch Höfner/Schachtner 1995).

Drei Aspekte

Im Mittelpunkt der Prüfungsvorbereitungen sowie der nachfolgenden Ausführungen müssen somit die hier genannten Aspekte stehen:

- Maßnahmen zur Sicherung der Denk- und insb. Merkleistung,
- Hilfsmittel zum Umgang mit Anspannung, Angst und Stress sowie
- Aktivitäten zur Planung der Prüfungsvorbereitung.

Eine sorgfältige Handhabung dieser Techniken bzw. Maßnahmen ist nicht zuletzt deshalb empfehlenswert, weil sich unterschiedliche Menschen weniger signifikant hinsichtlich der Informationsverarbeitungskapazität ihres Gehirns unterscheiden, als mancher denken mag. Dies bedeutet, dass nahezu jedermann mit einer sorgfältigen Vorbereitung ordentliche Prüfungsergebnisse erzielen kann.

Bei sämtlichen prüfungsvorbereitenden Aktivitäten gilt, dass sie frühzeitig in Angriff genommen werden sollten und dass auf eine ausgewogene Kombination verschiedener Methoden zu achten ist.

Beim Durcharbeiten der nachfolgenden Abschnitte werden Sie erkennen, dass während der Prüfungsvorbereitung Techniken bzw. Maßnahmen bedeutsam sind, die auch in anderen Phasen des Studiums eine große Rolle spielen und die dementsprechend bereits in einigen vorausgehenden Abschnitten (insb. im Abschnitt 2) dieses Buchs behandelt worden sind. Aus diesem Grunde werden nachfolgend jene Techniken bzw. Maßnahmen ausführlicher präsentiert, die im Zusammenhang der Prüfungsvorbereitung eine *besondere* Rolle spielen. Ansonsten wird mit Querverweisen gearbeitet.

4.2.2 Techniken und Maßnahmen zur Verbesserung der Denk- und Merkleistung

Wollen und Können

Menschliches Handeln bzw. menschliche Leistung werden generell durch die Komponenten des "Wollens" und "Könnens" bestimmt. Dies gilt somit auch für den Bereich der Prüfungsvorbereitung. Grundlage eines jeglichen Vorbereitungserfolgs ist deshalb ein starker Wille, eine hohe Motivation zur Aneignung des Lernstoffs.

4.2.2.1 Eine hohe Motivation: Grundlage einer jeden erfolgreichen Prüfungsvorbereitung!

Motivationsfördernde Maßnahmen

Gerade im Bereich der Prüfungs- bzw. Klausurvorbereitung, die immer durch eine gewisse Ergebnisunsicherheit gekennzeichnet ist, fällt eine starke Motivation nicht vom Himmel. Diese muss durch geeignete Aktivitäten herbeigeführt werden. Folgende Maßnahmen bieten sich zur Motivationsförderung an (vgl. Günther/Sperber 1997, S. 163 ff.):

- Teilen Sie das Gesamtvolumen des zu bewältigenden Lernstoffs in klar umrissene "Happen" ein, die *für Sie* bewältigbar sind.
- Definieren Sie, welche Menge an Lernstoff Sie sich an welchem Tag aneignen wollen.
- Kontrollieren Sie Ihren Lernfortschritt regelmäßig und in relativ kurzen Zeitabständen, um einen Prozess der Selbstverstärkung zu bewirken.
- Greifen Sie während des Vorbereitungsprozesses auf die von der Lerntheorie entdeckten Konditionierungsmechanismen zurück. Belohnen Sie sich, wenn Sie ein bestimmtes Lernziel erreicht haben.
- Arbeiten Sie vorwiegend mit positiven und weniger mit negativen Sanktionen. Belohnen Sie sich also bei einer Erreichung Ihrer Lernziele und bestrafen Sie sich nicht bei einer Verfehlung derselben (zu Methoden der Sanktionierung vgl. Zimbardo/Gerrigs/Hoppe-Graff 1996, S. 224 ff.).
- Wenn Sie gefährdet sind, während des Lernprozesses zu einem Ausweichverhalten zu neigen, dann analysieren Sie dieses Verhalten sorgfältig. Machen Sie sich die Inhalte dieses Ausweichverhaltens bewusst. Setzen Sie die im Rahmen des Ausweichverhaltens gesuchten Aktivitäten als Belohnungen bei Lernerfolg ein.
- Mischen Sie weniger interessante mit interessanten Elementen des Lernstoffs.
- Lernen Sie in der Gruppe (Tipps zur Auswahl geeigneter Mitglieder für Ihre Lerngruppe finden Sie in Abschnitt 2.4.5).

4.2.2.2 Techniken zur Verbesserung der Merkfähigkeit

Lernerfolg ist nicht nur eine Frage des Wollens, sondern überdies auch eine des Könnens (Lernfähigkeit). Wenn Sie Ihre Lern*fähigkeit* steigern wollen, dann müssen Sie sich Techniken zurechtlegen, die Sie von einem stupiden, mühsamen und ergebnisungewissen "Auswendiglernen" bzw. "Pauken" wegführen. Sie müssen Techniken nutzen, die in zuverlässiger Weise Ihre Merkfähigkeit verbessern.

Frühzeitiger Beginn

Bei der Bestimmung derartiger Techniken sollten Sie von der nachfolgenden Überlegung ausgehen: Da nicht nur im Zusammenhang mit Abschlussprüfungen, sondern auch im Hinblick auf studienbegleitende Klausuren umfangreiche Stoffmengen beherrscht werden müssen, ist es erforderlich, mit der Prüfungsvorbereitung so früh wie möglich zu beginnen. Der zu lernende Stoff sollte daher in das Langzeitgedächtnis aufgenommen werden. Dies gelingt am besten, wenn gleichzeitig auf verschiedene Wege des Informationseingangs zurückgegriffen wird.

Typengerechtes Lernen

Sie sollten sich bemühen, das Spektrum der präferierten Lerntechniken auf Ihren eigenen Lerntyp (auditiv, visuell, kinästhetisch) abzustimmen. So wird ein *auditiv* orientierter Studierender das Lernen vorwiegend am gesprochenen Wort (z. B. Lesen und Mitsprechen, Vorlesung, Gespräch, Rhythmisierung, Audio-Lerndisketten) ausrichten, während ein *visuell* orientierter eher zu Grafiken und Bildern (z. B. Assoziationen, innere Bilder, Farben/Symbole, Mind-Maps, Video-Lerndisketten) greift und ein *kinästhetisch* orientierter ausprobierende Methoden (z. B. Lernumgebung gestalten, Modelle erstellen) präferieren wird (vgl. auch Kruppa 1998, S. 76 ff.).

Das Spektrum der zu Prüfungsvorbereitungszwecken vorgeschlagenen Lerntechniken ist überaus vielfältig. Nachfolgend können lediglich die wichtigsten vorgestellt werden.

Loci-Technik

- *Loci-Technik*

  Die auch als "Methode der Orte" bezeichnete Loci-Technik (Locus = Ort) fußt auf der Grundidee, dass die Einprägung eines bestimmten Lernstoffs dann am besten gelingt, (1) wenn dieser mit etwas assoziiert wird, was besonders gut bekannt ist und (2) wenn eine räumliche Form der Assoziation erfolgt (vgl. Metzig/Schuster 1996, S. 80). Bei der Anwendung dieser Technik stellen Sie sich eine gut bekannte Örtlichkeit (z. B. Ihr Haus) vor und verknüpfen mit jedem Teil dieser Örtlichkeit (z. B. Räume) einen Teil des zu lernenden Stoffs. Später unternehmen Sie einen gedanklichen Spaziergang durch die Örtlichkeit (Haus), um die Information wieder abzurufen. In diesem Beispielfall wird die wohl bekannte Struktur des Hauses als Hinweisreiz für den Abruf des Lernstoffs genutzt. Der Lernstoff wird an bestimmte Räumlichkeiten gebunden. Wichtig ist dabei, dass die vorgenommenen Assoziationen auf bekannte Orte bezogen werden. Werden willkürliche Orte gewählt, die wenig Aufmerksamkeit erregen, dann wird die vorgenommene Zuordnung nicht allzu tief eingeprägt (vgl. auch Metzig/Schuster 1996, S. 80 ff.). Zur Einübung derartiger Mnemo-(Gedächtnis-)Techniken bieten sich Seminare und/oder Gedächtnistraining als CD-Produktion an (vgl. Staub 2000).

Die *Technik des Verräumlichens* von Wörtern ist mit der Loci-Technik eng verwandt, aber noch direkter in ihrer Wirkungskonstruktion. Hier schreiben Sie den anzueignenden Lernstoff auf Zettel, die Sie an Orten befestigen, an denen Sie mehrfach täglich vorbeikommen. Auf diese Weise kann der Lernstoff "im Vorübergehen" aufgenommen werden.

- *Finger als Merkhilfen*

Finger als Merkhilfe

Mit der Mnemo-Technik verwandt ist die althergebrachte, Ihnen vielleicht trivial anmutende Methode, die Finger als Merkhilfe einzusetzen (vgl. Glaser 1999, S. 59). Diese "Technik" besticht durch ihre Einfachheit und jederzeitige Anwendbarkeit – die Finger hat man stets bei sich. Methodisch wird dabei dergestalt vorgegangen, dass die anzueignenden Lerninhalte unterschiedlichen Fingern der Hand zugeordnet werden. Am besten gelingt dies, wenn die Zuordnung von Lerninhalt zu einem bestimmten Finger inhaltlich interpretierbar ist. Im Rahmen mündlicher Prüfungen lässt sich der Einsatz der Finger als Merkhilfe durchaus mit einer selbstbewussten Gestik verbinden.

- *Chunking*

Chunking

Das sogenannte Chunking (vgl. Zimbardo/Gerrigs/Hoppe-Graff 1996, S. 242) weist starke konzeptionelle Parallelen zu den beiden Vorgenannten auf. Es beruht ebenfalls auf dem assoziativen Ansatz (vgl. hierzu auch Abschnitt 2.1.3.3). Das Wort "Chunk" stammt aus dem Englischen und bedeutet so viel wie "Batzen", "Brocken" oder "großes Stück". Der Ansatz des Chunking besteht nun darin, den anzueignenden Lernstoff in überschaubare Teile (= Batzen etc.) zu zerlegen, die für sich jeweils interpretierbar sind. Wenn Sie bspw. die Zahlenfolge 19451939191819141871 auswendig lernen sollen, dann bietet es sich an, diese in fünf Chunks zu zerlegen, welche die Eckdaten von Kriegen der deutschen Geschichte markieren (1945, 1939, 1918, 1914 und 1871). Diese fünf Chunks lassen sich wesentlich leichter speichern und abrufen als die komplexe Sequenz der zwanzig Ziffern. Aber auch im verbalargumentativen Bereich ist es möglich, mit Chunks zu arbeiten. Bei Glaser (1999, S. 60) findet sich das Beispiel, dass sich die in der klassischen Periode Griechenlands bedeutsamen Staaten (Sparta, Korinth, Athen und Theben) leicht zu dem Chunk "SKAT" zusammenfassen lassen. Aus dem betriebswirtschaftlichen Bereich stammt das Beispiel der doppelt geknickten Preis-Absatz-Funktion

(PAF), die früher schon aufgrund unterschiedlicher Steigungsgrade zu einem "PAF-PAAF-PAF" verdichtet worden ist. Das Chunking findet freilich dort seine Grenzen, wo es nicht möglich ist, den umfassenden Lernstoff in sinntragende Teile zu dekomponieren.

Gruppierungstechnik

- *Gruppierungstechnik*

Diese Technik ist mit dem Chunking stark verwandt. Sie beruht auf der Erkenntnis, dass die meisten Menschen, die zur Wiedergabe einer Serie von Wörtern aufgefordert werden, diese in gruppierter Weise darlegen. Wenn Sie bspw. die Wörter Hase, Salat, Igel, Stuhl, Tomate, Ratte, Sessel, Lauch, Nachttisch, Sofa, Karotte, Elefant, Rübe, Affe, Kürbis, Lampe, Schwein, Broccoli, Bett, Jaguar, Gurke, Regal, Schreibtisch und Schlange wiedergeben sollen, dann nennen Sie erst Gemüse-, dann Tier- und schließlich Möbelarten. Im Lernzusammenhang spielt diese Technik eine große Rolle, weil sie dort eine inhaltliche Form der Ordnung sucht, wo zunächst keine ersichtlich ist (vgl. Abschnitt 2.2).

Rhythmus und Reim

- *Nutzung von Rhythmus und Reim*

Auch diese Technik blickt auf eine lange Tradition zurück. Bei ihrer Anwendung versuchen Sie, sich schwierige aus Kombinationen bestehende Elemente des Lernstoffs dadurch einzuprägen, dass Sie diese mit eingängigen, lustigen Ergänzungen versehen, die sich auf den zu lernenden Stoff reimen. Aus dem Geschichtsunterricht ist uns bspw. wohl bekannt: "Sieben-fünf-drei – Rom kroch aus dem Ei" (vgl. Metzig/Schuster 1996, S. 108). So ist es leicht möglich, sich auf einfache Weise an das Jahr der ersten urkundlichen Erwähnung Roms zu erinnern. Bei der Anwendung dieser Technik sollten Sie nicht bemüht sein, sich in schwierige Reimkonstruktionen zu versteigen. Amateurhafte Reime erfüllen ebenfalls ihren Zweck.

Ankerworttechnik

- *Ankerworttechnik*

Bei der Ankerworttechnik prägen Sie sich vor dem eigentlichen Lernen des Stoffs eine Anzahl leicht zu merkender Ankerwörter ein. Später assoziieren Sie die Elemente des Lernstoffs mit diesen Ankerwörtern. Die Ankerworttechnik beruht auf der Annahme, dass Ihnen beim Abrufen des Lernstoffs zunächst die leicht merkbaren Ankerworte einfallen, die dann die Erinnerung an die Elemente des Lernstoffs wachrufen. Allerdings muss man sich fragen, ob ein Umweg über einzuprägende Ankerworte günstig ist oder ob es nicht besser ist, zu Ankerpunkten zu greifen, mit denen der Studierende schon von Natur aus vertraut ist (z. B. Loci-Technik).

Kennworttechnik

■ *Kennworttechnik*

Bei dieser auf Wessells (1984, S. 157) zurückgehenden und insb. für das Erlernen einer Fremdsprache bedeutsamen Technik wird eine Verknüpfung zwischen dem zu erlernenden Stoff und einem sich auf diesen reimenden Wort der Muttersprache hergestellt, das als Kennwort bezeichnet wird. Sollen Sie z. B. das englische Wort *Dinner* (Abendessen) lernen, dann können Sie dieses mit dem deutschen Wort *Diener* als Kennwort verbinden. Es kann nun eine interaktive Vorstellung von Kennwort und der deutschen Übersetzung der englischen Vokabel gebildet werden; z. B. dergestalt, dass Sie sich einen Diener vorstellen, der beim Abendessen serviert. Diese Technik ist insofern jedoch gefährlich, weil sie eine endgültige Fehlzuordnung (Dinner = Diener) bewirken kann.

Visualisierungen

■ *Grafiken, Bilder und Gleichnisse*

Gerade in sich vielfach unter Anspannung vollziehenden Lernprozessen spielt der Rückgriff auf direkte (Grafiken und Bilder) und indirekte (Gleichnisse) Visualisierungen eine wichtige Rolle. Wie an anderer Stelle (vgl. Abschnitt 2.1.4.2) bereits detailliert erläutert, begünstigt der Einsatz von Grafiken, Bildern und Gleichnissen nämlich, dass beide Gehirnhälften in den Lernprozess eingeschaltet werden (vgl. Birkenbihl 1995, S. 205 f.). Der Einsatz klarer und übersichtlicher Bilder und Gleichnisse bewirkt ein schnelleres und einprägsameres Erfassen des Lernstoffs. Um in der Prüfungsvorbereitungssituation einen größtmöglichen Nutzen aus Ihren Grafiken, Bildern und Gleichnissen ziehen zu können, sollten Sie das Anfertigen dieser Visualisierungsformen bereits während des Studiums einüben.

Superlearning

■ *Superlearning-Technik*

Die Technik des Superlearning ist in den sechziger Jahren von dem Bulgaren Lozanow entwickelt worden (vgl. Lozanow 1978). Teilweise wird sie als "Blitz-Superlearning", "Lozanow-Technik", "Suggestopädie", "Supermemory" oder "Lernen in neuen Dimensionen" bezeichnet. Sie beruht auf der Arbeit zahlreicher Pädagogen, die den (Sprach-)Unterricht mit Musik verbanden und damit erstaunliche Lernerfolge erzielten. Die Grundidee des Superlearning besteht in der Erkenntnis, dass in einem Zustand der Entspannung eine überdurchschnittlich hohe Aufnahmefähigkeit erreicht werden kann. Durch ein Einspielen von Musik während des Lernprozesses soll die lernende Person in den sogenannten "Alpha-Zustand" versetzt werden. Mit diesem ist eine Daseinsphase gegeben, in welcher der Mensch eine niedrige Pulsfrequenz aufweist (als "Beta-Zustand" wird das normale Wachsein bezeichnet). Der "Alpha-Zustand" ist jedoch keine Phase des normalen Schlafs, sondern ein Zustand höchster geistiger Wachheit in einem äußerlich und innerlich entspannten Körper. Die Superlearning-Konzeption sieht vor, neben Musik (insb. beruhigender Barock-Musik) auch Farben, Tanz und Bewegung als lernunterstützende Medien einzusetzen. Überdies werden atemtechnische Übungen, laute Formen des Lesens mit unterschiedlichen Intonationsformen sowie Methoden der Rhythmisierung zum Zweck der Verbesserung des Lernprozesses genutzt.

Auf Einzelheiten der Superlearning-Technik kann hier nicht eingegangen werden (vgl. hierzu Ostrander/Schroeder 1982; Schiffler 1989; Baur 1990). Zu warnen ist jedoch vor der bisweilen vertretenen Auffassung, dass es durch die Superlearning-Technik möglich wird, nachmittags auf der Wiese zu liegen, sich von CD-Musik berieseln zu lassen, vor sich hinzudösen und gleichsam im Schlaf zu lernen. Derartige Erwartungen enden schnell in herben Enttäuschungen. Auch bei der Anwendung der Superlearning-Technik präsentiert sich das Lernen als eine Form des Arbeitens. Zu warnen ist auch manchen kommerziellen CD-gestützten Schnell-Lern-Kursen, die leicht ein paar hundert Euro kosten können. Auch sie erfüllen die gehegten Erwartungen vielfach nicht.

Regelmäßige Wiederholung

- *Regelmäßige Wiederholung des Lernstoffs*

Obwohl die regelmäßige Wiederholung des Lernstoffs keine ausgefeilte Lerntechnik darstellt, ist mit ihr doch das "A&O" einer jeglichen erfolgreichen Prüfungsvorbereitung gegeben. Eine regelmäßige Wiederholung gelingt dann am besten, wenn nach dem erstmaligen Durcharbeiten des Lernstoffs Übersichtsblätter angelegt werden, die in kurzer und prägnanter Form das Wichtigste des Lernstoffs zusammenfassen (vgl. Abschnitt 2.1.4.2). Diese Übersichtsblätter können Sie abends vor dem Zu-Bett-Gehen durchlesen (jeden Tag einige). Auch hilft ein wiederholtes Aufschreiben dieser Kernelemente des Lernstoffs.

Lernkartei

- *Erstellung und Nutzung einer Lernkartei*

Mit der Lernkartei ist der "physische Abdruck" des regelmäßig wiederholenden Lernens gegeben (vgl. Abschnitt 2.3.4). Die Lernkartei besteht aus einer Serie von Karteikarten, auf denen die zentralen Inhalte der einzelnen Einheiten des Lernstoffs vermerkt sind. Die Lernkartei ist insb. in der Phase der Wiederholung des Lernstoffs ein unentbehrliches Instrument. Die im DIN-A-6-Format angelegten Karteikarten werden im Verlauf eines stufenweisen Prozesses der zunehmenden Informationsverdichtung erstellt. Es hat sich bewährt, die auf die einzelnen Lernmodule bezogenen Karteikarten dergestalt in einer Frage- und Antwortform aufzubauen, dass auf der Kartenvorderseite Fragen und auf der Rückseite die dazugehörende Antworten vermerkt werden (vgl. Vollmer/Hoberg 1988, S. 138 f.; Kruppa 1998, S. 66 ff.). Günstig ist es, wenn innerhalb der Lernkartei *vier Bereiche* gebildet werden (vgl. Rost 1997, S. 88 ff.):

Vier Bereiche

- Der erste enthält Karteikarten zu Lerninhalten, die noch nicht hinreichend beherrscht werden. Diese werden so oft wiederholt (Frage lesen und nach einer Antwort suchen), bis eine fehlerfreie Wiedergabe der richtigen Antwort möglich ist. Bei einer richtigen Beantwortung der Fragen wird die betreffende Karte in den zweiten Bereich "überstellt".
- Die Karten des zweiten Bereichs werden in größeren Abständen (z. B. wöchentlich) überprüft. Zeigt sich ein Beherrschen des betreffenden Lernstoffs, dann werden diese Karten in den dritten Bereich überführt. Karten zu nicht beherrschten Lernbereichen werden in den ersten Bereich zurückgelegt.
- Die Inhalte der Karten des dritten Bereichs werden in noch größeren Abständen (z. B. zweiwöchentlich oder monatlich) überprüft. Können die Fragen richtig beantwortet werden, dann ist davon auszugehen, dass die betreffenden Lerninhalte in das Langzeitgedächtnis vorgedrungen sind. Die entsprechenden Karten können im vierten Bereich abgelegt werden.
- Der vierte Bereich der Kartei enthält Karten zu dem nachhaltig erlernten Lernstoff.

Das Instrument der Lernkartei ist nützlich, da es eine unmittelbare Lernkontrolle ermöglicht, kurzfristige Erfolgserlebnisse vermittelt, dem Muster des behaltenswirksamen Intervalllernens folgt und an den individuellen Lernrhythmus angepasst werden kann.

SQ3R-Methode

Neben diesen Techniken werden in einschlägigen Schriften zahlreiche weitere vorgestellt bzw. diskutiert, zu denen insb. die in Abschnitt 2.1.1 besprochene SQ3R-Methode sowie die in Abschnitt 2.4 dargelegte Gruppenarbeit gehören.

Anwendung von „Eselsbrücken"

Bei einem Vergleich der zuvor erläuterten Techniken zur Verbesserung der Merkfähigkeit wird ersichtlich, dass diese die Merkfähigkeit sicherstellen bzw. steigern wollen, indem sie Assoziationen zwischen dem Lernstoff und einem dem jeweiligen Studierenden vertrauten lebensweltlichen Bereich herstellen. Derartige "Eselsbrücken" sind dann legitim, wenn Sie angespannt sind oder sich einen Lerngegenstand partout nicht einprägen können. Hierin ist jedoch ein wesentlicher Nachteil dieser Techniken zu sehen: Ihr Modus zur Steigerung der Merkfähigkeit beruht letztlich *nicht* in einer vertieften inhaltlichen Auseinandersetzung mit dem Lernstoff selbst. Trotz einer intensiven Nutzung der Techniken zur Verbesserung der Merkfähigkeit sollten Sie eine derartige inhaltliche Auseinandersetzung mit dem Lernstoff in den Mittelpunkt Ihrer prüfungsvorbereitenden Aktivitäten stellen, da nur diese ein nachhaltiges Verstehen von Studieninhalten bewirken kann.

4.2.3 Schaffung lernfreundlicher Rahmenbedingungen

Es steht außer Frage, dass mit einem ungestörten Arbeiten *die* Kernbedingung für eine zielführende Prüfungsvorbereitung gegeben ist. Um ein solches sicherzustellen, muss eine Reihe von Maßnahmen ergriffen werden, die über die Wahl eines atmosphärisch akzeptablen Arbeitsplatzes, die Vorbereitung angemessener Arbeitsmittel, die Vermeidung ablenkender Störungen und Konflikte bis hin zu lernförderlichen Essgewohnheiten reicht.

- *Wahl eines atmosphärisch akzeptablen Arbeitsplatzes*

Arbeitsplatzgestaltung

Sie sollten Ihren Arbeitsplatz so wählen, dass er eine gute Mischung aus möglichst wenig Ablenkung (z. B. kein Lärm, keine unkontrollierte Musik, keine zu häufigen Anrufe, keine zu häufigen Besuche) und möglichst viel Anregung (z. B. durch Pflanzen) bietet. Überdies sollten Sie ihn individuell gestalten (vgl. Glaser 1999, S. 29) und für eine hinreichende Versorgung mit lernunterstützender allgemeiner Literatur sorgen. Achten Sie überdies darauf, dass Ihr Schreibtisch geordnet ist, dass auf diesem eine hinreichende Mindestarbeitsfläche besteht und dass Sie auch sonst hinreichende Ablageflächen zur Verfügung haben. Sehr wichtig sind überdies die Beleuchtungsintensität, die Temperatur und Belüftung des Raumes sowie Ihre Sitzposition. Berücksichtigen Sie die vorgenannten Überlegungen insb. dann, wenn Sie sich mit dem Gedanken tragen, sich in Bibliotheken auf die Prüfungen vorzubereiten (vgl. Abschnitt 3.4.3 – Einzelarbeitsplätze in Bibliotheken).

- *Vorbereitung angemessener Arbeitsmittel*

Arbeitsmittelgestaltung

Achten Sie darauf, dass Sie bereits zu Beginn der Vorbereitungszeit die üblichen Arbeitsmittel (Computer, Drucker, Locher, Papier, Stifte in unterschiedlicher Farbe, Textmarker, Karteikarten, Schere, Klebstoff, Tacker etc.) zur Verfügung haben. Wenn es an diesen Arbeitsmitteln mangelt, werden Sie den Lernprozess immer wieder unvorhergesehen unterbrechen müssen, was zu Lasten Ihrer Konzentration geht.

- *Vermeidung ablenkender Störungen und Konflikte*

Störungsvermeidung

Durch die geschickte Wahl des Arbeitsplatzes haben Sie eine gute Voraussetzung für eine Vermeidung von Störungen geschaffen (vgl. Abschnitt 5.2). Gänzlich vermeiden können Sie diese dadurch jedoch nicht. Daher empfiehlt es sich, alle Personen, mit denen Sie während Ihrer Vorbereitungszeit wiederholt zu tun haben werden, über Ihre Sondersituation zu informieren und bei diesen um Verständnis zu werben, dass Sie in nächster Zeit nicht so oft und intensiv mit ihnen sprechen können. Zur Störungs- und Konfliktvermeidung gehört auch, dass Sie einen klaren

Zeitplan der Prüfungsvorbereitung erstellen, den Sie Ihren privaten Interaktionspartnern mitteilen (vgl. Abschnitt 3.3.2 sowie den nachfolgenden Abschnitt 4.2.5). Manche Studierende versuchen, Störungs- und Konfliktsituationen zu vermeiden, indem sie sich während der Vorbereitungszeit an einen fernen, geheimen Ort zurückziehen. Wenn Sie Derartiges ins Auge fassen, prüfen Sie kritisch, ob Sie an diesem Ort hinreichend Lerninfrastruktur zur Verfügung haben werden. Auf Mallorca gibt es zwar viel Sonne, deutschsprachige Bibliotheken jedoch kaum. Auch kann bei dieser Lösung eine überdurchschnittliche Vereinsamung eintreten.

- *Lernförderliche Ernährung und Essgewohnheiten*

Ernährung

Während der Zeit Ihrer Prüfungsvorbereitung müssen Sie Höchstleistungen erbringen. Optimal ist es, wenn Sie Ihre Ernährungs- und Essgewohnheiten darauf abstimmen. Denken Sie an Spitzensportler, die sich bei der Nahrungsaufnahme überaus kontrolliert verhalten. Nehmen Sie während der Prüfungsvorbereitungszeit *wenig* Fette und Kohlenhydrate (Mehlspeisen, Kartoffeln, Weißbrot, Zucker) und dafür *mehr* Eiweiß, Vitamine sowie Ballast- und Mineralstoffe (Fisch, Fleisch, Milchprodukte, Salate, leichtes Gemüse, Obst, Trockenfrüchte, Nüsse, Hülsenfrüchte, Vollkornbrot) auf. Bedenken Sie, dass eine hochdosierte Zuckerzufuhr, bspw. durch Schokolade, lediglich einen kurzzeitigen Leistungsschub bewirken kann; effizienter ist es, den Blutzuckerspiegel durch mehrere kleinere Mahlzeiten konstant zu lassen. Sie sollten bis zu drei Liter pro Tag in Form von Tee, Wasser oder Fruchtsäften trinken.

4.2.4 Anspannung, Stress und Angst während der Prüfungsvorbereitung

Für Prüfungskandidaten haben Prüfungen immer etwas Ungewisses an sich und dies ist die Ursache dafür, dass praktisch alle Prüfungskandidaten im Vorfeld von Prüfungen gewisse Anspannungs-, Stress- bzw. Angstsituationen durchleben. Anspannung, Stress und Angst sind als unterschiedliche Intensitäten bzw. Abstufungen eines wesensgleichen Phänomens zu begreifen, das sich in spezifischen und unspezifischen Reaktionen des Organismus auf Reizereignisse niederschlägt. Sowohl bei Anspannung als auch bei Stress und Angst stehen emotionale Reaktionen im Vordergrund. Diese Reaktionen stören das Gleichgewicht des Individuums und seine Fähigkeit zur Bewältigung von Belastungen (vgl. Zimbardo/Gerrigs/Hoppe-Graff 1996, S. 370 ff.). Begründet sind Anspannung, Stress und Angst in einer Furcht vor dem Versagen. Aufgrund der Ähnlichkeit von Anspannung, Stress und Angst soll nachfolgend ausschließlich von der intensivsten Ausprägungsform, der

(Prüfungs-)Angst gesprochen werden. Das Dargelegte gilt jedoch für Anspannungs- und Stresszustände gleichermaßen.

Auswirkungen

Prüfungsbedingte Angstzustände können sich in vielerlei Weise auswirken. Häufig anzutreffen sind ein allgemeiner Konzentrationsmangel sowie psychosomatische Beschwerden wie Schlafstörungen, allergische Reaktionen (z. B. Hautausschläge), Herz-Kreislauf-Probleme und Magen-Darm-Probleme.

Handhabung

Im Zusammenhang mit der Handhabung von prüfungsbedingten Angstzuständen besteht das generelle Problem, dass aufgrund des vorhandenen Zeitdrucks eine grundlegende, problemzentrierte Ursachenbehandlung vielfach nicht möglich ist. Das Ziel des Umgangs mit Prüfungsangst muss es also sein, diese auf einem erträglichen Niveau zu halten und nicht in einen in immer höhere Ebenen führenden Teufelskreis hineinzugeraten. Wie vermeidet man nun aber den Eintritt in diesen Teufelskreis und wie kommt man aus diesem wieder heraus?

Schrittweises Vorgehen

Der erste Schritt einer Angstbehandlung besteht in der Untersuchung, ob das vorhandene Angstniveau noch im Bereich des Normalen liegt oder nicht. Von einer über das Normalmaß hinausgehenden, Interventionen notwendig machenden Prüfungsangst wäre dann zu sprechen, wenn mindestens eines der vorgenannten Symptome anzutreffen ist. Liegt eine derartig erhöhte Prüfungsangst vor, dann sollten Sie in einem zweiten Schritt versuchen, allein oder besser mit Hilfe einer vertrauenswürdigen Person (z. B. Studierendenberatung) die angstauslösenden Momente zu untersuchen. Darauf aufbauend sollten Sie dann in einem dritten Schritt geeignete Methoden zur Handhabung der Prüfungsangst anwenden. Das Spektrum möglicher Maßnahmen erstreckt sich von *kognitiv orientierten Aktivitäten* über *psychologisch-emotional orientierte* bis hin zu *ärztlich-medikamentösen Aktivitäten*.

Behandlungsaktivitäten

- *Kognitiv orientierte Aktivitäten* sind bedeutsam, da Prüfungsangst letztlich in der Furcht besteht, den intellektuellen Anforderungen der Prüfungssituation nicht gerecht zu werden. Daher sollten Sie versuchen, das Ausmaß Ihres "Vorbereitet-Seins" auf die Prüfungssituation so weit wie möglich zu steigern. Zu einer sorgfältigen inhaltlichen Auseinandersetzung mit dem Lernstoff gehören die an anderer Stelle dieses Buchs (vgl. Abschnitt 4.2.2) dargelegten Techniken zur Steigerung der Merkfähigkeit (insb. die Einteilung des Lernstoffs in bewältigbare Lernmengen sowie die regelmäßige Kontrolle zu Selbstverstärkungszwecken). Besonders empfehlenswert ist auch das Anlegen eines Tagebuchs, weil so das bereits Geleistete jederzeit nachvollzogen werden kann. Zweckdienlich ist des Weiteren eine aktive Vorab-Auseinandersetzung mit der Prüfungssituation, da so eine systematische Desensibilisierung bewirkt werden kann. Schließlich sollten Sie die Möglichkeit des Lernens in Gruppen (vgl. Abschnitt 2.4) prüfen, da Sie hierdurch die Normalität von Prüfungsangst verspüren ("die anderen sind ebenfalls unsicher") und ein Feedback Ihres Lernfortschritts erhalten können.

- Der Einsatz *psychologisch-emotionsorientierter Aktivitäten* findet in der Einsicht seinen Ausgangspunkt, dass Anspannung, Stress und Angst keinesfalls etwas Schlechtes, sondern etwas Gutes sind, weil sie – wenn sie in gemäßigtem Umfang auftreten – unser Aufmerksamkeitsniveau erhöhen. Demzufolge sollten Sie sich zu Ihren im Vorfeld von Prüfungen auftretenden Angstsituationen bekennen. Das Spektrum der im Anschluss daran einzusetzenden psychologisch-emotionsorientierten Aktivitäten ist weit und reicht von Yoga- und Atemübungen, autogenem Training, Meditation, progressiver Muskelentspannung, Biofeedback, Autosuggestion, Hypnose, Gedankenreisen bis hin zu Bewältigungsbildern. Auf diese Methoden kann hier nicht detailliert eingegangen werden; das einschlägige Schrifttum hält zielführende Hinweise bereit (vgl. Günther/Heinze/Schott 1977, S. 79 ff.; Kruppa 1998, S. 18 ff. und S. 26 ff.; Schräder-Naef 1994, S. 205 ff.). Bedenken Sie jedoch, dass derartige Methoden erst längerfristig wirken und teilweise auch überaus kostenintensiv sind. Überdies sollte eine derartige psychologisch-emotionsorientierte Intervention stets unter Anleitung von Psychologen erfolgen.

- Die dritte Gruppe beinhaltet *medikamentgestützte Aktivitäten* zur Überwindung von Prüfungsangst. Es ist bekannt, dass im Kontext von Prüfungen sehr häufig zu Medikamenten gegriffen wird. Aufgrund der bestehenden Suchtgefahr und der Zweifelhaftigkeit ihrer positiven Wirkung sollten Sie jedoch mit äußerster Zurückhaltung zu einer medikamentösen Eindämmung von Prüfungsangst greifen. Auf jeden Fall darf sie nur unter Hinzuziehung und Überwachung eines Arztes erfolgen.

Methodenmix

Wie bei den generellen Aktivitäten zur Vorbereitung auf Prüfungen sollten Sie im Zusammenhang mit Prüfungsangst unterschiedliche Strategien parallel zueinander anwenden. Und schließlich sollten Sie nicht dem Trugschluss unterliegen, dass man bis zur totalen Erschöpfung lernen muss. Wichtig ist ein Einstreuen von Entspannungen sowie Ausgleichsbewegungen.

4.2.5 Planung des Prüfungsvorbereitungsprozesses

Unabhängig davon, ob Sie studienbegleitende Klausuren oder ein abschließendes Blockexamen zu absolvieren haben, ist eine gezielte Planung der Prüfungsvorbereitung erforderlich. Im erstgenannten Fall gilt es, durch Planung eine Prüfungsüberlastung am Semesterende zu vermeiden. Im zweitgenannten Fall muss mittels der Planung ein Weg zur Bewältigung der extrem großen Stoffmenge gefunden werden.

In diesem Buch findet sich ein spezieller Abschnitt, der dem Thema "Studienplanung" gewidmet ist (vgl. Abschnitt 5.3). Aber auch im Abschnitt 3.3 (Planung des Projekts einer wissenschaftlichen Arbeit) finden sich planungsorientierte Hinweise. Diese Tipps sind zumindest in analoger Form auf den Bereich der Planung des Prüfungsvorbereitungsprozesses übertragbar.

Methoden der Prüfungsplanung

Nachfolgend sind einige besonders wichtige prüfungsvorbereitungsspezifische Tipps zusammengestellt:

- Erarbeiten Sie sich zunächst eine Liste von Lehrveranstaltungen bzw. Fächern (nachfolgend soll nur noch von „Fächern" gesprochen werden), über die Sie sich am Semester- oder Studienende prüfen lassen wollen.
- Um möglichst lerneffizient handeln zu können, sollten Sie sich bemühen, bereits vor dem Beginn des Vorbereitungsprozesses die in den Prüfungen der einzelnen Fächer zu erwartenden Anforderungen und Schwerpunkte zu bestimmen. Derartige Informationen können Sie durch Gespräche mit Lehrenden und Kommilitonen höherer Semester gewinnen.
- Versuchen Sie, eine Gewichtung des Aufwands sowie der Reihenfolge der einzelnen Prüfungsfächer festzulegen.
- Bestimmen Sie den Anfangszeitpunkt Ihrer Prüfungsvorbereitungsaktivitäten unter Berücksichtigung der Anforderungshöhe sowie Ihrer arbeitstäglichen Lernleistung.
- Planen Sie Ihre prüfungsvorbereitenden Aktivitäten auf unterschiedlichen Ebenen (lang-, mittel- und kurzfristige Prüfungsplanung). Wenden Sie die in den Abschnitten 5.3.5, 5.3.6 und 5.3.7 dargelegten Methoden in analoger Weise an.
- Wählen Sie eine rhythmisch-zyklische Abfolge des Lernens, wie es bei der Vorstellung von Lernkarteien (vgl. Abschnitt 4.2.2.2) dargelegt worden ist.
- Bestimmen Sie sorgfältig diejenige tägliche Lernzeit, die für Sie individuell am besten ist (morgens, nachmittags oder abends) (vgl. Abschnitt 5.3.7.2). Richten Sie Ihre kurzfristige Lernplanung danach aus.
- Unterbrechen Sie Ihren Lernprozess in relativ regelmäßigen Abständen durch vorgesehene Pausen (vgl. Tabelle 5-7). So belegt die jüngere Lernforschung (Kornell 2010) die positiven Wirkungen eines „space out". Um eine größtmögliche Motivationswirkung zu erzielen, sollten Sie die Pausen so legen, dass jeweils ein Arbeitsschritt abgeschlossen ist.

- Schließen Sie Ihre Prüfungsvorbereitungen am Tage vor der jeweiligen Prüfung ab. Nutzen Sie die Stunden vor der Prüfung zu Entspannungszwecken.

4.2.6 Sonderprobleme bei schriftlichen und mündlichen Prüfungen

Kongruenz von Informationskanälen

Schriftliche und mündliche Prüfungen unterscheiden sich erheblich voneinander. Eine wesentliche Differenz besteht darin, dass Prüfungskandidaten im Falle schriftlicher Prüfungen längere Zeit über die gestellten Fragen nachdenken können, während in der mündlichen Prüfung ein Ad-hoc-Handeln gefordert ist. Dieser Unterschied führt dazu, dass die Mehrzahl der Studierenden sich eher vor mündlichen als vor schriftlichen Prüfungen fürchtet. Daher werden mündliche Prüfungen bei den nachfolgenden Hinweisen eindeutig in den Vordergrund gestellt. Unabhängig vom Prüfungstyp gilt jedoch, dass Sie während der Prüfungsvorbereitung jeweils vorrangig jene Informationskanäle nutzen sollten, die Sie auch in der Prüfung selbst zu wählen haben. Dies bedeutet, dass Sie im Vorfeld der schriftlichen Prüfung vorwiegend schreibend und bei der mündlichen Prüfung vorwiegend sprechend (durch *lautes* Sprechen) lernen sollten.

4.2.6.1 Vorbereitung von und Verhalten in schriftlichen Prüfungen

Tipps für schriftliche Prüfungen

Schriftliche Prüfungen können in der zeitlichen Dimension stark variieren. Während die schriftlichen Prüfungen nach dem alten Blockexamen bis zu fünf Zeitstunden dauern können, erstrecken sich die in der Bachelor-Master-Welt üblichen Klausuren üblicherweise auf eine Zeitstunde. Trotz dieser Unterschiedlichkeit sollten Sie die folgenden Hinweise beachten:

- Lesen Sie die Prüfungsfragen (mehrfach) gründlich durch. Dies ist dann besonders wichtig, wenn Sie die Möglichkeit zur Auswahl einzelner Prüfungsfragen haben. Planen Sie für das Durchlesen und die Auswahl fünf bis sieben Prozent der Prüfungszeit ein.
- Schreiben Sie auch dann noch nicht sofort los. Versuchen Sie, ein Lösungskonzept zu entwickeln. Der Entwurf eines Lösungskonzepts ist besonders wichtig, wenn Ihnen sogenannte "Drei-Wort-Fragen" gestellt werden, die große Interpretationsspielräume eröffnen und konzeptionelle Fähigkeiten verlangen. Versuchen Sie, Ihr Lösungskonzept zu visualisieren (vgl. Abschnitt 3.5 – Konzeptioneller Bezugsrahmen).

- Entwerfen Sie im Falle länger andauernder Blockprüfungen einen Zeitplan zur Beantwortung der Prüfungsfragen bzw. zur Ausfüllung Ihres Lösungskonzepts und halten Sie diesen bei Anfertigen des Lösungstexts so weit wie möglich ein.
- Unterlassen Sie es, die Fragen in einem stenogrammartigen (spiegelstrichartigen) Antwortstil zu beantworten. Versuchen Sie, in Ihrer Lösung so weit wie möglich zu argumentieren.
- Planen Sie am Ende der Prüfungszeit ein Zeitelement ein, in dem Sie Ihre Lösung nochmals durchsehen und ggf. geringfügig überarbeiten.

4.2.6.2 Vorbereitung von und Verhalten in mündlichen Prüfungen

Besonderheiten der Situation mündlicher Prüfungen

Mündliche Prüfungen dauern üblicherweise 20 bis 30 Minuten. An den Prüfungen nimmt neben dem Prüfer und den Kandidaten ein Beisitzer teil, der den Prüfungsverlauf protokolliert, im Regelfall ist dies ein Mitarbeiter des Prüfers. Mündliche Prüfungen finden vielfach im Arbeitszimmer des Prüfers statt. Die hierdurch und durch andere strukturelle Besonderheiten erzeugte asymmetrische Interaktionssituation macht mündliche Prüfungen für die Kandidaten besonders schwierig. Im Regelfall sind die Kandidaten in einer unterlegenen Position. Hinzu kommt, dass mündliche Prüfungen ein gewisses Willkür*potential* in sich bergen – allein schon deshalb, weil unterschiedliche Kandidaten Ungleiches gefragt werden. Hinzu kommt, dass bei einem eventuellen Versagen ein entsprechendes Feedback sofort in der Situation auf den Kandidaten einströmen kann und daher die Angst vor Schamgefühl besonders groß ist.

Trotz einer soliden Vorbereitung gelingt es vielen Kandidaten daher nicht, ihr großes Wissen in der mündlichen Prüfung angemessen zu präsentieren. Ein adäquates "Sich-Verkaufen" fällt den Kandidaten insb. dann schwer, wenn die mündlichen Prüfungen erst nach den großen schriftlichen Abschlussprüfungen stattfinden. In diesem Fall scheint "die Luft schon raus zu sein". Im Regelfall trifft dies jedoch nicht zu, da an den meisten Hochschulen die mündlichen Prüfungen ein ganz erhebliches Gewicht aufweisen (oft die Hälfte der Examensnote des jeweiligen Faches). Eine sorgfältige Auseinandersetzung mit dem Problemkomplex "mündliche Prüfungen" ist also geboten.

Ausprägungsformen mündlicher Prüfungen

Das Frageverhalten und die Antworterwartungen von Prüfern in mündlichen Prüfungen variieren stark. Häufig anzutreffende Unterschiede bestehen darin, dass einige Prüfer

- sich ein Prüfungsgespräch in der Form des gemeinsamen Nachdenkens wünschen, während andere den Kandidaten eher verhören wollen,
- auf konzeptionelles Wissen und andere auf Faktenwissen abheben,
- übergeordnete Sachverhalte thematisieren, während andere an Details interessiert sind,
- innovative Gedanken entwickeln lassen, während andere bestehendes Wissen wiedergegeben haben wollen,
- den Kandidaten längere Zeit sprechen lassen, während andere zahlreiche Zwischenfragen stellen,
- den Kandidaten in Bedrängnis bringen und andere eher zurückhaltend sind, wenn sie eine Schwäche des Kandidaten verspüren,
- ihre Fragen klar und verständlich formulieren, während andere diffuse Antwortaufforderungen äußern und
- deutlich zu Schwerpunktthemen neigen, während andere breit, ja schier wahllos fragen.

Aufgrund dieser Streuungen ist es schwierig, an dieser Stelle universell gültige Hinweise für ein adäquates Verhalten in mündlichen Prüfungen bereitzustellen.

Tipps für mündliche Prüfungen

Zum Verhalten vor und während der mündlichen Prüfungen sind im Schrifttum zahlreiche Hinweise vorhanden (vgl. insb. Adl-Amini 1992; Gourmelon/Mayer/Mayer 1992; Koeder 1994; Schräder-Naef 1994; Koeder/Hamm 1997; Rost 1997; Theisen 1998). Hier können nur die wichtigsten angesprochen werden:

- Wenn Ihnen die Möglichkeit zur freien Prüferwahl eingeräumt wird, dann treffen Sie die entsprechende Entscheidung frühzeitig, immer jedoch erst im Anschluss an sorgfältige Rechercheaktivitäten, in deren Mittelpunkt die nachfolgend präzisierten Informationsinhalte stehen.
- Bemühen Sie sich sorgfältig um die Einholung von Informationen über den Verlauf der anstehenden mündlichen Prüfung. Nur so wird es Ihnen möglich sein, die auf Sie zukommende Situation angemessen zu antizipieren. Ihre Informationseinholung sollte sich (1) auf den Prüfungsablauf (z. B. Einzel- oder Gruppenprüfung; bei Gruppenprüfungen die Reihenfolge des Zu-Wort-Kommens der Kandidaten etc.) sowie (2) auf Besonderheiten des Prüfers (z. B. Art der gestellten Fragen; Verhalten bei Nichtbeantwortung von Fragen etc.) beziehen. Als Informationsquelle kommen grundsätzlich der Prüfer selbst, der Beisitzer, Betreuer von Übungen sowie Studienberatungseinrichtungen Ihrer Hochschule in Be-

tracht. Am besten ist es jedoch, wenn Sie bereits ein Semester vor dem eigentlichen Prüfungstermin an einer Prüfung teilnehmen, die vom gleichen Prüfer abgenommen wird.

- Klären Sie insb. ab, ob Sie im Rahmen der mündlichen Prüfung eine Präsentation zu einem bestimmten Thema zu halten haben. Trifft dies zu, dann bereiten Sie sich unter Nutzung der in Abschnitt 4.1 dargelegten Techniken auf diese Präsentation sorgfältig vor.
- Holen Sie auch Informationen über Äußerlichkeiten der mündlichen Prüfung ein. Derartige Informationen werden in Prüfungsordnungen sowie im Prüfungsamt bereitgestellt.
- Falls Ihr Prüfer ein Prüfungskolloquium veranstaltet, sollten Sie an diesem unbedingt teilnehmen. Andernfalls sollten Sie sich mit ihm im Vorfeld Ihrer Prüfung bekannt machen, so dass er Sie nicht in der Prüfung zum ersten Mal sehen wird.
- Greifen Sie bei Ihrer Vorbereitung auf die mündliche Prüfung ebenfalls auf die in Abschnitt 4.2.2 dargelegten Techniken zurück.
- Überlegen Sie sich bereits einige Tage vor der mündlichen Prüfung, ob es Ihnen recht ist, wenn an der Prüfung andere Studierende als Zuhörer teilnehmen. Hierüber dürfen Sie nämlich selbst entscheiden und in der konkreten Prüfungssituation werden Sie aller Voraussicht nach zu angespannt sein, um eine vernünftige Entscheidung treffen zu können.
- Beachten Sie die in Ihrer Disziplin übliche Kleidungskultur für mündliche Prüfungen. An anderer Stelle wurde bereits darauf hingewiesen, dass derartige Nebensächlichkeiten in der Realität (leider) eine gewisse Rolle spielen.
- Stellen Sie sicher, dass Sie rechtzeitig am Prüfungsort eintreffen (d. h. auch nicht zu früh).
- Bemühen Sie sich, in der Prüfung selbst als "freundlicher Mensch" aufzutreten. Dies ist insofern wichtig, als in mündlichen Prüfungen auch die berufliche Handlungs- und Sozialkompetenz mitbeurteilt werden kann.
- Bekennen Sie sich dem Prüfer gegenüber ruhig zu Ihrem Lampenfieber.
- Wenn Sie „keine Ahnung“ zu einem Fragenkomplex haben, sagen Sie das so früh wie möglich. Sie geben dadurch dem Prüfer die Möglichkeit, auf ein ganz anderes Gebiet zu wechseln.
- Versuchen Sie sich auf die Ihnen gestellten Fragen zu konzentrieren (bei einigen Prüfern können dies auch Fragen sein, die der Co-Kandidat nicht beantworten konnte).

- Wenn Sie eine Fragestellung nicht verstanden haben, dann bitten Sie um die Wiederholung der Frage.
- Bemühen Sie sich, dass Sie Ihr "Pulver nicht zu schnell verschießen". Beantworten Sie die gestellte Frage nicht gleich vollständig mit den ersten drei Worten des ersten Satzes. Holen Sie andererseits jedoch nicht zu weit aus und schweifen Sie auch nicht ab.
- Bedenken Sie, dass Ihre mündliche Prüfung Teil eines Hochschulstudiums ist und versuchen Sie daher, durch Ihr Antwortverhalten zu zeigen, dass Sie Ihre konkreten Lösungsvorschläge auf der Basis übergeordneter Theorien entwickelt haben.
- Versuchen Sie, in der Prüfung einen eigenen Standpunkt zu beziehen, den Sie natürlich argumentativ stützen müssen. Verzichten Sie darauf, dem Prüfer das Wort zu reden.

5 Tipps für eine effektive und effiziente Studienplanung und -organisation

5.1 Konsequenzen eines Studiums ohne Planung und Organisation

Viele Studierende sind trotz großer Arbeitsbelastung nicht bereit, die zur Verfügung stehende Zeit optimal einzuteilen. Die Befürchtung, durch Zeitplanung an Lebensqualität zu verlieren und Spontaneität einzubüßen, führt häufig zu einer generellen Ablehnung einer systematischen Vorgehensweise beim Studieren. Ein beliebtes, jedoch weniger bewährtes Verfahren wird im "Sich-Durchwursteln" gesehen (vgl. Lindblom 1963, S. 41 ff.).

Beispiele für ein „Durchwursteln"

Vielleicht kommen Ihnen einige der nachstehend aufgeführten Schwierigkeiten im Umgang mit der Zeit nicht ganz unbekannt vor.

- Das *"Vor-sich-her-Schieben" von anstehenden Aufgaben* führt zu einem Sich-Verzetteln. Da man kein klares Ziel vor Augen hat, werden Störungen aller Art (unwichtige Telefonate bzw. Anrufe, Geschäftigkeiten, Lieblingsbeschäftigungen, Abspülen macht plötzlich Freude) zu willkommenen Unterbrechungen.
- *Eine allgemeine Mühe und Unlust, die Arbeit aufzunehmen.* Da man über keinen Arbeitsplan für die anstehenden Aufgaben verfügt, ist man ständig am Anfangen und am Entscheiden, was man denn nun als nächstes zu erledigen hat. Dieses Hin und Her lässt viel kostbare Zeit verstreichen, bis sich endlich ein konzentriertes Arbeiten einstellt.
- Der *Wunsch, viel auf einmal tun zu wollen.* Verschiedene Tätigkeiten werden angefangen, aber wieder abgebrochen, bevor überhaupt ein Resultat erreicht worden ist. Bedenken Sie "Wer zwei Hasen jagt, fängt meistens keinen."
- *Unangenehme Pflichten werden aufgeschoben und im letzten Drittel der verfügbaren Zeit angegangen* – obwohl sie genauso gut hätten im ersten Drittel getätigt werden können. Kurz vor dem Abgabetermin für eine schriftliche Arbeit bzw. vor einer Prüfung wird dann bis zur Erschöpfung gearbeitet.

- Die *persönliche Leistungskurve wird nicht beachtet.* So wird in Phasen höchster Leistungsbereitschaft kopiert und in eher leistungsschwachen Zeiten werden Aufgaben angegangen, die äußerst schwierig sind und eine große Aufmerksamkeit verlangen.

- Das *schlechte Gewissen ist ein permanenter Begleiter geworden;* dadurch kann die Freizeit nicht richtig genossen werden: "Eigentlich sollte ich doch, ...". Eine echte Entspannung wird somit verhindert, was wiederum dazu führt, dass beim Lernen ein Konzentrationsmangel entsteht und die Motivation auf Null sinkt.

Koordination von Studiendauer und Examensnote

Lange Studienzeiten sind in aller Munde. Es ist unbestritten, dass ein fundiertes Studium sowie gute Prüfungsergebnisse ihre Zeit erfordern. Auch die enorme Stofffülle, die es zu bewältigen gilt, fördert nicht gerade eine kurze Studiendauer. All diese Gründe dürfen jedoch nicht den Blick auf eine angemessene Studiendauer verstellen. So zeigen bspw. Untersuchungen, dass die Gesamtnote von Absolventen eng mit der Studiendauer verknüpft ist: Die an der Studienzeit gemessen schnellsten Studierenden erbringen die besten Leistungen (vgl. Corsten/Deppe 1996, S. 12; Müller 1990, S. 150). Die Volksweisheit "Ein Arbeitsvorhaben dauert so lange, wie ich Zeit dazu habe", verweist auf die Tatsache, dass vor allem eine zielgerichtete Planung und eine entsprechende Zeiteinteilung die Basis des Erfolgs sind.

Die schwierige Situation an den Hochschulen (bspw. die Festlegung von Höchststudiendauern oder die wachsende Zahl von Studierenden etc.) erfordert ein planmäßiges Vorgehen während der Studienzeit und die Fähigkeit, sich "selber managen" zu können. Selbstmanagement beinhaltet insb., dass Sie sich Gedanken machen, was Sie erreichen möchten, was das Wichtige für Sie ist und wie Sie dies erreichen können (vgl. Koeder 1994, S. 68).

Des weiteren beinhaltet Selbstmanagement die konsequente und zielorientierte Anwendung bewährter Arbeitstechniken in der täglichen Praxis, um sich selbst und die eigenen Lebensbereiche so zu führen und zu organisieren ("= zu managen"), dass die zur Verfügung stehende Zeit sinnvoll und optimal genutzt wird (vgl. Seiwert 1984, S. 12).

Vorteile Selbstmanagement

Ein konsequentes und zielorientiertes Selbstmanagement bietet folgende Vorteile:

- Sie erledigen Ihre Aufgaben mit weniger Aufwand.
- Sie organisieren Ihr Studium besser.
- Sie erzielen bessere Studienergebnisse.
- Sie haben weniger Stress.
- Sie verspüren einen geringeren Leistungsdruck.

- Sie erleben eine größere Zufriedenheit.
- Sie sind besser motiviert.
- Sie entwickeln sich weiter und qualifizieren sich für höhere Aufgaben.
- Sie machen weniger Fehler.
- Sie erreichen Ihre Ziele besser (vgl. Seiwert 1984, S. 15).

Dieser Abschnitt möchte Sie unterstützen und anleiten, über Ihre persönliche Studiensituation nachzudenken und diese gezielt zu optimieren: Sie lernen Ihre Zeitdiebe kennen, bestimmen Ihre persönlichen Ziele und planen die Realisierung Ihrer Ziele.

5.2 "Hilfe, die Zeit läuft mir davon!" Mein persönlicher Umgang mit der Zeit

Eine Parabel vorweg

"Ein Mann war dabei, Bäume zu fällen, um einen Zaun zu errichten. Ein alter Waldarbeiter kam des Weges, schaute dem Mann eine Weile zu und sagte dann: "Ihre Säge ist ein bisschen stumpf, stimmt's?" "Kann schon sein", entgegnete der Mann. "Wär's nicht besser, sie zu schärfen?" "Später vielleicht. Ich kann jetzt nicht unterbrechen – ich muss zuerst all diese Bäume fällen." (Mackenzie 1991, S. 25).

Haben Sie sich auch schon in einer derartigen Situation wiedergefunden? Waren Sie vielleicht sogar selbst in der Rolle des Mannes, der noch viele Bäume zu fällen hatte? Wenn ja, dann gehören Sie zu der Gruppe derer, die in den Fluten der täglichen Aufgaben zu ertrinken drohen. Wenn es so ist, ist es an der Zeit, dass Sie Ihre Arbeitsweise unter die Lupe nehmen. Der nachstehende Abschnitt möchte Sie unterstützen, über Ihre persönliche Arbeitsweise nachzudenken und diese gezielt zu optimieren. Und sagen Sie jetzt bitte nicht: "Ich habe einfach nicht die Zeit, mir diese Pause zu gönnen, weil dann so viel liegen bleibt."

Zeit als begrenztes Gut

Haben Sie sich schon einmal überlegt, dass die Ihnen zur Verfügung stehende Zeit zwar ein kostenloses, aber auch begrenztes Gut ist? Sie lässt sich weder speichern noch vermehren. Zeit zerrinnt. Zeit ist ein Ihnen anvertrautes Kapital, mit dem Sie in eigener Verantwortung gut oder schlecht umgehen können. In zwei Stunden ohne Störungen schaffen Sie wesentlich mehr als in vier Stunden, die aus kurzen mit Störungen durchsetzten Zeitschnipseln bestehen.

Studierende erhalten in der Regel keinerlei Rückmeldung zu Ihrer Arbeitseffizienz. Sie erfahren zwar ihre Klausurergebnisse, nicht jedoch, ob der von ihnen eingebrachte Lernaufwand verhältnismäßig war. Daher sind sie häufig unsicher darüber, wie viel Zeit für das Lernen und Studieren aufgebracht werden soll. Deshalb müssen Sie selbst Ihre Leistungsfähigkeit und Arbeitsqualität beurteilen lernen. Wer seine Arbeitsfähigkeit besser einschätzen möchte, kann durch ein Zeit-Tagebuch (vgl. Tabelle 5-1) herausfinden, wo die Zeit bleibt, auf welche Tätigkeiten sie verwendet wird und wie viel Zeit für welche Arbeit benötigt wird. Wer seine persönlichen Arbeitsvermeidungsstrategien und Zeitdiebe kennt und wer weiß, wie viel Zeit er für welche Lern- und Arbeitshandlungen benötigt, kann besser abschätzen, wann er mit welchen Arbeiten zu beginnen hat (vgl. Rost 1997, S. 96).

Effizienz und Effektivität

Für Ihren Studienerfolg sollte es Ihnen gelingen, Ihre Zeit optimal zu gestalten, sie also *effizient* ("die Dinge richtig tun") und *effektiv* ("die richtigen Dinge tun") zu nutzen. Mit "Effizienz" wird die *Tätigkeitsorientierung* im Handlungsablauf bezeichnet, auf welche Art und Weise Aufgaben verrichtet werden. Mit entsprechenden Arbeitstechniken lassen sich Aufgaben effizienter verrichten, bspw. optimal und rationell lesen, effektiv zuhören, übersichtlich und nachvollziehbar mitschreiben, gewinnbringend diskutieren, eine schriftliche Arbeit nach wissenschaftlichen Maßstäben erstellen, wirkungsvoll präsentieren, Prüfungen effizient vorbereiten und bestehen und das Studium zielorientiert managen. Mit "Effektivität" wird die *Zielorientierung* im Handlungsablauf angesprochen, ob Ihre Handlungen also zu dem gewünschten Ergebnis geführt haben oder nicht.

Sind Sie in der Lage, mit Ihrer Zeit entsprechend umzugehen, dann werden Sie mehr Überblick über anstehende Aktivitäten und Projekte gewinnen, mehr Freiraum erhalten, Stress vermeiden und Hektik abbauen und Sie werden mehr Zeit für Hobbies und Freunde haben (vgl. Koeder 1994, S. 70 f.). Mit dem Zeit-Tagebuch ist ein wichtiges Instrument gegeben, um Aufschluss über den eigenen Umgang mit der Zeit zu erhalten.

5.2.1 Ein Zeit-Tagebuch führen

Wenn Sie den Eindruck haben, dass Sie Ihren Umgang mit dem Faktor Zeit noch verbessern könnten, ist es ratsam, dass Sie zunächst Ihre Arbeitsweise unter die Lupe nehmen. Sie sollten sich bemühen, konkret herauszufinden, wohin Ihre Zeit geht, was Sie im Einzelnen tun und wie Sie was erledigen. Fassen Sie Ihre Zeitdiebe!

Zeitdiebe

Eine Möglichkeit, Zeitdiebe zu erkennen, besteht darin, dass Sie ein Zeit-Tagebuch führen und dadurch erkennen, wie Sie Ihren Tag verbringen. Hierzu werden alle, auch die Ihnen als nebensächlich erscheinenden Aktivitäten aufgeschrieben (vgl. Mackenzie 1991, S. 66).

Vorgehen

Mindestens drei Tage, idealerweise eine Woche lang notieren Sie äußerst genau Ihre täglichen Aktivitäten und die dafür aufgewendete Zeit. Dabei sollten Sie Ihren Tagesablauf nicht manipulieren, sondern gehen Sie während dieser Tage einfach so vor, wie sonst auch. Seien Sie ehrlich mit sich selbst; nur so gelingt es, Ihren Zeitdieben auf die Schliche zu kommen.

Ein großer Nutzen eines Zeit-Tagebuchs besteht darin, Ihre wirklichen Probleme im Umgang mit der Zeit zu identifizieren. Überdies haben Sie durch das Niederschreiben einen positiven Nebeneffekt: Das Aufschreiben zwingt Sie dazu, Ihre Handlungen bewusst wahrzunehmen und ggf. entsprechende Korrekturmaßnahmen einzuleiten. Das Wissen um die eigenen Gewohnheiten hilft Ihnen, Schwierigkeiten in Ihrem Tagesablauf zu erkennen und Ihre Zeit besser einzusetzen (vgl. Tabelle 5-1).

Tabelle 5-1

Zeit-Tagebuch

Tagesziele				Datum
Priorität		Ziele		Frist
1		x		10.30
2		y		12.00
3		a		14.00
4		b		16.30
Uhrzeit	Aktivität	benötigte Zeit	Priorität	Anmerkung (Verbesserungsmöglichkeit)

5.2.2 Analyse Ihres Zeit-Tagebuches

Aufgaben-Klassifikation

Am Ende des Tages führen Sie einen Rückblick durch, um festzustellen, wie viel Zeit Sie für die einzelnen Aufgaben verwendet haben. Dabei überprüfen Sie, welche Art der nachfolgend aufgelisteten vier Typen von Aufgaben Sie mit welcher Priorität (vgl. Abschnitt 5.3.1) angegangen haben.

1 = wichtig und dringend – muss

2 = wichtig – sollte erledigt werden

3 = Routine – könnte in leistungsschwachen Zeiten getan werden

4 = Zeitverschwendung – warum habe ich dies getan?

In der Spalte "Anmerkung" notieren Sie, wie Sie die Dinge besser erledigen könnten.

Fragen zur Selbstdiagnose

Zur weiteren Analyse Ihrer Verwendung von Arbeitszeit eignen sich folgende Fragen (vgl. Mackenzie 1991, S. 70; Schräder-Naef 1994, S. 138 f.):

- Um welche Uhrzeit haben Sie mit der Arbeit an Ihrem wichtigsten Ziel begonnen?
- Hätten Sie eher beginnen können?
- Wie lange war die Zeitspanne ungestörter Arbeit?
- Welche Störungen und Unterbrechungen sind vorgekommen? Wie lange haben diese gedauert? Von wem oder durch was wurden Sie gestört?
- In welchem Zeitraum waren Sie am produktivsten?
- Haben Sie Ihre Ziele für den Tag verwirklicht?
- Wie viel Zeit haben Sie mit Routinearbeiten verbracht?
- War der gewählte Zeitpunkt und die Abfolge der Routinearbeiten sinnvoll?
- Konnten Sie sich den Arbeiten, die ein hohes Maß an Konzentration erfordern, über einen längeren Zeitraum ungestört zuwenden? Welche Unterbrechungen haben am meisten gestört?
- Haben Sie zuerst die unangenehmen oder die angenehmen Dinge erledigt oder umgekehrt? Haben Sie die Tätigkeiten nach Ihrer Wichtigkeit oder Dringlichkeit ausgewählt?
- Welchen Anteil Ihrer Zeit verbringen Sie mit Lernen oder Arbeiten? Sind Sie mit dieser Verteilung zufrieden?

Aktives Zeit- und Selbstmanagement können Sie betreiben, indem Sie eine stichwortartige Analyse der Ursachen Ihrer Zeitdiebe machen und nach Lösungsmöglichkeiten suchen. Benutzen Sie dazu das in Tabelle 5-2 (vgl. Seiwert 1994, S. 37) wiedergegebene Schema (zur weiteren Vertiefung dieser Thematik vgl. Beyer 1992; Covey 1998; Mackenzie 1991).

Ursachenanalyse „Zeitdiebe" **Tabelle** 5-2

Zeitdiebe	Ursachen	Lösungsmöglichkeiten

5.3 Die Planung der Zeit

Gestohlenes Glück

Planung ist *sowohl* dann zu empfehlen, wenn Ihre kostbare Zeit knapp ist, *als auch* dann, wenn Sie in der glücklichen Lage sein sollten, zu viel Zeit zur freien Verfügung zu haben. Diese Situation kann während des Studiums insb. in den Semesterferien auftreten, nachdem die studienbegleitenden Klausuren geschrieben sind. Wenn Sie sich nicht von Anfang an bestimmte Stunden oder Tage für die Arbeit festsetzen, dann werden Sie den Arbeitsbeginn immer mehr nach hinten verlagern und Sie können auch Ihre Freizeit wegen des schlechten Gewissens nur halbherzig genießen. So schwankt man die ganze Zeit zwischen Pflicht und Neigung hin und her und ist bei jedem nicht richtig dabei ("Gestohlenes Glück"). Wissen Sie jedoch, dass Sie an bestimmten Wochentagen arbeiten werden, können Sie sich während der geplanten Zeit besser konzentrieren und Ihre Freizeit unbeschwerter genießen (vgl. Schräder-Naef 1994, S. 153).

Zeit und Kräfte eines jeden Studierenden sind begrenzt. Sie lernen in den folgenden Abschnitten, Ihre Zeit so einzusetzen, dass das bestmögliche Ergebnis dabei herauskommt. Dazu stimmen Sie Ihr Soll (Pflichtaufgaben) und Ihr Haben (die zur Verfügung stehende Zeit) aufeinander ab. Stürzen Sie sich also nicht blindlings in die Arbeit, sondern beginnen Sie erst mit der Planung. Zugegeben: Diese Planung kostet zusätzliche Zeit. Aber diese Zeit werden Sie in wenigen Tagen wieder eingespart haben. Der Mehraufwand für die Planung wird durch einen geringeren Zeitaufwand für die Durchführung relativiert.

... genauso wie bei der Unternehmensplanung ...

Insbesondere Studierende der Wirtschaftswissenschaften erwerben bereits zu Anfang ihres Studiums Kenntnisse über die Ziele, Notwendigkeiten und Vorgehensweisen der betrieblichen Planung. Wenn Sie zu diesen Studierenden gehören, dann sind Sie vielleicht schon auf die Idee gekommen, dass Sie dieses Wissen auch für die praktische Seite Ihres eigenen Studiums, z. B. für die Planung und Organisation Ihres Studiums anwenden könnten. Sie wussten bislang nur noch nicht, wie.

Eine wohlüberlegte Planung unterstützt Sie dabei,

- ein bestimmtes Arbeitsvorhaben rechtzeitig fertigzustellen und
- die zur Verfügung stehende Zeit besser zu nutzen.

Die nachfolgenden Abschnitte geben Auskunft über den Weg und die Technik der Studienplanung.

5.3.1 Das Wichtige bestimmen und dringend machen

"Wenn ich nicht weiß, wohin ich will, darf ich mich nicht wundern, wenn ich woanders ankomme." (Chinesisches Sprichwort).

Denken in Zielen

Ohne die Vorstellung und Bestimmung eigener Ziele ist alles Tun gleich richtig bzw. gleich falsch. Das Denken in Zielen verhilft Ihnen klar zu sehen, wohin Sie wollen und welche Prioritäten Sie zu setzen haben. Ziele sind im Voraus (also vor dem Handeln) festgelegte Ergebnisse. Klar erkannte und benannte Ziele motivieren, fordern zum Handeln auf und geben den täglichen Kleinaufgaben Struktur und Richtung an.

Wer erfolgreich studieren möchte, muss nicht nur die "Dinge richtig tun", sondern auch zielorientiert handeln, "die richtigen Dinge tun" (vgl. Abbildung 5-1 (vgl. Ochsner 1987, S. 18)).

Denken in Zielen **Abbildung 5-1**

Denken in Zielen

↓

Ständiges Bewusstsein:
Ist das, was ich gerade tue, wirklich wichtig?

↓

Wichtig ist, was hilft, meine Ziele zu erreichen.

↓

Tue das Wichtige vor dem Dringenden!

5.3.2 Merkmale von Zielen

Fünf Zielmerkmale

Effiziente und handlungsleitende Ziele weisen bestimmte Merkmale auf:

- *Das Ziel muss anspruchsvoll sein.* Ein anspruchsvolles Ziel motiviert dazu, das Beste zu geben.
- *Das Ziel muss erreichbar bzw. realistisch sein.* Das Nichterreichen eines Zieles führt über kurz oder lang zu Frustrationen. Sie geben das Ziel möglicherweise auf. Ziele, die unerreichbar sind, untergraben die Motivation.

Bei der Bestimmung des Anspruchsniveaus der anvisierten Ziele sollten Sie die persönlichen Voraussetzungen und Ihre bisher erbrachten Leistungen berücksichtigen. Die Ziele müssen realistisch sein. Die Leistungsmotivationsforschung unterscheidet zwischen Personen mit erfolgsorientierten und solchen mit misserfolgsorientierten Leistungsmotiven. Erfolgsorientierte Personen stecken sich realistische Ziele, misserfolgsorientierte dagegen extrem niedrige oder unrealistisch hohe Ziele. Auf diese Weise bestätigen sich misserfolgsorientierte Personen immer wieder ihre geringe Leistungsfähigkeit. Sie erreichen nur Ziele, die sie selbst als niedrig einschätzen oder verfehlen die unrealistischen Ziele (sozusagen "nach Plan"). Dadurch bleiben motivierende Erfolgserlebnisse aus, was wiederum die Entwicklung einer guten Arbeitshaltung behindert (vgl. Abbildung 5-2 (vgl. Metzig/Schuster 1996, S. 35)).

Abbildung 5-2 *Bedeutung angemessener Ziele*

Es kann sehr bequem sein, sich die Ziele zu hoch zu stecken.
Man muss gar nicht erst versuchen, sie zu erreichen.

Sollten Sie sich über Ihre eigene Leistungsmöglichkeit nicht ganz im Klaren sein, ist es ratsam, zunächst eher etwas niedrigere als zu hohe Ziele zu wählen, um auf jeden Fall die demotivierende Wirkung beim eventuellen Scheitern des selbst gesetzten Standards zu verhindern (vgl. Metzig/Schuster 1996, S. 34).

- *Das Ziel sollte hinsichtlich Inhalt und Ausmaß hinreichend bestimmt sein* (vgl. Heinen 1976, S. 82), es sollte also spezifisch und messbar sein. So ist z. B. das Ziel: "Ich möchte mir mehr Zeit für den inhaltlichen Austausch und die Diskussion mit Kommilitonen nehmen." kein ausreichend spezifiziertes Ziel. Wie sollen Sie nämlich anhand dieser Formulierung feststellen, ob Sie Ihr Ziel erreicht haben? Mit einer Spezifizierung wie: "Für inhaltliche Gespräche mit Kommilitonin X werde ich mir einmal pro Woche zwei Stunden Zeit nehmen (Do. 16-18 h).", wird Ihr Handlungsbedarf konkret und Sie können anschließend feststellen, ob Sie hinsichtlich der Zielerreichung erfolgreich waren.

- *Das Ziel benötigt einen zeitlichen Bezug* (vgl. Heinen 1976, S. 82), es muss mit einer Frist versehen sein. Fristen vermitteln ein Gefühl der Verbindlichkeit und ermöglichen das Feststellen von Fortschritten. Ein Ziel ohne Erledigungsfrist bleibt eine Vision.
- *Das Ziel sollte schriftlich festgehalten werden*. Dies beugt dem Vergessen vor. Das Ziel bleibt sichtbar vor Augen, um sich regelmäßig daran zu erinnern (vgl. Mackenzie 1991, S. 53 f.).

Klarheit über Lebensvision

Wer im Studium und generell im Leben erfolgreich sein möchte, braucht eine Lebensvision. Das sollten auch Sie beachten. Sie müssen festlegen, was Sie wirklich wollen. Wollen Sie mit Energie und Durchhaltevermögen im Beruf ganz nach oben oder sind Sie auch mit weniger zufrieden? Auf jeden Fall ist ein ganzheitlicher Ansatz notwendig, der neben dem beruflichen Fortkommen auch die persönliche und familiäre Entwicklung einbezieht. Haben Sie eine derartige "Lebenszielplanung"? Diese Frage ruft bei Ihnen vielleicht sogar Irritationen auf. Doch sie ist wichtig, weil sie der Ausgangspunkt für Ihre persönliche und individuelle Orientierung ist. Beantworten Sie für sich dafür Fragen wie:

Prüffragen

- Wer will ich sein?
- Was sind meine zentralen Werte?
- Wie will ich leben?
- Was will ich erreichen?
- Wer oder was kann mir dabei helfen?

Zur realistischen Einschätzung Ihrer Ziele empfehlen sich folgende Kontrollfragen:

- Sind die von mir formulierten Ziele realistisch?
- Welche Ressourcen benötige ich?
- Wer oder was kann mir bei der Erreichung meiner Ziele behilflich sein?
- Welche Stärken möchte ich ausbauen?
- Welche Schwächen möchte ich abbauen? (vgl. Stickel-Wolf 1998b, S. 15)

Persönliches Erfolgsmanagement

Jeder kann seine persönliche Art des Erfolgsmanagements entwickeln. Das heißt zunächst, die eigenen Stärken bzw. Kernkompetenzen zu erkennen: Was kann ich besser als andere, worauf sollte ich mich spezialisieren? Daraus lassen sich Etappenziele ableiten: Welche Qualifikationen benötige ich für die angestrebte Aufgabe? Zu beantworten sind aber auch Fragen wie: Worauf muss ich bei diesem Berufs- und Lebensweg verzichten? Gerade der Prozess des Weglassens von Zielen und Handlungen ist oft sehr schwierig.

5.3.3 Planen Sie die Realisierung Ihrer Ziele

"Ziele sind Träume mit einem Termin."

Teil- bzw. Etappenziele

Weitreichende Ziele lassen sich nicht auf einmal erreichen. Es sind viele kleine Schritte notwendig, um diese Ziele zu realisieren. Daraus ergibt sich die Notwendigkeit, Teilziele bzw. Etappenziele aufzustellen.

Zeitplanung lässt sich als ein geschlossenes System darstellen: Aus dem Lebensplan und den Mehrjahresplänen leiten sich entsprechende Jahres- und Quartalspläne sowie die Monats- und Wochenpläne ab, die sich schließlich in der Planung des Tagesgeschäfts konkretisieren und realisieren (vgl. Seiwert 1984, S. 121).

Für die Planung Ihres Studiums ist es günstig, wenn Sie mit mehreren, auf unterschiedlichen Ebenen liegenden Zeitplänen arbeiten. Es lassen sich folgende Arten von Planungen unterscheiden (vgl. Metzger 1999, S. 22):

Planungsarten

- *Die langfristige Planung*

  Sie betrifft das ganze Studium und die Zeit danach (vgl. Abschnitt 5.3.5).

- *Die mittelfristige Planung*

  Sie betrifft ein Semester bis ein Studienjahr (vgl. Abschnitt 5.3.6).

- *Die kurzfristige Planung*

  Sie betrifft kürzere Phasen im Semester, z. B. die Monats-, Wochen- und Tagesplanung (vgl. Abschnitt 5.3.7).

Aus dieser Dreiteilung zwischen lang-, mittel- und kurzfristiger Planung ergibt sich für Ihr Studium das nachstehende Organisationsschema zur Zeitplanung (vgl. Abbildung 5-3 (vgl. Huelshoff/Kaldewey 1979, S. 121)).

Organisationsschema zur Zeitplanung

Abbildung 5-3

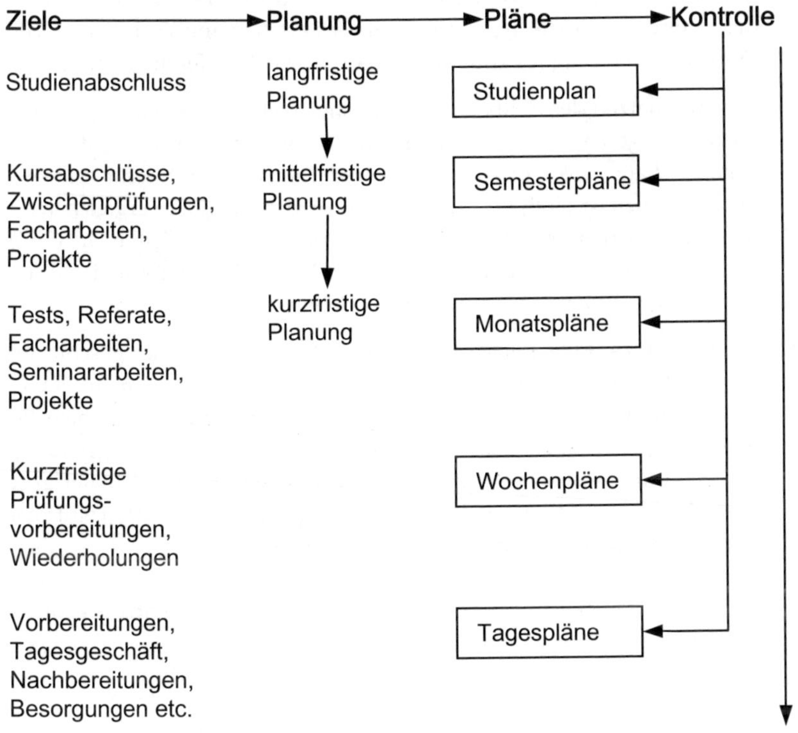

5.3.4 Die ALPEN-Methode

Zur allgemeinen Arbeits- und Studienplanung bzw. -organisation und zur zeitbezogenen Strukturierung Ihres Studiums hat sich im Zeitmanagement die ALPEN-Methode (Seiwert 1984) bewährt. Es wird empfohlen, entsprechende Zeiträume (mehrere Jahre, ein Jahr, einen Monat, eine Woche, einen Tag) nach folgendem generell gültigen Schema zu planen:

Schritte der ALPEN-Methode

A Alle anstehenden *Aufgaben* zusammenstellen und auflisten. Eine planvolle Arbeitsvorbereitung erfordert, sich rechtzeitig einen Überblick über die anstehenden Aufgaben zu verschaffen. Beruhigende Wirkung kann davon ausgehen, dass man vorausschauend die Arbeitsdisposition vornimmt.

L Im Zusammenhang mit der Bestimmung der Inhalte sollte auch die für die Bearbeitung zu kalkulierende *Länge der Tätigkeiten* festgelegt werden. Dies ist besonders wichtig, da in der Einschätzung des erforderlichen Zeitbedarfs viele Fehlerquellen liegen. Eine Unterschätzung des Zeitbedarfs führt zu Hektik und Stress, eine Überschätzung zu Leerlauf und Zeitverschwendung. Es kommt auf das rechte "Maß-Nehmen" an.

Das Abschätzen des Zeitbedarfs ist anfangs nicht ganz einfach; es bedarf dazu einer gewissen Erfahrung. Beginnen Sie deshalb früh damit umzugehen. Schätzen Sie vor Aufnahme einer Tätigkeit den hierfür erforderlichen Zeitbedarf (Soll) ab. Nach Abschluss der Tätigkeit vergleichen Sie den tatsächlichen Zeitaufwand (Ist) mit dem geplanten Zeitbedarf (Soll). Allmählich werden Sie ein realistisches Zeitgefühl entwickeln, das Ihnen mehr Sicherheit bei der Zeitplanung verleiht.

P Sodann gilt es, *Pufferzeiten* einzuplanen. Es gehört zu einer geschickten Arbeitsplanung, "offene Zeitfenster" zu definieren. Sie sollten auf keinen Fall die gesamte zur Verfügung stehende Zeit minutiös verplanen. Berücksichtigen Sie auch, dass niemand stets gleichmäßig leistungsfähig ist und dass unvorhersehbare Ereignisse (Krankheit, private Schwierigkeiten, Erholung, soziale Kontakte, Networking-Erfordernisse etc.) eintreten können. Zeitmanagementexperten empfehlen als Daumenregel, nicht mehr als 60 Prozent der zur Verfügung stehenden Zeit zu verplanen und 40 Prozent der Zeit für unplanbare und spontane Aktivitäten freizuhalten (vgl. Müller-Klement/Seiwert 1997, S. 35).

E *Entscheidungen* über Prioritäten zu treffen bedeutet, die Fülle der Aufgaben nicht unstrukturiert zu lassen, sondern in eine Rangordnung zu bringen: Dringliches und Wichtiges von weniger Dringlichem und Wichtigem zu unterscheiden. Auch hier gilt Goethes Wort: "Wichtige Dinge dürfen nie den unwichtigen untergeordnet werden".

Eisenhower-Regeln

Eisenhower-Regeln

Aus der kombinierten Betrachtung und Bewertung von Tätigkeiten nach Dringlichkeit und Wichtigkeit ergeben sich unterschiedliche Handlungsempfehlungen, die im Matrixkern der Abbildung 5-4 (vgl. Rühle 1995, S. 110) spezifiziert werden. In dieser Art abgeleitete Regeln werden auch als "Eisenhower-Regeln" bezeichnet, weil der ehemalige amerikanische Präsident nach diesem Modell gehandelt hat (vgl. Müller-Klement/Seiwert 1997, S. 47; Rühle 1995, S. 110).

Dringlichkeits-Wichtigkeits-Matrix **Abbildung 5-4**

	nicht dringend	dringend
wichtig	Tätigkeiten: langfristige Projekte, Studium, Abschlussarbeit, Prüfungen, eigene Persönlichkeitsentwicklung Erholung, networking Handlungsempfehlungen: Konsequent planen und vorbereiten	Tätigkeiten: Projekte kurz vor Abgabetermin, Krise, Notfall Handlungsempfehlungen: sorgfältig und möglichst ohne Zeitdruck kurzfristig bearbeiten
nicht wichtig	Tätigkeiten: Triviales, einige Telefonate bzw. Anrufe, manche Post, Gefälligkeiten, Geschäftigkeiten Handlungsempfehlungen: Abstand nehmen, Nein sagen, ab-/wegwerfen	Tätigkeiten: Störungen: Telefon, Besucher, Tagesgeschäft Handlungsempfehlungen: rationell und zügig erledigen

ABC-Analyse

Die ABC-Analyse

Eine andere methodische Vorgehensweise zur Entscheidungsfindung im Zusammenhang mit dem Zeitmanagement besteht in der ABC-Analyse. Diese bietet wie die Eisenhower-Regeln eine strukturierte Hilfe zur Aufzeichnung der Wertigkeit von Aufgaben in Ihrer Arbeitsplanung durch Aufzeichnungen einer A-B-C-Klassifikation.

A-Aufgaben sind sehr wichtig; es sind "Muss"-Aufgaben der obersten Priorität. Sie umfassen nur eine kleine Menge der Gesamtaufgaben, sind aber im Hinblick auf die Zielerreichung am höchsten zu gewichten. Auf diese Aufgaben müssen Sie sich konzentrieren.

B-Aufgaben sind wichtig, es sind "Soll"-Aufgaben. Diese Dinge müssen sie ebenfalls erledigen, sie haben jedoch eine etwas geringere Bedeutung für den Gesamterfolg.

C-Aufgaben sind weniger wichtig bzw. sogar unwichtig. Hier können Sie sich sogar überlegen, ob Sie sie zur gegenwärtigen Zeit überhaupt erledigen sollen oder nicht. Bedenken Sie bei der Bewertung, dass es sich bei C-Aufgaben nicht um grundsätzlich entbehrliche Aufgaben handelt.

Die Unterscheidung zwischen A-, B- und C-Aufgaben lässt sich anhand der Erstellung einer Abschlussarbeit verdeutlichen. Während eine wohlüberlegte Themenfindung, die sorgfältige Literatursuche und -auswertung sowie die Festlegung des Untersuchungsdesigns einen erheblichen Einfluss auf den Erfolg ausüben und daher mit höchster Priorität verfolgt werden müssen (A-Aufgabe), ist eine Vielzahl von wichtigen Vor-, Nach- und Routinearbeiten (Ablegen von Literatur, (bunte) Grafiken zeichnen, Suche nach einem Copy-Shop, der die Arbeit binden kann) erforderlich, die ebenfalls durchgeführt werden müssen. Bei diesen Aufgaben handelt es sich um B- und C-Aufgaben, weil Erfolg nicht daran gemessen wird, wie routiniert Sie diese Aufgaben, sondern wie gut Sie Ihre A-Aufgaben erfüllen.

N Ist die Planung das "A", so ist die Nachkontrolle das "O" jeden Selbst- und Zeitmanagements. Die Nachkontrolle ist das letzte Glied in einem Regelkreis, der Sie immer wieder zum Ausgangspunkt und damit zur Überprüfung Ihrer Ziele führt.

Die Nachkontrolle dient zunächst der Überprüfung der erreichten Resultate. Sie sollte vor der Festlegung neuer Ziele und der Erstellung neuer Pläne stattfinden: Erledigtes kann abgehakt werden und Unerledigtes in den neuen Plan übertragen werden. Von Zeit zu Zeit empfiehlt sich auch ein sorgfältiges Überdenken und Reflektieren der eigenen Arbeitsweise und der Zeitgestaltung (vgl. Abschnitt 5.2).

5.3.5 Die langfristige Studienplanung

Wie oben erwähnt, setzen Sie sich mittels einer langfristigen Planung Fernziele, die über Jahre hinaus angesteuert werden und Sie legen Aktivitäten fest, die der Zielerreichung dienlich sind.

Fernziele

Aus Ihrem übergeordneten Lebensziel leiten Sie Ihr längerfristiges Fernziel (z. B. für die nächsten fünf Jahre gültig) ab. Bedenken Sie, dass längerfristige, auch als strategisch bezeichnete Ziele nicht immer genau quantifizierbar sind. Sie sind eher qualitativer Natur. Im Rahmen der Bestimmung längerfristiger Ziele fragen Sie sich "Wo stehe ich heute, was will ich in den nächsten (fünf) Jahren erreichen?"

"Bis in fünf Jahren (also 2018) möchte ich mein Master-Studium der ... erfolgreich (Note "gut") abgeschlossen haben."

Ziele in unterschiedlichen Phasen des Studiums

Während in den ersten Jahren des Studiums weitgehend Pflichtveranstaltungen zu besuchen sind und insgesamt wenig Wahlmöglichkeiten bestehen, ergeben sich im fortgeschrittenen Studium wesentlich größere Entscheidungsfreiräume (bspw. aufgrund der Möglichkeit zur Auswahl von Spezialisierungsrichtungen bzw. Vertiefungsfächern, zur Bestimmung des Zeitpunkts der Teilnahme an Lehrveranstaltungen, zur Wahl des Prüfungszeitpunkts und des Zeitraums der Erstellung der Abschlussarbeit. Spätestens für die Organisation Ihrer fortgeschrittenen Studienjahre wird also eine langfristige Planung für Ihren Studienablauf unabdinglich.

Zur Durchführung dieser Entscheidungen stehen meist genaue Orientierungshilfen, Bestimmungen und Reglementierungen (Studienordnungen, Prüfungsordnungen, Studienführer, Modulhandbücher, Vorlesungsverzeichnisse, Studieneinführungsveranstaltungen, Erst-Semester-Informationen) zur Verfügung. Sie klären z. B. darüber auf, welche Vorlesungen, welche Arbeiten Sie zu erstellen haben. Für bestimmte Kurse wird bspw. der vorherige Besuch anderer Vorlesungen oder das Bestehen einer Zwischenprüfung verlangt. Wenn Sie sich diese Orientierungshilfen rechtzeitig beschaffen, durchlesen und entsprechend planen, laufen Sie nicht Gefahr, Termine zu versäumen und kostbare Zeit zu verlieren (vgl. Koeder 1994, S. 73 ff.).

Zur Bestimmung der notwendigen Aktivitäten zur Erreichung Ihres Ziels (hier: ein erfolgreiches Abschließen des Studiums) sind folgende Fragen hilfreich:

Diagnosefragen

- Welches Fachwissen muss ich mir bis zur Bachelor- bzw. Master-Prüfung aneignen?
- Welche Fächer müssen in welcher Reihenfolge bis wann absolviert werden?
- Welche Prüfungen müssen bis wann absolviert werden?
- Welche Mindeststudiennachweise (Scheine, Klausuren, Praktikum, Auslandsaufenthalt) müssen bis wann erbracht sein?
- Wann werden Themen für Referate und Abschlussarbeiten vergeben?
- Gibt es Zulassungszeiträume für Seminare und Übungen?
- Welche Lehrveranstaltungen muss ich besuchen?

- Welche Lehrveranstaltungen möchte ich freiwillig besuchen?
- Wann finden die entsprechenden Lehrveranstaltungen statt?
- Gibt es Zulassungsbeschränkungen zu bestimmten Lehrveranstaltungen?
- Werden bestimmte Lehrveranstaltungen nur zu bestimmten Zeiten angeboten?
- Welche Bücher gilt es auszuleihen, zu erwerben bzw. zu bearbeiten?
- Welche zusätzlichen Fähigkeiten (Kürprogramm) möchte ich erwerben? (Auslandsaufenthalt, Praktikum, Fremdsprachen, Mitarbeit in studentischen Gruppen, soziale Kompetenzen, Ausüben einer Berufstätigkeit, Hobbies etc.)

Auf der Basis der Beantwortung derartiger Fragen ordnen Sie Ihre aufgelisteten Aktivitäten, indem Sie diese in eine Rangfolge bringen, die Ihrer Zielerreichung dienlich ist. Entscheidungen über Prioritäten zu treffen bedeutet, die Fülle der Aufgaben nicht unstrukturiert zu lassen, sondern in eine Rangordnung zu bringen (vgl. Abschnitt 5.3.4).

Ordnen Sie den wichtigsten Lehrveranstaltungen und Prüfungen die höchste Priorität zu.

Bedenken Sie bei der Erstellung Ihres Studienplans (vgl. Tabelle 5-3 und 5-4) auch, welche Aktivitäten in welche Studienphase fallen. Ihren Jahresablauf können Sie in nachfolgende Phasen einteilen:

Saisonale Verteilung

- *Semestervorbereitung* (z. B. Prüfungsvorbereitungen, Studienplanung, Zusammenstellung der Lehrveranstaltungen, Lerngruppen organisieren, Literatur besorgen).
- *Semester* (z. B. Besuch von Lehrveranstaltungen, Zuhören und Mitschreiben, Lesen von Fachliteratur, mündliche und schriftliche Prüfungen absolvieren, schriftliche Arbeiten erstellen und präsentieren, Lernen zu Hause, in der Bibliothek, mit anderen).
- *Semesterende bzw. -„ferien“* (z. B. Praktikum tätigen, Berufstätigkeit, Auslandsaufenthalt, Sprachkurs, Selbststudium, Erstellung von schriftlichen Arbeiten) (vgl. Koeder 1994, S. 4 f.).

Tabelle 5-3

Muster für einen Studienplan (Beispiel Bachelor-Studiengang)

Semester	Veranstaltung (P=Pflicht; W=Wahl)	Veranstaltung (P=Pflicht; W=Wahl)	Veranstaltung (P=Pflicht; W=Wahl)	Veranstaltung (P=Pflicht; W=Wahl)	freiwillige Qualifikation	Leistungsnach-weise
1. Semester WS 2013/14	Lineare Algebra (P)	Öffentliches Recht (P)	Buchführung (P)	Privatrecht (P)	Besuch weiterer Lehrveranstal-tungen	1. Semester: Klausuren: -06.02.2014 Lineare Algebra -12.02.2014 Öffentliches Recht -16.02.2014 Buchführung -18.02.2014 Privatrecht 2. Semester: Klausuren: -20.07.2014 Statistik -24.07.2014 Analysis -04.10.2014 Kostenrechnung Schriftliche Ausarbeitungen: -30.05.2014 Seminararbeit Marketing 3. Semster: …
Vorlesungs-freie Zeit	Vorbesprechung Seminar Marketing	Ausarbeitung Referat Marketing			Sprachkurs	
2. Semester SS 2014	Seminar Marketing	Statistik (P)	Analysis (P)	Kostenrechnung (P)	Bewerbung um Auslandsauf-enthalt	
Vorlesungs-freie Zeit	Prüfungsvor-bereitung				Sprachkurs	
3. Semester WS 2014/15	Statistik II (P)	Makroökonomik (P)	Jahresabschluss (P)	Operations Research (P)		
Vorlesungs-freie Zeit	Prüfungsvor-bereitung				Jobben	
4. Semester SS 2015	Marketing (P)	Verwaltungsrecht (W)	Finanzwirtschaft (P)	EDV (W)		
Vorlesungs-freie Zeit					Vorbereitung Auslandsauf-enthalt	
5. Semester WS 2015/16	Mikroökonomik (P)	Organisa-tionstheorien (W)	Personalführung (W)	Marktforschung (W)	Auslandsauf-enthalt	
Vorlesungs-freie Zeit	Vorbereitung Bachelor Thesis					
6. Semester SS 2016	Außenhandels-theorie (W)	Innovations-management (W)	Erstellung Bachelor Thesis			

Tabelle 5-4 *Muster für einen Studienplan (Beispiel Master-Studiengang)*

Semester	Veranstaltung (P=Pflicht; W=Wahl)	Veranstaltung (P=Pflicht; W=Wahl)	Veranstaltung (P=Pflicht; W=Wahl)	Veranstaltung (P=Pflicht; W=Wahl)	freiwillige Qualifikation	Leistungsnachweise
1. Semester WS 2016/17	Allgemeine VWL (P)	Internationalization and Organisation (W)	Salesmanagement (W)	Allgemeine BWL (P)		1. Semester Klausuren: -13.02.2017 Internationalization and Organisation -15.02.2017 Sales Management -18.02.2017 A-BWL -10.04.2017 A-VWL 2. Semester: Klausuren: -20.07.2017 …
Vorlesungsfreie Zeit	Vorbesprechung Seminar Organisation	Ausarbeitung Referat Organisation			Bewerbung für ein Praktikum	
2. Semester SS 2017	Seminar Organisation (W)	Allgemeine BWL (P)	Allgemeine BWL (P)	Organisationstheorien (W)	Hiwitätigkeit	
Vorlesungsfreie Zeit	Vorbesprechung Seminar ABWL	Ausarbeitung Referat ABWL			Praktikum	
3. Semester WS 2017/18	Seminar ABWL (P)	Marktforschung (W)	Unternehmensethik (P)	Empirische Organisationsforschung (W)	Hiwitätigkeit	
Vorlesungsfreie Zeit	Vorbereitung Master Thesis					
4. Semester SS 2018	Erstellung Master Thesis					

5.3.6 Die mittelfristige Studienplanung

Bedeutung von Teilzielen

Da Sie Ihr Fernziel nicht auf einmal erreichen können, sind viele Zwischenschritte notwendig. Insbesondere ist es erforderlich, Teilziele abzuleiten. Das Aufstellen von Teilzielen sowie das ungefähre Festsetzen von Terminen ist insb. dann wichtig, wenn das Fernziel noch in weiter Ferne liegt. Der Überblick über die Teilschritte, das Erledigen einer Teilaufgabe schafft Zufriedenheit, fördert Ihre Motivation und verhindert, dass Sie Ihr Ziel aus den Augen verlieren und entmutigt aufgeben. Sie fragen sich "Was will ich im nächsten Jahr erreichen?" "Was will ich im nächsten Semester erreichen?"

Bei der Bestimmung Ihres Jahresziels bzw. Ihrer Semesterziele werden Sie dann so konkret wie möglich. Beispiel: Ende Oktober 2014 werde ich die Klausuren in Kostenrechnung und in Statistik erfolgreich (möglichst Note "2") abgeschlossen haben.

Zur Bestimmung der notwendigen Aktivitäten zur Erreichung Ihrer Semesterziele sind folgende Fragen hilfreich:

Diagnosefragen

- Welche Lehrveranstaltungen (Vorlesungen, Seminare, Übungen) muss ich besuchen?
- Welche Leistungsnachweise (Klausuren, Prüfungen, Hausarbeiten, Referate) muss ich erbringen?
- Welche Projekte stehen konkret an (Erstellung einer Hausarbeit, Vorbereitung eines Referats, Vorbereitung einer Prüfung, Bewerbung für Praktika, Bewerbung für Auslandsaufenthalt) (vgl. auch die in Abschnitt 5.3.5 aufgeführten Fragen) (vgl. Tabelle 5-5).

Muster für Projektpläne finden Sie im Abschnitt "Erstellung einer wissenschaftlichen Arbeit" (vgl. Abschnitt 3.3).

Tabelle 5-5 *Muster für einen Semesterplan*

Monat	Pflicht-veranstaltung	Pflicht-veranstaltung	Pflicht-veranstaltung	Pflicht-veranstaltung	freiwillige Qualifikation
Oktober	Vorlesung ABWL Mo 09 - 11 VWL Mo 15 - 17 Statistik Di 10 – 12	Seminar 1) xy Di 14 - 16 2) xy Fr 10 - 12	Übung 1) Statistik Di 08 - 10		VL xy Mi 09 - 11 Mitarbeit AIESEC Lerngruppe Mi
November	-"-	-"- Referat-vorbereitung	-"-		-"-
Dezember	-"- Klausur-vorbereitung	-"-	-"-		-"-
Januar	-"-	Referat am 15.01	-"-		-"-
Februar	Klausur in ABWL Klausur in VWL		Prüfung 10.02.		-"-
freie Zeit Mitte Feb.- Mitte April					Praktikum

5.3.7 Die kurzfristige Studienplanung

Herunterbrechen von Plänen

Mittels der kurzfristigen Planung sichern Sie die Realisierung Ihrer Ziele, indem Sie die monatliche, wöchentliche und tägliche Durchführung Ihrer Aktivitäten vorausdenken. Sie fragen sich "Was will ich im nächsten Monat bzw. in der nächsten Woche erreichen?" "Wie muss ich meinen Tagesablauf entsprechend gestalten?" (vgl. Abschnitt 5.3.7.1).

Auch eine noch so gründliche Planung stellt jedoch keineswegs sicher, dass Sie Ihre Ziele auch erreichen. Gerade wenn allzu viele Ereignisse auf Sie einstürzen und Sie mehr reagieren müssen als agieren können, werden Sie bald in die alte Situation von Stress und Arbeitsüberlastung fallen. Durch Ihr Zeit-Tagebuch (vgl. Abschnitt 5.2) haben Sie vielleicht schon ein Gespür bzw.

Bewusstsein über Ihre häufigsten Zeitdiebe erhalten und Sie können diese gezielt angehen und vielleicht sogar vermeiden.

Auch wenn Sie Unterbrechungen und Ablenkungen nicht völlig ausschalten können, ist doch eine Reihe von Regeln zu beachten, wie Sie Ihre Tagesarbeit effizient und effektiv gestalten können (vgl. Abschnitt 5.3.7.2).

Risiken

Obwohl dem Selbstmanagement eine überaus bedeutende Funktion für eine erfolgreiche Bewältigung des Studiums zukommt, ist darauf hinzuweisen, dass eine zu genaue und exakte Terminplanung und Zeiteinteilung auch Risiken in sich bergen kann. Überplanungen und Detailaufzeichnungen führen dazu, dass die übergeordneten Ziele aus dem Blickfeld geraten sowie spontane Aktivitäten und unplanbare Aufgaben nicht mehr integriert werden können.

Es geht immer auch darum, menschliche Bedürfnisse, wie Beziehungen zu anderen aufzubauen, zu erhalten und zu vertiefen und damit Spontaneität und Lebensqualität zu bewahren (vgl. Covey 1998, S. 137 f.). Die Kunst des Selbstmanagements besteht letztlich in der Fähigkeit zum Ausbalancieren von geplanten und nicht planbaren Tätigkeiten.

5.3.7.1 Wochenplanung

Das übergeordnete Ziel besteht hier darin, dass Sie mit der zur Verfügung stehenden Zeit so umgehen, dass Zielorientierung, Verpflichtungen erledigen und Lebensqualität gleichermaßen berücksichtigt werden können. So gesehen liegt Ihre wirkliche Herausforderung nicht darin, dass Sie Ihre Zeit managen, sondern sich selbst. Eine Planung der Zeit auf der Basis der Woche stellt eine zielwirksame Zeitplanungsmethode dar.

Vier Schlüsselfunktionen

Vier Schlüsselfunktionen gilt es dabei zu beachten:

1. *Rollen identifizieren*

   Der Ausgangspunkt besteht hier in der Erkenntnis, dass Sie sowohl als Mensch im Beruf als auch als "Privatmensch" Träger vielfältiger Rollen sind (z. B. als Individuum, als Studierender, als Mitarbeiter an einem Universitätsinstitut, als Freund bzw. Freundin, als Ehemann bzw. Ehefrau, als Vater oder Mutter, als Mitglied in einem Verein etc.).

   Vergegenwärtigen Sie sich im Rahmen der Wochenplanung diese Rollenvielfalt und schreiben Sie auf, auf welchen Gebieten Sie in der bevorstehenden Woche aktiv sein müssen bzw. möchten.

2. *Ziele auswählen*

   Bestimmen Sie für jede Rolle bis zu drei wichtige Handlungsergebnisse.

Beispiel Rolle	Beispiel Ziele
Studierende	Gliederung für Referat ausarbeiten Buch xy lesen
Mitarbeiterin am Institut für empirische Psychologie	Literatur besorgen Daten eingeben
Individuum – persönliche Entwicklung	Entwurf für langfristige Zielsetzung machen zum Lauftreff gehen
Mitglied im Verein	Tag der offenen Tür mitgestalten

   Beachten Sie dabei, dass eine Vielzahl der kurzfristigen Ziele zur Verwirklichung Ihrer übergeordneten Ziele beitragen kann.

3. *Terminplanung*

   Hierbei legen Sie unter Nutzung eines schriftlichen Dokuments (Terminplaner) fest, an welchem Wochentag Sie an der Realisierung welcher Ziele arbeiten werden.

   Zuerst bestimmen Sie, an welchem Wochentag, zu welcher Tageszeit und über welche Zeitspanne hinweg Sie sich für die Realisierung bestimmter Ziele Zeit nehmen.

   Tragen Sie dann jene Pflichtaktivitäten ein, deren zeitliche Lage bereits von vornherein festgelegt ist (Lehrveranstaltungen, studienbegleitende Jobs etc.).

   Danach tragen Sie in den Terminplaner jene Zeiten ein, in denen Sie an der Universität und/oder in der Bibliothek lernen oder lesen wollen.

   Prüfen Sie, bei welchen Terminen Sie sich mit anderen Personen abstimmen müssen (bspw. Treffen mit der Lerngruppe, Besprechungen mit Lehrkräften, Treffen mit Freunden).

Muster für einen Wochen-Arbeitsplan

Tabelle 5-6

Wochen-Arbeitsblatt			Woche vom:	So	Mo	Di	Mi	Do	Fr	Sa
Rollen	Ziele		Prioritäten dieser Woche	Prioritäten heute						
Studentin	Semesterplanung	①		①	②	④	⑥	④	②	⑩
	Lehrbuch durcharbeiten	②			③	⑤	⑦	②		
	Gliederung für Referat	③			⑧					
	Vorlesung besuchen	④								
Hiwi am Institut	Publikationen besorgen	⑤								
	empir. Daten eingeben	⑥		Verabredungen / Verpflichtungen						
	Folie erstellen	⑦		8						
				9	②	④	⑦	④	②	
				10						
Freundin	Geschenk kaufen	⑧		11 ①						
	Party	⑨		12						⑩
				13		⑤				
				14			⑥			
				15						
Vereinsmitglied	Mitarbeit beim Tag der offenen Tür	⑩		16	③					
				17				②		
				18	⑧					
									⑨ Party	

Beim Festlegen von Lernzeiten ist es von Vorteil, wenn Sie noch am Tag der jeweiligen Lehrveranstaltungen Zeiträume einplanen, die Sie für die Überarbeitung von Ihren Notizen verwenden können (vgl. Abschnitt 2.3.4). Entsprechende Vorbereitungen für Lehrveranstaltungen erledigen

Sie sinnvollerweise am Vortag. Auch hierfür müssen Sie Zeiträume einplanen.

Beim Eintragen der Zeiten für tägliche Routinetätigkeiten wie Ankleiden, Essen, Anfahrtswege etc. sollten Sie nicht zu knapp planen. Die in Ihrem "Zeit-Tagebuch" (vgl. Abschnitt 5.2) ermittelten Erfahrungswerte sind ein idealer Ausgangspunkt für eine realistische Planung.

Die meiste Zeit wird das wichtigste und schwierigste Fach erfordern. Sinnvollerweise reservieren Sie für dieses Fach täglich eine bestimmte Zeit – wenn möglich in jener Tageszeit gelegen, zu der Sie am leichtesten lernen. Ungünstig wäre es, an einem Tag dafür zahlreiche Stunden einzusetzen (vgl. Schräder-Naef 1994, S. 159; Covey 1998, S. 149 ff.).

4. *Tägliches Anpassen des Terminplans*

Nehmen Sie sich jeden Morgen einige Minuten Zeit, Ihren Terminplan zu überprüfen.

Durch das Anpassen des Terminplans nehmen Sie wieder Verbindung zu Ihren Zielen auf, die den Entscheidungen für die Organisation dieser Woche zugrunde lagen. Eventuell sind Anpassungen an Ihre Prioritäten nötig oder Sie müssen sinnvoll auf unerwartete Ereignisse reagieren (vgl. Covey 1998, S. 149 ff.) (vgl. Tabelle 5-6).

5.3.7.2 Tagesarbeit organisieren

In Ihrem Wochenplan haben Sie Zeiten für bestimmte Aufgaben und Arbeiten notiert. Die Feinarbeit ist jedoch noch nicht geplant. Im Allgemeinen reichen ein paar Minuten vor der anstehenden Lernarbeit für die Planung derselben aus.

Schreiben Sie zunächst alle anfallenden Lernarbeiten, die an diesem Tag anstehen, auf ein Blatt Papier.

Sachliche Bündelung

Bündeln Sie sachlich ähnliche Aufgaben: konzentrierte Lernzeiten, ruhige Lesezeiten, Telefonate erledigen, Kopieren etc. Ein zu häufiger Wechsel von diesem zu jenem führt leicht zu einem Durcheinander. Gutes Zeitmanagement ist immer auch gutes Aufgabenmanagement.

Zerteilen Sie größere Aufgaben in kleinere handhabbare und überschaubare Einheiten.

Legen Sie die Reihenfolge der Arbeiten fest.

Lernetappen mit Zeitgrenzen

Setzen Sie für die einzelnen Lernetappen jeweils Zeitgrenzen, denn gerade, wenn Sie eine längere Lernzeit vor sich haben, besteht die Gefahr der Zeitvergeudung. Oft denkt man: "Der Vormittag ist ja noch so lang", und dann ist er plötzlich vorbei, ohne dass viel erledigt worden ist. Notieren Sie zu jeder Einzelarbeit, wie lange Sie vermutlich brauchen werden. Anschließend vergleichen Sie die vorgesehene Zeit mit der tatsächlich benötigten Zeit. Allmählich werden Sie eine immer größere Sicherheit in Ihrer Zeitplanung bekommen.

Berücksichtigen Sie für die Planung Ihrer Tagesarbeit Ihre persönliche Leistungskurve. Achten Sie auf Ihre Leistungshöhen und -tiefen, auf Ihren Rhythmus.

Ein heutzutage gängiges Motto lautet: "Jeder hat zu jeder Zeit fit und voll einsatzfähig zu sein". Aus diesem Teufelskreis werden Sie kaum ganz herauskommen. Ein persönliches Selbstmanagement kann jedoch helfen, auch eigene Gewohnheiten und Rhythmen im Tagesverlauf (wie auch im Wochen-, Monats- und Jahresverlauf) zu schützen. Wichtige Arbeiten sollten dann vorgenommen werden, wenn man besonders leistungsfähig ist. Die persönlichen Phasen hoher und niedriger Leistungsfähigkeit zu erkennen, ist für Sie wichtig, damit Sie sich eine eigene zeitbezogene "Dramaturgie" erstellen.

Biorhythmus beachten

Allgemein lässt sich festhalten, dass die Zeit höchster Leistungsfähigkeit morgens bzw. vormittags zwischen sieben und elf Uhr liegt (vgl. Abbildung 5-5; Aretz/Gieleßen 1977, S. 14). Gut geeignet für konzentriertes geistiges Arbeiten ist auch die Zeit zwischen sechzehn und einundzwanzig Uhr. Ein Leistungstief liegt zwischen dreizehn und fünfzehn Uhr.

Legen Sie Ihre A-Aufgaben (vgl. Abschnitt 3.3.2.2) in Ihre leistungsaktivste Zeit (vgl. Müller-Klement/Seiwert 1997, S. 56 f.).

Berücksichtigen Sie bei Ihrer Planung, dass Dinge, die viele Wiederholungen benötigen, an den Anfang gehören, wie bspw. das Lernen von Vokabeln, Definitionen, Übungen etc. Packen Sie diese nicht in einen Block, sondern sehen Sie dafür mehrere über die Lernzeit verteilte Wiederholungsphasen vor (vgl. Tabelle 5-8; Reischmann 1980, S. 58).

Abbildung 5-5 *Tägliche Leistungskurve*

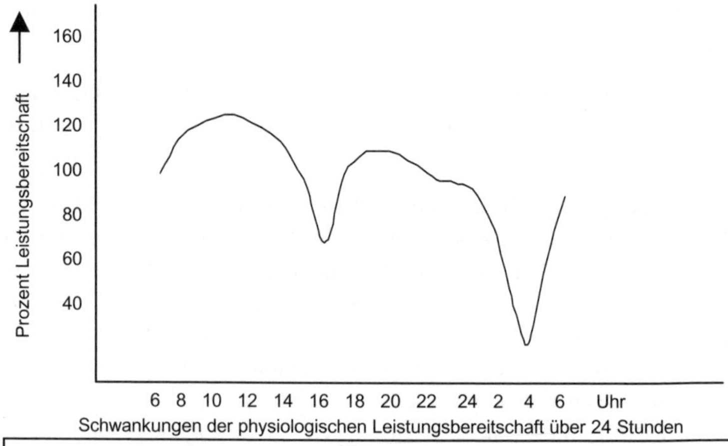

Verfolgen Sie über mehrere Tage Ihre persönliche Leistungskurve!
Entwickeln Sie daraus ein ähnliches Diagramm, wie es oben dargestellt ist!

Pragmatische Tipps

Lernpsychologisch gehen Sie richtig vor,

- wenn Sie Ihre Arbeit mit etwas Angenehmem und Überschaubarem beginnen. Die erste Arbeit sollte Sie motivieren und anwärmen und damit die Weiterarbeit erleichtern und
- wenn Sie dann das Schwerste – den Anfang – hinter sich haben, nehmen Sie etwas "Unangenehmes" in Angriff, denn Ihre Kräfte sind dann noch nicht verbraucht.
- Achten Sie bei der weiteren Planung darauf, dass Sie Ähnliches nicht hintereinander lernen, damit verhindern Sie Blockaden bei der Abspeicherung der Lerninhalte im Gedächtnis.
- Planen Sie Ihre Arbeit mit abwechselnden Tätigkeiten: Lesen, Schreiben, Wiederholen, Diskutieren etc. Damit beugen Sie Eintönigkeit und rascher Ermüdung vor.
- Planen Sie Pausen ein – damit geben Sie Ihrem Gedächtnis die Zeit, die es benötigt, um die erlernten Inhalte in das bestehende Gedächtnissystem einzuordnen. Dazu empfiehlt sich das in Tabelle 5-7 (vgl. Vollmer/Hoberg 1988, S. 148) wiedergegebene Pausenschema.

Bei intensiver Lernarbeit ist es günstig, an einem Tag nicht mehr als zwei Drei-Stunden-Einheiten zu absolvieren. Anschließend sinkt nämlich das Verhältnis von Erfolg zu Aufwand rapide (vgl. Vollmer/Hoberg 1988, S. 148).

- Am Schluss Ihrer Lernzeit vergleichen Sie Ihre erzielten Ergebnisse mit dem angestrebten Soll. Dieser Vergleich ermöglicht Ihnen festzustellen, ob es Abweichungen von Ihrem Plan gibt, um somit für den nächsten Planungszeitraum diese zu berücksichtigen (vgl. Tabelle 5-8). Sie dürfen sich über erfolgreich abgeschlossene Aufgaben freuen und sich entsprechend belohnen. Schließen Sie Ihre Arbeit damit ab, dass Sie sich für den nächsten Tag das notwendige Material zusammensuchen und bereitlegen (vgl. Reischmann 1980, S. 59 ff.).

Tabelle 5-7

Pausen

Pausenart	Dauer	Abstand	Tätigkeit während der Pause
Minipause	5 Min	nach 30 Min.	Freiübungen, Aufstehen, Herumlaufen
„Kaffee"pause	15 – 20 Min.	nach 90 – 120 Min.	Kleine Mahlzeit, Erfrischungsgetränk
Erholungspause	60 – 90 Min.	nach ca. 3 – 4 Std.	Essen, Schlafen, leichter Sport

Tabelle 5-8 *Tagesarbeitsplan*

Reihenfolge	Zeit	anfallende Lernarbeit	geschätzter Zeitaufwand	benötigter Zeitaufwand
~~1.~~ ~~4.~~ ~~7.~~	16.00 – 16.20 17.35 – 17.45 18.45 – 18.55	Vokabeln Vokabeln Vokabeln	40 Minuten	30 Minuten
~~2.~~	16.20 – 16.50	Statistik Buch, S. 17-22	30 Minuten	✓
~~3.~~ 6.	16.50 – 17.20 18.15 – 18.45	Allg. BWL Buch, S. 70-77	60 Minuten	
5.	17.45 – 18.15	Arbeits- und Organisationspsychologie Buch, S. 2-8 Nachbereitung Vorlesung	30 Minuten	
Pause	17.20 – 17.35			
		Feste Termine		
	10.00 – 14.00 19.30 -	Vorlesungen Lauftreff	180 Minuten 45 Minuten	

5.3.8 Studium im Ausland

Eine der wichtigsten Entscheidungen, die Sie im Rahmen Ihrer Studienzeit zu treffen haben, bezieht sich auf die Frage, ob Sie einen Teil Ihres Studiums im Ausland absolvieren sollen. In den vergangenen Jahrzehnten ist der Anteil der Studierenden, die von dieser Möglichkeit Gebrauch gemacht haben, deutlich angestiegen (obwohl dies durch das hochverdichtete neue Bachelor-Master-System nicht unbedingt erleichtert wird). Für ein Studium an einer ausländischen Hochschule sprechen verschiedene Gründe:

Gründe für ein Studium im Ausland

- Sie können Lehrformen kennen lernen, die sich von denjenigen Ihrer Heimatuniversität unterscheiden. So ist im Ausland üblicherweise die Zahl der an Lehrveranstaltungen teilnehmenden Studierenden kleiner und dies ermöglicht den stärkeren Einsatz interaktiver Lehrmethoden, insb. einen Rückgriff auf fallstudienbasierte Lehrformen.

- Sie können sich um einen Platz an einer ausländischen Gastuniversität bemühen, die Spezialisierungsrichtungen aufweist, die an Ihrer Heimatuniversität nicht angeboten werden.
- Sie verbessern durch einen Auslandsaufenthalt Ihre Fremdsprachenkenntnisse sowie Ihre interkulturellen Kompetenzen.
- Sie lernen in aller Regel interessante Menschen und Kulturen kennen und sammeln viele wertvolle Erfahrungen.
- Sie verbessern Ihre Berufsaussichten, weil viele deutschsprachige Unternehmen einen hohen Internationalisierungsgrad aufweisen und somit auf der Suche nach Mitarbeitern mit Auslandserfahrung sind.

Bisweilen artikulierte Bedenken

Trotz dieser offensichtlichen Vorteile stehen viele Studierende einem Auslandsaufenthalt zögerlich gegenüber, weil sie einen Zeitverlust befürchten, weil zusätzliche Kosten entstehen, weil sie unsicher sind, ob sie im Ausland gute Studienleistungen erbringen können und weil sie den Bewerbungsaufwand als sehr hoch einschätzen. Jeder dieser Zweifel lässt sich jedoch entkräften.

Entkräftungen

- So lässt sich die Gefahr eines Zeitverlusts begrenzen, indem ein Auslandsaufenthalt frühzeitig geplant wird. Überdies haben die meisten Hochschulen für Studierende, die ein Semester im Ausland verbringen wollen, alternative Studienpläne erstellt, welche das Ausmaß einer Studienzeitverlängerung deutlich reduzieren. Auch ist zu bedenken, dass die im Ausland erbrachten Leistungsscheine üblicherweise von der jeweiligen Heimathochschule anerkannt werden.
- Die in der Tat erhöhten Kosten lassen sich dann verringern, wenn das Auslandsstudium im Rahmen des Erasmus-Programms der EU erfolgt. Zwar sind die pro Monat gezahlten Zuschüsse recht gering, doch ist zu bedenken, dass auch an der Heimathochschule Kosten anfallen.
- Die Sorge um den eigenen Notendurchschnitt erweist sich im Nachhinein als fast immer unbegründet, weil erfahrungsgemäß die Studierenden im Ausland bessere Noten erzielen als an ihrer Heimatuniversität.
- Der zu leistende Bewerbungsaufwand hält sich in Grenzen, weil bei Auslandsaufenthalten, die sich zwischen Hochschulen vollziehen, die Kooperationsverträge abgeschlossen haben, vereinfachte Bewerbungsverfahren gelten und an den Hochschulen Fachpersonal tätigt ist, welches die Studierenden im Vorfeld des Auslandsaufenthalts berät. Überdies

werden die Austauschstudierenden auch an den ausländischen Partnerhochschulen betreut.

Einige Gestaltungshinweise

Um das Auslandsstudium bestmöglich gelingen zu lassen, empfiehlt sich die Berücksichtigung folgender Hinweise:

- Stellen Sie bereits im Vorfeld des Auslandsaufenthalts auf der Basis der Internetseite Ihrer Gastuniversität einen vorläufigen Plan der Lehrveranstaltungen zusammen, die Sie im Ausland besuchen wollen.
- Kontaktieren Sie ebenfalls schon vor der Abreise den für die Anerkennung der jeweiligen Lehrveranstaltung zuständigen Professor, um abzuklären, ob er die von Ihnen anvisierte Veranstaltung anerkennen wird.
- Nutzen Sie den Auslandsaufenthalt, um auch einige Lehrveranstaltungen zu besuchen, die Sie mit der Kultur des Gastlands vertraut machen.
- Suchen Sie den Kontakt mit Studierenden des Gastlands. Es wäre töricht, wenn Sie sich im Ausland aufhalten, dort aber fast nur mit Studierenden aus Ihrem Heimatland verkehren.
- Bereisen Sie das Gastland, in dem Sie studieren.

Auszüge aus Erfahrungsberichten

Abschließen möchten wir dieses Buch mit einigen Auszügen aus den Erfahrungsberichten von Studierenden der Universität zu Kiel, die in den vergangenen Jahren ein Semester im Ausland verbracht haben:

- „Mein Auslandssemester in Oslo war eine tolle Erfahrung und die richtige Entscheidung. Ich würde es jederzeit wieder machen und jedem weiterempfehlen." *(Oslo, Norwegen)*
- „Ich kann für mich nur sagen, dass es eine super Zeit hier war, die ich nie wieder vergessen werde." *(Alcala de Henares, Spanien)*
- „Göteborg ist eine tolle Stadt, die Handelshochschule eine top moderne Uni und ein Auslandssemester nur wärmstens zu empfehlen. Der bürokratische Aufwand hält sich in Grenzen, die Unterstützung in Kiel durch Christoph Petersen und in Göteborg lässt kaum Wünsche offen und finanziell ist ein Semester in Göteborg auch durchaus machbar." *(Göteborg, Schweden)*
- „Einen Erasmus-Auslandsaufenthalt kann ich jedem empfehlen, der seinen kulturellen, sprachlichen und akademischen Horizont erweitern will." *(Brüssel, Belgien)*
- „Das Auslandssemester hat mir so viel Spaß gemacht und ich hätte es wirklich bereut, wenn ich es nicht gemacht hätte." *(Lyon, Frankreich)*

Literaturverzeichnis

Adl-Amini, B., So bestehe ich meine Prüfung – Lerntechniken, Arbeitsorganisation und Prüfungsvorbereitung, 4. Aufl., Weinheim 1992.

Alley, M., The Craft of Scientific Writing, 3. Aufl., New York et al. 1995.

Aretz, M., Gieleßen, R., Erfolgreich Lernen – Ein Lehr- und Übungsbuch für wissenschaftsorientiertes Arbeiten, Essen 1977.

Atteslander, P. et al., Methoden der empirischen Sozialforschung, 6. Aufl., Berlin – New York 1991.

Bangen, G., Die schriftliche Form germanistischer Arbeiten – Empfehlungen für die Anlage und die äußere Gestaltung wissenschaftlicher Manuskripte unter besonderer Berücksichtigung der Titelangaben von Schrifttum, 9. Aufl., Stuttgart 1990.

Bänsch, A., Wissenschaftliches Arbeiten – Seminar- und Diplomarbeiten, 4. Aufl., München – Wien 1995.

Baur, R. S., Superlearning und Suggestopädie – Grundlagen, Anwendung, Kritik, Perspektiven, Berlin – München 1990.

Becker, F. G., Anleitung zum wissenschaftlichen Arbeiten – Wegweiser zur Anfertigung von Haus- und Diplomarbeiten, 2. Aufl., Bergisch-Gladbach – Köln 1994.

Beyer, G., Rationelles Lesen leicht gemacht – Ein 12-Lektionen-Programm, Düsseldorf – Wien – New York 1988.

Beyer, G., Zeitmanagement – Arbeitsmethodik, Zeitplanung und Selbststeuerung, Düsseldorf 1992.

Birkenbihl, V. F., Kommunikationstraining, 16. Aufl., München 1995.

Birkenbihl, V. F., Stroh im Kopf? – Gebrauchsanleitung fürs Gehirn, 32. Aufl., Landsberg/Lech 1997.

Bleuel, J., Recherche in elektronischen Netzwerken, in: Engel, S., Woitzik, A. (Hrsg.), Die Diplomarbeit, Stuttgart 1997, S. 64-88.

Blöchliger, K., Funktion und Bedeutung der Gruppe im Unternehmen, in: Kälin, K., Müri, P. (Hrsg.), Sich und andere führen – Psychologie für Führungskräfte, 2. Aufl., Thun 1987, S. 109-122.

Bohlen, F. N., Effizient lesen – Eine systematische Hilfe für alle, die viel zu Lesen haben, Ehningen 1993.

Boni, M., Information – Rohstoff wissenschaftlicher Arbeit, in: Dichtl, E., Lingenfelder, M. (Hrsg.), Effizient Studieren Wirtschaftswissenschaften, Wiesbaden 1995, S. 142-162.

Böttcher, W., Zielinski, J., Wissenschaftliches Arbeiten – Theoretische Grundlagen und praktische Einübung, Düsseldorf 1973.

Bünting, K.-D., Bitterlich, A., Pospiech, U., Schreiben im Studium – Ein Trainingsprogramm, Berlin 1996.

Burchardt, M., Leichter studieren – Wegweiser für effektives wissenschaftliches Arbeiten, Berlin 1995.

Buzan, T., Kopftraining, 2. Aufl., München 1984.

Buzan, T., Speed Reading – Schneller lesen, Mehr verstehen, Besser behalten, Landsberg/Lech 1997.

Buzan, T., North, V., Business Mind Mapping – Visuell organisieren, übersichtlich strukturieren, Arbeitstechniken optimieren, Wien 1999.

Cohen, M. D., March, J. G., Olsen, J. P., A Garbage Can Model of Organizational Choice, in: Administrative Science Quarterly, 17. Jg., 1972, Heft 1, S. 1-25.

Cohn, R.C., Von der Psychoanalyse zur themenzentrierten Interaktion, 10. Aufl., Stuttgart 1991.

Corsten, H., Deppe, J., Arbeitstechniken für Wirtschaftswissenschaftler, München – Wien 1996.

Covey, S. R., Die sieben Wege zur Effektivität – Ein Konzept zur Meisterung Ihres beruflichen und privaten Lebens, 7. Aufl., München – Frankfurt/Main 1998.

Dahmer, H., Dahmer, J. Effektives Lernen – Anleitung zu Selbststudium, Gruppenarbeit und Examensvorbereitung, 3. Aufl., Stuttgart – New York 1991.

Deininger, M. et al., Studien-Arbeiten – Ein Leitfaden zur Vorbereitung, Durchführung und Betreuung von Studien-, Diplom- und Doktorarbeiten am Beispiel Informatik, 2. Aufl., Zürich – Stuttgart 1993.

Dudenredaktion (Hrsg.), Die Deutsche Rechtschreibung, Band 1, 25. Aufl., Mannheim – Wien – Zürich 2009.

Dumke, D., Schäfer, G., Verbesserung des Lernens durch trainiertes Unterstreichen, in: Psychologie Erziehung Unterricht, 33. Jg., 1986, Heft 3, S. 210-219.

Eco, U., Wie man eine wissenschaftliche Abschlussarbeit schreibt – Doktor-, Diplom- und Magisterarbeit in den Geistes- und Sozialwissenschaften, 6. Aufl., Heidelberg 1993.

Engel, S., Recherche in CD-ROM Datenbanken, in: Engel, S., Woitzik, A. (Hrsg.), Die Diplomarbeit, Stuttgart 1997, S. 101-124.

Engelhard, J., Dähn, M., Internationales Management, in: Die Betriebswirtschaft, 54. Jg., 1994, Heft 2, S. 247-266.

Engelhard, J., Dähn, M., Theorien der Internationalen Unternehmenstätigkeit – Darstellung, Kritik und zukünftige Anforderungen, in: Macharzina, K., Oesterle, M.-J. (Hrsg.), Handbuch Internationales Management – Grundlagen, Instrumente, Perspektiven, Wiesbaden 1997, S. 23-44.

Faix, W. G., Laier, A., Soziale Kompetenz – Das Potential zum unternehmerischen und persönlichen Erfolg, Wiesbaden 1991.

Fischer, K.-D., Prüser, J., Schmolz, W., Techniken des geistigen Arbeitens, 3. Aufl., Herford 1982.

Frese, E. (Hrsg.), Handwörterbuch der Organisation, 3. Aufl., Stuttgart 1992.

Friedrich, C., Duden Schriftliche Arbeiten im technisch-naturwissenschaftlichen Studium, Mannheim et al. 1997.

Friedrich, H. et al., Vom Umgang mit Lehrtexten – Ein Lern- und Lesestrategieprogramm, Deutsches Institut für Fernstudien an der Universität Tübingen, Tübingen 1987.

Friedrichs, J., Methoden empirischer Sozialforschung, 9. Aufl., Opladen 1981.

Gerhards, G., Seminar-, Diplom- und Doktorarbeit, 8. Aufl., Bern – Stuttgart – Wien 1995.

Glaser, B., 30 Tipps fürs richtige Lernen, Bochum 1999.

Goethe, J. W., Faust – Der Tragödie erster Teil, Stuttgart 1986.

Gourmelon, A., Mayer, M., Mayer, T., Prüfungsgespräche erfolgreich führen – Ein Programm, Stuttgart 1992.

Greschat, M. et al., Studium und wissenschaftliches Arbeiten – Eine Anleitung, 2. Aufl., Gütersloh 1970.

Grobe, E., Westendorp, A., Recherche in professionellen Online-Datenbanken, in: Engel, S., Woitzik, A. (Hrsg.), Die Diplomarbeit, Stuttgart 1997, S. 89-100.

Grochla, E., Grundlagen der organisatorischen Gestaltung, Stuttgart 1982.

Günther, M., Heinze, R., Schott, F., Konzentriert arbeiten – Gezielt studieren, München – Wien – Baltimore 1977.

Günther, U., Sperber, W., Handbuch für Kommunikations- und Verhaltenstrainer, München 1997.

Haberstroh, M., Individuelle Selbstführung in Projektteams, Wiesbaden 2007.

Harriefeld, P., Überzeugend vortragen – Sicher präsentieren, Seminarunterlage Klett WBS, Stuttgart 1993.

Hauschildt, J., Salomo, S., Innovationsmanagement, 5. Aufl., München 2010.

Heinen, E., Grundlagen betriebswirtschaftlicher Entscheidungen – Das Zielsystem der Unternehmung, 3. Aufl., Wiesbaden 1976.

Hierhold, E., Sicher präsentieren, wirksamer vortragen – Bewährte Tips und Strategien zur Überzeugung von Gruppen, Wien 1990.

Höfner, E., Schachtner, H.-U., Das wäre doch gelacht!, Reinbek 1995.

Howson, C., Urbach, P., Scientific Reasoning – The Bayesian Approach, La Salle 1993.

Hüholdt, J., Wunderland des Lernens – Lernbiologie, Lernmethodik, Lerntechnik, Bochum 1993.

Jacob, R., Wissenschaftliches Arbeiten – Eine praxisorientierte Einführung für Studierende der Sozial- und Wirtschaftswissenschaften, Opladen 1997.

Jenne, D., EDV-gestützte Literaturverwaltungsprogramme als Hilfsmittel zur Studienorganisation: Merkmale und kriteriengeleiteter Vergleich, Diplomarbeit, Universität zu Kiel, Kiel 2003.

Joggi, W., Rutishauser-Frey, B., Auswirkungen der Personalpolitik schweizerischer multinationaler Unternehmungen auf ihre Führungskräfte in den schweizerischen Hauptsitzen und in europäischen Niederlassungen, Gemeinschaftsdiss., Hochschule Sankt Gallen, Sankt Gallen 1980.

Kalliwoda, N., Formalien in der Diplomarbeit, in: Engel, S., Woitzik, A. (Hrsg.), Die Diplomarbeit, Stuttgart 1997, S. 151-191.

Kammer, M., Bit um Bit – Wissenschaftliche Arbeiten mit dem PC, Stuttgart 1997.

Kieser, A., Moden & Mythen des Organisierens, in: Die Betriebswirtschaft, 56. Jg., 1996, Heft 1, S. 21-39.

Kirckhoff, M., Mind Mapping – Einführung in eine kreative Arbeitsmethode – Die Synthese von sprachlichem und bildhaftem Denken, 8. Aufl., Bremen 1993.

Klebert, K., Schrader, E., Straub, W. G., Kurzmoderation – Anwendungen der Moderationsmethode in Betrieb, Schule und Hochschule, Kirche und Politik, Sozialbereich und Familie bei Besprechungen und Präsentationen, 2. Aufl., Hamburg 1987.

Kloepfer, I., Frontalunterricht macht klug, in: Frankfurter Allgemeine Sonntagszeitung, Ausgabe vom 16.12.2012, S. 42.

Knill, M., Argumentationsformen – Am Beispiel: "Rauchen schadet der Gesundheit", http://www.rhetorik.ch/Argument/Formen.html, Zugriff am 12.12.2000.

Koeder, K. W., Studienmethodik – Selbstmanagement für Studienanfänger, 2. Aufl., München 1994.

Koeder, K. W., Hamm, H.-J., Die mündliche Prüfung, in: Dichtl, E., Lingenfelder, M. (Hrsg.), Effizient Studieren Wirtschaftswissenschaften, Wiesbaden 1995, S. 225-233.

Kornell, N., Study better – Space it out and mix it up, in: Psychology Today, Ausgabe vom 15.09.2010, http://www.psychologytoday.com/blog/everybody-is-stupid-except-you/201009/study-better-space-it-out-and-mix-it, Zugriff am 21.01.2013.

Krämer, W., Wie schreibe ich eine Seminar-, Examens-, und Diplomarbeit – Eine Anleitung zum wissenschaftlichen Arbeiten für Studierende aller Fächer an Universitäten, Fachhochschulen und Berufsakademien, 2. Aufl., Stuttgart 1992.

Kromrey, H., Empirische Sozialforschung, 4. Aufl., Opladen 1990.

Kruppa, P., Prüfungen vorbereiten und bestehen – Die besten Methoden für den sicheren Prüfungserfolg, München 1998.

Kutschker, M., Re-engineering of Business Processes in Multinational Corporations, http://www.gsia.cmu.edu/bosch/kut.html, Zugriff am 28.09.2008.

Langmaack, B., Braune-Krickau, M., Wie die Gruppe laufen lernt – Anregungen zum Planen und Leiten von Gruppen – Ein praktisches Lehrbuch, 3. Aufl., München 1989.

Lindblom, C. E., The Science of "Muddling-Through", in: Ansoff, H. I. (Hrsg.), Business Strategy, Harmondsworth 1969, S. 41-60.

Lipton, P., Inference to the Best Explanation, London 1991.

Lohse, H., Empirische Untersuchungen in Diplomarbeiten, in: Engel, S., Woitzik, A. (Hrsg.), Die Diplomarbeit, Stuttgart 1997, S. 126-150.

Lozanow, G., Suggestology and Outlines of Suggestopedy, London 1978.

Ludsteck, J., Günstige Streikbilanz in Deutschland, http://doku.iab.de/kurzber/2005/kb1305.pdf, Zugriff am 27.09.2006.

Lumer, C., Praktische Argumentationstheorie – Theoretische Grundlagen, praktische Begründung und Regeln wichtiger Argumenationsarten, Braunschweig 1990.

Macharzina, K., Interaktion und Organisation – Versuch einer Modellanalyse, Dissertation Ludwig-Maximilians-Universität München, München 1970.

Macharzina, K., Wolf, J., Wertetypen in den neuen Bundesländern – Ausprägungen, Kontextbezogenheit, ökonomische Relevanz, in: Zeitschrift für Betriebswirtschaft, 64. Jg., Heft 10, 1994, S. 1241-1260.

Macharzina, K., Wolf, J., Unternehmensführung – Das internationale Managementwissen – Konzepte, Methoden, Praxis, 8. Aufl., Wiesbaden 2012.

Mackenzie, R. A., Die Zeitfalle – Der Klassiker für Zeitmanagement in Neuausgabe, 10. Aufl., Heidelberg 1991.

Maddox, H., How to Study, London 1988.

Meehan, E. J., Praxis des wissenschaftlichen Denkens – Ein Arbeitsbuch für Studierende, Reinbek 1992.

Metzger, C., Lern- und Arbeitsstrategien – Ein Fachbuch für Studierende an Universitäten und Fachhochschulen, 2. Aufl., Aarau 1999.

Metzig, W., Schuster, M., Lernen zu lernen – Lernstrategien wirkungsvoll einsetzen, 3. Aufl., Berlin – Heidelberg – New York 1996.

Michelmann, R., Michelmann, W. U., Effizient und schneller lesen – Mehr Know-how für Zeit- und Informationsgewinnn, Hamburg 1998.

Miller, G. A., The Magical Number Seven – Plus or Minus Two, in: Psychological Review, 63. Jg., 1956, Heft 1, S. 81-87.

Moser, H., Holzwarth, P., Mit Medien arbeiten – Lernen, Präsentieren, Kommunizieren, Stuttgart 2011.

Müller, S., Die Studiendauer als Problem – Ursachen und Gegenmaßnahmen, in: Wirtschaftswissenschaftliches Studium, 19. Jg., 1990, Heft 2, S. 149-151.

Müller-Klement, K. G., Seiwert, L. M., Zielwirksam arbeiten – Technik, Methodik und Praxis des persönlichen Zeitmanagements, 11. Aufl., Renningen-Malmsheim 1997.

Niedenhoff, H.-U., Schuh, H., Argumentieren, Diskutieren – Eine Taktikfibel für die Praxis, 2. Aufl., Köln 1997.

Novak, J. D., Cañas, A. J., The Theory Underlying Concept Maps and How to Construct and Use Them, Arbeitspapier des Florida Institute for Human and Machine Cognition (IHMC), Pensacola 2006.

Ochsner, M., Persönliche Arbeitstechnik – Zeit- und Selbstmanagement als Weg zum bewussteren, produktiveren Leben und Arbeiten, Schriftenreihe "Die Orientierung" der Schweizerischen Volksbank, Bern 1987.

Ostrander, S., Schroeder, L., Leichter Lernen ohne Streß – Superlearning – Die revolutionäre Losanow-Methode zur erfolgreichen Steigerung von Wissen, Konzentration und Gedächtnis durch müheloses Lernen, Bern – München 1982.

Ott, E., Optimales Lesen, schneller lesen, mehr behalten – Ein 25-Tage-Programm, Hamburg 1996.

Ott, E. et al., Thema Lernen – Methodik des geistigen Arbeitens, Stuttgart 1994.

Pausenberger, E., Unternehmens- und Personalentwicklung durch Entsendung, in: Personalführung, 20. Jg., 1987, Heft 11/12, S. 852-856.

Pflugradt, N., Förderung des Verstehens und Behaltens durch Mapping, Forschungsbericht Nr. 34, Deutsches Institut für Fernstudien an der Universität Tübingen, Tübingen 1985.

Poenicke, K., Wie verfasst man wissenschaftliche Arbeiten? – Ein Leitfaden vom ersten Studiensemester bis zur Promotion, 2. Aufl., Mannheim – Wien – Zürich 1988.

Porter, M. E., Competitive Strategy – Techniques for Analyzing Industries and Competitors, New York – London 1980.

Porter, M. E., Competitive Advantage – Creating and Sustaining Superior Performance, New York – London 1985.

Preißner, A., Wissenschaftliches Arbeiten, München – Wien 1994.

Reischmann, J., Leichter lernen – Leicht gemacht – Arbeitstechniken für Schule und Studium, Fortbildung und Examensvorbereitung, 2. Aufl., Freiburg 1980.

Robinson, F. P., Effective Study, New York 1961.

Rösner, H. J., Die Seminar- und Diplomarbeit, München 1977.

Rost, F., Lern- und Arbeitstechniken für pädagogische Studiengänge, Opladen 1997.

Rückriem, G., Stary, J., Franck, N., Die Technik wissenschaftlichen Arbeitens – Praktische Anleitung zum Erlernen wissenschaftlicher Techniken am Beispiel der Pädagogik – Unter besonderer Berücksichtigung gesellschaftlicher und psychischer Aspekte des Lernens, 2. Aufl., Paderborn et al. 1980.

Rühle, H., Zeitmanagement, in: Rosenstiel, L. v., Regnet, E., Domsch, M. (Hrsg.), Führung von Mitarbeitern – Handbuch für erfolgreiches Personalmanagement, 3. Aufl., Stuttgart 1995, S. 103-118.

Ruhleder, R. H., Rhetorik, Landsberg/Lech 1994.

Schädler, U., Hohmeier, J., Beratung und Betreuung von Diplomarbeiten, in: Engel, S., Woitzik, A. (Hrsg.), Die Diplomarbeit, Stuttgart 1997, S. 11-26.

Scheele, P. R., Photo Reading – Die neue Hochgeschwindigkeits-Lesemethode in der Praxis, Paderborn 1996.

Schiffler, L., Suggestopädie und Superlearning – Empirisch geprüft – Einführung und Weiterentwicklung für Schule und Erwachsenenbildung, Frankfurt/Main 1989.

Schneider, W., Deutsch für Profis – Wege zu gutem Stil, München 1999.

Schnell, R., Hill, P. B., Esser, E., Methoden der empirischen Sozialforschung, München – Wien 1993.

Scholz, C., Personalmanagement – Informationsorientierte und verhaltenstheoretische Grundlagen, 5. Aufl., Wiesbaden 2000.

Schräder-Naef, R., Rationeller Lernen lernen – Ratschläge und Übungen für alle Wißbegierigen, 18. Aufl., Weinheim – Basel 1994.

Schulz von Thun, F., Miteinander Reden 1: Störungen und Klärungen – Allgemeine Psychologie der Kommunikation, Hamburg 1989.

Schwank, E., Seidel, E., Tormin, D., Lern- und Gedächtnistraining im Alter, Bonn 1986.

Seidenspinner, G., Wissenschaftliches Arbeiten – Techniken, Methoden, Hilfsmittel, 7. Aufl., Aichach 1976.

Seifert, J. W., Pattay S., Visualisieren – Präsentieren – Moderieren, Speyer 1989.

Seiwert, L. J., Mehr Zeit für das Wesentliche – So bestimmen Sie Ihre Erfolge selbst durch konsequente Zeitplanung und effektive Arbeitsmethodik, Landsberg/Lech 1984.

Sesink, W., Einführung in das wissenschaftliche Arbeiten, 2. Aufl., München – Wien 1994.

Seutter, K., Wissenschaftliches Schreiben, in: Engel, S., Woitzik, A. (Hrsg.), Die Diplomarbeit, Stuttgart 1997, S. 205-214.

Spoun, S., Domnik, D. B., Erfolgreich studieren – Ein Handbuch für Wirtschafts- und Sozialwissenschaftler, München 2004.

Standop, E., Die Form der wissenschaftlichen Arbeit, Heidelberg – Wiesbaden 1994.

Staub, G. Mega-Memory Gedächtnistraining, 62. Aufl., Bergisch Gladbach 2000

Stickel-Wolf, C., Kommunikation will gelernt sein – Besprechungen effizient leiten, in: Dr. Josef Raabe Verlags-GmbH (Hrsg.), Handbuch Sozialmanagement – Soziale Unternehmen erfolgreich führen, Stuttgart 1998a, 13. Ergänzungslieferung C 1.5, S. 1-40.

Stickel-Wolf, C., Sich selbst zielwirksam führen und organisieren – Konzepte und Techniken der Arbeitsorganisation, in: Dr. Josef Raabe Verlags-GmbH (Hrsg.), Handbuch Sozialmanagement – Soziale Unternehmen erfolgreich führen, Stuttgart 1998b, 15. Ergänzungslieferung H 4.4, S. 1-32.

Stickel-Wolf, C., Am Rande der Vorstellung – Präsentationen wirkungsvoll gestalten, in: Dr. Josef Raabe Verlags-GmbH (Hrsg.), Handbuch Sozialmanagement – Soziale Unternehmen erfolgreich führen, Stuttgart 1998c, 14. Ergänzungslieferung H 1.2, S. 1-36.

Tettinger, P. J., Einführung in die juristische Arbeitstechnik – Unter besonderer Berücksichtigung öffentlich-rechtlicher Fragestellungen, 2. Aufl., München 1992.

Theisen, M. R., ABC des wissenschaftlichen Arbeitens – Erfolgreich in Schule, Studium und Beruf, 2. Aufl., München 1995a.

Theisen, M. R., Wissenschaftliches Arbeiten statt Pauken, in: Dichtl, E., Lingenfelder, M. (Hrsg.), Effizient Studieren Wirtschaftswissenschaften, Wiesbaden 1995b, S. 111-130.

Theisen, M. R., Wissenschaftliches Arbeiten – Technik, Methodik, Form, 9. Aufl., München 1998.

Trimmel, M., Wissenschaftliches Arbeit in der Psychologie – Leitfaden und Grundlagen zum Planen, Durchführen und Verfassen von Seminararbeiten, Diplomarbeiten, Dissertationen sowie zum empirisch-wissenschaftlichen Arbeiten in den Sozial- und Humanwissenschaften, Wien 1994.

Vester, F., Phänomen Stress – Wo liegt sein Ursprung, warum ist er so lebenswichtig, wodurch ist er entartet?, 9. Aufl., München 1988.

Vollmer, G., Hoberg, G., Lern- und Arbeitsstrategien – Behalten, Verarbeiten, Anwenden (mit Lösungsheft), Stuttgart 1988.

Welge, M. K., Management in deutschen multinationalen Unternehmungen, Stuttgart 1980.

Wessells, M. G., Kognitive Psychologie, München – Basel 1994.

Wilkinson, A., The Scientist's Handbook for Writing Papers and Dissertations, Englewood Cliffs – New Jersey 1991.

Will, H., Mini-Handbuch: Vortrag und Präsentation, 2. Aufl., Weinheim – Basel 1997.

Witte, E. (Hrsg.), Der praktische Nutzen empirischer Forschung, Tübingen 1981.

Wolf, J., From "Starworks" to Networks and Heterarchies? – Theoretical Rationale and Empirical Evidence of HRM Organization in Large Multinational Corporations, in: Management International Review, 37. Jg., 1997a, Special Issue I, S. 145-169.

Wolf, J., Selbstorganisationstheorie – Denkstruktur und Erklärungswert bei betriebs-wirtschaftlichen Fragestellungen, in: Zeitschrift für Wirtschafts- und Sozialwissenschaften, 117. Jg., 1997b, Heft 4, S. 623-662.

Wolf, J., Strategie und Struktur 1955-1995 – Ein Kapitel der Geschichte deutscher nationaler und internationaler Unternehmen, Wiesbaden 2000.

Wolf, J., Organisation, Management, Unternehmensführung – Theorien, Praxisbeispiele und Kritik, 5. Aufl., Wiesbaden 2013.

Wolf, J., Rosenberg, T., How Individual Scholars Can Reduce the Rigor-Relevance Gap in Management Research, in: Business Research, 5. Jg., 2012, Heft 2, S. 178-196.

Wottawa, H., Projektmanagement und das Projekt "Diplomarbeit", in: Engel, S., Woitzik, A. (Hrsg.), Die Diplomarbeit, Stuttgart 1997, S. 37-52.

Wucknitz, U. D., Die Diplomarbeit als Sprungbrett in die Praxis, in: Dichtl, E., Lingenfelder, M. (Hrsg.), Effizient Studieren Wirtschaftswissenschaften, Wiesbaden 1995b, S. 183-194.

Zielke, W., Schneller lesen – Selbst trainiert, Landsberg/Lech 1974.

Zielke, W., Schneller lesen, intensiver lesen, besser behalten, 4. Aufl., München 1991.

Zimbardo, P. G., Psychologie, 4. Aufl., Berlin et al. 1983.

Zimbardo, P. G., Gerrig, R., Hoppe-Graff, S., Psychologie, 6. Aufl., Berlin – Heidelberg 1996.

Zopfi, C., Zopfi, E., Wörter mit Flügeln – Kreatives Schreiben, Gümligen 1995.

Stichwortverzeichnis